생명자유공동체 총서 5

커먼즈 다시 그리기

생명자유공동체 총서 5
커먼즈 다시 그리기

정영신·구도완·김수진·김지혜·박순열·서지현·안새롬·장우주·최명애·한상진·홍덕화

발행일: 2024년 11월 1일
발행처: 도서출판 풀씨
등록일: 2019년 11월 20일
등록번호: 제2019-000262호
발행인: 장재연
주소: 서울특별시 서초구 남부순환로 2606 금정빌딩 6층
전화: 02-6318-9000 팩스: 02-6318-9100
이메일: koreashe@koreashe.org
홈페이지: https://koreashe.org
블로그: blog.naver.com/korea_she
페이스북: fb.com/koreashe
인스타그램: @korea.she

기획: 재단법인 숲과나눔
제작: 지식플랫폼

값 18,000원
ISBN 979-11-984808-2-8 (03330)

이 책은 저작권법에 따라 보호를 받는 저작물이므로 무단 전재와 복제를 금하며,
이 책의 일부 또는 전부를 이용하려면 반드시 저작권자의 동의를 받아야 합니다.

생명자유공동체 총서

5

커먼즈 다시 그리기

정영신·구도완·김수진·김지혜·박순열
서지현·안새롬·장우주·최명애·한상진·홍덕화 지음
재단법인 숲과나눔 기획

도서출판 풀씨

일러두기

아래의 다섯 장은 학술지에 게재된 논문을 기반으로 수정·보완되어 작성되었다.

- 3장 서지현. 2024. "페루 농촌 사회의 변동과 안데스 농민 공동체의 변화: 유토피아적 공동체주의를 넘어." 『비교문화연구』 72: 25-60.
- 4장 최명애. 2024. "수달과 함께 도시 커먼즈 만들기." 『과학기술학연구』 24(2): 6-41.
- 5장 한상진. 2023. "인간 및 인간너머 존재에 의한 생태사회적 커먼즈의 형성: 행성성에 의거한 커먼즈 접근과 관련 사례들." 『환경사회학연구 ECO』 27(2): 109-134.
- 6장 홍덕화. 2024. "'태양과 바람은 우리 모두의 것': 커먼즈와 불로소득주의 사이에 서 있는 탄소중립·에너지전환." 『공간과 사회』 34(2): 256-292.
- 8장 박순열, 안새롬. 2023. "현대사회에서 커먼즈 논의의 정합성에 대한 검토: 경의선공유지를 사례로." 『환경사회학연구 ECO』 27(2): 135-191.

| 발간사 |

커먼즈로 그리는 새로운 전환의 길

장재연(재단법인 숲과나눔 이사장)

포럼 생명자유공동체가 다섯 번째 총서인 『커먼즈 다시 그리기』를 통해 독자 여러분과 만나게 되었습니다. 2019년 창립 이후, 포럼 생명자유공동체는 시대의 변화와 위기에 대응하기 위한 탐구를 계속해 왔습니다. '모든 생명이 자유로운 공동체'를 꿈꾸며 시작된 이 대화는 해마다 깊이를 더해 가고 있으며, 그 결실로 총서를 발간하고 있습니다. 이번 총서는 그동안 이어온 탐색을 심화시켜, '커먼즈'를 새로운 전환을 위한 실천과 사고의 중심 개념으로 세우고, 그 의미를 새롭게 조명하고 있습니다.

기후위기, 생태적 전환, 사회적 불평등과 같은 당면 과제들 속에서 '전환'은 피할 수 없는 과제가 되었습니다. 하지만 그 전환이 무엇을 의미하며, 어떻게 이루어져야 하는지에 대한 답을 찾는 것은 쉽지 않습니다. 이번 총서는 이러한 전환의 실천적 도구로서, 커먼즈를 개인과 공동체가 함께 공존할 수 있는 대안으로 제시하고 있습니다.

커먼즈라는 개념은 최근 학계와 사회 전반에서 활발하게 논의되고 있지만, 그 구체적 의미와 실천 방법에 대해서는 여전히 많은 질문이 남아 있습니다. 커먼즈는 단순히 '모두의 것'이라는 의미를 넘어서, 사회적, 경제적, 생태적 자원을 공동체가 함께 관리하고 유지하며 활용하는 방식을 뜻합니다. 하지만 현대

사회에서 어떻게 실현할 수 있을지, 그리고 그것이 우리의 생존과 번영에 어떤 기여할 수 있는지는 여전히 논쟁적입니다.

커먼즈는 우리의 삶 속에서 구체화될 수 있는 실천이며, 각자의 현실에 맞게 다양한 형태로 나타날 수 있습니다. 도시의 생태적 전환, 농촌 공동체의 자급자족 시스템, 에너지 자원의 공동 관리 등 여러 분야에서 커먼즈는 사회적, 생태적 도전에 대한 효과적인 대응 수단을 제공할 수 있습니다.

이번 총서는 커먼즈의 실체를 다각도로 재조명한 포럼 생명자유공동체의 집단적 노력의 결과물입니다. 포럼의 다양한 연구자들이 각자의 학문적 배경과 현실적 고민을 바탕으로 커먼즈를 분석하고 있습니다. 한국 사회뿐만 아니라 라틴아메리카 등 해외 사례까지 폭넓게 다루며 각기 다른 맥락에서 커먼즈가 어떻게 실현될 수 있는지를 탐구하고 있습니다. 덕분에 이 책은 단순한 이론적 논의를 넘어서, 커먼즈를 우리의 일상 속에서 실천할 수 있는 방안을 고민하고 새로운 공동체적 삶의 가능성을 제시하고 있습니다.

이 책을 통해 독자 여러분도 커먼즈의 논의에 함께 참여하고, 우리 사회가 직면한 문제들에 대한 해결의 실마리를 찾아가기를 바랍니다.

이번 총서의 발간을 위해 수고해주신 포럼 구성원들과 재단법인 숲과나눔 관계자들께 깊은 감사의 말씀을 전합니다. 또한 이 책을 읽고 대화에 동참해 주시는 모든 독자 여러분께도 감사드리며, 이 책이 우리의 삶을 보다 자유롭고 평등하게 만들어가는 데 중요한 역할을 하기를 희망합니다. 커먼즈라는 대안이 더 나은 사회로 나아가는 길에 의미 있는 도움이 되기를 기대합니다.

감사합니다.

| 머리말 |

커먼즈라는 말의 커머닝을 위하여

 위기를 말하는 것으로는 충분치 않은 시대다. 기후·생태위기를 되돌릴 수 없다는 점이 점점 더 확실해지고 있을 뿐, 우리가 살고 있는 세계가 이 비상사태를 어떻게 견디어낼지, 전환을 바라는 사람들이 어떻게 이정표를 세우고 어디로 나아가야 할지는 여전히 불투명하다. 상황이 어렵고 막막할수록 우리에게는 냉철한 사고와 공감력을 바탕으로 한 대화가 필요할 것이다.
 포럼 생명자유공동체는 여러 학문분과의 연구자들이 현실의 위기와 전환에의 열망을 가지고 마련한 대화의 장이다. 그동안 우리 포럼은 네 권의 총서를 발행했다. 작년부터 '커먼즈'를 전환을 위한 사고와 실천의 실마리로 삼아 대화를 이어왔고, 그 성과를 모아 다섯 번째 총서를 펴낸다.
 포럼의 기존 총서와 마찬가지로, 이 책에 수록된 글들 역시 다양한 이론적·현실적 맥락 속에서 작성되었다. 그것은 우리가 커먼즈(commons)라는 언어를 자신이 터하고 있는 현실과 자신이 제기하는 문제 속에서 사용하고 활용하려 하기 때문이다. 2010년대 이후에 커먼즈라는 말이 점차 널리 회자되기 시작하고, 최근에는 학술계에 한 해에 2~30편의 관련 논문이 제출되고 있는 형편이지만, 여전히 커먼즈라는 말의 윤곽을 그리는 것은 어려운 일이다. 이러한 어려움의 일부는 그것을 지칭하는 우리 고유의 말이 사라지고 영어를 차용해 사용하고 있기 때문이다. 고유의 말이 사라졌다는 것은 그와 관련된 실체와 경험이 사라졌다는 것을 의미하며, 또한 그런 경험을 해석할 도구가 부재하다는 것을 의미한다. 또 다른 이유를 들자면, 커먼즈라는 말을 필요로 하는 현실에 대한 판단, 우리가 살아가는 현실의 핵심적인 원리로서 현대성(modernity)에 대한 판단이 각자 다르기 때문이다. 그래서 커먼즈 개념은 늘 논쟁적이다. 그리고 현실과 말에 대한 대화가 필요하다. 커먼즈라는 말을 커머닝(commoning)하는 것, 커먼즈라는 개념을 공동/공통의 것으로 만들어내는 작업이 필요하다. 그것이 커먼즈/커머닝이라는 말의 취지에 부합하는 일일 뿐만 아니라, 위기와 전환의 시대를 살아가는 지혜이기도 하기 때문이다.

커먼즈라는 말과 그 실체에 어떻게 다가갈 것인가? 우리는 어떤 현실의 필요나 욕구의 체계 속에서 커먼즈라는 말을 필요로 하며, 현실에 커먼즈라는 말을 더했을 때 보이는 이면(裏面)은 어떤 것인가?

1부 '생활세계의 전환과 커먼즈'를 구성하는 세 글은 커먼즈의 구성 요소인 자원, 제도, 이용자집단(=공동체) 가운데 주로 공동체의 생활세계와 그 경계의 문제, 그리고 자본주의 시장경제와 맺는 관계의 복잡성을 보여주는 글이다.

1장 장우주의 전환 마을 은평 연구는 서로 다른 필요와 행위성을 지닌 사람들이 도시의 마을에서 만나 일시적으로 만들어내는 새로운 살림살이의 방식들을 보여준다. 도시에서 진행되는 생태적 전환의 실천이 지니는 즐거움과 고단함에 대한 이야기들은 커머닝(commoning)이라는 말에 생명력을 더한다. 커먼즈는 단순한 텃밭이 아니라 돌봄그물, 자급과 선물교환의 그물망으로 드러난다. 전환 마을에 참여한 여성들은 농사를 짓는 '행위성'을 통해 농산물과 지식뿐만 아니라 생태적 감수성과 생태적 가치관을 공유한다. 그들이 운영하는 공유부엌은 재난 상황에서 약자들을 위한 돌봄의 안전망을 형성한다. 그러나 이런 생활세계에서의 실험도 늘상 어려움에 부딪힌다. 시유지인 은평 텃밭이 서울시의 정책 변화로 인해 폐쇄된 것이 대표적이다. 이 사례들은 도시에서 커먼즈의 형성과 유지에 소유권의 문제와 행정권력의 개입이 중요한 변수가 된다는 점을 보여준다.

2장에서 구도완은 한살림운동의 지향과 운동을 커먼즈라는 프리즘을 통해 살펴본다. 한살림운동에 대해서는 이미 여러 편의 연구가 나왔지만, 이 글은 한살림운동을 '우리 만들기'와 '모두 살리기'를 지향하는 운동으로 규정하고 있다. 여기에서 '우리'는 보통 조합원으로 이해되며 외부와 '경계'를 형성하고 있지만, 그 내부를 보면 지역마다 상황이 다르고, 맡은 역할에 따라 입장 차이도 있으며, 생산자와 소비자 사이에서 이해관계가 충돌하기도 한다. 또한 한살림운동은 내부의 이익 증진에 머물지 않고 '안전한 먹을거리'가 보장되는 사회를 만들고 사회경제적 약자에 대한 돌봄을 실행하는 가운데 한살림 바깥의 '모두'를 살리는 생태적 전환을 지향하고 있다. 전환 마을 은평이 각 개인들의 자율적인 활동에 기반하여 느슨한 경계를 유지하면서 어느 정도 시장경제와 거리두기를 한다면, 한살림운동은 조직적 틀을 가지고 비교적 뚜렷한 경계를 유지하면서 시장경제에도 적극적으로 개입하여 서로 얽혀있는 모양새를 보이고 있다.

3장에서 서지현은 전 지구적 자본주의의 개입과 수탈에 저항하는 라틴아메리카의 농촌공동체운동으로 우리를 안내한다. 생태적 전환의 문제와 관련하여 라틴아메리카는 '부엔 비비르'와 같은 대안적인 발전 이념의 원산지로 종종 소개되기도 하지만, 이 지역 전반에 대한 우리의 인식은 오리엔탈리즘의 구도에 머물러 있기도 하다. 이 글에서 다루는 페루의 카탁 농민공동체는 급격한 근대화 과정에서 기존의 공동체적 관계가 약화된다. 시장관계가 깊이 침투하면서 토지와 생활세계 전반이 상품화되고, 국립공원이 설정되면서 토지의 국유화도 진행된다. 이에 저항하면서 토지에 대한 전통적 권리의 회복을 요구하는 운동이 진행되지만, 이주민과 새로운 청년세대의 등장으로 인해 토지는 생계수단의 의미에서 사회경제적 위기에 대응하기 위한 사회적 안전망으로 의미화된다. 3장에서 다루는 라틴아메리카 농촌의 풍경은 한국의 근대화의 풍경과 그다지 다르지 않으며, 생계자급 커먼즈로서의 토지가 사회적 관계의 변화에 따라 그 의미와 가치가 변동한다는 점을 알려준다.

2부 '인간 너머로의 전환과 커먼즈'에는 커먼즈에 관한 주류적 시각에 도전하는 두 글이 포함되어 있다. (신)제도주의를 토대로 커먼즈를 연구해 온 주류의 커먼즈 논의는 '자원관리론'으로 명명할 수 있는데, 자원의 지속가능한 이용과 관리를 위해 협력적 거버넌스를 구축하고 환경 변화에 적응하는 제도를 형성하는 것을 목표로 한다. 이러한 주류적 시각에 대해 가해지는 비판 가운데 하나는 행위자와 자원의 의미를 너무 협소하게 정의한다는 것이다. 즉, 커먼즈를 구성하는 자원은 행위자와 완전히 분리된 객관적 이용대상으로서만 의미를 가지며, 행위자는 경제적 이해관계에 의해서 동기화된 인간으로 그려진다.

4장에서 최명애는 기존의 커먼즈 논의에서 비인간이 자원으로만 다뤄져 왔다고 보고, '인간 너머 커먼즈' 연구를 원용하여 비인간을 수동적 대상으로만 여길 것이 아니라, 인간과 마찬가지로 커머닝에 참여하는 행위자로 볼 것을 제안한다. 이를 위해 비판적 커먼즈 연구, '인간 너머'에 관한 논의, 도시동물지리학과 같은 여러 시각·학문을 접합한다. 근대화 과정에서 자취를 감추었던 수달은 2010년대 후반부터 점차 모습을 드러내기 시작했고, 수달의 '귀환'에 발맞추어 안전한 서식지를 마련해 주려는 시민운동이 시작되었다. 여기에서 중요한 것은 수달의 활동이 인간의 대응을 바꾸거나 촉발했다는 점이라기 보다는 인간-동물이 함께 얽힌 실천과 관계가 만들어진다는 것이다. 이것은 커먼즈를 구성하는 공동체, 자원, 규칙의 성격을 변화시키고, 그 결과 인간 너머의 커먼즈를 형성한다. 이러한 개념은 녹색 복지나 자연보전으로 포착되지 않는 도시의 새로운 생태정치를 가리키고 있다.

5장에서 한상진은 행성적 접근에서 비인간과 인간 너머를 생각하고 있다. 행성적 접근은 지속가능성(sustainability) 담론 대신에 다양한 생명의 지속적 실존을 행성친화적 방식으로 정의하는 '거주가능성(habitability)' 개념을 기반으로, 사회경제적 '세계' 체계의 발전과정에서 생물·물리학적 '지구E' 체계의 불균형,

불안정성의 증대에 주목한다. 그리고 이러한 행성성이 작동하는 과정을 여러 스케일의 생태 사회적 커먼즈를 통해 살펴본다. 이 글에서 예로 들고 있는 배달 라이더들의 노동조건은 기후위기, 특히 폭염에 의해 점차 악화되고 있고, 이런 사회적 조건은 토건적 개발논리로 인한 인간 너머 존재의 생존위협(갯벌의 파괴)과 연결되어 있다. 이와 같은 '인간 너머'라는 시각의 도입은 기존의 인간중심적 커먼즈 논의를 근본에서부터 재고찰해 볼 필요성을 제기하고 있다.

3부 '에너지 전환과 커먼즈'에서는 에너지 커먼즈와 에너지 전환의 문제를 다룬다. 에너지 문제에 커먼즈론이 도입되면서 한편에서 협동조합을 중심으로 한 소규모의 에너지 생산 및 이익공유제가 부각되고 있고, 다른 한편에서는 공공재로서의 에너지 문제에 어떻게 개입할 것인지가 쟁점이 된다. 공공성의 재구성, 공사(公私)의 논리와 공동(common)의 논리 사이의 관계를 어떻게 설정할 것인지가 에너지 문제를 넘어선 쟁점으로 부각되고 있다.

6장에서 홍덕화는 한국에서 에너지의 생산과 분배, 에너지 전환를 둘러싼 쟁점을 검토하면서 커먼즈론이 유용한 열쇠말이 될 수 있을 것이라고 본다. 에너지 커먼즈를 이해하는 과정에서 특정한 자원을 배타적으로 소유하거나 독점적으로 이용하는 것에 저항하면서 이를 공(共, common)과 공(公, pubpic)의 관계 속에 (재)배치하는 활동, 즉 '커먼즈의 정치'라는 시각이 중요하다. 특히 신자유주의적 금융화 국면 속에서 에너지 전환 과정에서도 재생에너지 자원의 배타적 소유와 독점적 이용, 즉 지대(rent)와 불로소득의 문제가 중요한 쟁점이 되고 있다. 홍덕화는 '태양과 바람은 우리 모두의 것'이라는 사회운동의 요구를 이론화하고, 이러한 공동의 부가 불로소득 추출의 계기로 변화되는 것을 막는 데 커먼즈론이 유용할 수 있다고 주장한다.

7장에서 김수진은 에너지 커먼즈를 시민들이 직접 참여하여 재생에너지 설비 등을 집합적으로 소유하고 운영·관리하는 것으로 정의하고, 이런 모델이 활성화되기 위해서는 다양한 비즈니스 모델과 시장 설계를 필요로 한다고 주장한다. 여기에 민간사업자들이 포함된다는 측면에서 공동체 에너지와는 그 범위가 완전히 일치하지 않는다. 그리고 이런 에너지 커먼즈의 가치는 '모두'가 경제적 이익을 공유하거나 '모두'의 공동이용이라는 점에서 정의될 수 없다. 시민들이 생태 위기와 에너지 위기에 대한 문제의식에서 출발하여 자발적으로 재생에너지 설비를 소유하고 운영함으로써 에너지 자립과 기후위기 대응이라는 에너지시티즌십을 구현한다는 것은 그 자체로 공익적 가치를 만들어내며 일종의 시민적 공공성을 구현한다.

홍덕화와 김수진의 연구를 에너지 커먼즈와 관련한 입장을 대표하는 논의라고 말하기는 어렵겠지만, 대조적인 두 사람의 논점을 비교해 봄으로써 에너지 커먼즈와 전환 논의의 결합에 한 걸음 더 다가갈 수 있을 것이다. 에너지 커먼즈의 규정과 관련하여 홍덕화가 주로 에너지가 가지는 필수재로서의 성격과 그것을 규정하는 사회적 관계 및 정치적 경합을 강조한다면, 김수진은 커먼즈 구성요소들의 내적인 관계, 즉 이용자 집단의 소유와 운영·관리를 강조한다. 시장과의 관계 역시 중요한 쟁점이 되는데, 부분적으로는 시장을 어떻게 이해하는가의 문제와 연결된다. 홍덕화가 시장의 역사적 국면을 강조하면서, 즉 금융세계화 시기에 자본에 의한 강탈과 독점 및 불로소득의 창출이 일어나는 영역으로 본다면, 김수진은 다양한 시장행위자들 사이에서 자유로운 거래가 일어난 곳으로 파악한다. 따라서 전환의 문제에서도 김수진에게 전환은 시장을 통해 활성화되는 에너지 커먼즈로 기후위기에 대응한다는 점에 초점이 맞추어진다면, 홍덕화에게 전환은 기후위기 대응을 에너지 커먼즈를 약탈하고 독점하는 자본주의적 시장과 국가의 관리통제 방식의 변화와 연결하는 데 핵심이 있다.

4부 '커먼즈와 개념의 전환'는 커먼즈 개념을 둘러싼 논쟁에 직접적으로 개입하는 세 개의 논문으로 구성되어 있다. 세 논문 사이의 논점은 상당히 복잡하게 얽혀 있어서 간단히 요약하기 어렵다. 커먼즈라는 현실을 서로 다르게 관찰하는 세 논문의 차이는 현대사회의 핵심적인 특징, 즉 근대성에 대한 이해와 연결되어 있다.

8장에서 박순열·안새롬은 커먼즈론이 '기능분화된 체계들로 구성된 사회'라는 조건을 충분히 고려한 이론인지 질문한다. 전통사회는 동질적인 인간들의 행위로 구성된 공동의(communal) 사회였으나, 오늘날 우리가 살고 있는 현대사회는 기능분화된 체계들로 구성되어 있기 때문에, 체계들 사이의 공통성이 존재할 뿐이라는 것이다. 따라서 자원, 제도, 공동체의 결합으로 커먼즈를 대하는 시각은 시대착오적일 수밖에 없다. 저자들은 현대사회에 정합적인 커먼즈란 '어떤 사태가 서로 다른 사회적 체계들의 공통 작동에 개방되어 있어야 하고, 그래서 어떤 하나의 사회적 체계가 해당 사태를 배타적으로 다루어서는 안 된다'는, 체계들의 공통(성)에 대한 가치/주장으로 파악할 수 있다고 주장한다.

9장에서 김지혜는 커먼즈를 행위, 자원, 가치 등으로 바라보는 논의를 비판하면서, 그 자체로 물질성과 이야기성을 지닌 몸된(bodily) 공간인 장소라는 점에 주목한다. 장소는 뿌리 박혀 있으면서도 구성되는데, 이것은 장소가 역사성으로부터 자유롭지 않으면서도 여러 이질적인 요소들에 의해 장소가 생산된다는 것을 의미한다. 지식이나 정보와 같은 무형의 자원들도 플랫폼이라는 장소와 연결된다. 그리고 이 장소는 이쪽과 저쪽, 과거와 미래, 존재와 존재 사이에 있다는 의미에서 '사이 지대'로 이해할 수 있다. 이 사이 지대는 이질적인 것들 사이에서 그들의 '접촉'을 가능하게 함으로써 커머너를 생산하고 또한 커머너들이 커먼즈를 생산하는 순환이 이루어지는 곳이다.

10장에서 정영신은 커먼즈를 특정한 공간과 자원에 대한 생산·이용자들의 공동의 의사결정을 통해 형성되는 사회적 관계이며 동시에 자치적이며 협력적인 사회적 관계 속에서 (재)구성되는 공간과 자원이라는 관계론적 시각을 제시한다. 이 자치적이며 협력적인 관계망 안에서 커머닝하는 주체들이 구성되며 이 주체들은 또한 공동의 의사결정을 통해 커먼즈를 구성하고 돌보는 활동을 지속한다. 물론 공동의 의사결정은 자동적으로 이루어지지 않으며, 내부에서 불화와 갈등이 생길 수도 있고, 근대국가와 자본주의와의 관계에서도 긴장과 마찰, 충돌이 발생할 수 있다. 따라서 커먼즈에 대한 관계론적 접근은 커먼즈의 정치론으로 이어진다. 커먼즈의 정치론은 커먼즈의 내외부에서 지속적인 긴장과 마찰, 갈등이 일어나며, 그런 갈등 속에서 커먼즈가 구성되고 지속된다는 사실에서 출발한다. 하지만 커먼즈의 정치는 고유한 내용을 가지는데, 자치와 협력의 관계망의 범위를 의미하는 '경계'의 지속적인 조정 및 그것을 넘어서 '모두의 것을 모두에게' 보장하는 권리를 창안하고 보장하는 문제를 중심으로 커먼즈의 정치가 착동한다는 것이다.

4부를 구성하는 세 글은 한국에서 커먼즈를 이해하는 일반적인 통념인 자원, 제도, 공동체라는 개념틀로 커먼즈를 바라보는 것이 문제적이라는 점에 대해 동의한다. 그러나 우리가 살고 있는 세계의 핵심 원리나 그것이 지니는 시간성에 대한 판단에서는 큰 차이를 보인다. 박순열·안새롬은 커먼즈를 이해하는 데 필요한 시간성의 문제를 전통과 현대의 이분법을 통해 바라본다. 우리가 살고 있는 시공간은 이미 기능분화된 체계들로 구성된 현대/근대에 이르렀지만, 거기에는 공동성에 기반한 전통적인 커먼즈가 가능하다는 시대착오적인 오인이 존재한다. 김지혜는 기존의 커먼즈론이 특정한 이야기 속에서만 커먼즈를 파악하는 구조를 지니고 있으며, 한편으로는 그것을 오래된 신화(=역사)로서 이해하고 다른 한편으로는 미래적인 상상 속에 위치시킨다고 본다. 그리고 커먼즈는 그 어느 곳에 고정된 것이 아니라 양방향으로의 운동으로서, 사이 지대로서 오직 수행을 통해 그 의미가 산출되는 것으로 이해한다. 정영신은 커먼즈를 규정하는 보편적인 형식을 거론하면서도 그것이 특정한 역사적·문화적 맥락 속에서 재구성된다는 점을 강조한다. 전통시대의 유산들은 근대화된 형태로 재생산되며 사회적 조건의 변화는 이전과는 다른 가치들을 커먼즈에 결부시킨다.

또 하나의 쟁점은 '모두의 것' 또는 공공성의 문제를 어떻게 이해할 것인가와 연결되어 있다. 정영신은 커먼즈가 '모두의 것'이라는 형태로 공(公)적인 것 또는 공공성을 내포하고 있다고 생각하는 반면, 박순열·안새롬은 현실은 각각의 개별 관찰자들에게 다르게 관측되기 때문에 '모두의 것'이 불가능하다고 보며,

김지혜 역시 모든 것이 모든 것에 동시에 접촉될 수는 없기 때문에 '모두'를 위한 커먼즈는 허구적이라고 본다. 그렇다면 커먼즈 논의에서 '모두'라는 기호는 삭제되어야 하는가? 박순열·안새롬은 '모두'를 특정 체계에 누구가 접속될 수 있다는 개방성의 의미에서 사용하고자 한다. 반면 정영신은 그런 개방성을 사실에 대한 단순한 기술이 아니라 커먼즈 운동과 정치가 지향해야 할 경계의 재구성의 방향이 될 수 있다고 보고 있다.

한 해 동안의 공동의 논의와 작업을 거친 이후에도, 커먼즈 개념은 여전히 논쟁적이다. 1부와 2부가 기존의 커먼즈 논의들과 논쟁을 벌이고 있다면, 3부와 4부는 그 안의 저자들 사이에서 논쟁이 전개되고 있다. 그 어느 때보다도 생명자유공동체는 불화하고 있는 것처럼 보인다. 사실, 우리 포럼을 구성하는 저자들 사이에서 관점과 방법론의 차이는 언제나 존재해 왔다. 그리고 이번에는 서로를 향해 말걸기를 하고 있을 뿐이다. 어찌 보면, 이런 차이와 불화 속에서야말로 공동/공통적인 것이 출현할 수 있다. 그런 점에서 이 책은 저자들의 공동 생산물로서 하나의 커먼즈라고 할 수 있으며, 독자들 '모두'에게 개방되어 있는 논쟁의 장이다. 이 논쟁의 과정은, 표지의 그림이 보여주는 것처럼, 다양한 아이디어와 기획들이 교차하는 실짜기의 과정, 그물엮기의 과정이 될 것이다. 많은 독자들이 자신의 바늘과 실을 들고 이 과정에 엮여 들어오길 기대한다.

2024년 10월 저자들을 대표하여
정영신

목차

발간사 커먼즈로 그리는 새로운 전환의 길 **장재연** 5
머리말 커먼즈라는 말의 커머닝을 위하여 **정영신** 7

제1부 생활세계의 전환과 커먼즈

1장 '전환 마을 은평'의 사례를 통해 본 도시 커머닝의 생태적 재구성 **장우주** 21
2장 커먼즈의 눈으로 보는 한살림운동 **구도완** 52
3장 페루 안데스 농민 공동체의 변화를 통해 본 공동체의 의미 **서지현** 91

제2부 인간 너머로의 전환과 커먼즈

4장 수달과 함께 도시 커먼즈 만들기 **최명애** 117
5장 인간 및 인간 너머 존재에 의한 생태 사회적 커먼즈의 형성 **한상진** 154

제3부 에너지 전환과 커먼즈

6장 커먼즈와 불로소득주의 사이에 서 있는 탄소중립·에너지전환 **홍덕화** 179
7장 에너지전환과 에너지 커먼즈 **김수진** 215

제4부 커먼즈와 개념의 전환

8장 커먼즈(논의)는 현대사회에 얼마나 정합적인가? **박순열, 안새롬** 253
9장 사이 지대로서 커먼즈: 커먼즈의 시공간성과 비재현성 **김지혜** 298
10장 커먼즈 개념 논쟁과 커먼즈에 대한 관계론적 접근 **정영신** 324

부록

포럼 프로그램 374
저자 소개 381

제1부
생활세계의 전환과 커먼즈

제1부 생활세계의 전환과 커먼즈

1장 '전환 마을 은평'의 사례를 통해 본 도시 커머닝의 생태적 재구성 장우주
2장 커먼즈의 눈으로 보는 한살림운동 구도완
3장 페루 안데스 농민 공동체의 변화를 통해 본 공동체의 의미 서지현

1장

'전환 마을 은평'의 사례를 통해 본 도시 커머닝의 생태적 재구성

장우주

이 글은 '전환 마을 은평'의 활동 사례를 도시 커먼즈의 관점에서 재구성한 것이다. 연구자는 이 글을 위해, 관련 자료 분석, '은평 텃밭' 활동 참여 관찰 및 참여자 인터뷰 내용을 분석하였으며, 생태적 지향성을 지닌 공동체 여성들이 공동체-자원-규칙을 어떻게 재구성했는지에 초점을 두고 탐구하였다. 이를 통해, 다음과 같은 점을 성찰할 수 있었다. 첫째, 도시 텃밭에 참여한 공동체 여성들은 농사를 짓는 '행위성'을 통해 생태적 감수성과 자연물과의 접촉을 통한 생태적 가치관을 공유하였다. 둘째, 자원의 측면에서 도시농업을 통해 먹거리와 생활재를 일부 자급하였으며, 생태적 지식을 공유화하고, 재난 상황에서는 공유부엌을 약자들을 위한 돌봄 안전망으로 커머닝하기도 하였다. 셋째, 제도 측면에서, 시유지인 '은평 텃밭'은 정책 변화에 따라 지역주민과 공동체의 노력에도 불구하고 결국 폐쇄되었다. 현재의 제도하에서 실질적으로 공동체가 공유지로 농사지을 수 있는, 제도적인 의미 있는 실험을 시도하기는 하나, 가장 중요한 필수조건은 커머닝을 해가는 공동체가 있어야 한다는 것이다. 도시-농촌, 생산-소비, 생산-재생산의 이분화를 넘어서, 생태적인 지향성을 가지고 자원, 규칙을 지닌 여성들의 공동체는 유연하고 개방적인 조직 형태이며, 아직은 실험적이라고 할 수 있다.

1. 도시 커먼즈 × 생태 × 페미니즘

2010년대 이후 한국에서 커먼즈(commons)와 관련한 논의가 다양한 차원에서 주목받고 있다(박서현·김자경, 2022). 커먼즈는 '공동, 공통, 공유'라는 사전적 의미를 지니고 있으며, 공유자원, 공유재, 공유지, 공통재 등 이론적 맥락에 따라 다양한 개념으로 사용되고 있다(권혁범, 2020: 17; 안명희·이태화, 2024: 153). 커먼즈 이론이 주목받는 이유는 공유자원과 이를 둘러싼 인간들의 관계, 나아가 사회시스템의 변화 가능성을 전제로 하기 때문이다. 데이비드 볼리어(D. Bollier)에 따르면, 커먼즈는 '자원', '공동체', '사회적 규약'이라는 세 가지 요소들로 구성되며, 이 세 가지 요소들이 상호의존적으로 영향을 미치면서도 통합된 전체를 이루어가는 역동적 과정을 수반하는 것으로 보고 있다(볼리어, 2015: 40). 따라서 신자유주의로 특징되는 현대 자본주의 시스템이 가져온 빈부격차와 불평등한 세계화 문제 그리고 성장주의와 무분별한 자연 파괴로 인한 기후 위기 문제의 상황에 직면하면서, 현대의 커먼즈 이론과 실천은 대안 사회시스템으로 더욱 주목받게 되었다(박서현·김자경, 2022: 19; 안명희·이태화, 2024: 153).

커먼즈 이론과 실천은 전통적인 커먼즈 이론으로부터 역사적·사회적 맥락에 따라 분화하고 있다. 예를 들어, 엘리너 오스트롬(E. Ostrom)의 경우, 『공유의 비극을 넘어』를 통해 공동 목장과 공동 어장, 지하수 같은 커먼즈를 성공적으로 관리해온 제도에서 일관적으로 나타나는 특성을 8개의 '디자인 원리'로 제시하고 있다(오스트롬, 2010: 175). 이러한 오스트롬의 연구 성과는 현대 도시의 어떤 지역을 지역주민들이 '공동의 것(the commons)'으로 만들어가는 활동을 통해서 존재하는 도시 커먼즈에 대한 분석에 바로 적용하기에는 한계를 지니고 있다(박인권 외 2021: 148; 박서현·김자경, 2022: 5; 안명희·이태화, 2024: 159). 특히 도시 커먼즈 연구는 오스트롬의 연구와 같이 전통적 자원을 기반으로 만들어진 커먼즈 연구와는 달리, 도시 커먼즈를 둘러싼 역사적, 환경적, 맥락적 특성들을 염두에 두어야 할 필요가 있기 때문이다. 이것은 커먼즈의 세 가지 요소인 자원, 공동체, 사회적 규약의 측면보다 더 복잡한 측면들을 고려해야 하기 때문이기도 하다.

오스트롬이 제시한 커먼즈 연구에서는 '명확하게 정의된 경계'를 전제하고 있다. 여기서 경계란 '사용자의 경계'와 '자원의 경계'를 의미한다(오스트롬, 2010: 652). 사용자의 경계는 커먼즈에 있어서 공동체의 경계를 의미하며, 배타적인 지역주민 혹은 공동체를 전제하고 있다. 그러나 도시 커먼즈의 경우에는 특정 도시지역을 기반으로 한다. 소규모 도시 공간을 공동 운영하는 사회적 협동조합의 경우, 조합에의 가입 및 탈퇴가 보다 유연하고 개방적이며, 조합원이 사는 지역 또한 광범위할 수 있으며, 공동으로 사용하는 공간과 조합원의 거주지가 일치하지 않을 수도 있다. 즉, 도시 커먼즈의 경우에는 도시지역에서 공동의 것을 만들어가는 활동인 커머닝을 통해서 공통성이 생성된다고 할 수 있다(박서현·김자경, 2022: 5).

자원의 경우에도, 오스트롬의 연구에서는 한정된 자연자원을 의미하나, 도시 커먼즈에서는 그 경계가 명확하지 않은 경우도 있다. 공동자원에 대한 소유권 측면에서도 다양한 맥락에 따라 사적 소유권으로 커먼즈 자원과 대척관계에 있거나, 공동소유권과 유사할 수도 있는 등 다양한 관계적 특성을 드러내기도 한다(안명희·이태화, 2024: 159). 도시 커먼즈의 개방성을 지닌 공동체의 일원들이 자율적인 공론의 장을 만들고 규칙을 만들어가는 과정도 전통적인 커먼즈의 규칙 및 제도와 차이를 드러낸다.

따라서 도시 커먼즈의 경우에는 공동, 공통의 것을 찾기가 어려운 사람들이 공동체를 형성하기도 어려울 수도 있으며, 공유자원 또한 제한적이거나, 소유권이 공동체가 아닌, 개인 혹은 국가에게 귀속되어 있는 경우, 사회적 규약을 합의하기도 쉽지 않을 수 있다. 이렇듯 도시 커먼즈는 구성원들이 이질적이고, 유동적이며, 개방적이라는 특성을 지니고 있기 때문에(박서현·김자경, 2022: 6) 도시에서의 커머닝이란, 공동의 것이 명확하게 전제되어 있기보다는, '공동의 것을 구성해 가는 과정'이라고 할 수 있다(박서현·김자경, 2022: 17).

정영신은 커먼즈를 두 가지 차원에서 구분한다. 첫 번째 커먼즈는 지역 공동체의 자치적 규약 속에서, 개별적이고 구체적인 이용자 공동체의 성원들이 만들어온 '우리의 것(our commons)'을 의미한다. 두 번째는 커먼즈가 지닌 보편적 차원으로 모두가 이용 가능한 '모두의 것(people's commons)'으로 구분된다. 나아가 실제로 커먼즈는 두 차원의 통일로서, '우리모두의 것'으로서 존재할 수 있게 된다고 정영신은 보고 있다(정영신, 2021: 266-267). 따라서 정영신은 '커먼즈의 정치'를 '공동의 것 즉 우리모두의 것을 생산하고 분배하는 방식과 그 권리를 둘러싸고 경계 안팎의 주체들이 서로 경합하는 과정이며, 대안적인 가치와 실천 들이 서로 충돌하는 장'으로 정의하고 있다(정영신, 2019: 404).

그렇다면, 도시에서 생태적 전환의 가치를 지향하면서 공동체가 커머닝해 간다는 것은 어떻게 가능한 것일까? 이 글은 서울 은평구의 전환 마을 운동의 사례인 '전환 마을 은평'의 활동을 도시 커머닝의 관점에서 분석하고 해석한 것이다. 서울시 은평구의 민간단체 '전환 마을 은평'은 영국 남부 토트네스의 전환 마을 운동으로부터 영향을 받아 2014년부터 시작되었다. 연구자가 이 사례에 주목한 이유는 다음과 같다. 기후 위기, 에너지 위기에 직면하여 생태적 전환이라는 가치를 내걸었다는 점, 도시농업을 하는 '우리'라는 일시적인 공동체를 형성했다는 점, 도시 텃밭을 위해 '공유하는 땅'도 있으며, 공유하는 규칙도 있다는 점, 공유할 수 있는 생태적 경험을 해간다는 점, 도시농업 및 도시 텃밭을 지속하기 위해 공유지를 확보하려고 노력한다는 점, 코로나19라는 재난 상황에서 공유부엌을 통해 돌봄의 안전망을 구축한 경험 등이다. 특히 도시 텃밭에 관련된 활동에 참여하는 대다수는 여성이었다(강지연, 2021). '전환 마을 은평'이 서울시로부터 위탁받아 운영하던 공유지 '은평 텃밭'에는 20대부터 70대까지 다양한 세대, 다양한 계층이 참여했으며, 어떤 활동에서는 은평구 여성뿐만 아니라 다른 지역의 여성들까지 참여하였다. 여성이 주로 참여한 이유는 도시 텃밭 활동은 생계를 책임지는 생산 영역의 활동이기보다는 재생산 영역의 활동으로 여겨지기 때문이다(페더리치, 2013).

 이 글이 제기하는 구체적인 질문은 다음과 같다. 공유지인 도시 텃밭에서의 활동 경험을 통해, 생태적 전환이라는 가치를 지향하는 그룹은 무엇을 도시에서 커머닝하는가? 커먼즈의 구성요소인 자원, 공동체, 사회적 규약의 성질이나 결합 관계는 재/구성(re/commonisation)되거나, 탈구성(decommonisation)되기도 한다(정영신, 2021: 269). 즉, 국가나 시장에 의해 제공되던 자원이나 재화가 커먼즈의 형태로 전환되는 과정이 될 수 있으며, 자원-공동체-규칙이 새로운 방식으로 조합되기도 한다. 특히 커먼즈 재구성 과정에서, 기존 커먼즈에서는 이용 대상으로만 여겼던 자연, 비인간 존재를 생태적인 가치에 근거하여 재구조화한다면 어떻게 재구성할 수 있을까? 또한 자본주의 시스템에서는 생산-재생산, 생산-소비의 영역은 이분화되어 있으며, 특히 도시에 거주하는 여성들은 일상에서의 먹거리를, 소비를 통해 얻고 있다. 공동체에 참여하는 도시 여성들이 일부 먹거리를 생산하면서 자급하는 경험을 통해 커머닝하는 것은 무엇일까? 자원-공동체-사회적 규약이 재구성되는 내용이나 변화의 지점은 어떤 것들일까?

 연구자는 이 글을 쓰기 위해, '전환 마을 은평'과 그와 관련한 일련의 활동에 참여하여 관찰한 바를 해석하고 정리하였다. 특별히 '전환 마을 은평'이 운영하였던, 은평구 서울혁신파크에 위치한 공유 텃밭인 '은평 텃밭'에서 2023년 4월부터 11월까지 공동체 멤버들과 함께 농사를 지었다. 또한 '전환 마을 은평'이 주최하는 워크숍, 콘퍼런스, 행사, 풀요리 모임, 허벌리스트 과정 등 관련된 전국 네트워크 모임에도 참여하여, 관찰한 내용을 정리하고 해석하였다. 또한 대표 및 참여자들과 인터뷰하여 이를 분석 자료로 활용하였다.

2. '전환 마을 은평' 활동의 시작과 특징

서울시 은평구 시민들의 활동인 '전환 마을 은평'은 영국 남부 토트네스(Totnes)의 전환 마을 운동[1]으로부터 영향을 받아 2014년부터 시작되었다. '전환 마을 은평'의 대표인 소란은 영국 토트네스에서 몇 년간 살면서 전환 마을 운동에 참여하였고, 이곳에서 퍼머컬쳐 디자인 코스, 허벌리스트 과정[2] 등 다양한 교육과정과 활동을 경험하였다.

그 이후, 서울시 은평구에서 퍼머컬쳐 농법[3]으로 교육을 시작하면서 지역주민들과 만나게 되었고, 이 만남을 통해 2014년 소란을 비롯한 30여 명의 사람들이 주도하여 '전환 마을 은평'을 선언하기에 이르렀다(인터뷰 소란). 2015년에는 '전환 마을 은평'의 멤버들 중 뜻을 같이하는 30명의 사람들이 출자하여 은평구에 채식 로컬푸드 식당 '밥·풀·꽃'을 열어 2024년 현재까지 운영하고 있다. 인근 도시농부들의 생산물을 주식재료로 쓰고 있으며, 음식물쓰레기는 도

---

1 전환 마을 운동은 본래 아일랜드 킨 세일이라는 곳에서 시작되었으며, 2024년 48개국 1만여 개의 마을에서 벌어지고 있는 선언 운동이기도 하다. 롭 홉킨스가 주도하여 영국 남부 토트네스에서 시작된 전환 마을 계획(Transition Town Initiatives, TTI)은 전환 디자인 체계에 큰 영향을 주기도 하였다(에스코바르, 2022: 256). 운동을 주도했던 사람들은 68운동 세대로 반자본주의, 반세계화의 관점에서, 석유에너지 사용의 피크가 올 것을 내다보면서, 지역경제를 강화하고, 지역에너지 자립을 위한 대안적 삶의 실천, 에너지 비용 및 탄소배출 감소, 지역 먹거리 운동, 지역경제의 성장을 추구하고 있다. 전환 마을 토트네스는 한국 사회에서도 주목하여 시민사회와 정책대안 연구자들이 방문하여 영향을 받기도 하였다(전환 마을 네트워크, 전환 마을 토트네스 웹사이트 2023. 9. 1. 접속).

2 허벌리스트(herbalist)는 '약재로 쓰기 위해 약초를 재배하거나 판매하는 사람'이라는 사전적 의미를 지니고 있다. 허벌리스트 과정에서는 허브의 재배 방법 및 효력을 배우며, 허브들의 약성을 이용하여 천연 샴푸, 크림 등의 생활재와 일상에서 필요한 다양한 형태의 약재를 만드는 방법 등을 배운다.

3 퍼머컬쳐(permaculture) 농법은 영속 농법이란 말로 번역되기도 하며 1978년 오스트레일리아에서 시작된 전일적인 세계관을 기반으로 한다. 특히 기후 위기 시대를 기점으로 의식주를 자급하자는 가치를 강조하면서, 유기농 방식의 농법과 폐기물 없이 서로 돕는 다종다양한 작물을 함께 심어서 숲밭을 만들고, 제초제를 쓰지 않으며, 궁극적으로는 마을을 디자인하는 데까지 나가야 한다는 것을 강조한다. 그래서 농사를 통해 스스로가 필요로 하는 의식주의 1%라도 생산하고, 관계의 연결을 통해 10%를 자급할 수 있도록 디자인하는 것을 목표로 한다. 궁극적으로는 임금노동을 통해 지불되는 화폐로 의식주를 해결하는 자본주의 시스템에 얽매이지 않는 상태의 자급을 강조한다.

시 텃밭 퇴비의 재료로 써서 자원을 순환시킨다. 텃밭에서 나온 허브와 풀로 다양한 요리와 생활재를 만들기 위해 교육하고 공유하는 교육과정도 운영하고 있다. 그 외에도 아궁이 만들기, 독서 소모임 등 욕구에 따라 소모임이 운영된다. 2022년에는 코로나19 기간에 지역 취약계층에게 채식 도시락을 지원하는 돌봄 안전망을 조직 및 운영하면서 공유부엌인 '햇빛부엌'도 마련하였다. 공유부엌은 요리라는 행위를 공적으로 만드는 공유 공간이며, 도시 텃밭에서 함께 농사지어 마련한 식재료를 함께 요리해서 나누는 공간이기도 하다. 또한 지역 구의회 진출을 위해 '민들레당'이라는 지역정당 활동에도 참여하고 있다.

은평구 지역 사람들뿐 아니라 다른 지역의 사람들도 활동이나 교육에 참여하며, 교육에 참여한 타 지역 활동가가 영향을 받아 자신의 지역에서 전환 마을 활동을 해나가기도 한다. 홍성, 신촌, 강릉 등의 지역에서도 전환 마을 선언을 하고 관련된 활동을 펼쳐나갔으며, 이들이 모여 '전환 마을 네트워크'도 결성하였다. 또한 퍼머컬쳐 디자인 코스를 수료한 사람들이 모여서 2022년 '전국 퍼머컬쳐 네트워크'를 결성하여 활동하고 있다. 이 네트워크를 통해 전국 단위의 워크숍도 개최하며, 핵심 활동가들이 영국 토트네스 마을을 방문하여 그곳의 활동가들과 직접 교류하기도 한다(인터뷰 소란).

이 활동의 특징적인 지점은 조직 방식에 있다. 첫 번째는 퍼머컬쳐 농법 방식의 교육과정이다. '잡초라도 충분한 풀학교', 허벌리스트 과정 등 생태적이면서도 일상생활에서 새롭게 시도해볼 수 있는 과정을 개설하기 때문에 이런 과정에 흥미를 보이는 사람들이 모여든다. 생태적인 가치관과 흥미나 성향이 유사한 사람들이 모여드는 모습에 대해 소란은 "벌이 날아들 듯 꽃향기를 맡고 날아든다."고 표현한다(인터뷰 소란).

그렇게 모여든 사람들은 자신이 원하는 교육을 받고 이후의 소모임을 만드는데, 모임 인원이 15명 이상으로 늘면 모임을 분리해 '점조직' 방식으로 자율적으로 운영한다. 모임의 리더가 이끌고 돌보는 데 큰 힘을 들이지 않기 위해서다. 그래서 그 소모임이 소임을 다하면 소멸하기도 한다. 소모임 멤버들 중 몇

몇 사람은 도시 텃밭 활동의 경험을 기반으로 농촌으로 이주하여 농사를 짓거나, 소모임과 관련된 분야에서 창업을 하기도 하였다(인터뷰 소란).

'전환 마을 은평'의 다양한 활동의 특징은 생태적 전환이라는 가치지향을 중심으로, 퍼머컬쳐 방식의 도시농업, 채식 식당 운영, 채식 요리 개발 등 다양한 방식의 대안들이 개인의 학습 취향과 관련이 있다는 점이다. 당위적인 차원의 시민운동이나 활동과는 달리, 생태적 가치나 전환의 가치에 부합하는 즐거운 감성을 기반으로 도시에서 농사를 지으면서 대안적 삶의 방식을 구체적으로 모색하고 있다. 그런 의미에서 전환을 위한 틈새의 대안 운동이라고도 볼 수 있다. 내용과 방식에 있어서는 도시 텃밭, 생활재 교육이라는 참여적이고 체험적 방식의 교육이 선행되어 있으며, 그 과정을 통해 생태적인 가치, 감성, 공동체의 관계를 체화해 간다는 특징을 가지고 있다.

〈표 1〉 전환 마을 은평의 주요 활동 예시

모임	형태	주요 활동
'은평 텃밭' '전환 마을 은평 기후 농부들' (2014~2023년)	1년 단위, 공유 텃밭+개인 텃밭	퍼머컬쳐 방식의 도시 텃밭, 서울시 위탁 혁신파크 내에 위치. * 2023년 12월 말 서울혁신파크 전체 폐쇄로 경작이 금지됨. * 공동체가 경작하는 다른 텃밭들이 있음('수락 텃밭' 등).
로컬푸드 식당 '밥·풀·꽃' (2015~)	채식 식당 저녁에는 소모임 대여 공간으로 활용	친환경 유기농 채식 식당. 인근 도시농부들과 연계하여, 여성·청년들의 일자리 창출.
풀학교 '잡초라도 충분한 풀학교'	채집, 교육	텃밭에서 수확한 풀을 포함한 식재료로 요리와 생활재로 만들어 쓰기 위해 교육·공유하는 모임.
공유부엌 '햇빛부엌' (2022~)	코로나19 시기 도시락 배달을 하면서 생긴 공유부엌	지역 취약계층을 위한 채식 도시락 제조 및 제공. 풀학교 운영 공간 등으로 사용.
은평구 학교 텃밭 교육	중학교 15개, 고등학교 15개에서 텃밭 교육	허브 중에서 다년생을 식재, 허브나 풀로 음식이나 크림 등의 생활재를 만들어 지역에서 팔아보는 경험으로 지역경제 교육.

다양한 모임	독서 모임, 아궁이 만들기 모임 등	코로나19 시기 전까지 소모임이 15명을 정원으로 50여 개까지 점조직 형태로 이루어짐. 이 모임을 통해, 창업·귀농 등이 이루어짐.
네트워크	전환 마을 네트워크, 퍼머컬쳐 네트워크	영국 토트네스 전환 마을 방문 워크숍. 퍼머컬쳐 전국 워크숍 개최(2022~)
지역정당 '민들레당'	지역정당 모임	지역정당으로 지역 의회 진출이 목표임. 지역 선거에 2번 후보를 냈으나 의회 진출에는 실패함.

3. 공동체: 서로의 '필요'와 '행위성'이 교차하는 생태공동체

'은평 텃밭'과의 첫 만남은 당황 그 자체였다. 20명 남짓한 사람들이 모여들었는데, 20대부터 70대까지 주로 여성이었다. 남성은 단 1명뿐으로, 2년째 참여하는 중년의 회사원이었다. 한 달 후쯤에 청년 한 사람이 더 참여했는데, 동물옹호활동가로 은평에 거주하는 그는 지나다니면서 공유텃밭을 눈여겨보았다고 했다. 여성들은 다른 지역의 정원활동가, 지역아동센터 복지사, 주부, 기치료사 등 다양한 직업을 가진 사람들이었다. 어쨌든 우리는 공통점을 발견하기 어려웠다. '우리'라고 할 만한 출발점은 단 하나 텃밭에서 농사를 지어보겠다는 것뿐이었다(연구자의 노트. 2023.05.30.).

커머닝에서 가장 중요한 것은 페더리치가 주장하듯 '공동의 주체(common subject)'를 형성하는 것, 즉 '공동체'이다(페더리치, 2013: 247). 그러나 지금 현재 한국 사회에서 함께 모여서 가치적으로, 실천적으로 공동체라고 명명하는 것은 무엇을 의미할까? 계층, 지역, 세대, 젠더, 섹슈얼리티, 지향하는 가치 등이 다름에도 공동의 주체로 커머닝한다는 것은 무엇이며, 어떻게 가능한 것일까?

1) 생태적 감수성과 행위성

첫 번째로, 구성원들은 퍼머컬쳐 농법으로 농사를 지으면서 식물과의 교감을 통한 생태적 감수성을 경험하게 된다. 퍼머컬쳐 농법은 한 가지 농작물만 심는 단작농업이 아니라, 다양한 작물을 함께 심어서 작물이 서로 도움이 될 수 있도록 디자인하는 농법이다.[4] '은평 텃밭'의 경우에도 개인에게 주어진 밭은 2~3평 내외였으며, 공동으로 경작하는 밭을 포함해서 전체는 80여 평의 규모였다. 그 밭에는 이미 나무들과 다년생의 작물들이 여러 종 식재되어 있었다. 그럼에도 이 작은 밭에도 봄부터 늦가을까지 40~50종의 씨앗을 뿌리고, 모종들을 심었다. 그런 경험을 통해서 씨앗의 힘, 흙의 힘, 땅의 지력을 느끼게 된다.

신비로운 거 아시죠? …그 비옥한 흙도 아닌, 조금 척박한 땅에서 그 생명이 움트고 나오는 그게 엄청 신기하고 아름답잖아요. …땅의 힘을 키우는 그 퍼머컬쳐가 되게 저에게는 큰 매력이었던 것 같아요(미정 인터뷰).

처음 20여 명이 만나, 도시 텃밭을 시작하면서 대표 소란으로부터 처음 들었던 말은 "이제 기후 농부가 되신 것을 축하한다."였다. 여기서 기후 농부란 의미는 식물의 뿌리와 흙이 탄소를 가둘 수 있는 기능을 할 수 있기 때문에 '도시에서 농사를 짓는다는 것은 바로 탄소를 가두는 활동, 즉 기후 위기에 대처하는 대안적 활동을 한다'는 함의를 지니고 있다는 것이다(소란 강의, 2023. 4. 25.). '기후 농부'라는 명명은 생태적 가치지향을 드러내는 호칭으로는 분명했지만, 텃밭에 모인 모든 사람들이 바로 자신의 정체성으로 받아들이는 것은 쉽지 않았다.

---

4 퍼머컬쳐 농법은 밭에 수십 종을 한꺼번에 심기도 하며, 다년생의 유실수와 작물을 심어서 숲밭을 만들고 단년생을 매년 심는 방식이다. 또한 비닐로 멀칭을 하지 않고, 풀이나 왕겨로 멀칭을 해서 농사 쓰레기를 만들지 않는다. 풀로 멀칭을 해주면, 습기를 좀 더 가둘 수 있어 물을 자주 주지 않아도 된다. 또한 자라면서 서로 도움이 되는 작물을 함께 심는다.

또한 초기에 모였던 모든 멤버들이 끝까지 함께하지도 못했다. 2023년 4월 25일부터 11월까지 아주 더운 여름을 빼고는 거의 2주에 한 번, 월요일 저녁 5시에 모여서 2시간씩 공식적인 모임을 가졌다. 그 시간에는 시기에 맞는 다양한 농사법, 다양한 허브의 종류와 효능 등에 관한 강의 및 설명과 함께 경작의 시간을 가졌다. 그 이외에는 개인적으로 가능한 시간에 나가서 개인 밭과 공유 밭을 돌보았다. 그러나 시간이 지나갈수록 몇 명은 개인 사정으로 나오지 않게 되었고, 새로 합류한 사람들도 생겼다. 가장 중요한 것은 시간이 갈수록, 밭의 작물을 위해서는 주기적으로 밭에 나와서 작물들을 돌봐야 한다는 사실이었다. 밭에는 생명력을 가진 다양한 식물들이 자라나기 때문이다. 생명력을 지닌 식물들이 이 공동체의 새로운 일원이 된 듯하였다. 모종으로 시작해서 어느새 지지대가 필요한 크기로 생장했으며, 특히 여름이 되자 옥수수는 농부들의 키만큼 자랐다.

퍼머컬쳐 농법은 다년생의 유실수와 작물을 심어서 숲밭을 만들고, 단년생 작물들을 매년 식재하는 방식이다. 또한 풀이나 왕겨로 멀칭을 해서 농사 쓰레기를 만들지 않는다. 그럼에도 도시농부들은 몸을 움직여, 풀도 정리하여 멀칭도 하고, 수확도 하고, 흙에 비료도 주고, 계절에 맞게 씨나 모종도 심었다. 도시농부들이 생태적 가치에 공감하거나 동의하는 것이 중요한 것이 아니라, 이 식물들이 잘 성장할 수 있도록 하는 '행위성'이 가장 중요했다. 즉, 도시농부가 식물의 생장에 직접적인 도움이 되는 물리적인 행위가 가장 중요한 필수조건이었다. 이러한 관계성의 경험은 중요한 공동체 구성의 중요한 기반이 되며, 필수적인 경험이 되었다.

마리아 푸이그 드 라 벨라카사(M. Puig de la Bellacasa)는 퍼머컬처 농법의 공동체 농업에 참여한 경험을 바탕으로 인간 너머의 세계(more than human world)에 대한 윤리로 교감을 통한 '터칭 비전(touching vision)'을 제시하고 있다(Puig de la Bellacasa, 2017). 푸이그 드 라 벨라카사는 누가/무엇이 주체인가? 혹은 누가/무엇이 대상인가? 라는 이분화된 질문을 해체한다. 접촉적 시각(vision-astouch)에서 보면, 즉 기후 농부의 손과 상추의 잎이 접촉하는 표면에서 보았을 때, 물리적으로 실재(reality)하는 것은 상호-작용하는 접촉(intra-active touch) 그 자체라고 할 수 있다. 즉 농부가 주체이고 상춧잎이 대상이 되는 패러다임에서 벗어나, 두 존재 간의 상호의존적이면서 상호관계적인 패러다임을 강조한다(Puig de la Bellacasa, 2021: 114-115).

기후 농부의 행위성은 구체적인 식물과의 상호관계성을 느끼게 하는 접촉의 기회를 제공한다. 그런데 이 식물은 상춧잎 한 장이 아니라, 다양한 식물들, 이름을 알 수 없는 풀들, 곤충들, 흙속의 미생물, 흙, 숲밭 자체를 이루기도 한다. 그렇다면 이 모든 비인간 존재자들이 '은평 텃밭' 공동체의 일원이 될 수 있는 것인가? 위에서 언급했듯이, 상호관계적인 존재라면, 위에 언급한 비인간 존재는 기존의 커먼즈 논의에서 공유 대상으로서의 자연이 아니라, 상호관계성을 가진 존재로 포착된다. 이는 정영신이 분석한 제주 비자림로를 지키기 위한 시민 활동에서 숲 커먼즈가 '우리가 사랑하는 숲'의 형태로 재구성되면서 대상으로서의 자연이 아닌 인간과 비인간 존재들 사이에 상호관계적인 형태로 포착된다(정영신, 2021: 291-294). '은평 텃밭'에서 공동체의 도시 여성들이 마주하는 다양한 식물들, 숲밭, 미생물들도 기존 커먼즈 논의에서처럼 공유지에서 이용 대상의 자연물이 아닌, 인간과 상호관계적인 비인간 존재를 터칭하는 관계성으로 포착된다.

2) 서로가 '필요'한 농사

퍼머컬쳐 농법에서는 밭을 똑같이 분할해서 개인밭만 일구는 것이 아니라, 전체 밭의 한가운데를 원으로 디자인한다. 밭 전체를 방사형으로 디자인하고, 전체 땅의 30%가량은 공동의 밭으로 만들어서 함께 농사를 짓는다. '은평 텃밭'의 경우에는 이 공동밭에 다년생의 다양한 허브들과 수세미, 해바라기처럼 크게 자라나는 작물들을 심었고, 수확물을 서로 나누기도 하였다.

특히 처음 농사를 짓는 사람들은 농사의 과정을 통해서 '혼자서는' 농사를 지을 수 없다는 사실을 자각하게 된다. 농사는 다 '때'가 있다. 씨를 뿌려야 할 때, 파종을 해야 할 때, 잡초를 뽑아야 할 때, 수확을 해야 할 때가 있는데 그 때를 놓치면 안 된다. 그래서 어느 정도 규모가 큰 농지일 경우, '혼자'서는 절대로 할 수 없는 노동이라는 것을 깨닫게 된다.

230평인데 제가 할 수 있는 것에는 한계가 있단 말이에요. 그러면 나머지는 뭐 해요? 무조건 친구들한테 도와달라고 해야 된단 말이에요. 그러니까 좋은 관계를 유지해야 돼요. 그래서 사실은 저는 공동체라는 걸 경험해 본 적이 없는 사람인데…. 농사일은 그렇게 밤새서 혼자 일을 할 수가 없어요 …무리를 해도 혼자서는 한계가 있단 말이에요…. 그래서 왜 그렇게 전통사회에서 공동체를 중시했는지 확 와닿는 거예요.
…이번에 11월 말부터 둑길 무너진 거를 보수를 하는데 이미 밭이 조성돼 있으니까 포크레인을 쓸 수 없잖아요. 그래서 그 둑길을 사람들이 다 삽질해 가지고 보수를 하는데 진짜 굉장히 많은 사람이 밭에 왔다 갔어요. 고등학교 친구, 중학교 친구 다 불러가지고. 야, 한 번만 더 와줘라, 하고…(선미 인터뷰).

3년째 퍼머컬쳐 농법으로 교육받고 농사를 실험적으로 짓고 있는 선미는 공동체적으로 무엇을 한다는 것이 낯설지만, 농사는 밤새서 혼자서 해낼 수 없는 종류의 노동이라는 것을 체득해서 알고 있다. 2022년 1년 동안, 퍼머컬쳐 농업교육을 함께 이수한 앱 개발자, 생태건축 분야 학생, 환경교육자, 가구디자이너 등 다양한 직업을 가진 청년 11명이 언제나 달려와 주었다. 이들은 주로 여성들로 현재 도시에서 전업으로 농업에 종사하지는 않지만, 2023년 큰 밭농사를 짓는 두 멤버의 밭에 '필요한 때'가 되면 공동체가 되어 함께 농사짓고, 그 밭에서 생산되는 작물을 함께 나눈다(선미 인터뷰).

3) 도시 커먼즈와 생태공동체

도시 커먼즈에서도 중요한 구성요소는 공동체이다. 그런데 도시 커먼즈에서 공동체는 오스트롬이 강조했던 전통적인 의미의 공동체와는 다른 특성을 가지고 있다. 구성원 측면에 있어서 이질성, 유동성, 개방성을 가진 얇은 공동체이다. 다양한 구성원들로, 멤버들의 거주하는 경계가 넓게 퍼져 있을 수 있으며, 멤버십의 유입과 이탈도 유동적인 것이 도시에서의 특징이다(박서현·김자경, 2022: 6).

나아가 '전환 마을 은평'이라는 생태 지향의 공동체는 공동체 멤버들이 생태적인 가치지향 혹은 각자의 취향에 따라 모여든 사람들이다. 이들은 함께 유기농으로 농사짓는 과정에서 새로운 식물들과의 관계성을 만들어가는 것을 경험하게 된다. 생태공동체 안에서 생장하고 번성(flourishing)하는 식물과 마주하게 된다. 이 식물들과 관계를 맺으면서 생태적 감수성을 경험하는 과정도 얻게 된다.

도시 커먼즈에서 이러한 비인간 존재와 공동체적인 관계성을 느끼게 되며, 농사는 '때'가 있고 '혼자서는 할 수 없는' 종류의 노동이어서, 공동체의 특징인 연대와 이타성을 느낄 수 있는 커머닝의 과정이 수반된다(한디디, 2024: 65). 그래서 여기서의 공동체란 개인과 공동적인 것, 인간과 비인간, 몸과 마음의 이분법을 넘어서는 경험을 의미하기도 한다(에스코르바, 2022: 260).

그래서 실비아 페더리치가 "공동체가 없이는 공유재도 없다."(페더리치, 2013: 247)고 강조했듯이, 공동체를 어떻게 정의하고 바라보느냐에 따라 커먼즈를 바라보는 접근이 달라지기도 한다. 여기서 말하는 '공동체'는 종교나 인종을 근거로 형성된 공동체처럼 타 집단과 분리되는 배타적인 이해관계에 의해 결합된 집단이 아니다. 생태적인 지향, 문화적인 취향, 개인의 자발성, 유동성에 의해 '시시때때로' 구성되고 해체되는 공동체라고 할 수 있다.

4. 자원: 생태적 생활재의 생산과 공유

사회주의 페미니즘의 관점에서 실비아 페더리치는 커먼즈를 재구성하고자 했다. 페더리치는 자본주의 경제 시스템에서 생산과 재생산의 분화, 생산과 소비의 분화의 문제를 지적하면서, 재생산 영역에서 가치절하되었던, 그러나 삶에서 필요한 영역을 커먼즈로 재가치화하면서 이 두 영역 간의 분리, 간극, 가치의 위계를 허무는 것을 중요한 과제로 여겼다(페더리치, 2013: 246). 그런 의미에서 페더리치는 사회주의 에코페미니스트인 마리아 미즈(M. Mies)의 가부장제와 자본주의의 관계에 대한 비판에 동의한다. 미즈는 봉건제와 자본주의의 본원적 축적 과정을 분석하면서, '남성-사냥꾼'으로 이미지화된 지배계급이 여성, 식민지, 자연을 대상으로 공짜로 약탈해 온 역사를 정리하고 있다(미즈, 2014: 166).

실제 도시 생활자들은 농산물을 시장에서 구매하는 소비자로 살아간다. '은평 텃밭'에 참여했던 대부분의 여성들 또한 도시 소비자의 삶을 살아왔다. 본인 생계를 위해 노동을 해서 돈을 벌고, 그 돈을 생활을 위해 소비하는 방식이었다. 그런데 작은 텃밭에서 농사를 짓고 먹거리의 일부를 자급하게 되면서 삶의 전환을 느끼게 된다. 특히 생협에서 유기농 농산물을 구매하면서 '착한 소비자'로 살아오던 여성들조차도, 자신이 도시농부로 기후 위기에 귀한 식량의 일부를 길러 먹을 수 있는 삶을 경이롭게 맞이하게 된다. 그래서 생산과 재생산, 생산과 소비, 도시와 농촌의 영역으로 이분화되어 있는 시스템에서 자급해보는 경험을 하게 된다. 나아가서 식재료만 아니라, 풀, 허브, 잡초, 열매, 다양한 나무의 뿌리 등을 이용해서 생활에 필요한 생태 친화적인 생활재를 직접 만들고 써볼 수 있게 된다.

1) 생태적 지식의 생산과 공유

이 과정에서 허브 등 식물로부터 얻은 다양한 생태적 지식에 대한 공유 과정이 일어났다. 퍼머컬쳐 농법의 특징은 작은 밭에서도 소량다품종 농법을 시행하며, 식재한 식물에 대해서 함께 공부한다. 다양한 허브들을 함께 식재하기도 하고 다년생의 허브들은 저절로 자라기도 한다. 그 다양한 식물들이 가진 효능들이 무엇인지를 알게 되면 다른 세계가 보이기 시작한다. 돈을 지불하면서 사 먹었던 약들을 사 먹지 않게 되기도 하고, 몸에 좋은 건강한 허브에 대한 지식을 쌓기 시작한다.

예를 들어 '세인트존스워트(St.John's wort)'라는 허브는 불안, 우울증, 무기력 상태, 수면 이상 완화에 효능이 있는 약재로 알려져 있다. 특히 갱년기 여성에게 좋은 허브로 꽃의 효능이 좋은 약재이다. 제약회사에서 약의 원료로 사용해 팔고 있지만, 한국에서는 잘 알려지지 않은 약재이다. 종종 제약회사들이 토종 식물에 기반한 신약 성분의 소유권을 주장하는데, 그 사례로 인도멀구술나무에서 추출한 성분을 들 수 있다. 문제의 성분은 남아시아 전역에는 그 치료 효과가 잘 알려져 있어서 지역민들에게는 오랫동안 사용되던 것이었다. 그런데 자본주의 기업이 전통으로 내려오던 약재를 첨단 생명공학을 이용하여 제품으로 생산하고, 지식재산권 법과 결합하여 독점 이윤을 취할 수 있는 시스템을 마련하고 소유권을 주장하는 것이다(프레이저, 2023; 196-197).

텃밭 활동에 참여한 여성들이 민트, 박하, 바질, 펜넬, 오레가노 등 수십 가지의 허브나 식물들의 효능을 공부하게 되면, 단지 풀로 보이던 식물이 가치 있는 약재로 보이기 시작한다. 공동체 여성들은 식물을 재배하고, 맛보고, 효능을 경험하면서 생태적 지식을 공유한다. 허브로 만든 차나, 건강 음료, 술에 담가 만든 엑기스 등을 가족이나 친구들에게 '선물'하게 된다. 이 모습은 허브나 약재에 많은 지식을 가지고 마을의 병자들에게 약재를 건네던 마녀의 이미지를 연상시킨다.

영국에서는 16~19세기 사이에 마그나카르타가 있었지만 방대한 토지 인클로저를 막는 데 아무 역할을 하지 못했고 공격적인 인클로저가 심화되었다. 영국의 여성들이 공유지에서 채집 등을 통해서 먹거리를 얻는 등, 공유재 이외에는 달리 먹고살 방법이 없었다. 때문에 공유재에 대한 권리를 주장하면서 오래된 공유화 방식을 유지하려고 애썼는데, 그런 여성들은 '마녀'라는 누명을 쓰기도 했다(볼리어, 2015: 139). 이런 맥락에서 공유재에 대한 여성주의적 관점이 중요하다고 페더리치는 강조한다. 여성들이 재생산 노동의 주요 주체로 남성들보다 더 공유자원에 의존해 왔고, 이를 수호하는 태도도 헌신적이었다는 인식에서 출발했다는 것이다. 최근까지도 여성들이 자연의 완전한 상업화를 저지하는 사회세력으로 나서고 있으며, 그런 연유로 자급농업을 책임지는 소농의 핵심 세력도 주로 여성이라고 강조하고 있다(페더리치, 2013: 243).

그래서 페더리치는 공동체의 도시 텃밭 활동은 단순히 식량 확보의 원천에 그치지 않고 사회성과 지식생산, 문화적, 세대 간 교류의 중심지이기도 하며, 공동체의 결속을 강화하고(페더리치, 2013: 240) 나아가 '다양한 문화의 실천을 전달하고 조우할 수 있는 매개체'(페더리치, 2013: 241)라고 강조한다.

2) 자연으로부터의 선물 공유

자연으로부터의 얻은 수확물은 마치 선물 같았다. 매일 돈을 주고 샀던 야채를 밭에서 얻다니, 적은 양이지만 감사가 절로 나왔다. 누군가 전에 심어놓았던 당귀는 봄부터 가을까지 향기 가득한 잎을 나에게 선물로 주었다(연구자의 노트).

'은평 텃밭' 공동체 멤버 중 한 사람인 50대 후반의 미선은 젊은 시절부터 한살림 회원으로 생명 가치를 실천하는 삶에 관심이 있었으며, 남편이 최근 은퇴하면서 경제적으로도 자급하는 삶에 관심이 많았다. '은평 텃밭'에서 2022년에 이어 2년 동안 농사를 지었는데, 첫해의 농사 경험을 바탕으로 2년 차에는 퇴비도 열심히 만들어 밭에 주는 등 연구와 실험을 한 덕분에 2023년도에는 훨씬 풍성하고 다양한 농산물을 밭으로부터 얻을 수 있었다. 일부 먹거리 자급도 이루었지만, 그녀는 지인들에게 수확한 농산물을 '선물'하기 시작했다.

저희 위층에 사시는 할머니가 계시는데 할아버지가 치매에 걸리셨거든요. …간병하는 어려움을 알기 때문에 제가 어제 참외를 따자마자 갖다 드렸거든요. …바로 전달해드리니까 얼마나 뜨끈뜨끈할 거예요. …그랬더니 그 땀 흘린 고마움을 알아서 먹기가 너무 그랬다고(미선 인터뷰).

미선이 주변의 지인들에게 나누어주는 선물은 늘어났다. 미선은 수확한 수세미를 쪄서 설거지용 수세미로 만들어 지역 환경 모임에 참여하는 지인과 친구들 30여 명에게 '선물'로 나누어주었다.[5]

또한 텃밭에서 얻은 풀, 다양한 허브를 말려서 얻은 차(민들레차, 민들레커피 등), 수십여 종의 크림과 로션, 모기기피제, 다양한 향신료 등 텃밭에서 산출되는 것은 자급을 위한 식재료와 생활재로 사용되고 선물로도 보내진다. 그리고 지역마다, 공동텃밭마다의 특산물은 퍼머컬쳐 네트워크 '돌봄장'을 통해 장에서 거래되기도 한다. 전업 농부들의 경우에는 꽤 많은 농산물을 장에서 팔기도 한다. 도시 공동텃밭 공동체 멤버들의 경우에는 몇 가지 생활재 물품이나 먹거리를 만들어서 장에 들고 나가곤 한다. 따라서 도시 텃밭에서의 농사를 통해 이익 추구가 아닌 삶의 필요에 기반한 농작물을 공동으로 생산하는 경험을 하게 된다. 이는 도시에서 소비자로서만 농산물을 구매하는 역할이 아닌, 즉 필요한 것을 생산하는 역할을 경험하는 것을 의미하고, 더 나아가 신뢰와 필요에 기반

---

5 미선은 2022~2023년 '은평 텃밭'에서의 농사 경험을 바탕으로, 2024년 봄 서울에서 전북 무주로 귀농하였다. 그리고 농업 교육과정의 일환으로, 지인들과 함께 밭 600평을 빌려 밭농사를 시작하였다.

한 나눔과 판매의 시스템을 직접 만들고 참여함을 의미하기도 한다.

3) 공유부엌: 재난 상황에서 사각지대를 연결하는 돌봄 그물

2015년에 공유 공간으로 채식 식당 '밥·풀·꽃'을 마련한 것은 퍼머컬쳐 교육과정을 끝내고, 의기충천한 사람들이 계획한 마을 디자인 중 하나였다. 30명이 출자해서, 채식 식당을 차렸다. 인근의 도시농업을 하는 농장으로부터 주요 식재료를 공급받고, 음식물쓰레기는 '은평 텃밭'에 퇴비로 만들어 선순환을 하였다. 점심시간에만 채식 메뉴로 운영하였고, 식당 운영 이외의 시간에는 소모임 공간으로 사용됐다. 주로 지역의 여성들이 식당에서 일했지만, 파트타임으로 일자리가 필요한 청년들이 와서 일하기도 했는데, 주로 퍼머컬쳐 교육과정에 참여하는 젊은이들이었다.

공유식당이나 공유부엌은 도시 텃밭 활동을 하거나, 재생산 영역의 커먼즈 활동을 하는 곳에서는 전형적인 거점 공간이다. '전환 마을 은평'에서 공유부엌을 마련하게 된 것은 코로나19 상황을 거치면서이다. 지역사회에 코로나19 상황으로 인해 끼니를 거르는 취약계층을 대상으로 채식 도시락을 배달하기 시작했다.

취약계층들이 코로나19 때 밥을 못 먹는다는 얘기를 들어가지고 저희가 도시락을 좀 배달하자 이렇게 얘기가 됐는데 그게 이렇게 크게 확장될 줄은 몰랐죠. 저희도 그리고 지역 분들이 기금을 굉장히 많이 만들어주셨어요. 그래서 페이스북에 한 끼 후원하자 누구 식사하실 수 없는 분이 있다, 그러면 한 끼 후원씩 이렇게 해주는 기금을 조성했고. 한 끼에 그때는 7,000원이었으니까 그래서 이렇게 후원해 주시면 '나는 도시락 몇 개 후원한다' 이런 식으로 해가지고 기금 마련해 드린 걸로 지속적으로 도시락이 갈 수 있게…(인터뷰 소란).

먹거리를 만드는 공유 공간에서 돌봄의 관계망을 확장해 가는 것으로 재난 상황을 직면해 나갔다. 그러면서 오히려 지역사회에 '햇빛부엌'이라는 공유 공간을 하나 더 마련하였다. 이곳은 도시락을 만드는 장소이자, '잡초라도 충분한 풀학교' 수업을 진행하는 공간이기도 했으며, 자립 청년들을 위한 공유부엌으로도 활용되었다.

공유 공간과 더불어 돌봄시스템을 커머닝해 가는 과정은 코로나19라는 사회적 재난 상황에서 자연스럽게 만들어졌다. 그것은 코로나19 상황에서 작동한 공적 시스템으로는 지원이 충분하지 않아 끼니를 거르는 몸이 불편한 독거노인들이 지역에 있다는 것을 인식하고, 고립된 사람들에게 '채식 도시락'과 '안부'를 묻는 돌봄의 시스템을 한시적으로 조직한 것이었다. 이를 위해서, 공적 시스템과의 공조를 통해 지원이 필요한 사람들에 관한 정보를 얻고, 지역에 홍보하여 도시락을 후원할 사람들을 조직하고, 공유 공간에서 뜻을 같이하는 여성들과 도시락을 만들고, 도시락을 나누어 배달하는 등 여러 과정에 대한 시스템이 만들어졌다.

제도적인 측면에서 복지정책으로 재난에 취약한 사람들을 돌보는 지원 정책들이 있지만, 그 지원 대상이나 방식은 제한적으로 이루어지고 있다. '전환 마을 은평'의 경우, 공유부엌을 통해서 복지정책의 사각지대에 있는 사람들의 요구를 파악하고 이를 위해 공유부엌에서 뜻을 같이하는 공동체 주체들이 모여, 돌봄 안전망을 자기조직화(self-organized)하고 이를 한시적으로 운영하는 과정을 가졌다.

채식 식당 '밥·풀·꽃'을 운영하던 공동체의 여성들과 '전환 마을 은평' 공동체의 멤버들은 채식 식당에서, 이후에는 공유부엌 '햇빛부엌'에 모여서 채식 도시락을 만들었다. 이 공유 공간은 '모두를 위한 공간'이 되었다. 재난으로 고립감과 배고픔으로 '위로'와 '한 끼'가 필요한 노인들을 위한 돌봄 지원이 되었다. 미즈와 페더리치가 강조하듯이, 재생산 영역에 속하는 돌봄노동은 노동의 가치를 인정받지 못해왔지만, 여성들이 주체가 되어 지역의 맥락에 맞게 커머닝해 갈

수 있는 영역으로서 중요하다는 것을 보여준다(페더리치, 2013).

5. 함께 농사지을 땅과 제도

1) 도시 텃밭과 시(市)유지의 비극

　80여 평의 '은평 텃밭'은 2023년 여름이 되자 숲밭을 이루었고, 아름다워졌다. 그러나 2023년 12월 말에 이 밭이 자리하고 있는 서울혁신파크는 폐쇄되었다. 10만 평이 넘는 서울혁신파크는 시유지로서, 서울시 정책에 따라 옛 건물들을 리모델링하여 다양한 시설로 활용되었다. 그러나 서울시장이 바뀌면서, 대형쇼핑몰을 포함한 주상복합건물 및 시립대 산학 캠퍼스 등의 신축 부지 예정지로 용도가 변경되었다. 따라서, 이 작은 텃밭도 2023년 이후에는 더 이상 위탁도 되지 않고 폐쇄되었다. 그동안 부지변경 반대운동도 있었지만, 지역 주민들이 모두 같은 입장은 아니었다.
　그럼에도 공사가 바로 이루어지는 것은 아니어서, 착공 전까지 지역주민의 산책, 운동, 공유 공간으로 이용되었던 공간이 폐쇄되는 것을 반대하고 2년간 시설 이용 연장을 허용하라는 캠페인과 서명운동 등이 지역주민들의 주도로 이루어졌다. 텃밭 폐쇄를 막기 위해 텃밭의 공동체의 멤버들, 퍼머컬쳐 네트워크 전국 멤버들이 함께 '텃밭 지킴을 위한 가을걷이 행사'를 개최하기도 하였다.
　'은평 텃밭'은 서울시 소유였으며 '전환 마을 은평'에 매년 위탁받는 형태로 경작할 수 있었다. 결국 커먼즈 자원 이용과 소유권 관계 측면에서 본다면, 자본주의 체제하에서는 사유지이거나 국유지 등으로 한정될 수밖에 없다. '은평 텃밭'은 시유지였으며, 다년간에 걸쳐서 시의 위탁을 받아 공유지로 점유하여 이용해온 것이다. 위탁을 결정하는 것은 서울시의 정책입안자와 시의회이다. 그 텃밭에 대해 '전환 마을 은평'과 지역주민들의 요구가 있었지만, 결국은 받아들여지지 않았다.

그러면 농사짓는 공동체 멤버들은 이런 일들이 일어날 때마다 농사를 멈출 수밖에 없는 걸까? 시유지에 대한 시 정책의 변화와, 그에 따라 농사짓기를 멈추고 텃밭의 존재가 사라지는 '비극'을 그냥 두고 볼 수 없었다.

2) 사유지의 한시적 공유지화

시유지는 사유화되는 과정에 있지만, 반대로 사유지는 실제로 공유화하는 사례가 만들어지고 있다. 함께 농사짓기의 즐거움에 빠져들었던 도시의 여성 농부들은, 어떻게든 지속적으로 농사지을 땅을 구하려 노력하였다. 소란과 함께 퍼머컬쳐 교육을 받은 22여 명의 여성들은 의정부 수락산 밑의 한 종교 기관에 속한 땅을 2019년부터 임대해서 농사를 짓기 시작했다.[6] 이곳은 서울 근교로 접근성이 용이한, 개발제한구역으로, 절대농지의 1만여 평 중 1,000여 평을 매우 저렴하게 임대할 수 있었다.

이 종교 기관은 농사를 지어야 하는 절대농지가 있으나 직접 농사를 지속적으로 짓기 어려워 임대를 주어야 하는 입장이었다. 그런데 20여 명이 넘는 여성들이 유기농으로 농사 쓰레기를 거의 배출하지 않고 아름다운 숲밭을 만들고 있어서, 매우 만족스러워했다. 이 종교 기관도 생태적 지향성을 추구했기 때문에, 제초제를 쓰고 농사 쓰레기를 많이 배출하는 개인 농부보다는 이런 생태 지향적 공동체에게 농지를 임대하는 편이 더 나은 선택이었다.

또한 참여하는 여성들의 입장에서도 임대한 농지의 접근성이 좋고, 생산된 농산물로 일부 식량 자급도 가능하고, 해가 갈수록 생활재로 가공하여 다른 지역의 농산물과 교환도 가능하며, 일부는 판매도 가능할 만큼 농산물의 생산량

---

6 '전환 마을 은평'의 공동체 텃밭은 고양, 서울혁신파크, '수락 텃밭' 등지에 있으며, 소란은 퍼머컬쳐 디자인 강사로 매해 전국의 다양한 지역에서 퍼머컬쳐, 풀요리 등의 다양한 강좌를 열고 강사로 참여하고 있다.

이 확보되어 만족스러웠다. 요컨대, 이 땅을 소유하고 있는 종교 기관은 농사를 지을 사람이 필요했고 농사를 짓는 여성공동체는 땅이 필요했는데, 이러한 이해관계가 잘 결합된 것이다. 따라서 소유권은 종교 기관이 가지고 있지만, 실제로는 22명의 여성들이 공유지로 공통 밭과 개인 밭으로 나누어 경작하면서 공동의 것(the commons)을 구성하게 된 것이다.

또 다른 사례는 '은평 텃밭' 텃밭 투어를 담당했던 선미의 경험이다. 선미는 중학교 때부터 기후 위기 문제에 관심이 있었고, 뮤지컬 배우를 거쳐, 페미니스트 활동가, 어린이들을 위한 환경교육 강사를 하다가, 전문적인 환경교육가가 되기로 결심하였다. 그래서 퍼머컬쳐 디자인 교육과정을 1년 참여하고, 2022년 2년 차에 양평에서 청년들을 위한, 특별한 퍼머컬쳐 과정에 참여하게 된다. '우퍼코리아'라는 청년 농촌 체험 국제조직의 한국 지부인 '첫걸음재단' 이사장이 개인적으로 가진 양평의 땅 230평을 청년들에게 농사를 지어볼 수 있도록 일정 기간 내놓은 것이다. 즉, 사유지를 일정 기간 기관에 신탁해서 공유지로 '이용' 가능하게 제도화한 것이다.

우퍼코리아의 제안을 받아 2022년 소란이 청년을 대상으로 퍼머컬쳐 과정을 운영하였는데, 서울 수도권에서 다양한 직업을 가진 청년들 20여 명이 참여하였다. 다양한 직업을 가졌지만, 생태적 지향성을 가진 비슷한 취향을 가진 청년들이 모여 퍼머컬쳐 농법을 배웠고 11명이 수료하였다. 2023년에는 선미와 다른 한 명이 이 땅에서 책임지고 농사를 짓기로 했고, 다른 친구들은 한 달에 한 번 정도 그리고 두 사람의 요청이 있을 때마다 농사짓기에 참여하고 있다.

이것은 사유지를 일정 기간 '공유지'로 '이용'할 수 있도록 제도를 만들고, '일정 기간' 일군의 '공동체'가 공유할 수 있는 방식이다. 이러한 방식이 가능한 것은 생태적인 가치에 대한 느슨한 상호합의가 전제되기 때문이다. 자본주의 경제 시스템에 근거한 토지 소유와 이윤의 가치에 기반을 둔다면 불가능한 방식이다.

땅은 솔직히 막 이쪽 땅, 저쪽 땅 제안은 굉장히 많이 들어와요. 자기들이 못하는 땅들이 많으니까 괜히 들어가서 500~600평 농사짓는 것이 쉬운 일이 아니고 작게 나오지도 않거든요. 또 가게 그게 전문 농업인이 아닌 상태에서 그리고 단작을 하지 않는 이런 방식이라면 손이 굉장히 많이 가는데 그걸 유지할 수 있으려면 팀이 들어가야 된다는 거죠.(소란 인터뷰)

앞으로 한국에서 농부의 고령화는 가속화될 것이고, 사유지로 농업을 지속할 수 없는 절대농지가 늘어난다면, 이러한 틈새 실험이 모델이 되어서 신탁의 형태로 제도화될 가능성이 있다. 작은 도시의 외곽이나 농촌에 유휴지가 늘고 있어서, 다양한 형태의 공유 공간으로의 전환 가능성이 높아지고 있다. 이때 중요한 것은 유휴지를 공유재로 커머닝해 갈 공동체의 존재여부이다.

현대 도시 커먼즈에서 공유하는 자원이나 공간은 기업, 개인, 국가 등이 소유하고 있다. 따라서 공동체가 소유권과의 관계에서 갈등 관계나 협력관계 등을 통해 커머닝하는 과정을 구성해야 한다. 도시 텃밭에서는 유휴지나 사유지를 적극적으로 활용하여 공동체화해가는 틈새 실험을 해볼 수 있는 가능성이 있다. 그러나 이것 또한 한시적이며, 유동적인 특성을 지닌다고 볼 수 있다. 농사의 측면에서 보면 한계로 보일 수도 있다. 하지만 결국은 소유권의 문제보다는, 점유하고 이용하면서 커머닝해 갈 수 있는 공동체를 구성해 가는 과정이 더 중요한 요소라고 할 수 있다.

6. 인간과 비인간 존재의 공유: 멧돼지와의 공유의 한계

공동체 도시 텃밭에서 중요한 이슈 중의 하나는 출몰하는 비인간 존재, 특히 멧돼지와 고라니에 관한 이슈이다. '수락 텃밭'의 경우에는 22명의 20대부터 60대까지, 다양한 세대, 직업, 계층, 섹슈얼리티, 배경을 지닌 여성들이 참여하고 있다. 다른 지역으로 이주하거나 혹은 마음이 맞지 않아서 중간에 몇몇 멤버들은 빠지기도 하고, 새로 멤버가 들어오기도 한다. 공동체 텃밭에서의 가장 중요한 이슈 중의 하나는 멧돼지와 고라니의 출몰에 대한 '관점의 다름'이다.

20대의 생태주의자이고 동물옹호론자이거나 채식주의자인 젊은 여성들은 비인간 존재인 멧돼지의 존재를 존중해야 한다는 입장을 가지고 있었다. 그래서 멧돼지가 농사지은 밭을 좀 망가뜨려도 농작물을 조금 먹어치워도 괜찮다는 입장을 가지고 있었다. 그러나 몇몇 중년 여성들은 코로나19 동안 일주일에 2~3일씩 드나들며 정성스럽게 가꾼 숲밭을 엉망으로 만드는 멧돼지에 대해 일단은 '기분이 좋지 않은 상태'이며, 무엇인가 조치를 취해야 한다는 입장이었다.

그러다 2022년에 사건이 벌어졌다. 몇몇 멤버가 멧돼지에 대한 조치를 취해 달라고 지역사회에 이야기를 전했고, 이를 통해 몇몇 마을 사람들이 수렵총으로 멧돼지 한 마리를 잡는 결과를 초래하게 되었다. 그런 결과는 '수락 텃밭'의 모든 구성원들의 마음을 불편하게 만들었다. 2023년 6월 21일, 공개 콘퍼런스에서도 그것이 가장 큰 이슈로 부각되었다. 멧돼지가 텃밭에 내려와서 농작물을 먹어치운다고 해도 공동체의 일원들은 그것이 본인들에게 큰 문제는 아니라는 것을 대화를 통해 확인하게 되었다. 그럼에도 불구하고 미묘한 입장 차이가 여전히 존재하는 것은 어쩔 수가 없었다. 그 사건이 일어난 후에는 밭에 울타리를 다시 쳐서 멧돼지가 밭에 출몰하지 않게 되었다.

'수락 텃밭'에서 멧돼지를 어떤 존재자로 보는지에 대해서는 각자의 입장이 조금 다르다. 멧돼지를 이 공유지의 커머너로 보는 멤버들은 멧돼지들이 농작물을 먹는 것과 숲밭을 조금 망가뜨리는 것에 대해 포용적이었다. 하지만 다른 입장을 가진 멤버는, '멧돼지가 차라리 배고파서 내려오는 것이라면 이해하겠지만, 유기농 숲밭이라 제초제 냄새도 안 나고, 지렁이도 있어서, 숲밭에서 뒹굴며 노는 공간으로 여겨서, 밭을 망치고 가는 것'이라며 속상해했다. 즉, '배고픈 멧돼지' 또는 고통을 느끼는 동물이라면 커머너로 인정하겠지만, 놀이공간으로 밭을 망치고 가는 것이라면 이 비인간 존재와 공유하는 것을 받아들일 수 없다는 것이다.

또 다른 사례는 우이동 지역 텃밭 사례이다. 지역개발로 먹을 것이 없어진 멧돼지들이 자주 출몰하여 농작물을 먹어치우기 시작하였는데, 어느 날은 어린 멧돼지가 밭에 내려와 굶어 죽어 있는 모습을 보고 텃밭 멤버들이 모두 가슴 아파했다고 한다. 예술가들인 멤버들이 아기 멧돼지 입장에서 노래를 만들어 부르기 시작하면서, 그 노래에 공감한 멤버들이 그 텃밭에서 나는 농작물을 멧돼지를 위해 제공하기로 의견을 일치했다는 사례도 있었다. 즉, 공유지 텃밭 활동의 목표를 비인간 존재의 먹거리 제공으로 바꾸게 된 사례라고 할 수 있다.

수락 텃밭의 공동체 멤버들은 농사를 지어 농작물만 생산하면 되는 것이 목표가 아니었다. 해가 갈수록, 숲밭을 조성해서 시간이 흐름에 따라 다양한 종들이 생태계를 이루는 것을 목표로 한다. 그 생태계에는 흙과 식물의 성장을 위한 미생물이나 곤충 등 다양한 종도 포함된다. 공동체의 멤버들은 그러한 숲밭의 아름다움이나 새로운 종들이 공유지 생태계의 일원으로서 늘어나거나 인식하게 되는 과정을 즐기게 되었다. 그러나 그 숲밭 생태계에 인간들이 가꾸어놓은 농작물을 먹어치우거나, 인간의 안전에 위협이 되는 상위 포식자 동물이 출현할 때면, 이를 해결하기 위해 공동체 멤버들이 서로 토론하고 의견을 조정하는 과정을 필요로 했다.

7. 생태공동체를 지향하는 도시 커머닝의 함의

여성들이 주로 참여하는 '전환 마을 은평'은 도시 공간에서 생태적 취향, 가치로 도시 텃밭, 공동 식당, 공유부엌 등의 다양한 활동들을 통해 커머닝해 가는 과정이라고 할 수 있다. 이 과정은 몇 가지 측면에서 전통적인 자원을 대상으로 하는 커먼즈와는 다음과 같은 차별점이 있는 것으로 보인다.

첫 번째는 커먼즈 공동체의 개방성과 유동성이라는 지점이다. 도시 커먼즈의 공동체 구성원들은 동질적인 멤버들은 아니지만, 필요한 공통의 자원에 관심을 가지고 지속 가능하도록 협력하고자 노력하는 커머너들이다. 도시에서는 자기 주도적이며 생태적 지식 등 고도화된 지식도 나눌 수 있다는 점에서 다른 커먼즈와 유사하지만, 도시농업을 위한 협업, 농사짓기라는 수행을 위한 행위성이 중요하다는 점이 커머닝 과정에서 가장 중요한 요소 중 하나였다. 또한 이러한 적극적인 커머너들은 재난 상황에서 지역사회에서 필요로 하는 돌봄시스템을 일시적으로 구성해 낼 수 있는 유동적인 형태로 커머닝하기도 한다(안명희·이태화, 2024: 187).

나아가 유동적인 구성원은, 한 도시에서 체득한 커머닝 과정에서의 문화와 지식을 가지고 다른 지역에 이주하여 '이식'하기도 한다. 이주한 지역의 맥락이나 구성원들의 문화에 따라 다른 방식과 내용으로 커머닝되기도 하지만, 그 방식은 홀씨가 퍼지듯 혹은 덩이식물이 번식하듯 이식된다. 물론, 이식된 후의 운영 방식은 자립적인 특성을 지니기도 한다.

두 번째는 인간과 자원의 관계, 즉 소유관계에 대한 것이다. 고도화된 자본주의 사회에서 대부분 인간이 자원과 맺는 관계는 '사적 소유권과 그 외의 관계'로 고착된다. 하지만 커먼즈 자원은 구성원들이 활동에 의해 생산된 비상품화된 자원을 의미한다(안명희·이태화, 2024: 185). 이것은 공동체 구성원들이 시유지 혹은 사유지를 공동자원으로 활용하여 생태적 가치와 공공성의 가치를 형성해 가는 것을 의미한다. 이러한 가치에는 자원 사용에 대한 형평성, 구성원들의 민주적인 규칙, 비인간 존재에 대한 배려 그리고 생산한 농작물 및 가공품을 선물로 주고받는 것 등이 포함된다.

그러면 '전환 마을 은평'에서 여성들이 해온 도시 커머닝의 사례는 전환의 관점에서 어떤 함의를 지니는 것일까? 생산과 재생산, 생산과 소비의 이분화로부터 벗어난 전환의 실험이었다는 점에서 전환의 실마리를 찾을 수 있다. 마리아 미즈는 공유재를 만들고자 할 때는 자본주의 내 사회적 분업으로 분리되어 있던 영역들을 재결합해야 하며, 그러기 위해서는 일상생활을 근본적으로 전환해야 한다고 제시한다(페더리치, 2013: 246). '전환 마을 은평'을 통한 도시 커머닝의 사례는 공동체 텃밭 활동을 통해 자연으로부터 채취하여 얻은 풀로부터 일상의 욕구, 취향, 필요에 따라 먹거리와 생활재로 만들어 자급하거나 선물, 교환하는 틈새의 실험을 해보는 과정이다. 여기에 참여하는 여성들은 모든 여성은 아니며, '인간에 대한, 지구에 대한, 비인간 존재와의 관계성과 책임의식을 지닌(페더리치, 2013: 247)' 생태적 전환에 대한 지향과 '행위성'을 지닌 여성들이었다.

여기서 재생산 영역이란, 낸시 프레이저가 제시하는 자본주의 경제의 '비-경제적 전제조건'의 영역과 일맥상통한다. 대개 여성이 수행하는 사회적 재생산에 투입되는 무급, 저임금 노동, 돌봄 활동 등이 여기에 속한다(프레이저, 2023: 266). 다른 한 축으로 프레이저는 비인간 자연의 물적 토대도 '비-경제적 전제조건'으로 내놓는다(프레이저, 2023). 프레이저는 자본주의가 이 '비-경제적 전제조건'에 의존하면서도 그동안 제대로 지불하지 않은 채 지속되어 왔다고 지적하고 있다. 그래서 프레이저는 그 대안으로 '환경을 넘어서는 반자본주의적 생태정치'(프레이저, 2023: 209)로 대안적인 사회생태주의를 제안한다. 그것은 기층에도 최상층에도 이익을 추구하는 시장의 영역이 전제되지 않으며, 기본적 필요는 공공재로 해결하고 시장은 존재하지 않는 시스템이다. 중간층은 다양한 가능성의 혼합을 실험하는 공간으로, 시장은 협동조합, 커먼즈, 자주 결사체, 자주 관리 프로젝트와 공존하며 나름의 역할을 할 수 있는 공간으로 상정된다. 시장의 작동이 사회적 잉여에 대한 사적 전유와 자본축적의 역학에 의해 왜곡되지도 흡수되지도 않을 것이기 때문이다(프레이저, 2023: 286). '전환 마을 은평'에서의 틈새 실험의 경우, 살아가는 데 필요한 먹거리와 생활재의 일부를 커머닝해서 구하고, 자본주의의 시장경제로부터 일부 자유로워지는 자급의 경제라는 면에서는 프레이저가 그리는 대안적 생태사회주의 시스템과 유사한 면이 있다.

커머닝에서 중요한 또 다른 요소는 전환 디자인에 관한 것이다. 퍼머컬쳐 교육과정에도 디자인이 들어가며, 채식 식당도 그 과정을 통해 생겨나게 되었다. 이렇듯, 전환 디자인에는 필요한 공간이나 공유 공간을 재배치하고 상상하게 만드는 힘이 있다. 즉, 전환 마을 활동에서도 집단의 전환 디자인이 강력한 메커니즘으로 작동하게 된다. 그래서 전환담론에서 먹거리, 에너지, 경제를 다시 배열·위치시키는 것을 원칙으로 하게 되며, 가급적 지역 공동체에 기반을 둔 다양한 경제 시스템을 포함해서 배치하게 된다(에스코바르, 2022: 268). 특히 이러한 집단적이고 창발적인 디자인 과정 자체도 실질적인 실행을 해낼 수 있는 커머닝의 과정이 될 수 있는 잠재력이 있다.

참고문헌

강지연. 2021. "여성 중심 도시농업의 공동체경제와 지역 돌봄: 서울시 금천구 사례를 중심으로." 『농촌사회』 31(2): 63-134.

권범철. 2020. "커먼즈의 이론적 지형." 『문학과학사』 2020년 3월호: 17-48.

미즈(M. Mies). 1997(2014). 『가부장제와 자본주의: 여성, 자연, 식민지와 세계적 규모의 자본축적』. 최재인 역. 갈무리.

볼리어(D. Bollier). 2015. 『공유인으로 사고하라』. 배수현 역. 갈무리.

박서현·김자경. 2022. "도시에서 커머닝은 어떻게 가능한가?: 제주 인화로사회적협동조합의 사례를 중심으로." 『한국협동조합연구』 40(2): 1-24.

시바(V. Shiva). 2017. 『이 세계의 식탁을 차리는 이는 누구인가』. 우석영 역. 책세상.

안명희·이태화. 2024. "오스트롬의 커먼즈 이론 관점에서 들여다본 도시커먼즈의 재해석: 커먼즈 구성요소를 중심으로." 『공간과 사회』 34(1): 151-199.

오스트롬(E. Ostrom). 2010. 『공유의 비극을 넘어』. 윤홍근·안도경 역. 알에이치코리아.

윤향미. 2021. "기후위기 시대의 전환마을운동과 함석헌의 생태평화운동의 상관성 연구." 강원대학교 대학원 석사학위 논문(미간행).

에스코바르(A. Escobar). 2022. 『프루리버스』. 박정원·엄경용 역. 알렙.

이광석. 2021. 『피지털 커먼즈; 플랫폼 인클로저에 맞서는 기술생태 공통장』. 도서출판 갈무리.

정영신. 2021. "제주 비자림로의 생태정치와 커머즈의 변동." 『ECO』 25(1): 257-299.

페더리치(S. Federici). 2013. 『혁명의 영점』. 황성원 역. 갈무리.

_____. 2022. 『캘리번과 마녀』. 황성원·김민철 역. 갈무리.

_____. 2023. 『우리는 당신들이 불태우지 못한 마녀의 후손들이다』. 신지영 외 역. 갈무리.

프레이저(N. Fraser). 2023. 『좌파의 길: 식인 자본주의에 반대한다』. 장석준 역. 서해문집.

한경애. 2022. "마을 공동체에서 도시적 커먼즈로: 동아시아의 시선으로 보는 도시적 커먼즈." 『공간과 사회』 32(4): 11-44.

한디디. 2024. 『커먼즈란 무엇인가: 자본주의를 넘어서 삶의 주권 탈환하기』. 빨간소금.

홍덕화. 2018. "생태적 복지 커먼즈의 이상과 현실: 한살림서울의 돌봄사업을 중심으로." 『ECO』 22(1): 243-276.

Puig de la Bellacasa, Maria. 2017. Matters of Care: Speculative Ethics in Morea Than Human Worlds. Minneapolis: University of Minnesota Press.

전환 마을 토트네스 https://www.transitiontowntotnes.org/

전환 마을 네트워크 https://transitionnetwork.org/

2장

커먼즈의 눈으로 보는 한살림운동

구도완

이 장에서는 두 사람 이상의 사람들이 함께 자원, 제도, 공동체 등을 생산, 이용, 관리, 향유하는 '공동의 것'을 커먼즈라고 정의한다. 이 글은 하나의 커먼즈 운동이라고 볼 수 있는 한살림운동을 통해 한살림이라는 커먼즈가 우리를 만들면서 모두를 살리는 실천을 어떻게 해왔고, 그 가능성과 한계는 무엇인지 살펴본다. 한살림운동은 '우리'의 경계를 만들면서도 '우리'를 농촌과 도시, 생산자와 소비자, 해외의 민중, 모든 생명, 즉 '모두'로 확장하려는 커먼즈 운동이다. 이 운동은 경제체계와 정치체계로부터 독립된 체계를 구성하기는 어렵지만, 이들 체계를 생명의 가치를 중심으로 재구성하는 데 기여해 왔다고 볼 수 있다.

1. 커먼즈와 한살림

커먼즈(commons)의 눈으로 세계를 새롭게 또는 다시 보고 이를 통해 대안을 모색하는 이들이 늘어나고 있다.[1] 자본주의 경제체계가 그 외부의 생활과 생명에 막대한 영향을 미치고 있는 현대에 우리 모두의 것을 지키거나 되살리려는 이들이 커먼즈 논의와 실천에 관심을 기울이고 있다.[2] 국가 중심의 정치체계가 자연과 사회에 대한 조절 기능을 작동시키기 어려운 상황도 커먼즈 논의가 확산하는 또 다른 이유일 것이다.

지금까지 마을, 도시 등에서의 소규모 공동체와 공동 활동에 대한 연구, 사회제도로서의 커먼즈에 대한 연구 등이 축적되었다. 제주도 마을 목장과 같이 공동체의 경계가 비교적 분명한 커먼즈(최현, 2016), 경의선 공유지와 같이 공동체의 경계가 불분명한 상태에서 제도를 해체하고 재구성하는 것을 시도한 커먼즈 운동(박배균 외, 2021), '빈집' 사례처럼 경계가 거의 없는 공동체 만들기를 시도한 커먼즈 운동(한디디, 2024) 등 커먼즈(운동)의 사례는 매우 다양하다. 이런 사례들에 대한 연구는 인클로저(enclosure), 즉 울타리치기를 넘어 커머닝(commining: 공동의 것 만들기)을 통해 새로운 사회를 구성하자는 희망을 담고 있다.

이런 커먼즈 관점의 담론과 실천이 기후 위기와 인류세 시대에 우리와 모두를 살릴 수 있는 새로운 이론적, 실천적 상상력을 줄 수 있을까? '우리'의 경계를 만들며 확장하고 '모두'를 위한 공동의 것을 만들며 이를 넓혀가는 실천을 기획하고 실행하는 커먼즈 운동은 있을까? 만약 있다면 이런 운동이 하나의 대안이 될 수 있을까? 이런 문제의식을 갖고 나는 한국에서 커먼즈 담론 또는 커

---

1 커먼즈는 흔히 공유지, 공유재 등으로 번역되지만, 이 글에서는 커먼즈라는 용어를 그대로 사용하고 그 의미는 '공동(共同)의 것'으로 넓게 정의한다.
2 여기서 나는 자본주의를 '화폐를 매체로 하여 이윤을 목표로 사물과 서비스를 상품으로 교환하는 경제체계의 작동 방식'이라는 의미로 사용한다. 이러한 정의는 낸시 프레이저(2023)의 자본주의 사회 또는 깁슨-그레엄의 대문자 자본주의(2013: 370-387)처럼 어디에나 있으며 모든 사회에 영향을 미치는 시스템 또는 사회제도라는 의미와는 다르다.

먼즈 운동의 하나로 볼 수 있는 한살림운동을 커먼즈의 눈으로 분석해 보고자 한다. 한살림운동 사례가 우리를 만들면서 모두를 살리는 대안을 만들어가고 있을까?

이 글에서 주된 분석 대상은 한살림운동이다. 여기에는 한살림모임이 주도한 생명문화운동의 흐름과 한살림생협을 중심으로 활동하고 있는 생명협동운동의 흐름이 모두 포함된다. 나는 한살림을 하나의 커먼즈로 보고 이 커먼즈가 어떤 담론과 활동으로 구성되고 변화되어 왔는지 분석한다. 특히 사회적 상호작용을 통해 개인이나 조직이 '나, 우리 조직, 다른 조직, 모두'를 변화시키는 과정에 관심을 두고 커먼즈 운동에 초점에 맞추어 분석한다.

이를 위해 관련된 자료와 문헌을 검토하고, 한살림운동에 참여했거나 참여하고 있는 리더들의 이야기를 직접 들어보았다. 이제 커먼즈의 눈으로 한살림운동의 역사와 현재를 살펴보고 미래를 이야기해 보자. 한살림운동이라는 창을 통해 우리와 모두를 살리는 세상으로의 전환, 자본, 인간, 기계, 산업, 국가 중심이 아닌 다른 세상을 상상할 수 있을까?

2. 커먼즈와 생태 전환

커먼즈는 전통적인 공동체가 이용, 향유하는 공동의 것, 즉 마을 숲, 마을 목장, 어장 같은 것들을 지칭하는 말로 사용되었다. 그런데 자본주의가 글로벌화하고 국가가 강력한 정치체계로 기능하는 현대에 와서 커먼즈는 한편으로는 시장과 국가를 넘어서는 대안으로, 다른 한편으로는 시장과 국가 사이에서 그 문제를 보완하는 사회적 실천으로 인식되고 있다.[3]

---

3 대안 또는 보완, 변혁/변형(transformation), 전환(transformation and/or transition), 이행(transition) 등은 단절된 이질적 과정으로 볼 수도 있고, 변화 과정에서 나타나는 하나의 흐름으로 볼 수도 있다. 후자의 관점은 라이트와 깁슨-그래엄의 논의에서 볼 수 있다. 에릭 올린 라이트(Erik

대안으로서 커먼즈를 보는 연구로는 정영신의 연구가 중요한데, 그는 '우리'와 '모두'의 개념을 통해 커먼즈화와 탈커먼즈화의 정치적 과정을 탐구했다. 정영신(2020)은 커먼즈는 한편으로 '우리'를 만들기 위한 자치와 협력, 다른 한편으로 '모두'를 위한 보편적 권리의 확장과 창안이라는 모순적인 정치과정 속에서 구성된다고 말한다. 그는 커먼즈론을 신제도주의적 연구(커먼즈 관리론)와 사회운동론적 접근(커먼즈의 정치론)으로 구분하고 커먼즈의 정치론은 시민들의 자유로운 연합들이 각자의 필요에 따라 '우리의 것'으로서 커먼즈를 요구하고 자치적으로 관리할 수 있는 권리를 요구함과 동시에, 그러한 요구가 '모두의 것'에 대한 보편적 권리의 재구성과 회복을 통해 가능함을 주장한다고 말한다.[4] 이러한 관점은 커먼즈 운동을 통해 체계 또는 체제 전환이 이루어질 가능성을 함축하고 있다.

그런데 이와 같은 논의에 대한 비판적 토론도 이루어지고 있다. 박순열과 안새롬은 커먼즈가 그 자체가 독자적으로 기능분화된 체계가 되기 어렵다고 보고, 개방성으로서의 '가치'로 커먼즈를 이해하는 것이 더 적절하다고 주장한다(이 책, 8장).

커먼즈(운동)는 여러 체계들을 대체하는 새로운 체계일까? 그렇게 될 수 있을

Olin Wright, 2020: 102)는 반자본주의 운동의 전략 가운데 자본주의 잠식하기(eroding)라는 전략을 이렇게 설명한다. "자본주의 잠식하기라는 전략적 전망은 비자본주의적 경제활동이라는 해방적 종들 중에서 가장 활발한 종류를 자본주의 생태계에 들여오면서 그 종들이 살아갈 틈새 공간을 보호하고 서식지를 확대하는 길을 알아냄으로써 발전하도록 돌보는 상황을 상상한다." 그는 장기적인 반자본주의 잠식하기를 통해 자본주의를 변형할 수 있다고 본다.
김슨-그레엄(J K Gibson-Graham, 2013: 11-47; 386)은 대문자 자본주의(Capitalism) 개념에 반대하면서 자본주의가 다양한 비자본주의적 거래, 노동, 기업의 영향을 받고 이들에 의존한다고 말한다. 그들은 비자본주의적인 다양한 경제, 예를 들면 공동체 경제를 구축하는 것이 대안이 될 수 있다고 말한다. 이들은 자신들이 사회주의 혹은 비자본주의적 구성행위가 바보스럽거나 유토피아적인 미래 목표가 아니라 "현실적인" 현재의 활동이 되도록 하기 위한 담론적 조건을 만들려고 한다고 말한다.
4 정영신은 이 글에서 어떤 체제 또는 조직에게 권리 등 무언가를 '요구'하는 운동에 관심을 기울이는 듯하다. 그런데 이 글에서 보는 한살림운동 사례는 '권리 주창이나 요구'와는 달리, '스스로 대안 만들기, 대안 되기'를 지향하는 커먼즈 운동이라고 할 수 있다.

까? 아니면 체계들의 작동 방식이나 그것의 방향을 잡는 가치 또는 의미로서 기능할까? 이러한 질문을 염두에 두고 이 글은 한살림운동이라는 하나의 커먼즈 운동을 전환의 관점에서 분석한다.

커먼즈 관점에서 한살림을 분석한 연구 가운데 홍덕화(2018)는 생태적 복지 커먼즈의 관점에서 한살림서울의 돌봄 사업을 분석했다. 그는 한살림의 돌봄 사업이 생태적 전환과 돌봄 사회화를 결합시켜, 대안적인 위기대응 방안으로 발전할 수 있을 것이라고 평가했다. 김자경(2020)은 커먼즈 관점에서 한살림제주를 연구했는데, 그는 한살림제주의 지역살림 운동을 '협동조합으로 커먼즈 만들기'로 해석했다. 그는 협동조합이 조합원 중심주의에 빠질 수 있다고 경계하면서도 협동조합이 커먼즈를 만들어가는 유효한 수단이라고 말한다(164쪽). 이 두 글은 커먼즈 담론이 갖고 있는 자치와 생태 전환의 의미가 한살림운동과 잘 접합될 수 있고 이를 통해 국가나 자본과 다른 방식으로 한살림운동이 우리를 만들면서 모두를 살리는 전환의 길을 갈 수 있고, 그렇게 해야 한다고 본다. 나는 이들의 논의를 바탕으로 '우리 만들기와 모두 살리기'의 역동적 과정으로 커먼즈 운동을 해석하고 이 관점에서 한살림운동의 30여 년의 역사와 현재를 분석한다.

그러면 전환의 키워드로서 커먼즈를 어떻게 보아야 할까? 조미성과 안새롬은 이 쟁점에서 차이를 보인다. 조미성(2022)은 한살림생명운동이 문명 전환 운동의 야심 찬 비전을 잘 실현하지 못한 원인은 '그것이 처음부터 낭만적이었고, 구체적인 분석이 없었으며, 협동조합이라는 형식과 생명운동의 내용이 잘 맞지 않았고, 중산층 운동으로 축소되었으며, 다양성, 유연성, 개방성이 부족했기 때문'이라고 평가했다. 그는 이러한 한계를 넘어서기 위해 공통장(커먼즈) 운동에 주목하고 한살림이 공통장의 부패에 빠지지 않고, '대안적인 공간'을 만들어야 한다고 제안한다. "문턱을 낮추고 구조를 열어놓고 더 포용하며 참여자들의 창조성과 자발성을 끌어내는 연결방식"을 고민해야 한다고 말한다. 그는 공통장과 공통인(commoner)이 자본과 국가와는 다른 방식의 전환을 이끌 수 있고, 그러해야 한다고 보는 듯하다.

안새롬(2022)은 조미성의 글에 대한 토론문에서 "공통장의 이론과 실천도 추상화, 낭만화되어 왔으므로 공통장을 참고하는 것만으로는 생명운동의 문제를 극복하는 데 부족함이 있다."고 말한다. 그는 "경제와 정치의 통합적 공간과 주체를 그려내고 그것에 공통장과 공통인의 이름을 붙이는 것은 논리적으로 어색함이 있다."고 말한다. 그는 공통장을 일종의 윤리로 규정하고 한살림이 '더 많은 존재들과 이익을 향유하고 돌보는 방식을 지향하는 윤리'를 설정하고 지향한다면 생명운동의 한계를 극복하는 데 도움이 될 것이라고 말한다.

조미성이 커먼즈 담론을 통해 자본과 국가로부터 상대적으로 자유롭고 독립적인 사회적 관계를 만들고 이를 통해 장기적이고 거시적인 전환을 이루어가는 것이 가능하고 필요하다고 본다면, 안새롬은 커먼즈 실천을 수행하는 사람들과 조직(들) 그리고 그들의 (상대적으로) 독립적인 체계의 구성은 불가능하거나 어렵기 때문에 커먼즈 담론을 운동조직의 가치지향으로서 해석하고 실천하는 것이 필요하다고 본다. 나는 아래에서의 분석을 통해 이런 쟁점에 대해 검토해 보겠다.

그러면 내가 보는 커먼즈란 무엇인가? 커먼즈는 공유지, 공유재, 공동자원, 공동, 공동성, 공동의 것, 공통 등으로 번역될 수 있다. 이 글에서는 '사람들이 공동으로 생산, 이용, 관리, 향유하는 공동의 것'이라고 정의한다. 한마디로 '공동의 것'이라 할 수 있다. 사람들과의 관계 속에서 커먼즈를 보는 이유는 나의 주된 관심이 사람들이 관찰하고 관계 맺는 사물, 사람, 사태이기 때문이다. 다시 말하면 커먼즈라는 말 또는 개념이 사람들 속에서 어떻게 소통되고 효과를 발휘하는지 관찰하고자 한다. 공동은 혼자가 아니라 두 사람 이상이 커뮤니케이션을 통해 우리를 만들고 경계를 획정하고 변화시키는 과정과 관계된다. 두 사람 이상의 사람들이 함께 자원, 제도, 공동체 등을 생산, 이용, 관리, 향유하는 '공동의 것'을 커먼즈라고 정의할 수 있다.

커먼즈 논의를 통해 '모두'의 권리 또는 '모두를 위한 지구'라는 이상을 열망하며 전통적 공동체를 넘어서는 현대적 공동체 또는 커먼즈를 상상하는 이들이 있다. 이 가운데에는 사람들 사이의 (권력) 관계에 집중하는 이들도 있지만 그것을 넘어서 자연, 지구, 생명 등에 초점을 맞추는 이들도 있다. 다시 말하면 사람들이 '서로를 모시면서 살리는 공동체'를 만들어가면서 모든 생명을 살리는 세상을 만드는 이상을 지향하는 사람들 또는 조직이 있다.

이들 가운데 하나가 한살림이다. 한살림운동은 사람들 사이의 협동을 통해 '생명을 모시고 살리는 문명'으로 전환해 나가는 것을 지향하는 운동이다. 여기서 생명은 생물을 넘어서서 비생명과 생명을 포괄하는 모두, 지구, 우주 등으로 확장되는 개념이다.[5]

그런데 모두 또는 생명을 살린다는 이상을 어떻게 실현할 수 있을까? 이것은 가능한 일인가? 그 방법은 어떠했는가? 이것이 이 글에서 탐구하는 질문들이다. 이 글은 지구라는 제한된 거주 공간을 거대한 커먼즈, 즉 공동의 것으로 보고 이를 생태적으로 지탱 가능하게 하는 생태 전환의 관점에서 한살림운동을 분석한다. 이 글의 연구질문은 크게 세 가지다. 첫째, 한살림은 '우리'라는 공동체 또는 커먼즈를 어떻게 만들었는가? 둘째, 한살림은 '생명 또는 모두를 살린다'는 목표를 어떻게 실천했는가? 셋째, 커먼즈와 생태 전환의 관점에서 한살림운동은 어떤 의미를 갖는가? 여기서 '생태 전환'이란 생명이 지구에서 공존할 수 있도록 현대의 지배적인 구조를 변형해 나가는 장기적인 과정이라고 정의한다.

이 글의 연구대상은 넓은 의미의 한살림운동과 그 안에 포함되는 한살림생협의 활동과 사업이다. 나는 한살림에서 현재 주도적인 역할을 하고 있거나 했던 '한살림 사람들'을 만나 그들의 이야기를 자세히 들었다. 이 가운데에는 한살림 회원 또는 조합원으로 참여했다가 '너무나 재밌어서' 활동가가 되고, 이사, 이사

---

[5] 초기의 원주 생명운동의 영향을 받았고 두레생협연합에서 전무, 상무 등의 일을 한 김기섭은 우리를 넘어서 "우리 안에도 못 들어와 있는 모두, 즉 생명을 향하는" 것이 매우 중요하다고 말한다(구도완, 이철재, 김민재, 2023: 113-117).

장 역할을 하게 된 이들도 있고, 한살림운동 초기부터 생명운동에 관심을 갖고 운동에 참여했다가 실무 책임자로 오랫동안 일한 이도 있고, 연구자로서 한살림운동을 연구하고 지원해 온 이들도 있다. 이들의 현재 또는 과거의 직책과 면접 일자는 다음과 같다.

〈표 1〉 연구 참여자

이름	소속과 직책	면접 일시
권옥자	한살림연합 대표	2024. 3. 27
김은주	한살림북서울 이사장	2024. 3. 19
김자경	한살림제주 부이사장	2023. 10. 24
유현실	한살림고양파주돌봄사협 이사장	2024. 3. 19
윤형근	전 한살림연합 전무	2023. 10. 23
임채도	모심과살림연구소 소장	2023. 10. 17
정규호	전 한살림연합 정책기획본부장	2023. 10. 19
조미성	모심과살림연구소 사무국장	2023. 10. 17
조완석	전 한살림연합 대표	2024. 3. 18
주요섭	전 모심과살림연구소 소장	2023. 10. 26

3. 우리 만들기와 모두 살리기

한살림운동은 왜, 어떻게 생겨났을까? 억압과 배제의 정치, 경제체계로부터 모두의 권리를 확보하기 위해 1970~80년대의 많은 저항운동가들은 민주화운동을 통해 지배구조를 부수는 데 헌신했다. 그런데 일부의 운동가들은 지배구조를 부수는 것을 넘어서서 다른 가치로 다른 세상을 만들어야 한다고 생각하고 이를 실천에 옮겼다. 이들 가운데 하나가 1980년대 형성된 생명운동 그룹이고 그 가운데 대표적인 것이 한살림이다(김소남, 2017).

한살림운동은 크게 두 흐름으로 나눌 수 있다. 하나는 1986년 한살림농산이 창립된 후 소비자생활협동조합 등으로 전환하여 80여만 명 조합원의 거대한 생협 조직으로 발전한 생명협동운동이다. 다른 하나는 1989년 「한살림선언」을 발표하고 약 3년간 활동하다가 해소된 한살림모임이라는 생명문화운동이다.[6] 이 두 흐름이 분화되기 전에 한살림운동에 참여한 사람들은 생명의 문명 혹은 세계관을 확립하는 일과 대중적 협동 운동을 통해 생활양식을 바꾸는 일이 하나라고 생각했다.

한살림모임 사람들은 연구와 토론을 통해 생명의 세계관을 확립하고 이를 문화적으로 확산시키면서 정치와 경제의 변혁, 혁명, 개벽(開闢)을 꿈꾸었다. 다른 한편으로 협동 운동에 힘을 모은 사람들은 대중들이 참여하는 유기농 직거래운동을 통해 농민을 살리고, 생산자와 소비자, 농촌과 도시 모두, 즉 모든 생명을 살리는 '한살림 세상' 만들기가 가능할 뿐만 아니라 이를 위해 노력해야 한다고 생각한 것으로 보인다. 생명협동운동에 집중한 사람들은 유기농 직거래운동이라는 실험을 통해 대안을 만들고 이를 통해 삶과 생각을 바꾼 사람들이 힘을 합쳐 거대한 지배구조를 해체하고 새로운 사회를 구성한다는 비전을 갖고 있었던 것으로 보인다. 여기에서는 '모두의 권리'를 쟁취하기 위한 투쟁이 중심이 아니라 '모두'를 살리는 생활 실천이 중요한 과제였다.

이 두 흐름 가운데 생명문화운동은 한살림운동의 중심에서 멀어졌고 김지하 시인 등의 문화운동, 담론으로 분화되었다. 한살림운동의 주된 흐름은 생협운동으로 진화했다. 생명협동운동으로서 한살림의 가치는 밥상살림, 농업살림, 생명살림으로 표현되었고 2000년대 중반 이후 '지역살림'이 새로운 과제로 제

---

6 한살림모임의 활동은 초기 이후 거의 없었기 때문에 이 글은 주로 생명협동운동에 초점을 맞추어 분석한다. 거칠게 요약하면, 장일순은 초기 한살림운동, 김지하는 생명문화운동, 박재일은 생명협동운동의 특징을 잘 보여준다고 말할 수 있다. 한살림모임이 해소된 이후에 김지하의 활동은 한살림운동의 경계 밖으로 나갔다고 볼 수 있다.

안되었다.[7]

이제 한살림은 우리를 만들면서 모두를 살리는 실천을 어떻게 조직했는지 살펴보자. 첫째, 이들이 말하는 생명이란 무엇이고 생명을 살린다는 것은 무엇을 의미할까? 둘째, '생명을 살리는 우리'는 어떻게 만들어졌을까? 셋째, 생명 또는 모두를 살리기 위해 이들은 무엇을 해왔을까?

1) 생명 살리기

한살림운동에서 '생명'은 특별한 의미를 갖는 기호다. 한살림선언은 '생명은 자라는 것, 부분의 유기적 전체, 유연한 질서, 자율적으로 진화하는 것, 개방된 체계, 순환적인 되먹임고리에 따라 활동하는 것, 정신'이라고 정의한다. 한살림은 산업문명이 위기에 처해 있다고 보고 "새로운 생명의 이념과 활동인 '한살림'을 펼친다."고 선언했다. 우주 생명에 대해 각성한 사람들이 힘을 합쳐 우주 생명을 모시고 살리는 '신명 나는 개벽'을 하자고 주창했다(한살림모임, 1990).

「한살림선언」은 1989년에 발표되었지만, 그 사상의 핵심은 1981년에 원주에서 발표된 "생명의 세계관 확립과 협동적 삶의 확장"이라는 문건 속에 이미 기술되어 있었다(원주사람들, 1981: 335).[8] 이러한 원주생명운동의 흐름 속에서 박재일 등은 1986년 서울 제기동에 한살림농산이라는 작은 농산품 가게를 열었다. 그의 생각은 「한살림을 시작하면서」라는 글에서 읽을 수 있다.

"원래 생산자와 소비자는 떨어질 수 없는 사이요, 서로를 필요로 하고 돕는 사

---

7 정규호(전 한살림연합 정책기획본부장)는 한살림이 협동조합의 틀을 갖고 조합원들의 협동을 조직하면서 동시에 생산자와 소비자가 함께 가야 한다는 것을 처음부터 중요한 가치이자 목표로 설정했다고 말한다. 그의 말에 의하면 밥상살림, 농업살림, 생명살림이 모두 중요하지만, 농업살림이 가장 중요한 가치로 조직 속에서 작동하고 있는 것으로 보인다.
8 이 글은 「삶의 새로운 이해와 협동적 삶의 실천」이라는 제목으로 김지하(1984)의 『남녘땅 뱃노래』에 실렸다.

이인데 현실은 서로 갈등하는 사이가 되어버렸지요. (…) 한살림은 생산자와 소비자를 만나게 하고 친한 사이가 되도록 하여, 생산자는 소비자의 생명을 보호하고 소비자는 생산자의 생활을 보장하는 사이가 되는 일을 하고자 합니다. 그래서 땅도 살리고 건강하고 안전한 농산물이 생산되고 서로가 믿고 돕는 관계가 되고, 모두의 건강과 생명이 보호될 수 있는 일을 하고자 합니다."(김선미, 2017: 196-199)

그는 생산자와 소비자 사이를 믿고 돕는 관계로 만들고 '땅도 살리고', '모두의 건강과 생명'이 보호될 수 있도록 하겠다고 말한다. 신뢰와 협동을 통해 모두를 살리는 일을 구체적 실천 속에서 하겠다는 말이다. 이 일을 하기 위해서는 조직이 필요했다. 박재일과 그의 동지들은 처음에는 한살림농산이라는 작은 기업으로 시작했지만 이를 주식회사 같은 자본주의 기업과는 다르게, 사단법인 또는 소비자생활협동조합(연합회)이라는 형태로 운동을 지속했다.[9]

2) 우리 만들기

생명을 살리는 일은 누가 어떻게 할 것인가? 초기 한살림 사람들은 일본 생협의 모델을 참고해서 '반(班)' 또는 작은 모임을 만들어 공동 공급, 공동구매 시스템을 운영했다. 이와 함께 마을 모임을 열어 회원들 사이의 교류를 지속했다.[10] 지금의 한살림생협이 고유한 정체성을 유지, 변화시키면서 지속 가능했던 것은

---

9 1988년에 한살림공동체소비자협동조합이 창립되고 이는 1993년에 한살림생활협동조합으로 명칭이 변경되었다. 한살림생협은 1994년에 사단법인 한살림으로 전환했다. 2011년에는 사단법인 한살림과 한살림생협연합회를 하나로 통합하여 한살림연합이 창립되었다(윤형근, 2024: 9-22). 1989년에 창립한 한살림 모임은 "초창기의 구심력이 약해지고 운영자금도 부족해지는 등" 어려움이 커져서 1992년에 이르러 거의 활동을 중단했다(모심과살림연구소, 2006: 94-95). 한살림모임이 했던 생명운동 연구, 문화운동 등의 일을 다시 하기 위해 모심과살림연구소가 2002년에 설립되었다.

10 처음에는 한살림 회원이라는 표현을 주로 썼다.

이러한 사람들이 친밀한 교류를 통해 신뢰를 형성하고 생명 가치를 소통했기 때문이다.

환대, 선물 그리고 그 속의 나

초기부터 한살림에 참여해 조합원 리더로 성장한 사람들 가운데에는 아이의 먹을거리를 위해 회원으로 참여했다가 여성들 또는 주부들 사이의 교류를 통해 자신이 변화했다고 이야기하는 이들이 많다. 유현실(한살림고양파주 돌봄 이사장)은 늦게 낳은 쌍둥이를 데리고 아무 데도 갈 수 없는 상황이었는데, 한살림 마을 모임에 갔더니 모두가 그를 환대해 주었다고 말한다. 마을 모임에서는 시 낭송을 통해서 마음을 나눈 뒤에 한살림 소식, 물품, 행사, 활동, 요리법 같은 이야기를 나누었는데 그는 열심히 참여하다가 마을 모임을 진행하는 마을지기가 되었다. 집에서 주부로 살림만 한다고 하면 사회적으로 무시당하던 시절에 "살림은 살리다의 명사형이다. 당신들은 사람들을 살리는 일을 한다."는 이야기를 듣고 "우리 모두가 스스로 자부심을 갖게 되었고, 우리가 만든 한살림이라는 언어가 우리를 새롭게 생각하게 만들어줬다."고 그는 말한다. 모시고 살리는 일에 대한 새로운 의미 규정이 그를 즐겁게 하고 새롭게 만들었다.

권옥자(한살림연합 대표)는 아이가 아토피 증세로 고생했는데 농약을 치지 않은 한살림의 콩나물이나 두부를 아이에게 먹여보라는 이웃의 권유를 듣고 1995년 경 한살림(서울)에 가입하게 되었다고 말한다. 처음에는 회원으로서 물품만 공급받았지만, 점차 모임에 참여하면서 농약 이야기도 듣고 이런저런 활동에 참여하다가 소식지 만드는 홍보분과에서 일하게 되었고, 홍보위원장, 활동실장, 한살림서울 이사장 등의 일을 했고 2023년에는 한살림연합 대표로 일하게 되었다. 그는 "내 가정 안에서 밥상을 어떻게 차리는가에 따라서 농업을 지키고 뭔가를 살리는 실천을 할 수도 있다는 것"이 자신에게 중요하게 다가왔다고 말한다.

조완석(전 한살림연합 대표)은 과천에서 살았는데, 그때 자신의 집 대문을 열어서 한살림 공동체의 물품을 공동으로 공급받아 함께 나누어준 이웃을 기억한다. 그 덕분에 작은 공동체가 만들어졌고 같은 반 회원들의 아이들과 함께 한살림 두부를 나누어 먹으며 즐겁게 지냈다고 말한다. 그는 한살림 마을 모임에서 "모든 생활의 필요를 충족했다."고 말한다. 그는 '정서적인 관계의 공유'가 한살림의 힘인 것 같다고 말한다.

김은주(한살림북서울 이사장)는 "아이들 엄마로서 누구의 부인으로서 내 이름을 잃고 살아갔을 때, 한살림운동에 참여하면서 당당한 나 자신으로, 시민으로서 새롭게 태어나는 경험을 했다."고 말한다. 그는 한살림에서 투박하고 소박하지만, 다름을 인정하고, 있는 그대로 바라봐주는 여유 있고 단단한 힘을 가진 사람들을 만나게 되면서 그들을 닮아가고 싶었다고 한다. 그러면서 자신이 변화하고, 그 영향으로 주변 사람도 바뀌어가는 선순환이 이루어지고 있다고 이야기한다.

대가를 기대하지 않고 그냥 주는 순수 증여의 마음을 가진 이들이 서로를 환대하며 만든 친밀한 관계가 이들을 협동하며 살리는 사람 또는 새로운 시민으로 변화시켰다(구도완, 2018: 29-51). 이들은 자신들이 받은 선물을 어떻게 순환시켜 '우리'를 만들었을까?

'우리'를 조직하기

공동체 또는 커먼즈는 '나'를 즐겁게 하고 성장시키기도 하지만 나의 자유를 억압하고 구속하고 힘들게 하기도 한다. '나'와 '그들' 또는 공동체는 끊임없이 교류하고 조율하지 않으면 그 관계가 지속될 수 없다. 한살림 사람들은 '우리' 또는 우리라는 의미를 어떻게 만들고 변화시켰을까?

유현실은 한살림이라는 이름 자체가 '완전체'구나 하고 생각했다. "한살림은 그냥 먹거리를 파는 곳이 아니야. 생산자를 알아. 물품 가격에서 일부를 빼서 조합원 활동을 하게 해. 우리는 먹음으로써 생산자 농민을 키워내지만, 조합원으로서 개인이 자치를 경험하게 하는 완전체인 한살림이 바닥에 있어. 그 위에서 나는 활동을 해." 이런 과정 속에서 그는 자기도 모르게 성장한다고 느꼈다. 유현실은 자신의 성장 경험을 바탕으로 운동의 의미를 한살림이라는 조직 속에서 지속적으로 작동시키기 위해 의식적으로 노력했다. "운동이 되게 하는 건 사람이에요. 어떤 조직가로서의 역량을 갖출 수 있는 사람을 찾아내고 그 사람이 역할을 할 수 있게 기회를 주고, 역량을 키우는 일을 (저는) 재밌게 했어요. 제가 이사장이 되자마자 다음 이사장을 세우기 위해서 계속 관찰을 했어요." 그는 한살림에서 자치를 배웠다고 말한다. 그가 이사장이 되고 보니 전임 이사장 등의 헌신이 컸고 그런 분들의 노력으로 '체계'가 만들어졌다고 느끼게 되었다. 여기서 중요한 것은 마을 모임, 소모임 등의 기초 조직이다. 이 모임에서 한살림 회원 또는 조합원들은 물품, 식생활, 생산자, 탈핵, GMO(유전자 조작 식품), 에너지 전환, 기후 위기 등 다양한 이야기를 나눈다. 유현실은 이 기초 조직이 작동하면서 민주주의가 작동한다고 말한다.

김자경(한살림제주 부이사장)은 한살림제주가 '문제해결형 방식'으로 이사를 선임했다고 말한다. 공유경제 전문가, 시민사회 인사, 생산자, 어린이집 원장 등 문제를 해결할 수 있는 사람들로 남녀, 지역 비율 등을 고려하여 이사회를 구성했다. 이사들의 임기가 끝나면 새로 만드는 법인체의 대표를 맡기도 하는데, 이런 방식으로 외연이 확장되고 있다는 것이다.

그런데 한살림의 기초 조직이 늘 잘 조직되는 것은 아니다. 지역, 시기, 세대에 따라 사람들의 선호와 생활이 다르기 때문에 조직도 변해왔다. 조완석은 과천에서 한살림 조합원들과 답사 모임을 만들었는데, 이 모임은 15년 정도 지속될 정도로 활발하게 유지되었다. 한살림성남용인으로 가서는 식생활 교육에 참여하게 되었는데 이런 마을 모임이 30개가 넘었다. 그런데 조합원들의 생각과 문화도 점차 변해가서, 언제부턴가 조합원들이 회의 때 아이들 데리고 오는 것을 불편하게 생각하고 집을 공개하는 것도 부담스러워했다. 마을 모임이 점차 줄어들게 되었는데, 이것을 보면서 그는 한살림운동의 기초가 흔들린다고 느꼈다. 이런 변화에 대응하기 위해 한살림 사람들은 조합원들의 다양한 요구에 맞추어서 모임 이름을 소모임으로 바꾸고 조합원들이 취미를 나눌 수 있도록 지원하기도 했다.

소규모 풀뿌리 마을 모임, 소모임 등의 조직 속에서 친밀한 '우리'가 형성되고 거기에서 건강, 안전, 먹거리, 모심, 살림, 전환의 의미가 소통되고 있다. 그 소통은 이사, 위원회 등 리더 그룹들의 숙의를 통해 조정되고 진화하고 있다. 그리고 각 지역 한살림들의 연합조직으로 한살림연합 그리고 한살림연합 등의 조직이 움직이고 있다. 커먼즈를 만들어가는 이런 사회적 과정은 매끄럽지 않고 울퉁불퉁하고 계속 변화해 왔다.

'우리'의 경계

한살림에서 '우리'는 누구일까? 보통의 소비자협동조합은 자신들의 요구를 실현하기 위해서, 조합원들의 협동을 통해 사업을 수행한다. 그런데 한살림은 시작부터 공동체운동을 지향했고 모두를 모시고 살리면서 생산자와 소비자가 하나가 되는 세상을 만들어가는 운동으로 시작했다. 그렇지만 이 운동을 하기 위해서는 '우리'의 경계가 필요하다. '우리'는 누구인가?

한살림생협의 조합원은 가입비만 내면 누구나 조합원이 될 수 있다. 조합원이 아니라도 약간의 돈을 더 내면 물품을 살 수 있다. 그러나 한살림 생산자가 되는 것은 이와는 많이 다르다. 누구나 한살림생협에 물품을 공급하는 생산자가 될 수는 없다. 한살림 생산자들과 생산자 아닌 사람들 사이에는 뚜렷한 경계가 있다. 한살림 생산자가 되기 위해서는 한살림생협이 정한 엄격한 생산, 가공 등의 규칙을 지켜야 할 뿐만 아니라 한살림생산자회 등이 입회를 허용해야 한다.

김자경은 책임 생산, 책임 소비의 약정 체계가 있어서 새로운 생산자가 한살림에 들어가는 것이 매우 어렵다고 말한다. 제주는 지리, 기후 특성 때문에 물품 공급이 안 되는 때가 많다. 이 문제를 해결하고 가까운 먹을거리 체계를 만들기 위해서 한살림제주 사람들은 한살림 생산자가 아니더라도 지역의 소농과 가족농 들을 새롭게 발굴하고 그들이 생산하는 물품을 유통시키기 위해 '지역 순환

물품 발굴과 유통을 전문'으로 하는 자회사 '밥상살림'을 만들었다. 그런데 이 때문에 제주의 한살림 생산자들의 불만이 매우 커졌다. 결국 한살림제주의 리더들은 "지역의 로컬푸드 생산자들이 생산한 물품을 로컬푸드 직매장에서 일단 검증을 거치고 그 가운데 괜찮은 것을 한살림제주 지역 물품으로 가져가겠다."고 설득했다고 한다.

한살림에서 '생산자'는 국내에서 유기농, 친환경 농산품을 생산하는 농민 또는 한살림의 원칙에 따라 가공품을 생산하는 국내 생산자 등으로 한정된다. '생산자와 소비자는 하나다', '농업 살림' 등의 가치는 국내 농민과 농업을 살려야 한다'는 실천 원칙으로 해석되고 실행되었다. 이 때문에 해외 농산물을 수입하는 일은 거의 이루어지지 않았다.[11] 한살림운동에서 '우리'의 경계는 변할 수 있지만 그것이 변하기 위해서는 심도 있는 숙의가 필요하다.

우리 안의 차이와 갈등

그런데 우리와 모두를 살린다는 거대한 상징적 운동 목표를 실현하기 위해서는 모두가 무엇인지, 생명이 무엇인지, 이를 살리기 위해서는 무엇을 어떻게 해야 할지, 모두를 살리는 우리를 지탱 가능하게 위해서는 경계를 어떻게 설정해야 할지, 수많은 문제에 대해 함께 숙의, 결정, 실행, 평가를 반복해야 한다. 그 과정에서 이런저런 갈등이 생길 수밖에 없다. 한살림의 소비자와 생산자 사이, 조합의 이사, 활동가(매장, 조직), 실무자 사이 그리고 지역 조직과 연합 사이에는 어떤 갈등이 있을까?

먼저 생산자와 소비자 사이의 갈등은 어떠한가? 조완석은 2017년 이후 사업이 불안해지기 시작했고, 그가 한살림연합 대표가 된 2019년도에 책임 소비의 근간이 흔들려서 매우 두려웠다고 말한다.[12] 생산자들이 화가 나 있었고 오랫동

---

11 해외 물품 수입과 관련된 한살림 내부의 논쟁과 관련해서는 "기획-특집: 참깨 민주주의: 숙의민주주의 관점으로 보는 한살림운동"(모심과살림연구소, 2021)을 참조.
12 한살림은 책임 생산, 책임 소비의 원칙을 중시한다. 생산자와 소비자가 일정한 물품을 생산하고

안 쌓아온 믿음과 신뢰도 흔들리기 시작했다고 한다. 다행히 2020년도 사업이 회복되면서 이런 문제들이 해결될 수 있었다. 정규호는 소비자 조합원의 수가 늘고 조직의 규모가 커지니까 생산자들의 목소리가 줄어들었다고 평가한다. 생명 가치를 소중하게 생각하고 생산자와 소비자가 서로 믿고 함께 한다는 기본 정체성은 유지되고 있지만 조직은 점점 복잡 다양해지고 사안에 따라 갈등도 생기고 있다고 말한다.[13]

둘째, 이사, 활동가, 실무자로 나뉘어진 역할 구분에 따른 갈등은 어떨까?[14] 조완석은 이들 사이의 갈등이 적지 않다고 말한다. 한살림은 협동조합으로서 이윤을 남기는 구조가 아니기 때문에 실무자들에게 급여를 많이 줄 수 없다는 한계가 있다. 역할의 차이에 따른 갈등도 생길 가능성이 크다. 주요섭(전 모심과 살림연구소 소장)은 가치를 강조하는 자원 활동 영역의 이사들과 사업을 해야 하는 실무자(직원) 사이에 갈등이 생길 수밖에 없다고 본다. 사람들이 학습한 것과 믿음이 연결되고 그것이 권력 관계와 중첩되어 갈등이 생긴다고 말한다.

그런데 이런 문제들 가운데 이사, 실무자, 활동가 사이의 직책에 따른 갈등을 한살림제주는 혁신적으로 해결했다고 김자경은 말한다. 한살림제주는 활동가, 실무자 등의 지위를 완전히 수평적으로 바꾸었다. 이사, 위원회, 마을 모임, 소모임 등의 조합원은 모두 활동 조합원의 지위를 갖고 사무국이나 매장의 실무자는 모두 직원의 지위를 갖는다는 것이다.

지역 한살림과 한살림연합의 관계는 어떨까? 한살림의 법적 형식은 작은 기

소비할 것을 미리 약정하고 그 약정을 지키도록 노력한다. 예를 들면 쌀 소비가 줄어 책임 소비를 하지 못하면 한살림은 조합원 활동을 통해 생산한 쌀을 소비할 수 있도록 노력한다.

13 조직 구성원들의 의식도 변화했는데, 예를 들면 조합원 의식조사를 하면 2000년대 중반 이전에 가입한 조합원들은 한살림의 첫째 가치가 농업살림이라고 하는 반면, 그 이후에 들어온 조합원들은 안전한 먹을거리를 꼽는다고 정규호는 말한다.

14 한살림 조직의 직책은 크게 실무자, 활동가, 이사로 나눌 수 있다. 실무자는 생협에서 급여를 받는 직원이라고 할 수 있다. 조합원 가운데 자원 활동가가 있는데 이 가운데 조직 활동가는 생협 조직과 관련된 활동을 하고, 매장 활동가는 매장에서 물품 판매와 관련된 일을 한다. 이들은 대개 비상근으로서 활동비 개념의 보상을 받고 일한다.

업에서, 사단법인, 생협연합회 등으로 바뀌어왔다(윤형근, 2024). 지역 한살림들의 연합체로서 한살림연합이 기능하기 때문에 지역 조직들과 연합 사이의 갈등이 생기는 경우도 적지 않다. 임채도(모심과살림연구소 소장)는 한살림연합이 주도적으로 의사결정과 집행을 하기 어렵다고 말한다. 예를 들면 한살림 연수원을 건립하려면, 지역 회원조직들이 동의하고 비용 분담까지 해야 하는데, 역량과 문제 인식의 차이, 연합조직의 확대에 대한 견해 차이 등이 있기 때문에 결정과 실행이 쉽지 않다는 것이다.[15] 다른 한편 김자경은 '연합이 상위에서 의사결정을 해서 지역 조직으로 전달한다는 느낌'을 많이 받는다고 말한다. 사업의 효율성 중심으로 판단하다 보니 물류도 중앙집중식으로 되는 것도 문제라고 그는 말한다. 이런 문제를 해결하기 위해 한살림제주는 "경남권과 함께 움직이면서 로컬 푸드 비중을 높이려고 노력을 많이 하고 있다."고 말한다.

이런 차이와 갈등은 어떤 조직에서나 생길 수밖에 없을 것이다. 자본이나 권력의 크기에 따라 의사결정 권한이 달라지는 기업이나 국가와 달리, 숙의와 협동을 통해 우리를 만들고 우리가 만든 잉여 또는 자원을 배분해야 하는 한살림은 이런 문제를 어떻게 해결해 왔을까?

의사결정: 협의 시스템의 작동

한살림은 생명 가치를 중심에 놓고 숙의를 통해 합의를 형성하는 것을 중시한다. 윤형근(전 한살림연합 전무)은 한살림 사람들은 이해관계가 완전히 달라도 생명살림이라는 큰 가치를 중심으로 문제를 풀어간다고 말한다.[16] 이익을 어떻게 배분할 것인가 하는 문제도 시장가격을 고려하면서 가치를 중심으로 "끊임없이 얘기로 풀 수밖에 없는 구조"라고 그는 말한다. 예를 들면 한살림은 1년에

---

15 임채도는 조직 내 긴장이 적지 않은데 이러한 긴장의 원인 가운데 하나는 세대가 바뀌어가는 것이고 다른 하나는 조직이 커지면서 조직 자체의 유지가 목적이 되는 '전도 경향'이라고 말한다.
16 임채도는 '생산자와 소비자는 하나다, GMO 반대, 친환경적인 재배 생산, 국내산 우선 등의 원칙'이 세밀하게 규정되어 있어서 하나의 시스템으로 작동하고 있다고 말한다. 그는 이를 '반(anti)경제주의적인 원칙과 기준'이라고 말한다.

한 번씩 생산자와 소비자가 만나서 공개적으로 쌀 가격을 결정한다. "이념과 가치는 멀고, 이해관계는 가까우니 사람들은 늘 갈등하게 되어 있는데, 그걸 풀기 위해서는 가치를 실현하기 위해서 할 수 있는 역량을 들여다보고 서로 얘기로 풀 수밖에 없다."고 그는 말한다.

협의 과정에서는 가치 담론이 중요한 기능을 한다. 조미성(모심과살림연구소 사무국장)은 의사결정을 할 때 명분이 중요하다고 말한다. "생명을 살리는 거다. 그리고 농업에 도움이 되는 거다. 우리 생산자 농민들을 지키는 거다. 이런 명분에는 사람들이 설득된다."고 말한다. 우리 밀 생산자를 지키기 위해서는 우리 밀이 많이 팔려야 하는데, 우리 밀이 많이 팔리게 하기 위해서는 올리브유나 코코아 등 원재료를 수입하는 것이 필요하다고 하면 설득이 될 수 있다는 것이다.

그런데 협의를 통한 합의를 중시하다 보니 의사결정이 느려지거나 유보되는 일이 매우 많다. 윤형근은 "다수결로 결정하는 경우도 없지 않지만 약 3분의 2의 구성원들이 동의하지 않으면 의사결정을 하지 않는 경우가 많다."고 말한다. 임채도는 초기부터 '합의제 의사결정'의 전통이나 문화가 있었고 그것이 지금도 유지되고 있다고 말한다. 의사결정은 가급적 만장일치를 도모하고 표결은 예외적으로 진행된다. 그런데 의사결정을 위한 회의가 많고, 때로는 갈등이 심해지기도 한다. 이런 회의들을 관리, 운영하고, 의사결정 과정에서 생기는 갈등을 관리하는 데 많은 내부 역량이 소진되고 있다고 그는 평가한다. 예를 들면 '수입 재료를 일부 쓸 것인가, 소농 우대 중심의 생산자 구조를 유지할 것인가, 초기의 원칙과 기준을 지킬 것인가, 변화하는 조합원의 요구에 부응할 것인가' 같은 쟁점들을 놓고 논쟁이 일어나지만, 결정을 유보하거나 절충안으로 결론을 내리는 경우가 많다고 말한다. 정규호는 조직의 의사결정이 느려서, 실무자들 가운데에는 빠른 의사결정으로 사업을 수행하지 못해 불만을 토로하는 이들도 적지 않다고 말한다.

의사결정에 누가 참여하는가 하는 것도 중요한 문제다. 김자경은 지역 조직에는 많은 자유가 있고 자치도 이루어지고 있다고 평가한다. 그런데 연합으로

가면 이해관계자들이 참여는 하지만, 이들이 적극적으로 의견을 개진하고 토론하고 그 결과로 개방적이고 혁신적으로 의사결정이 이루어지는 경우가 많지 않다고 한다. 한살림에는 아직 책임과 권한에 바탕을 둔 민주주의가 부족하다고 그는 말한다.

생명살림이라는 가치를 중심으로 생산자의 의견을 존중하면서 조합원(이사, 활동가), 실무자 들이 지속적으로 숙의해서 합의를 형성하려고 노력하고, 합의가 이루어지지 않으면 결정을 유예하는 것이 한살림이 의사결정을 하는 방식이라고 할 수 있다. 그런데 결정하지 않는 것도 하나의 결정이기 때문에 한살림은 늘 선택의 어려움 속에 있는 것 같다.

3) 모두 살리기

한살림운동의 초기 리더들은 순수 증여의 영성(spirituality)을 가진, '우리끼리'를 넘어서는 공동체를 꿈꾼 것으로 보인다. 이런 생각은 장일순, 김지하, 박재일, 최혜성 등의 담론에서 살펴볼 수 있다.[17] 그런데 이런 이상은 실현될 수 있을까? 이런 이상은 실현될 수 없기 때문에 공동체의 가치 또는 이념으로서 더 잘 기능할 수 있을지도 모른다. 그러면 여기에서 한살림이 모두 또는 생명을 살리기 위해 어떤 일들을 해왔는지 살펴보자.

한살림의 가치 가운데 밥상살림, 농업살림은 '안전한 먹을거리', '생산자와 소비자는 하나다'라는 담론과 연결된다. 생명 살림은 이런 가치들의 상위 가치로서 한살림 활동과 사업을 지도하는 헌법 규칙과 비슷한 기능을 한다. 여기에 지역살림은 지역에서 '우리끼리'를 넘어서서 다른 이들, 조직, 사회와 함께 '한살림 세상'을 만들어간다는 의미라고 볼 수 있다.

---

17 장일순의 생명과 한살림에 대한 이야기는 『나락 한알 속의 우주』(1997)에서 볼 수 있다.

활동/운동과 사업

한살림생협은 생명을 살리는 사업을 어떻게 해왔을까? 사업 경영이 중심이 되어 생명을 살리는 일은 뒷전으로 밀리지는 않았을까?

한살림은 조합원 숫자와 물품공급액 등이 꾸준히 성장했고, 특히 2000년대에 급속히 늘어났지만, 2010년대 중후반에는 성장이 둔화되거나 적자가 생길 정도로 경영위기에 처하기도 했다. 그러나 2020년대 들어 회복해서 전체로 보면 성공적으로 경영이 이루어지고 있다. 하나의 사업체로서 수익을 내지 못하고 적자가 지속된다면 '우리 만들기'는 물론 '모두 살리기'도 심각한 위기에 빠질 수 있다. 한살림 사람들은 한편으로는 사업 경영에 집중하면서 다른 한편으로는 조합원 활동, 즉 교육, 소모임 활동 등에 힘을 쏟았다.

권옥자는 "몸에도 이롭고 자연에도 이로운 물품을 선택해서 밥상을 차리는 실천을 계속한다는 것이 활동이자 운동"이라고 말한다. 개인의 건강이나 생명을 넘어서서 땅과 생명을 살리는 농사를 계속 지을 수 있도록 기반을 만드는 것 자체가 중요한 운동이라는 것이다. 조완석은 2016~17년경부터 다른 생협이나 기업 들이 생기면서 경영이 어려워지기 시작했다고 말한다. 그래서 "협동조합은 교육해야 살아남는다고 생각하고 한살림 사람들과 함께 교육에 집중했다."고 말한다. 조미성은 한살림은 활동, 운동을 하기 위해 사업을 하는 것 같다고 말한다. 현실에 천착하면서 이상을 실현하기 위해 운동을 해야 하는 상황이 한살림에 역동성을 준다고 말한다. 유현실은 활동이 사업의 뒤로 밀리지 않는다고 말한다. 탈핵, GMO 반대, 우리 씨앗 지키기, 에너지전환, 병 재사용 등의 활동은 물론 기후 위기 관련 집회 등에도 조직 차원에서 적극 참여한다고 말한다. 이들은 한편으로 사업 자체가 활동이고 다른 한편으로 활동 또는 운동을 하기 위해 사업을 할 정도로 활동이 우선되고 있고, 그러해야 한다고 보는 듯하다.

그런데 이에 대한 비판적 견해도 있다. 주요섭은 한살림은 사업이 "누구도 부인할 수 없는 토대로 작용하고 있기 때문에 활동은 표피의 움직임 정도"라고 평가한다. 사업과 활동의 비중이 9 대 1 정도이고 탈핵과 같은 운동이 차지하는 비중은 매우 작다고 말한다. 실무자들은 사업을 통해서 한살림의 가치를 실현한다고 생각하는 반면, 자원 활동가나 조합의 이사들은 가치를 강조하는 경향이 있다고 그는 말한다. 정규호는 한살림이 사업체를 운영하고 있기 때문에 정부에 대한 적극적 저항운동을 하기는 어렵다고 말한다.

이런 문제를 제주한살림은 적극적인 운동을 통해 극복하려고 노력하고 있다. 김자경은 한살림이 "결사체를 위해서 사업체를 선택한 것인데 이것을 사람들이 자꾸 잊는 것 같다."고 말한다. 이런 관점에서 한살림제주는 운동을 강화하기 위한 여러 활동을 하고 있는데, 예를 들면 돈으로 환산되지 않는 한살림의 사회적 활동의 의미를 평가하기 위해 사회적 회계 개념을 도입했다. 또한 제주도 제2공항 건설은 생명을 파괴하는 사업이라고 보고 이에 반대하는 운동에도 한살림제주는 조합 차원에서 적극 참여하고 있다.

주요섭과 정규호가 말하는 활동 또는 운동은 사회를 변형하는 운동을 말하는 것으로 보인다. 그런데 다른 사람들은 이런 운동뿐만 아니라 조합원들의 필요를 충족하는 다양한 교육, 소모임 활동 등을 모두 포함하는 것으로 보인다. 이런 차이에도 불구하고, 한살림 사람들은 활동/운동과 사업을 함께 해나가는 것이 어렵지만, 그 어려움이 한살림의 활력을 지속하고 그 의미를 확장하는 동인이라고 해석하는 것으로 보인다.

지역살림

한살림에서는 생명살림을 구체적으로 실현하는 가치 또는 원칙으로서 지역살림이 2000년대 중반 이후 논의되었다. 지역살림이라는 말은 한살림 조직 안에서 그 의미가 분명히 규정되거나 그 실천 방식이 확립되지 않은 채 다양하게 소통되고 있다. 한살림은 지역살림이라는 이름으로 어떤 일들을 해왔는가?

첫 번째로 한살림은 지역의 사회경제적 약자들을 지원하기 위한 다양한 프로그램들을 운영해 왔다. 그 가운데 하나는 생산자 연합회에서 추진하는 한 고랑 나눔 운동인데, 이는 생산자들이 열 고랑 농사를 지으면 그중 한 고랑 분의 농산물을 사회에 기여하는 데 쓰도록 나누는 운동이다. 이외에도 지역 한살림들이 지역주민들을 대상으로 다문화가정과 그룹홈 지원활동, 먹거리 나눔 활동, 동네 장터, 공유부엌 등 여러 가지 활동을 하고 있다(임채도, 정규호 면접).

두 번째로 한살림은 지역에서 다른 사회단체 혹은 지자체 등과 협동하고 연대하는 일을 해왔다. 김은주는 한살림은 "자기들끼리만 일을 한다는 말을 많이 듣지만, 한살림북서울은 도봉구, 강북구, 성북구 등에서 사회적 경제조직을 포함하여 여러 지역 단체들이나 지자체와 함께 다양한 행사, 포럼, 정책 제안 등 적지 않은 일을 하고 있다."고 말한다. 조합원들이 이런 활동을 통해 한살림을 넘어서 지역사회에서 기여하는 것에 보람을 느끼고 있다고 그는 말한다.[18]

그런데 지역살림이 한살림의 핵심 가치로 소통되고 이것이 연합의 핵심 활동으로 유지, 발전되지는 않았다. 임채도는 각 지역에서 활동하는 지역살림 사업이 연합으로 취합되고 이것이 모든 조직에 공유되지는 않고 있다고 말한다. 지역사회와 한살림을 연결하고 새로운 지역공동체 운동의 모델을 만드는 생산적인 논의가 좀처럼 자리 잡지 못하고 있다는 것이다.

세 번째로 한살림은 자신들의 자원을 지역에 개방하며 경계를 넓히고 있을까? 조완석은 한살림이 "지역에 녹아들어서" 어떤 역할을 하는 것이 필요하지만 "오픈되기가 어렵더라."고 말한다. 마을 모임이 그에게 '의지처'가 되었고, '물리적 공유지이기도 하지만, 어떤 관계의 공유지가 되고 이해받고 소통하는 곳'이었다. 그런데 "처음에는 그렇지 않았을 텐데 한살림 활동방을 조합원만 이용할 수 있게 된 것"을 보고 이것은 한살림운동에 맞지 않다는 생각이 들었다고 한다.

김자경은 생명운동을 한다고 하면서도 협동조합의 틀에 갇히는 경향이 있다

---

18 김은주는 지역 조직의 사무국이 지역살림을 미션으로 인식하고 적극적으로 참여하기를 바라지만 아직까지 부족해 보인다고 말한다. 예를 들면 기후 위기와 관련해서 조합원들의 일상적 실천도 중요하지만, 지역사회에 의제를 제안하고 메시지를 던지는 것도 중요한데 그런 부분은 약하다고 그는 말한다.

고 말한다. 한살림제주는 이런 문제를 넘어서기 위해 한살림 생산자가 아닌 지역의 생산자들로 생산자의 범위를 넓혀 이들과 연대할 수 있도록 '제주담을'이라는 브랜드를 만들었다. '담을'이라는 말을 놓고 '선배 이사들은 한살림의 가치를 담는다는 의미로, 젊은 이사들은 한살림의 담을 넘는다는 의미'로 해석하여 논쟁도 했다고 그는 말한다. 그는 지역살림이 매우 중요하지만 지역살림이 한살림의 주된 가치나 목표로 인식되지 않는 것은 문제라고 평가한다.

넷째, 한살림은 주로 먹거리를 중심으로 사업과 운동을 해왔지만 최근에는 조합원들의 필요에 따라 돌봄 사업을 적극적으로 추진하는 조직들이 늘어나고 있다. 한살림서울은 아이 방문 돌봄과 어르신 방문 돌봄 사업을 각각 2016년, 2017년부터 시행하고 있다(홍덕화, 2018: 260).

유현실은 한살림고양파주 조합원들을 대상으로 돌봄 사업의 중요성을 설득하며 돌봄 기금을 모으고 이를 바탕으로 돌봄 사업을 추진하고 있다. 한살림에서 돌봄은 좀 색다른 의제인데 이 이야기를 꺼낼 수 있었던 것은 한살림고양파주에서 기초 조직이 잘 운영되고 있기 때문에 가능했다고 그는 말한다. 조합원들을 설득해서 월 1,000원씩 돌봄 기금을 모으고 그 돈으로 돌봄 기금 공모 사업을 해서 지역에서 복지, 돌봄 사업을 지원하는 일을 해왔다. 이런 경험을 바탕으로 2023년에 한살림고양파주돌봄사협(사회적 협동조합)을 창립할 수 있었다. 한살림고양파주돌봄사협은 존엄돌봄(인권을 중심에 둔 돌봄), 서로돌봄(돌봄을 받는 사람과 제공하는 사람 간의 신뢰 형성) 등을 지향하는 '노인 돌봄' 사업을 시작했는데 이는 한살림의 정체성과 맞닿아 있다고 그는 말한다.

지역살림은 한살림의 중요한 가치이자 목표이지만 그것이 전체 조직에서 공유되고 실천되고 있지는 않다. 지역마다 역량, 관심, 운동과 사업 방식의 차이가 있기 때문에 지역살림을 중요한 활동으로 일관되게 추진하기 어려운 것으로 보인다.

민중 교역, 국제 연대

한살림은 한국 밖의 사람들과는 어떻게 연대하고 있을까? 임채도는 한살림이 인도 달리트 여성, 즉 불가촉천민 여성들의 재활 사업, 팔레스타인 난민 지원 사업 등 국외 사업을 꾸준히 진행하고 있다고 말한다. 윤형근은 설탕을 수입하는 문제에 대해서 일어난 논쟁에 대해 이야기한다. 국내 농업과 농민을 살려야 하니까 국내산, 가까운 먹을거리 원칙을 지키는 것이 중요하다고 주장하는 사람들이 한편에 있고, 다른 한편에 민중 교역을 통해 한살림의 가치를 확장하는 것도 중요하다고 주장하는 사람들이 있었다. 민중 교역을 주장한 사람들은 국외의 민중들이 사탕수수 농장을 기반으로 해서 자급으로 갈 수 있도록 지원해야 한다고 주장했다. 결국 한살림연합은 설탕을 수입하기로 했고, 이 결정에 반대하는 일부 지역은 설탕을 취급하지 않는 것을 인정하기로 결정했다.

농업과 농민을 살린다는 가치 또는 목표가 한살림 안에서 헌법 규칙처럼 작동하고 있는데, 그 경계는 대체로 국내로 제한되고 있다. 한살림 사람들이 그 경계를 넓히려고 한다면, 많은 토론과 숙의를 통해 생명살림, 농업살림의 의미, 가치, 규칙 등을 재구성해야 할 것이다.

생명살림

한살림의 가치, 존재의 이유를 한마디로 요약하면 '생명살림'일 것이다. 그런데 생명이란 무엇인가? 「한살림선언」의 추상적인 생명담론을 지금 한살림 사람들은 어떻게 해석할까? 생명을 살리기 위해 한살림은 어떤 일을 해왔는가?

윤형근은 친환경 유기농업을 확산시킨 것이 핵심이라고 말한다. 그에 의하면, 한살림은 필요 약정 시스템을 작동시킴으로써 시장의 필요에 의해 농작물 품목이 줄어드는 것을 막고 종 다양성을 유지하는 데 기여한다. 또한 약정 시스템 속에서 대농이 아니라 소농이나 가족농을 살릴 수 있도록, 즉 효율성이 아니라 가치를 중심으로 교환이 이루어지도록 일을 해왔다는 것이다. 생명, 생물, 농업에 대한 생각을 바꾸고 사는 모습을 바꾸는 것이 중요하다고 그는 말한다.

그런데 정규호는 한살림 사람들이 한살림 농업을 생명 농업이라 부르고, 한살림을 생명운동의 맏형이라고 자임할 정도로 생명이라는 말을 많이 썼지만 이런 흐름은 점점 약해졌다고 말한다. 지금도 한살림이 다양한 생명 실천 활동을 하고 있지만, 한살림 울타리를 넘어서 생명운동을 적극 제안하지는 못하고 있다고 말한다. 주요섭은 예전에는 매장 간판에 '생명의 먹거리 나눔터'라는 말이 있었는데 지금은 사라졌다고 말한다.

한살림에서 생명살림이라는 것이 헌법과 같은 가치를 갖고 있고 이 가치에 따라 다양한 활동이 이루어지고 있지만 인간중심주의를 넘어서기 위한 담론이나 실천이 중심을 이루고 있지는 않은 것으로 보인다. 그런데 생명살림 혹은 생명운동이라는 담론은 약해졌지만, 윤형근의 말처럼 생활 속에서 많은 사람들의 실천 속에서 변형되어 실천되고 있는 것은 아닐까?

지금까지 우리 만들기와 모두 살리기의 관점에서 한살림의 담론과 실천을 살펴보았다. 한살림은 모두를 살리는 거대한 전환을 유기농 쌀과 참기름과 같은 물품을 매개로 공동체를 만드는 일에서부터 시작했다. 이 과정에서 '생명을 살리는 나'라는 담론이 소통되고 그렇게 만들어진 '우리'가 여러 갈등 속에서도 스스로 결정하고 실행하는 하나의 조직을 만들고 발전시켜 왔다. 이 '우리'는 스스로 경계를 만들고 변화시키면서 '모두'가 누구인지, '모두'를 위해서 무엇을 어떻게 할 것인지 이야기하면서 진화해 왔다. 이제 그러면 전환 또는 생태 전환의 관점에서 한살림운동을 어떻게 볼 것인지 이야기해보자.

4. 전환

전환은 '방향이나 구조를 바꾸는 것'을 말한다. 이행(transition), 변형 또는 변혁(transformation)과 같이 구조적인 변화가 일어나거나 변화를 일으키는 것을 요즘은 전환이라는 말로 번역해서 사용한다. 나는 전환을 '지배적인 구조를 바꾸는' 또는 '이것이 바뀌는 장기적인 변화 과정'이라는 의미로 사용한다. 나의 주된 관심은 생태 전환이다. 생태 전환이란 생명의 거주공간으로서 지구의 지탱 가능성이 위험에 처해 있다는 문제의식 위에서 생명이 지구에서 공존할 수 있도록 사람들이 현대의 지배적인 구조를 변형해 나가는 장기적인 과정이라고 정의할 수 있다. 그러면 이제 전환의 관점에서 한살림의 전환 목표는 무엇이고 전환 전략은 어떤 것인지, 이에 대해 한살림 사람들은 어떻게 생각하는지 살펴보자.

1) 전환의 목표

한살림운동은 전환을 지향하는 운동이다. 그렇다면 어떤 세상을 지향하는 운동일까?

한살림운동은 기계, 산업문명을 넘어서서 생명을 살리는 새로운 세상을 만드는 것을 지향하는 운동으로 시작됐다. 윤형근은 한살림은 처음에 '생명의 세계관 확립과 그에 입각한 새로운 생활양식을 창조하는 것'을 지향했다고 말한다. 가치 전환의 문화운동과 삶의 토대를 만들기 위한 대중적 협동 운동을 함께 하려고 했는데 협동 운동에 중심이 가게 되고 협동조합 운동의 형식으로 운동을 하게 되었다는 것이다. 그런데 한살림은 문명 전환이라는 이야기를 자기 운동의 과제로 삼지는 못한 것 같다고 그는 평가한다. 정규호도 초기에 "문명에 대한 철학적 비판은 있었지만 전환 측면에서 어떤 비전이나 전략을 (만들고 실행하는 데까지는) 나아가지 못했다."고 평가한다.

문명이라는 다소 모호한 개념 대신에 경제라는 다른 개념으로 보면 한살림의 전환 목표와 그 실행을 어떻게 볼 수 있을까? 주요섭은 초창기 한살림 사람들이 사회주의 계획경제나 상품경제와 다른 '호혜 경제 혹은 협의 경제' 개념을 협동(조합) 운동을 통해 구현할 수 있다고 믿었던 것 같다고 말한다. 그들은 이

운동을 '문명 전환의 사회경제적 질서'를 만들어가는 활동으로 이해했던 것 같다고 그는 본다. 우리나라의 다른 생협들은 자본주의의 대안으로서 협동조합 경제 또는 사회적 경제를 만들어간다는 지향이 있었지만, 한살림처럼 문명 전환이라는 전망을 갖고 있지는 않았다는 것이다. 그는 한살림의 교환 관계에 대해 이렇게 해석한다. 자연이 주는 순수 증여를 바탕으로 생산자나 소비자가 '자기 것을 그냥 내놓는' 무언가가 밑바탕에 있고, 그 다음에 생산자와 소비자의 호혜적 관계가 있고, 그것이 교환시스템을 통해서 작동했다는 것이다. 김지하 시인이 "호혜를 전면에, 교환을 일상으로, 획기적 재분배를"이라고 했던 것이 한살림 매장에서 구현되었다고 그는 말한다. 김지하 시인의 담론에는 '탈상품화와 재상품화, 시장의 성화(聖化)'와 같이 기존의 지배구조를 해체하고 재구성하려는 기획이 있었다고 그는 본다. 그런데 지금의 한살림운동은 자본주의 시스템 혹은 복지국가 시스템의 서브시스템(sub-system)으로 작동하고 있다고 평가한다. 주요섭은 문명 전환이란 호혜 경제라는 대안적 경제체계 또는 교환 양식을 발전시키는 것인데, 이 기획은 실패했다고 평가하는 듯하다.

주요섭의 이러한 평가와 달리, 한살림이 문명 전환이라는 비전을 갖고 있었기 때문에 그 담론의 힘으로 중요한 변화를 이루어왔다고 평가하는 이들도 적지 않다. 조미성은 한살림이 자본주의 시스템을 밖에서 바꾸려는 노력을 한 적은 없지만 그 안에서 "우리끼리는 적어도 다르게 살아보자고 생각하고, 바깥의 자본주의를 안에서 넘어보려는 시도를 했다."고 평가한다. 권옥자는 한살림의 문명 전환이나 문화운동은 약했지만, 한살림이 개혁과 혁신을 위해서 사람들이 실천할 수 있는 기반을 만들었다고 말한다.

'문명 전환'이라는 말의 의미를, 한편에서는 자본주의, 사회주의 등 정치, 경제체계를 대체하는 체계 또는 체제의 재구성으로 보고, 다른 한편에서는 서로 돕고 살리는 삶의 방식의 확장을 통한 세계의 전환으로 이해하는 것으로 보인다.

2) 전환정치

전환은 정치체계의 작동 방식이나 그 체계 안의 중요한 조직들, 즉 국가(행정부, 사법부, 입법부), 정당 등의 변화를 통해 이루어지는 경우가 많다. 한살림 사람들은 정치와 정책에 대해 어떤 일을 해왔고 어떤 생각을 갖고 있을까?

초기 한살림 사람들은 대안적인 정치체계에 관심을 갖고 있었던 것으로 보인다. 「한살림선언」이 실린 무크지 『한살림』에는 독일 녹색당 정강 정책이 번역되어 실렸다. 주요섭은 초창기 한살림운동은 저항적 의미를 갖는다고 말한다. 그러나 그 힘이 점차 약해져서 저항적인 목소리는 외부화되어서 문화운동의 형식으로 드러났는데, 김지하 시인이 여기서 핵심적인 역할을 했다고 본다. 김지하는 강대인(대화문화아카데미), 이창식(YMCA), 문순홍, 최열, 유정길 등과 함께 1994년에 '생명 가치를 찾는 민초들의 모임(약칭 생명민회)'을 만들었다. 이들 가운데 일부는 1995년 지방자치제 선거에 참여하기도 했다(김지하, 문순홍, 1994). 주요섭은 생명민회의 활동기간은 3년 정도밖에 되지 않았고 "기반이 부족했기 때문에" 직접적인 성과를 이루지는 못했다고 평가한다(주요섭, 2023: 60). 그는 생명민회의 '이론적 역량'은 있었지만 밑으로부터 조직화할 수 있는 '실천적 역량'은 적었다고 평가한다. 이 시기에는 "생활의 필요를 충족시키는 것이 1차적인 과제였기 때문에 정치권력의 문제까지 가기에는 기반이 부족했다."고 말한다. 김지하의 '혁명 정치', '개벽' 같은 이야기가 이후 초록정치연대나 녹색당 같은 정치운동과 결합되지 않은 것은 아쉽다고 그는 말한다. 김지하 등은 생명의 관점에서 정치를 새롭게 재구성하려는 기획을 갖고 문명 전환이라는 비전을 정치체계의 전환과 연결하려고 노력했지만, 이는 구체적인 성과를 내지 못하고 문화적인 담론 구성에 머물게 되었다.[19]

---

19 그런데 이러한 결과는 김지하가 1991년에 "죽음의 굿판을 당장 걷어 치워라"라는 제목의 칼럼을 『조선일보』에 실어 학생운동을 강하게 비판한 이후 정치적으로 '보수'를 옹호하고 '진보'를 비판하는 입장을 견지한 것과도 깊은 관련이 있다. 정치체계의 전환을 위한 전략과 조직이 부족한 상

한살림모임이 해소되고, 김지하 등이 한살림 '외부'에서 활동하면서 한살림운동은 먹거리를 중심으로 하는 생협운동 중심으로 진화했다. 이런 흐름 속에서 한살림은 먹거리, 농업, 협동조합 등과 관련된 지방과 중앙의 정치과정에 참여했다.

먼저 정책의 측면을 보면, 조미성은 한살림이「친환경농어업법」제정에 기여한 일을 높이 평가한다. 김자경은 제주에서 학교급식 운동을 통해 급식조례를 만들고「학교급식법」개정안까지 추진한 것은 큰 성과라고 평가한다.

다음으로 지방정치 또는 중앙정치에 대해 한살림 사람들은 어떻게 생각하고 무엇을 해왔을까? 조직으로서 한살림은「소비자생활협동조합법」상의 생협이라는 법인격을 가지게 되면서 법적으로 정치활동을 하지 못하게 되었다. 그렇지만 한살림은 다양한 방식으로 정치체계의 영향을 받고 다시 그 체계에 영향을 미쳐왔다.

김은주는 "한살림이라는 생협이 정치색을 띠면 안 되지만 좋은 정치력을 발휘하는 것은 매우 중요하다."고 말한다. 그는 박원순 서울시장 때 추진된 '도농상생 공공 급식' 정책이 오세훈 서울시장 때 중지된 사례를 보면서 좋은 정책을 추진하거나 유지하기 위해서는 법적인 틀이나 제도가 매우 필요하다고 생각했다. 그는 "세상의 밥이 되는 한살림'이라는 말의 사회적 언어가 먹거리 공공성이라고 말한다. "누구나 차별받지 않고 좋은 먹거리에 접근하고 먹을 수 있는 권리"가 지켜져야 한다고 말한다. 아이들, 노년, 군인 등 모두에게 좋은 먹을거리가 공급되어야 하고 이를 통해서 소외되고 고립된 사람들이 관계망에 들어와야 한다고 그는 생각한다. 이를 위해서는 그가 말하듯이 '좋은 정치력'을 발휘해야 할 것이다.

김자경은 '일상의 정치화'가 필요하다고 말한다. 무상 학교급식을 추진한 것

황에서 정당성이 결여된 정치세력을 김지하가 지지한 것은 그의 '생명 정치'가 많은 사람들의 지지를 얻는 데 실패한 원인 가운데 하나라고 볼 수 있다.

도 결국 정치투쟁인데 생협법이 정치활동을 금지한다면 생협법 개정 운동을 하는 것도 필요하다고 그는 말한다. 그는 제주에 '사회적 경제 생태계'를 만들고 이를 바탕으로 도의원 선출도 가능하겠다는 감각을 갖게 되었다고 말한다. 한살림제주 사람들은 주민자치회에 들어가서 활동하자는 이야기도 하고 있다고 한다. 그가 생각하는 '한살림 세상'을 만드는 일에는 지방자치제라는 제도정치의 장에 도의원을 당선시켜 지방자치단체라는 국가기구를 생명의 정치 또는 행정조직으로 전환해 가는 일도 포함된다.

주요섭이 말하는 저항의 정치, 문명적 대안을 만드는 정치는 아직까지 제도정치 속에서 실현되지 않고 있다. 하지만 김은주나 김자경이 말하는 먹거리 정치, 일상의 정치는 활발하게 이루어지고 있는 것으로 보인다.

3) 전환 전략

생명을 살리는 문명을 어떻게 만들어갈 것인가? 자본주의, 산업문명, 인간중심주의, 국가주의, 남성중심주의 등 여러 제도 또는 가치가 지배적인 현대에 이를 전환하는 일은 쉽지 않다. 어떤 이들은 정치권력을 장악해서 위로부터 급진적으로 전환하는 전략을 추구하고, 또 어떤 이들은 느리지만 마을과 지역에서 전환의 실험을 축적하고 확산하는 전략을 추구한다. 이런 여러 가지 생태 전환의 길 또는 전략을 나는 급진적으로 혁명하기(지배구조 부수기), 지배구조 길들이기, 해체하고 재구성하기, 저항하기, 틈새에서 대안 만들기 등 다섯 가지로 분류했다(구도완, 2022: 71). 한살림 사람들은 어떤 전략을 실천했을까?

「한살림선언」이 실린 『한살림』의 서문에는 개벽이라는 말이 중요하게 등장한다. "개벽이다! 온 지축을 울리고 대지를 뒤흔드는 뭇 중생의 아우성소리, 천지개벽이다! 신명 나는 개벽이다. (중략) 개벽이다! 너나없이 안팎 없이 개벽이다. 각자 살림이 한살림되는 개벽이다." '개벽'은 동학 등 신흥종교에서 새로운 세상이 열리는 전환을 일컫는 말이다. 여기에서 볼 수 있듯이 「한살림선언」

의 주창자들은 자본주의와 사회주의를 지탱하는 산업문명을 해체하고 새로운 문명과 삶의 양식을 재구성하는 전략을 추구했다고 볼 수 있다. 이러한 전략은 1980년대 민주화운동 세력 가운데 급진적인 정파들이 추구한 급진적 혁명 전략과는 뚜렷이 구분된다. 한살림 사람들은 지배구조의 폐해를 막기 위해 저항을 조직하는 전략을 택하지도 않았다. 그런데 산업문명을 해체하고 새로운 생명의 문명을 재구성하고 창조하는 전략은 한살림모임이 해소되면서 한살림 조직 안에서는 주된 운동의 목표로 공유되지는 않은 것으로 보인다.[20]

한살림은 '급진적으로 혁명하기', '저항하기'는 거의 지향하지 않았고 '해체하고 재구성하기'는 초기에 지향했으나, 이후에는 중심적인 전략으로 실행하지 않았다. 그렇다면 한살림은 어떤 전략을 주로 실천했을까?

한살림은 자본 중심의 경제체계와 국민국가 중심의 정치체계 아래 또는 그 사이에서 생명을 살리는 협동과 호혜의 사회적 관계를 만드는 대안적 운동을 확산하는 전략을 실천했다. 거칠게 분류하면 '틈새에서 대안 만들기'에 가깝다고 볼 수 있다. 조완석은 한살림의 운동 방식을 이렇게 말한다. "GMO 반대운동을 시위를 하거나, 입법 운동을 통해서 하는 것도 중요하지만, 우리가 실천적으로 할 수 있는 것은 우리 토종 종자로 된 음식을 우리가 이용하는 것"이라고 말한다. 윤형근은 한살림이 식품첨가물 문제를 해결하기 위해 법이나 제도로 해결하는 것이 아니라, 식품첨가물이 들어가 있지 않은 대안을 사람들이 이용하게 하는 방식을 취한 것이라고 말한다.

그런데 앞에서 보았듯이 한살림은 생명을 살리기 위해 지자체나 중앙정부, 국회 등과 소통하면서 정책 과정에도 참여해왔다. 이렇게 보면 한살림은 '지배구조 길들이기' 전략도 수행해 왔다고 볼 수 있다. 김자경은 한살림 같은 커먼

---

20 주요섭은 자신이 이전에는 '호혜 시스템'이 자본주의 시스템을 대체한다고 보았지만, 지금은 다르게 본다고 말한다. 세계를 단일한 세계로 보고 체제 전환을 하나의 체제가 다른 체제로 바꾸는 것으로 생각했는데, 이것은 "불가능한 일을 상상했던 것 같다."고 말한다. 그는 '여러 시스템들이 공존하는 가운데 어떤 것들이 지배적인 위치를 차지하는' 과정으로 전환을 이해할 수 있다고 말한다.

즈를 단단하게 형성하기 위해서는 국가 제도를 활용하면서도 법령 개정 등의 활동을 통해서 국가를 변화시키는 것이 필요하다고 말한다.

요약하면 한살림운동은 처음에는 대중적 협동 운동을 통해 산업문명을 해체하고 새로운 문명을 재구성하는 전략을 추구했다. 여기에는 정치, 경제 체계를 재구성하는 기획도 포함되어 있었다. 그러나 이 전략은 폭넓은 지지를 얻지 못했고 김지하 등의 담론, 문화운동으로 제한되었다. 박재일 등이 주도한 생명협동운동은 생활 속에서 사람들을 변화시키고 이들을 조직하면서, 한편으로 틈새에서 대안을 만들고, 다른 한편으로 지배구조를 길들이는 전략을 실천하게 되었다. 그런데 한살림생협의 규모가 커지면서 조직을 운영하는 데 자원을 소진하게 되면서, 대안 만들기와 지배구조 길들이기와 같은 전환 전략도 약화되고 있다고 평가하는 이들도 있다.

5. 생태 전환과 한살림

앞서 살펴보았듯이, 한살림운동은 생명을 살린다는 목표와 가치를 갖고 우리를 만들며 모두를 살리기 위한 커먼즈 운동의 하나라고 볼 수 있다. 그러면 한살림운동은 자본주의와 사회주의를 넘어서 새로운 사회, 세상, 문명으로의 전환을 지향하는 커먼즈 운동인가 아니면 커먼즈의 가치를 프로그램으로 삼아 기존의 시스템 안에서 하위 시스템으로 작동하는 커먼즈 운동인가?

초기의 한살림 사람들은 '생명'이라는 기호를 통해 기존의 체계를 해체하고 '생명'을 중심으로 새로운 문명을 재구성할 수 있다고 보았다. 그들에게 생명은 누군가에게 요구하는 '모두의 권리'가 아니라 모두가 스스로를 변화시켜 새로 여는 문명과 삶을 의미했다. 다시 말하면 생명의 눈으로 세계를 재해석하고 이를 바탕으로 세계를 해체하고 새롭게 재구성하는 생태 전환을 지향했다. 이들

이 본 세계는 각성을 통해서 변화할 수 있는 하나의 세계였다.[21]

이런 관점에서 보면 한살림운동은 문명 전환을 지향했으나 적어도 지금은 이를 이루지 못했다고 평가할 수 있다. 문명 전환의 의미, 이행 과정, 주체 등에 대한 사회과학적 논의도 부족했고 그렇기 때문에 문명 전환을 실천하기도 어려웠다고 평가할 수 있다.

그런데 생명의 눈으로 생각하고 이를 바탕으로 사람들 사이의 관계를 바꿔나가고 이를 제도와 조직으로 만들고 확산시키는 과정이 생태 전환의 한 방법이라고 본다면 한살림운동은 장기적인 생태 전환을 실천하고 있다고 볼 수 있다. 자본주의 경제체계, 국가주의 정치체계, 산업주의와 인간중심주의 문명과 같은 지배구조를 하루아침에 부수는 것이 아니라 그것들이 작동하는 프로그램을 생명, 생태, 모심, 살림, 자치, 숙의와 같은 가치를 중심으로 재구성하는 생태 전환 전략을 생각해 볼 수 있다. 한살림은 이런 전략을 지향하며 사업을 하고, 이해관계를 조정하고, 경계를 바꿔가며 많은 자원을 조직의 유지에 쏟아부으면서 적응하고 진화해 왔다. 우리를 만들며 모두를 살리는 생태 전환은 갈등의 동학 속에서 이루어져 왔다고 볼 수 있다.

기후 위기를 체험하며 인류세라는 지질시대를 관찰하는 사람들 가운데에는 지탱 가능성, 또는 거주 가능성의 관점에서 지배구조를 신속히, 혁명적으로 해체하고 재구성해야 한다고 주장하는 사람들이 있다. 초기 한살림 사람들은 이와 유사한 관찰을 한 것으로 보인다. 그렇지만 다른 한편에는 현대사회를 기능 분화된 사회로 보고 하나의 가치나 원리로 모든 체계들이 작동하는 세계는 존재하지도 바람직하지도 않다고 주장하는 사람들도 있다.

이런 관점들 속에서 우리를 만들면서 모두를 살리는 실천은 가능할까? 가능

---

21 이런 「한살림선언」의 세계관에 대해 박순열은 그것이 일반적, 초월적, 보편적 관찰이나 주장이라고 평가한다. "인간 또는 다른 초월적인 존재자가 나머지 모든 생명체 각각의 고유한 가치를 구현하거나, 그것들 모두를 아우르는 공통의 가치를 주장할 수 없다."고 그는 말한다. 그것은 불가능하고 위험하다는 것이다(박순열, 2021: 161-164). 모든 관찰을 관찰할 수 있는 메타 관찰은 불가능하고 그것이 가능하다는 전제 아래 이루어지는 가치 주장은 위험하다고 그는 본다.

하다면 어떻게 해야 할까?[22] 생태적 지속 가능성, 지구의 거주 가능성 같은 필수적인 존재 조건을 우선적으로 관찰하면서 그 원칙이 여러 체계들 속에서 실현될 수 있도록 제도, 의식, 문화 등을 바꿔나가는 생태 전환 전략이 필요할 것이다. 한살림운동을 수많은 '우리끼리'의 협동조합 운동 가운데 하나가 아니라 생명과 모두를 살리는 생태 전환 운동으로 유지/재구성하기 위해서는 추상적인 문명 전환 담론을 사회과학적으로 해체하고 새로운 담론과 실천을 조직해야 할 것이다. 커먼즈와 생태 전환의 관점은 새로운 한살림을 기획하는 데 도움이 될 수 있을 듯하다.

6. 비빌 언덕을 넘어서 모두를 살리기

모두를 살리기 위한 한살림운동을 커먼즈의 눈으로 관찰한 결과, 우리는 커먼즈와 한살림운동을 조금 다르게 볼 수 있게 되었다.

첫째, 한살림운동은 '우리'를 어떻게 구성했는가? 한살림은 '우리'라는 공동체 또는 커먼즈를 생명과 살림의 관점에서 새롭게 구성했다. 한살림은 '우리끼리 평등하게 잘 살자', '지배계급에 저항하여 우리의 권리를 찾자'는 담론과는 다르게 생명과 살림의 관점에서 나와 우리를 구성했다. 이 과정에서 스스로를 사랑하고 존중하며 자치를 배우고 발전시키는 조합원, 여성, 리더들이 성장했다. 자본주의 체계 안에서 비자본주의적인 교환양식과 잉여의 배분 원칙이 구성되고 발전했다. 이 과정은 사회경제적 지위, 생산-소비 관계 속의 위치, 이해관계의 차이를 극복하는 '모심과 살림'의 가치 소통과정 속에서 이루어졌다. 심각한 갈등과 파국의 경험도 있었지만 '생명과 살림'이라는 의미를 지속적으로

---

22 윤형근은 기후위기 속에서 지역 모델 등 대안을 만들어 갔으면 좋겠다고 말한다. 주요섭은 한살림이 큰 기금을 만들어서 젊은 귀농인 등 한살림 외부를 지원하는 것이 필요하다고 본다. 김자경은 한살림이 '비빌 언덕'이 되었지만 이것을 확장해 나가야 한다고 말한다.

소통할 수 있는 사회적 관계 속에서 이러한 문제를 해결할 수 있었다.

한살림은 경계 없는 커먼즈가 아니라 '우리의 경계'를 만들고 확장하는 커먼즈로서 모두의 커먼즈를 만들어가는 운동이라고 볼 수 있다. 모두의 커먼즈를 정부나 자본에게 요구하거나 이들에게 저항하며 보편적 권리를 주장하기보다는, 결사들의 결사, 어소시에이션(association)의 어소시에이션을 스스로 만들면서 자치를 실험하고 있다. 그런데 그 한살림 세상은 '완전체'인 것처럼 보일 수도 있지만 늘 다른 조직, 다른 체계들과 연결되어 있고 그 안에서 작동하고 있다.

둘째, 한살림운동은 모두, 생명을 살리기 위해 어떤 일을 했는가? 한살림은 '생명 또는 모두를 살린다'는 목표를 실현하기 위해 '우리'의 경계를 유지하면서 변화, 확장시켜 왔다. 협동조합의 조직 형식을 택하면서도 조합원만을 위한 조합주의에 빠지지 않기 위해 지역살림, 민중 교역, 사회운동과의 연대 활동을 지속해 왔다.

셋째, 커먼즈와 생태 전환의 관점에서 한살림운동을 어떻게 볼 것인가? 한살림은 경계를 유지하면서 이를 넘어서는 커먼즈를 형성하고 재구성하면서 생명이 살아갈 수 있도록 하기 위해 삶의 양식을 바꾸고 이를 확산해 나가는 운동을 벌이고 있다. 초기 한살림 사람들 가운데에는 체계들 또는 문명을 '개벽'과 같이 혁명적으로 바꾸는 꿈을 꾸었지만 이는 실현되지 않았다. 다만 한살림은 농업, 먹을거리 등과 관련해서는 유기농 등 안전한 먹을거리와 환경친화적인 농업과 관련한 제도나 규범을 체계 안에서 작동하도록 하는 데 중요한 기여를 했다.

한살림운동은 어떤 전환전략을 실천했는가? 한살림운동은 초기에는 기존의 사회체계를 해체하고 새로운 문명을 재구성한다는 목표를 추구했으나 이러한 전환 전략은 약화되거나 사라졌다. 그 대신에 틈새에서 생명을 살리는 대안을 실험하고 확산하며 지배구조의 폐해를 줄이는 전략이 주류를 이루었다. 문명 전환의 해체/재구성 전략이 약해지면서 저항적이고 혁신적인 전환 운동의 특성은 약해졌다.

한살림은 한국에서 최대의 조합원이 참여하는 생협으로 성장하여 지속 가능하게 사업을 유지하고 있는 '비빌 언덕'이 되었다. 그런데 '우리끼리' 잘살고 행복한 커먼즈는 지탱할 수 없고 바람직하지도 않다는 것을 한살림 사람들은 잘 알고 있기 때문에 지역을 살리고 모든 생명을 살리는 실천을 지향하고 있다. 그렇지만 우리의 경계, 우리의 지탱 가능성을 위해 자원을 우리 밖의 '생명', 우리에 들어올 수 있는 '모두'를 살리는 것은 쉽지 않다. 이런 문제를 한살림 커먼즈는 토론, 숙의, 협의를 통해 해결해 왔다.

그런데 초기 한살림 사람들의 큰 그림처럼 자본주의, 사회주의, 산업문명을 모두 넘어서는 그리고 민주화를 위한 저항운동, 권리의 주창 운동을 넘어서는, 생명을 중심으로 한 개벽은 어떻게 이루어질 것인가? 비빌 언덕이 이곳저곳에 생기면 문명은 전환될 것인가? 모두를 살리는 세상은 무엇이며 그것은 어떻게 올 것인가? 기후 위기 시대에 함께 깊이 생각해 봐야 할 문제다.

참고문헌

구도완. 2018. 『생태민주주의: 모두의 평화를 위한 정치적 상상력』. 한티재.

_____. 2021. "생태전환을 꿈꾸는 사람들." 구도완 외. 『전환의 질문, 질문의 전환』. 도서출판 풀씨.

_____. 2022. "한국에서 시민사회와 국가는 어떻게 생태전환정치를 해왔는가?" 김수진 외. 2021. 『전환의 정치, 열 개의 시선』. 도서출판 풀씨.

김수진·이철재·김민재. 2023. 『생태전환을 꿈꾸는 사람들』. 한살림.

김선미. 2017. 『한살림 큰 농부: 인농 박재일 평전』. 한살림.

김소남. 2017. 『협동조합과 생명운동의 역사』. 소명출판.

김자경. 2020. "협동조합으로 커먼즈 만들기." 『모심과 살림』 16: 136-164.

김지하. 1984. 『남녘땅 뱃노래』. 두레출판사. (2012. 『남조선 뱃노래』. 자음과모음).

김지하·문순홍. 1994. "생명가치를 찾는 민초들의 모임(생명민회)를 제안한다." 모심과살림연구소. 2011. 『생명운동 자료모음』. 모심과살림연구소. 63-76.

깁슨-그레엄·J. K.(J. K. Gibson-Graham). 2013. 『그 따위 자본주의는 벌써 끝났다』. 엄은희·이현재 역. 알트.

모심과살림연구소. 2006. 『한살림 20년의 발자취: 스무살 한살림 세상을 껴안다』. 그물코.

_____. 2021. 『모심과 살림』 17.

박배균 외. 2021. 『커먼즈의 도전: 경의선 공유지 운동의 탄생, 전환, 상상』. 빨간소금.

박순열. 2021. "'사회의 자기기술'로서 녹색전환과 한살림선언." 모심과살림연구소. 『모심과살림』 17: 140-164.

박순열·안새롬. 2023. "현대사회에서 커먼즈 논의의 정합성에 대한 검토: 경의선공유지를 사례로." 『ECO』 27(2): 135-191.

라이트, 에릭 올린(Erik Olin Wright). 2020. 『21세기를 살아가는 반자본주의자를 위한 안내서』. 유강은 역. 이매진.

안새롬. 2021. "커먼즈는 전환의 열쇠가 될 수 있을까?" 구도완 외. 『전환의 질문, 질문의 전환』. 도서출판 풀씨.

_____. 2022. "공통장의 낭만화를 경계하고 생명운동 명확히 하기."『모심과 살림』 20:144-149.

원주사람들. 1982. "생명의 세계관 확립과 협동적 삶의 확장." 모심과 살림연구소. 2011. 『생명운동 자료모음』.

윤형근. 2024.『한살림 복합체 조직 진화의 역사』. 모심과살림연구소.

장일순. 1997.『나락 한 알 속의 우주: 무위당 장일순의 이야기 모음』. 녹색평론사.

정영신. 2020. "한국의 커먼즈론의 쟁점과 커먼즈의 정치."『아시아연구』 23(4): 237-260.

조미성. 2022. "생명운동이 공통장에서 배울 수 있는 것들."『모심과 살림』 20: 114-135.

최현. 2016. "제주의 공동목장: 공동자원으로서의 특징." 최현 외.『공동자원의 섬 제주 1: 땅, 물, 바람』. 129-152.

프레이저, 낸시(Nancy Fraser). 2023.『좌파의 길: 식인자본주의에 반대한다』. 장석준 역. 서해문집.

한디디. 2024.『커먼즈란 무엇인가: 자본주의를 넘어서 삶의 주권 탈환하기』. 빨간소금.

한살림모임. 1990. "한살림선언."『한살림』. 한살림.

홍덕화. 2018. "생태적 복지 커먼즈의 이상과 현실: 한살림서울의 돌봄사업을 중심으로." 『ECO』 22(1): 243-276.

3장

페루 안데스 농민 공동체의 변화를 통해 본 공동체의 의미

서지현

> 본 장에서는 페루 안데스 농민 공동체의 사례를 통해 커먼즈론에서 다루는 공동체의 의미를 재조명해 본다. 그동안 오리엔탈리즘적 인식 틀에서 라틴아메리카를 이해해 온 한계를 넘어, 본 장은 그동안 외부 사회와 끊임없이 교류하는 과정에서 내외부적 변화를 겪고 있는 페루 농민 공동체의 사례 분석을 통해 커먼즈론에서 논의하는 '우리'의 의미에 관해 생각해 보고자 한다. 페루 안데스 지역의 카탁 농민 공동체는 근대화와 자본주의의 물결 속에서, 개별적인 생계 전략만으로는 열악한 생활환경에 노출될 수밖에 없는 농민이 기본적인 생계를 보장하고 삶의 방식을 회복하기 위한 권리를 주창하기 위해 공동으로 대응하는 과정에서 형성된 유동적 '우리'라고 이해할 수 있다.

1. 오리엔탈리즘적 라틴아메리카 읽기와 유토피아적 공동체주의

최근 한국 사회에서 공동체와 사회적 관계 회복, 연대, 소통 등에 관한 관심이 높아지고 있다. 이는 신자유주의적 자본주의의 기세가 한층 강화되고 모든 사회적 관계가 경제적 가치로 평가되는 등 삶이 갈수록 각박해지고 있어, 사회적 관계 회복을 통한 대안적 삶을 추구하는 사람들이 많아지고 있기 때문일 것이다. 이러한 관계적 회복에 대한 필요성과 논의가 늘어나고 있는 맥락에서, 학계에서 커먼즈(commons)론에 대한 논의가 활발하게 이뤄지고 있다. 커먼즈론은 자본주의의 파고에 점차 잃어가고 있는 '우리의 것'의 회복과 '우리의 것' 만들기를 고민하고 대안적 삶의 방식 혹은 대안적 관계 맺기를 고민하는 과정에서 많은 주목을 받고 있다.

정영신(2020)은 한국 커먼즈론의 쟁점과 커먼즈 정치를 다루는 논문에서 커먼즈를 '모두의 것'과 '우리의 것'이라는 두 차원으로 분류하고 있다. '모두의 것'으로서의 커먼즈에 대한 권리는 근대화 과정에서 "부정"되고 "소멸"되었다. 반면, '우리의 것'에 대한 권리는 "근대적인 사적 소유제도의 설립 방식과 속도 그리고 지역 공동체의 대응 역량에 따라 매우 다양하게 나타났다."(정영신, 2020: 248-249). 그렇다면, '우리의 것'이라는 차원에서 논의되는 커먼즈론에서 '우리'는 누구일까? 커먼즈에 대한 권리를 유지하거나 회복하고자 하는 공동체는 과연 어떤 형태로 존재할까?

이러한 배경에서 라틴아메리카와 같은 지역은 때때로 우리 사회가 잃어가고 회복하고자 하는 공동체성을 가진 유토피아적 세계로 그려지기도 한다. 특히 전환적 발전 패러다임의 하나로 안데스와 아마존 원주민 공동체의 철학에서 기원한 것으로 알려진 부엔 비비르(buen vivir)와 같은 개념들이 국내에도 소개되기 시작하면서 라틴아메리카는 한편으로는 폭력과 빈곤이 난무하는 사회이지만, 또 한편으로는 공동체성이 여전히 존재하는 유토피아적 장소로 이해되는 경향이 나타나기도 한다.

박윤주(2013)는 한국 언론의 미디어 보도 행태 분석을 통해 한국에서 라틴아메리카를 바라보는 인식을 비판적으로 분석한 연구에서 라틴아메리카의 특정 이슈만을 중심으로 보도하는 행태에는 "한국 사회가 갖고 있는 라틴아메리카 국가들에 대한 오리엔탈리스트적인 시각"이 반영되어 있다고 보았다(박윤주, 2013: 141). 특히 멕시코와 브라질과 관련된 기사 분석을 통해 한국 언론이 마약이나 범죄 혹은 신흥시장과 경제 교류 등과 같은 특정 이슈를 중심으로 다룸으로써 일반 대중들이 라틴아메리카에 대해 가지는 이미지와 인식 구조를 한 방향으로 고착하고 있다고 비판했다(박윤주, 2013: 140). 박윤주(2013)에 따르면, 이는 에드워드 사이드(Edward Said)가 『오리엔탈리즘(Orientalism)』을 통해 비판하고자 했던 서구의 식민주의적 담론과 유사한 성격을 보이고 있는데, 서구가 서구의 시각에서 동양의 정체성을 형성하고 타자화한 것과 유사한 행태가 한국 언론에도 나타나고 있다는 것이다. 즉, 한국 언론은 실제로 라틴아메리카의 구체적인 현실을 반영하기보다는 특정 이슈를 과장 혹은 왜곡하여 보도함으로써 라틴아메리카에 대한 특정한 이미지를 구축하는 데 영향을 미쳤다(박윤주, 2013).

같은 맥락에서 박정원(2015) 역시 TV 프로그램에서 나타나는 여행 서사에 대한 분석을 통해 한국 사회가 라틴아메리카를 바라보는 인식의 한계와 가능성에 대해 분석하고 있다. 세계화에 따라 타 문화권과의 교류가 증가하고, 타 문화에 대한 정보와 지식이 축적되고 있어 TV 프로그램의 여행 서사에는 다문화주의적 인식이 재현되고 있다(박정원, 2015: 167). 그럼에도 불구하고 "여전히 의식적, 무의식적으로 서구라는 인식틀에 의지하는 한계"가 존재하고 있으며, 이를 극복하기 위해 오리엔탈리즘적 시각에서 벗어나 "라틴아메리카를 읽는 대안적 시각과 방법론을 발전시켜야 할 과제"가 있음을 강조하고 있다(박정원, 2015: 183).

이처럼 한국 사회에서 라틴아메리카는 여전히 오리엔탈리즘적 인식 틀에서 몇몇 가시화된 이슈가 부풀려지거나 혹은 왜곡되어 이해되거나 혹은 "다문화적 타자"로서 이해되는 것에 그치고 있다(박정원, 2015: 183). 이러한 경향은 정치사회적 이슈에도 예외가 아니다. 가령, 한국 언론에서 자주 등장하는 라틴아메리카의 포퓰리즘(populism)은 선거철만 되면 자주 언급되는 단골 키워드이다. 언론이나 TV 프로그램이 특정 이슈나 키워드를 중심으로 라틴아메리카를 다루는 것은 실제 이러한 이슈가 라틴아메리카에서 발생하는 현상이기도 하지만, 동시에 "한국 사회가 보고자 하는 바를 투영"하고 있기 때문이기도 하다(박윤주, 2013: 140-141). 즉, 해외 지역의 특정 이슈에 대한 가시화는 한국 사회가 보기를 희망하는 바람을 방증하고 있기도 하다. 하지만 이러한 바람에 부응하기 위해 그 지역에서 발생한 특정 현상이나 이슈를 탈맥락화(decontextualisation)하여 현상만 소개하게 될 경우, 그 현상이 왜곡되거나 과장되어 이해될 수도 있다. 이는 비단 언론뿐만 아니라 해외 지역연구자들에게도 종종 나타나고 있는 문제로, 해외 지역연구자들은 해외 지역 현장 연구에 대한 과학적 권위를 근거로 특정 이슈나 현상을 과장하거나 왜곡해서 전달하는 오류를 범하곤 한다.

  본 장에서는 앞서 소개한 한국 사회의 오리엔탈리즘적 라틴아메리카 읽기에 대한 비판적 연구의 연장선상에서, 안데스 지역을 이해하는 관점을 비판적으로 검토하고자 한다. 이를 위해 본 장은 페루 안데스 사회를 오랜 기간 연구해 온 인류학자 오린 스탄(Orin Starn)의 '안데스주의(Andeanism)' 개념을 소개하고, 이를 통해 외부 관찰자가 보고자 하는 안데스 사회와 실제 현실 속의 안데스 농민 공동체의 간극을 분석하고자 한다. 스탄은 사이드(Said)의 오리엔탈리즘에 착안하여 안데스주의라는 개념을 설명했다. 안데스주의는 안데스 지역과 그곳에 사는 사람들을 여전히 잉카제국 시기의 호혜적 관계에 근거한 공동체주의를 유지하고 있는 것으로 바라보는 인식을 의미한다. 이러한 인식은 안데스 지역과 외부 지역을 이분화하고 안데스 지역을 잉카의 과거와 안데스 고산이라는 특정 장소로 고정해서 인식하고 타자화한다는 점에서 사이드가 오리엔탈리즘에서 드러낸 식민주의적 인식 틀과 유사한 성격을 갖는다고 볼 수 있다. 이러한 안데스주의적 인식 틀은 스페인 식민 지배 시기 이후 이 사회가 계속해서 외부 세계와 교류하는 과정에서 끊임없이 변화해 왔음에도 불구하고 여전히 이 사회를 특정 시기와 장소에 고정해서 인식하고 이를 과장 혹은 왜곡해서 재현하고 있다는 점에서 외부 관찰자의 오리엔탈리즘적 인식 틀과 유사한 성격을 가진다. 본 장은 스탄의 안데스주의라는 개념에 착안해 변동하는 페루 안데스 농촌사회의 농민 공동체의 변화 양상을 분석하고자 한다. 외부 사회와 끊임없이 교류하는 과정에서 내외부적 변화를 겪고 있는 농민 공동체의 현실에 대한 분석을 통해 오리엔탈리즘적 안데스 사회 읽기와 현실 간의 간극을 좁혀보고자 한다. 이를 통해 커먼즈론에서 논의하는 '우리'의 의미에 관해 생각해 보고자 한다.

2. 안데스주의: 안데스 사회에 대한 유토피아적 인식에 대한 비판적 접근

20세기 중반 라틴아메리카의 농촌사회에서는 사회 구조적 변화를 요구하는 농촌사회 운동이나 혁명적 게릴라 운동이 활발하게 진행되었다. 그럼에도 불구하고 이러한 농촌 사회운동을 이끌었던 농민들은 기껏해야 진보적 정당이나 좌파 지식인들이 주도하는 정치사회적 변화의 보조적인 역할을 수행하거나 농업 근대화를 추진하는 국가로부터 농업 보조 정책의 지원받는 대상으로 평가 절하되곤 했었다. 이러한 농민의 정치적 영향력에 대한 평가 절하는 신자유주의 구조조정 정책에 따라 시장의 힘이 한층 강화되는 1970년대 이후에는 더욱 심화되었다. 신자유주의 경제화 과정에서 국가의 경제 개입 정책은 더 이상 현실화될 수 없었고, 이전과 같이 혁명적 혹은 수정주의적 정책은 정치적 아젠다의 우선순위에서 멀어지게 되었다. 이러한 상황에서 이분화된 농촌 경제 구조가 심화되고 영세한 농민들은 생계를 유지할 수 있는 방법을 찾는 데 어려움을 겪고 있는 상황이었기 때문에 20세기 중반과 같은 농민 조직화나 농촌사회 운동은 가능성이 거의 희박한 것으로 치부되고 있었다. 특히 주로 농촌사회의 정치 경제적 분석을 하는 구조주의학자들의 경우 신자유주의 세계화에 따른 강력한 글로벌 자본의 영향력 앞에서 영세한 농민들은 토지를 잃거나 생계를 위해 일시적인 계절적 임노동자로 전락하거나 아니면 도시나 국외로의 이주를 선택할 수밖에 없을 것이라고 주장했다(Kay, 2006; McMichael, 2006, 2009; Akram-Lohdi and Kay, 2009; Araghi, 2009; Teubal, 2009). 가령 케이(Kay, 2006)의 경우, 국가의 지원 없이 자본주의의 구조적 변화 앞에 놓인 영세한 농민들은 다양한 생계 전략을 펼칠 수밖에 없다고 주장한다. 따라서 홉스봄(Hobsbawm, 1994)이 일전에 '농민 계층의 소멸(the death of the peasantry)'을 주장했던 바와 같이, 구조주의적 입장의 학자들은 신자유주의 세계화와 구조조정 정책은 라틴아메리카 농촌사회에서 농민 정치사회적 조직의 약화, 분열, 붕괴라는 결과를 가져올 것이라고 주장했다.

하지만 만일 신자유주의 세계화의 물결에서 배제되거나 분열되는 농촌사회의 정치사회적 조직을 가정한다면, 1980년대와 1990년대 이후 라틴아메리카 사회에서 새롭게 등장하게 되는 농촌사회 운동은 어떻게 설명할 수 있을 것인가? 가령 1994년 멕시코의 치아파스(Chiapas) 지역에서 북미자유무역협정(NAFTA)의 발효와 함께 봉기했던 사파티스타 민족해방군(EZLN), 브라질 남부 히우 그란지 두 술(Rio Grande do Sul)에서 처음으로 조직화하여 브라질 농촌사회 운동을 이끈 무토지 농민운동(MST)[1]의 등장은 어떻게 설명할 수 있을까?(서지현, 2024). 혹은 과테말라, 볼리비아, 에콰도르 등지에서 부상해서 중요한 정치사회 세력으로 자리 잡은 원주민 운동은 어떻게 설명할 수 있을까? 1980년대와 1990년대를 거치면서 라틴아메리카의 중요한 정치사회적 주체로 등장한 새로운 농촌 사회운동은 라틴아메리카 각국 농촌사회에서 진행되고 있는 광산 개발, 수력발전 댐 건설, 목재 개발, 농산업의 확장 등 대규모 개발 프로젝트 반

---

1 무토지 농민운동(MST)은 1984년 브라질 남부의 대표적인 곡창 지대인 파라나(Paraná)주에서 처음 조직된 브라질을 대표하는 농촌 사회운동으로 정의롭고 평등한 사회를 위한 선결 조건으로 토지개혁을 주창하며 조직화되었다(서지현, 2024b: 73-74).

대운동에도 적극적으로 참여하며 정치사회적 영향력을 보여주고 있다(Teubal, 2009; Deere and Royce, 2009). 특히 안데스 지역의 농촌 사회운동은 농산업뿐만 아니라 이 지역의 농촌사회를 중심으로 활발하게 전개된 다양한 개발 프로젝트 비판 및 반대 운동에 앞장서면서 진보 정권의 집권이나 대안적 발전 논의를 이끄는 데 결정적인 역할을 했다.

특히 "안데스와 아마존 지역에서 사는 원주민의 철학"에서 기원한 것으로 알려진 부엔 비비르(Buen vivir)가 국내에서 대안적 발전을 추구하는 개념이자 "전환적 발전 패러다임"으로 소개되면서(서지현, 2023a: 273), 일부 학자들을 중심으로 안데스 지역의 원주민 혹은 농민 공동체를 유토피아적 공동체주의의 모델로 보고자 하는 입장이 형성된 것으로 보인다. 페루 안데스 농촌사회를 오랫동안 연구해 온 인류학자인 오린 스탄(Orin Starn)은 오늘날 안데스 농촌사회의 농민 공동체(혹은 원주민 공동체)를 여전히 상호호혜적 관계에 근거한 유토피아적 공동체에 기반해서 이해하는 것은 몰역사적, 몰장소적 인식에 근거한 것이라고 보았다(Starn, 1991; 1994).

스탄(1991)의 논의는 1970년대 페루의 안데스 남부 고산 지역을 연구하던 인류학자들이 센데로 루미노소(Sendero Luminoso)[2]의 혁명을 예상하지 못했던 이유가 무엇인지에 관한 질문에서 시작된다. 즉, 20세기 내내 안데스 지역을 연구하던 인류학자들은 스스로를 안데스 지역 사람들의 이해관계와 욕구를 포함한 안데스의 삶에 정통한 전문가라고 자부했다(Starn, 1991: 63). 이들의 전문성은 현장조사 경험을 바탕으로 한 학자로서의 과학적 권위로 정당화되어 왔다(Starn, 1991: 63). 물론 에스노그라피(ethnography) 방법론을 택하고 있는 인류학자를 포함한 사회과학자들이 센데로 루미노소와 같은 무장 혁명 세력의 혁명 발발을 반드시 예측했어야 하는 것은 아니며, 더욱이 폐쇄적 조직 구

---

[2] 센데로 루미노소는 1980년 아야쿠초(Ayacucho, 페루의 남부 안데스 고산에 위치한 주)에서 "엘리트 민주주의로의 전환에 반대하며 봉기"한 무장 혁명 단체로, "반(反)엘리트주의, 반(反)자본주의를 주창하며 마오이즘(Maoism)을 넘어 페루식 공산주의"를 주창했다(서지현, 2024a: 113).

조 내에서 오랜 기간 이데올로기 구축 작업을 진행해 왔던 센데로 루미노소의 무장 혁명을 예측하는 것은 특히 더 어려웠을 수 있다(Starn, 1991: 63). 그럼에도 불구하고, 스탄이 비판하고자 한 지점은 왜 센데로 루미로소가 주도한 무장 혁명에 안데스 지역 외부의 많은 급진주의 청년이 공감했는지의 원인을 파악하지 못했는가 하는 것이다. 스탄은 그 원인이 안데스 연구자들이 가지고 있는 몰역사적, 몰장소적 인식에 근거한다고 보았다. 스탄은 이러한 인식에 관해 설명하기 위해 '안데스주의(Andeanism)'이라는 개념을 제시했는데, 안데스주의는 안데스 지역과 지역 사람들을 특정 시기와 장소에 고착해서 바라보는 인식 틀을 의미한다. 그는 안데스주의라는 개념을 통해 연구자들이 안데스 지역과 이 지역에 사는 고산 지역 농민들을 자본주의적 근대화의 물결과 상관없는 사람들로 인식해 왔음을 비판하고자 했다(Starn, 1991: 64). 즉, 외부의 관찰자들에게 안데스 농촌 지역의 삶이란 스페인 식민 지배 시기부터 거의 변화한 것이 없는 사회인 것이다(Starn, 1991: 64). 스탄은 이러한 안데스주의적 인식은 이후 많은 소설가, 정치인, 여행가, 영화제작자, 미술가, 사진가 등 외부인들에게 지속해서 영향을 미쳐왔으며, 이러한 인식은 외부의 인류학자들에게도 예외 없이 영향을 미쳤다고 보았다(Starn, 1991: 64). 이러한 안데스주의적 인식의 틀에서 외부 관찰자들은 안데스 농촌사회가 이미 오래전부터 도시 및 열대 우림 저지대, 해안 지역과 실제 활발하게 교류하고 있었음을 간과했고, 그로 인해 안데스 지역 외부에서 많은 급진주의적 청년을 중심으로 센데로 루미노소의 혁명에 공감하고 적극적으로 참여하게 되었다는 지점을 설명해 내지 못했다(Starn, 1991: 64). 안데스주의적 인식은 안데스 농촌사회가 근대화, 산업화, 세계화의 물결에서 한 발짝 떨어져 외부의 세계와 단절된 사회 공간으로 인식되는 데 지배적인 영향을 미쳤다고 볼 수 있다.

이러한 인식 구조는 국내의 학자들과의 대화에서도 쉽게 발견할 수 있다. 본 연구자가 안데스 지역연구를 하고 있다고 소개하면 여지없이 잉카문명의 후손들이라고 여겨지는 원주민, 농촌사회, 자본주의 근대화나 세계화의 물결에서는 동떨어진 공동체주의적 유토피아에 관한 이야기를 해줄 것을 은연중에 기대하는 것을 발견할 수 있었다. 이는 비단 라틴아메리카 지역을 연구하지 않는 학자들뿐 아니라 라틴아메리카 지역을 연구하는 일부 학자들에게서도 발견되는데, 가령 페루의 안데스 고산 지역연구를 원주민 연구와 동일시하는 인식에서 드러난다. 이러한 인식은 라스무센(Rasmussen)이 지적하고 있듯이, 안데스의 농촌 지역에 대한 역사적 인식이 대부분 스페인 정복 시기 이전의 잉카제국이라는 과거에 머물고 있기 때문이다(Rasmussen, 2020: 77). 하지만 안데스 사회는 식민화 과정, 독립 이후의 근대화, 세계화 과정에서 배제되거나 절연된 폐쇄적이고 이상화된 공동체라기보다는 오히려 외부 세계와 끊임없이 교류하고 적응하는 과정을 거쳤다는 점을 간과해서는 안 된다. 페루의 중부 안데스 고산 지역을 연구한 인류학자 플로렌시아 마뇽(Florencia Mallon)은 페루 중부 안데스의 만타로 밸리(Mantaro Valley) 지역의 농민들이 자본주의화 과정에 적응하는 과정에서 농민 사업가로서 성장하고 농촌사회의 계급적 분화가 진행된 과정을 분석했다(Mallon, 1983). 이러한 논의의 연장선상에서 포울리옷(Pouliot)과 라스무센(Rasmunssen)은 안데스 지역의 중요한 정치사회적 주체인 농민 공동체를 근대 국가나 자본과 같은 권력 관계와 농민 개인의 생계 전략의 변화 속에서 변화하는 제도로 이해할 필요가 있다고 주장했다(Pouliot and Rasmussen, 2023).

페루 안데스 지역 농민 공동체는 1987년 제정된 농민공동체법(Ley, 24656, Ley General de Comunidades Campesinas)에 따라 6,000개 이상이 존재하는 것으로 알려져 있으며, 토지를 공동으로 소유하는 것을 기반으로 한다(Rasmussen, 2020: 76). 하지만 실제 농민 공동체는 사회적, 경제적, 정치적으로 매우 복잡한 관계로 얽힌 제도이며, 20세기 초반 이후 페루에서 농민 공동체는 국가가 안데스 지역 농민들과 관계를 맺는 매개적 역할을 담당해 왔다(Vincent, 2012: 241; Rasmussen, 2020: 77). 다시 말해, 실제 농민 공동체는 보다 거시적인 정치·경제 과정과의 끊임 없는 교류 속에서 그 형태와 내용을 변화해 왔다. 20세기 초반 이후 페루에서 농민 공동체가 공식적으로 인정된 것은 레기아(Leguía)

정부가 1920년 원주민공동체법(comunidad indígena, 당시에는 농민 공동체가 아닌 원주민 공동체로 인정되었음)을 제정하면서부터였다.[3] 레기아 정부는 인디헤니스타(indigenista) 운동[4]에 대한 대응으로 원주민공동체법을 제정했다(Vincent, 2012: 239). 국가의 입장에서는 원주민 공동체를 합법화함으로써, 도로건설과 같은 국가의 노동력 동원에 원주민 공동체를 활용할 수 있게 되었고, 동시에 농민 공동체의 입장에서도 공동체의 합법화를 통해 국가경제에 참여할 수 있게 되었다(Vincent, 2012: 241). 이와 같은 법적 인정을 토대로 고산지대의 농민과 원주민은 국가의 근대화 전략에 참여하기 시작했다(Rasmussen, 2020: 76).

하지만 1920년에 원주민 공동체가 법적으로 승인된 후에도 안데스 고산 지역에서는 실질적으로 지주들의 영향력이 지속되었다. 이후 안데스 지역에서의 대지주제에 분열을 가하고, 농민 공동체가 확산되는 계기를 마련하게 된 것은 1969년 벨라스코의 토지개혁법이 제정된 이후였다. 토지개혁 과정에서 토지는 그동안 안데스 지역에서 토지에 대한 통제권을 행사해 왔던 지주들, 근대화 프로젝트를 추진했던 국가, 지주들로부터 토지에 대한 권리를 되찾고 근대화 프로젝트에 참여하고자 했던 농민들 간의 관계 변화에서 핵심적인 자원이었다. 따라서 토지개혁은 일방적으로 국가가 안데스 지역을 국가의 통제하에 두고 농업 근대화 전략을 펼치기 위한 정책이었다고만은 볼 수 없다. 농민들은 토지개혁법이라는 진보와 근대화의 기회를 통해 지주들의 영향력에서 벗어나, 국가로부터 토지에 대한 이용과 관리의 권리를 보장받고 생계 전략을 펼치고자 했다. 따라서 벨라스코 정부가 토지개혁 과정에서 안데스 지역에 사회적 협동조합(Sociedades Agrícolas de Interés Social, 이하 SAIS)을 조직하여 정부 관료들

---

[3] 페루에서 원주민 공동체가 공식적으로 폐지된 것은 1824년이었는데, 실제로는 원주민 공동체가 유지되다가 공식적으로 그 존재를 다시 인정받게 된 것은 1920년 헌법을 통해서이다(Vincent, 2012: 241).

[4] 인디헤니스타 운동에서 주창한 인디헤니스모(indigenismo)는 20세기 초 라틴아메리카의 백인 혹은 메스티소(mestizo, 혼혈인) 지식인들이 "정치·문화적 담론에 원주민을 포함하고 이러한 민족 정체성을 근대성에 포함하고자 한 시도"였다(서지현, 2023b: 182).

을 통해 지역 농민들을 통제하고자 농업 근대화 발전을 추진하고자 했을 때, 많은 안데스 지역 농민들은 SAIS의 관료주의적 행태에 비판을 가하거나, SAIS에 포섭되지 않고 독립적인 조직화를 시도하기도 했다. 그럼에도 불구하고 벨라스코 시기의 토지개혁은 안데스 농촌사회에서 대지주의 영향력에 분열을 가하고, 근대화와 자본주의 발전을 위한 토지 이용의 계기를 마련했다는 점에서 큰 전환점을 마련했다고 볼 수 있다. 벨라스코 시기 이후 안데스 농촌사회에서 토지의 이용과 관리의 주체를 둘러싼 국가와 농민 공동체 간의 관계 변화는 시장주의 정책이 도입되고, 농업경제의 이중화가 심화되면서 더욱 복잡한 양상을 띠게 된다. 이 과정에서 농민 공동체의 구성과 농민 공동체와 토지의 관계 및 의미 또한 변화하게 된다. 이와 관련해서는 페루 중부 안데스 앙카쉬(Ancash) 지역 카탁 농민 공동체의 사례를 통해 아래에서 자세히 살펴보기로 한다.

3. 변동하는 공동체: 페루 안데스의 카탁 농민 공동체

앞서 살펴본 바와 같이 페루 안데스 농촌의 정치·경제적 변동 과정에서 농민 공동체가 어떠한 변화를 마주하게 되었는지를 살펴보기 위해서는 토지를 둘러싼 국가와 농민 공동체의 관계 변화 그리고 그 과정에서 나타난 농민 공동체의 구성과 토지와의 관계 및 의미변화를 살펴볼 필요가 있다. 본 장에서는 앙카쉬 지역의 카탁 농민 공동체의 사례[5]를 통해 이러한 변화 과정을 살펴보고자 한다.

---

5 안데스 농촌의 농민 공동체의 변화를 검토하기 위한 사례로 카탁 농민 공동체의 사례를 선택한 이유는 2차 자료의 접근성이 비교적 용이했기 때문이다. 앞서 언급한 바와 같이 안데스 농촌사회에서 공식적으로 인정받는 농민 공동체는 6,000개 이상이기 때문에, 카탁 농민 공동체의 사례가 안데스 지역 농민 공동체 변화를 전형적으로 보여주는 유일한 사례라고 볼 수는 없다. 그럼에도 불구하고 외부 세계에서 안데스 농촌사회와 농민 공동체를 특정 역사 시기와 장소에 고정해서 인식하는 안데스주의적 인식의 틀의 한계를 극복하고, 외부 세계와 끊임없이 소통, 교류하고, 그에 따라 공동체 내부에서도 변화와 갈등을 경험하고 있는 농민 공동체의 사례를 보여주고 있다는 점에서 본 연구의 목적에 부합하는 사례라고 판단했다.

<지도 1> 카탁 농민 공동체의 위치

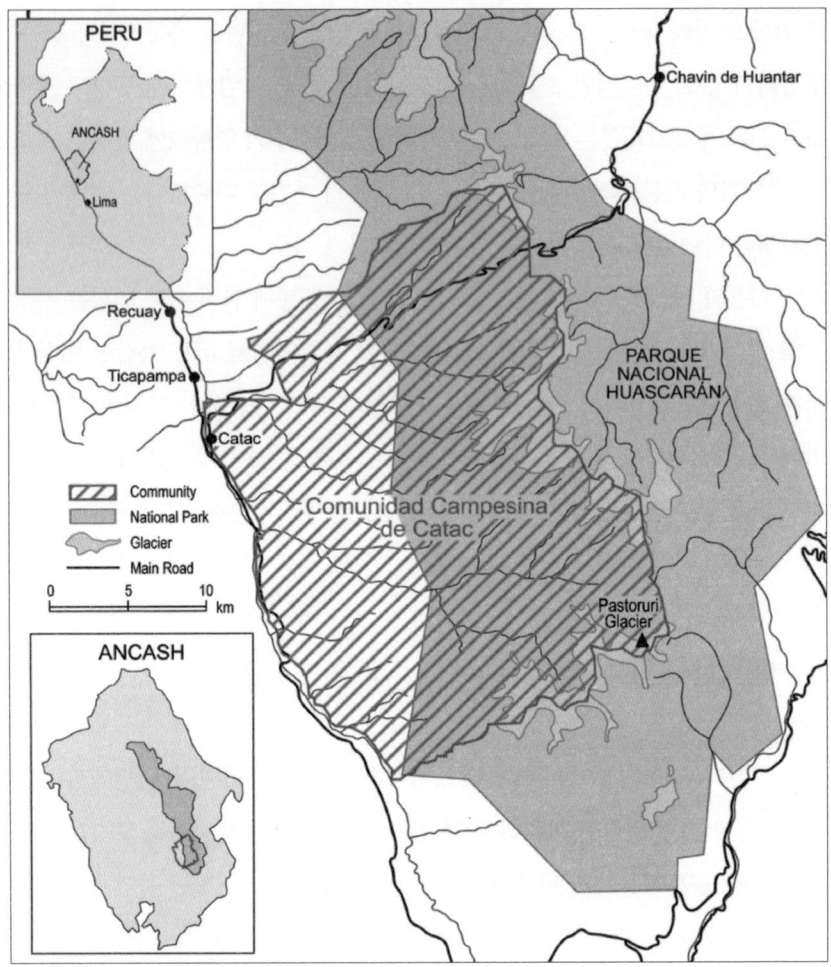

출처: Pouliot and Rasmussen(2023: 4)

<지도 1>에서 볼 수 있듯이 카탁 농민 공동체(Comunidad Campesina Cátac, 이하 CCC)는 앙카쉬(Ancash) 주의 안데스 고산 지역에 위치하고 있는 농민 공동체이다. CCC가 위치하고 있는 지역은 벨라스코 정권 시기 진행된 토지개혁 이전에는 대지주의 통제하에 있었다(Pouliot and Rasmussen, 2023: 1). 1946년 국가로부터 농민 공동체로 공식적으로 인정을 받았지만, 당시에는 지주가 여전히

통제력을 가지고 있었다(Pouliot and Rasmussen, 2023: 4). 1950~1960년대 사이 토지 투쟁을 거쳐, 벨라스코 정권하에서 토지개혁이 시작되면서 CCC의 토지로 인정되는 범위를 늘려 현재에 이르게 되었다(Pouliot and Rasmussen, 2023: 4). 현재 CCC에는 922명의 농민이 소속되어 있으며, 소속된 농민이 가구(household)의 대표라는 점을 감안했을 때, CCC는 3,500명 이상의 농민 가족의 삶과 연계되어 있다고 볼 수 있다(Pouliot and Rasmussen, 2023: 3). CCC가 공동으로 관리하는 토지는 6만 6,000헥타르에 달하며, 이들의 토지는 해발고도 3,600m 이상의 고산지대에 위치하고 있다(Pouliot and Rasmussen, 2023: 3).

해발고도 3,200m 이상의 안데스 생태 지역을 푸나(puna) 지역이라고 부른다. 먼저 이 지역 농민 공동체에 대해 이해하기 전에 안데스의 푸나 지역에서 전통적으로 이뤄진 농경 방식과 공동체적 삶의 방식에 대해 살펴보자. 안데스 고산 지역의 경우, 강우량이 부족하고 토질이 좋지 않아 주로 전통적인 영농 방식으로 농사를 짓는다. 또한 가파른 고산 지형으로 넓은 토지를 확보하기 어렵기 때문에 주로 1~3헥타르 정도의 소규모 토지에서 농민들은 감자, 옥수수, 콩, 퀴노아 등의 작물을 경작하곤 한다. 특히 안데스 고산에서 가장 높은 고도에 위치한 푸나 지역의 경우, 농사하기에 불리한 생태환경을 갖추고 있었다. 높은 고도, 부족한 강우량, 낮은 토질과 같이 생태적으로 농사에 불리한 조건에도 불구하고 이 지역 농민들은 다양한 동식물을 키워냈다. 인류학자이자 사회학자인 존 빅토르 무라(John Victor Murra)는 안데스 지역의 이러한 농업경제 모델을 일컬어 "수직의 군도(vertical archipelago)"라고 불렀다(Kerseen, 2015: 492). 이러한 농경 방식은 잉카제국 시대에 절정에 이른 것으로 알려져 있는데, 오늘날까지 전해지는 잉카제국의 유산 중 모라이(Moray)[6]와 잉카의 계단식 경작지(andenes)

---

[6] 모라이는 고도에 따른 생태환경의 차이를 이용해서 다양한 농작물 경작을 실험한 잉카의 농업연구단지로 알려져 있다.

를 통해서도 "수직의 군도"의 모습을 짐작해 볼 수 있다. 이처럼 척박한 기후와 생태환경을 극복하기 위해 지역 농민들은 전통적으로 호혜적인 관계를 형성했다. 즉, 다양한 고도와 생태적 지역에 위치한 주민 간의 노동 및 작물 교환 체제를 유지하고, 물이나 토지 등과 같은 생태 자원을 공동으로 관리함으로써 지역 농민들은 공동체적 삶을 유지해 왔다.

하지만 이러한 농민들의 공동체적 삶은 스페인 정복 이후부터 급격한 변화를 겪게 되었다. 스페인은 라틴아메리카를 식민화하는 과정에서 대농장 체제인 아시엔다(hacienda) 체제를 발전시켰고, 이 과정에서 안데스 지역의 전통적인 친족 기반 공동체인 아이유(ayllu)가 해체된다. 농민들은 이전과 같이 생태환경 및 공동체와의 호혜적, 상보적 관계를 유지하기보다는 토지를 잃고 빈곤한 농민의 처지로 내몰리거나 대농장에서 일하는 노동자 신세로 전락하게 되었다(Kerseen, 2015: 492). 때문에, 이 지역 농민들에게 토지는 법적으로는 인정되지 않았지만 관습법상으로 조상 대대로 물려받은 토지를 의미했고, 이후에도 지역 농민들에게 토지는 조상 대대로 물려받은 토지에 대한 권리를 회복하고 이를 정부로부터 인정받는 것을 의미했다.

한편, 1969년 토지개혁법은 이러한 대농장 체제를 붕괴시키는 데 결정적인 역할을 하고, 이후 이 지역 농민들이 본격적으로 근대화와 자본주의 발전의 흐름에 통합되는 계기를 마련했다. 이 과정에서 지역 농민들이 정부로부터 인정받고자 한 토지는 농민들이 생계를 유지할 수 있는 수단으로서의 농사를 지을 땅을 확보하는 것이었다. 당시 벨라스코 정부가 토지개혁을 시행하면서 농민들은 조직화를 통해 토지에 대한 권리를 회복하고자 했다. 하지만 농민 공동체가 공동으로 조직화해서 토지에 대한 권리를 회복하고자 했던 것은 스페인 정복 이전의 잉카제국 시기와 같은 의미에서의 공동체의 삶을 회복하기 위한 것만은 아니었다. 오히려 정부가 관료주의적으로 조직화한 SAIS에 대한 반발로 CCC는 1974년 2개의 농·목축업 생산 협동조합을 조직했다(Rasmussen, 2020: 79). 여기에서 CCC가 정부로부터 회복하고자 했던 토지는 생계수단에 대한 이용과 통제의 권리 회복을 의미했다. 따라서 CCC는 생계수단에 대한 권리를 정부로부터 인정받기 위해 공동체로 조직화해서 정부에 대응했으며, 이들의 생계수단의 근간이었던 토지는 "조상 대대로 물려받은 토지(ancestral right to the land)"의 회복을 의미했다(Rasmussen, 2020: 80).

한편, 〈지도 1〉에서 볼 수 있듯이 CCC의 토지와 우아스카란 국립공원(Parque Nacional Huascarán)의 관리 영역이 겹쳐 있음을 알 수 있다. 우아스카란 국립공원은 1975년 국립공원으로 지정되었다. 이 국립공원은 안데스 고산 지역의 생물다양성과 빙하 등의 생태적 중요성으로 인해 1977년 유네스코 생물권 보존 지역(UNESCO Biosphere Reserve)으로 지정되었으며, 1985년에는 유네스코 세계유산 지역으로 인정받았다(Rasmussen, 2019: 5). 또한 우아스카란 국립공원 지역은 빙하를 비롯한 아름다운 풍광으로 인해 많은 국내외 관광객과 트레킹(trekking) 애호가들이 방문하는 지역이다. 한편, 국립공원이 위치한 지역은 푸나 지역으로 주변의 많은 농민 공동체가 주로 가축의 목초지로 이용하는 지역이다. 때문에, 국립공원을 지정하는 과정에서 CCC 농민들은 그동안 이용해 오던 목초지에 대한 권리를 유지하기 위해 공동체로 법적 대응을 진행했다. 국립공원의 경계를 지정하는 과정에서 많은 지역주민은 관련된 정보를 제대로 제공받지 못했으나, CCC를 포함한 주변 농민 공동체 농민들은 이 지역 토지에 대한 이용과 관리는 조상 대대로 물려받은 자신들이 이미 확보한 것이라고 여겼다(Rasmussen, 2019: 5). 국립공원의 경계 지정 과정에서 정부가 공포한 법령은 일부 "전통적인(traditional)" 자원 이용과 이미 존재하는 광산 활동은 계속 허용한다고 명시하고 있었으나, 목초지 이용은 금지했다(Rasmussen, 2019: 5). 그럼에도 불구하고 이 지역 농민들이 오랜 기간 공원 내 지역의 목초지를 활용해 왔음을 인지하고 목초지 활용에 대한 금지는 임시적으로 완화되었다(Rasmussen, 2019: 5). 이러한 완화 조치는 국립공원 지정과 함께 관광이 활성화될 경우, 공원 내 목초지에 대한 지역 농민들의 의존이 줄어들 것이라고 기대했기 때문이다(Rasmussen, 2019: 5).

하지만 국립공원 관광은 주변 지역 공동체의 경제 활성화에 큰 영향을 미치지 못했다. 우아스카란 국립공원으로의 관광은 주로 수도 리마나 국립공원이 위치한 앙카쉬 주의 주도인 와라쉬(Huaráz)의 여행사를 중심으로 이뤄지기 때문에, 주로 하루 방문 여행 코스로 이뤄지는 경우가 많고 사람들은 국립공원 방문 후 주도인 와라스에 주로 머문다(Rasmussen, 2019: 6). 관광이 농민 공동체 경제에 미치는 영향이 미미한 상황에서 공원의 보존과 주변 농민 공동체의 목초지 사용에 대한 권리 간의 분쟁은 1997년 이후 지속적인 법적 분쟁의 대상이 되었다. 마침내 2007년 와라스 법원에서 판결을 내렸는데, 법원은 우아스카란 국립공원 보존의 손을 들어주었다(Rasmussen, 2019: 7). 2007년 판결 이후, 국립공원과 CCC 간의 이해관계 조절 과정에서 국립공원 관광으로 발생하는 소득을 공원 측과 CCC 양자가 동일하게 절반씩 분배하고, CCC가 주변 도로와 관련 시설을 유지하는 책임을 지도록 규정했다(Rasmussen, 2019: 7).

이처럼 국립공원의 경계를 둘러싼 국가와 CCC 간의 법적 공방이 법원의 판결에도 불구하고 별도의 이해조정 과정이 필요한 이유는 국립공원과 농민 공동체의 토지에 대한 권리를 규정하는 각기 다른 법체계가 공존하기 때문이다. 즉, 국립공원의 권리는 보존지역법에, 농민 공동체의 권리는 농민공동체법에서 보장하고 있기 때문에 국립공원과 CCC 모두 이해관계가 상충하는 토지에 대한 권리를 100% 보장받을 수 없었다(Rasmussen, 2019: 7-8). 문제는 이러한 배경에서 법원의 판결이 국립공원의 손을 들어주었기 때문에, CCC는 조상 대대로 물려받은 자신들의 전통적 토지에 대한 권리를 침해받았다고 인식했고, 국립공원의 경계는 CCC로부터 완전한 정당성을 인정받지 못한 채 지속해서 분쟁 혹은 협상의 대상이 되게 된 것이다(Rasmussen, 2019: 8). 따라서 이전 시기 토지개혁 과정에서와 마찬가지로 CCC는 국립공원 형성과 관련해서 목초지 이용 권리와 같이 침해받은 권리를 회복하거나 혹은 관광에 따른 수익 분배와 같은 혜택을 확보하기 위한 전략으로 공동으로 법적 공방을 펼쳤다. 이러한 법적 공방에서 CCC 권리의 근거는 전통적 토지에 대한 권리였으며, 이러한 권리는 목초지 이용에 대한 권리와 더불어 관광과 같은 새로운 경제적 기회로부터 이익을 얻을 수 있는 권리를 의미했다. 이러한 권리를 보장받기 위해 CCC는 공동으로 조직화하고 법적 대응을 하게 된 것이었다.

한편, 1980년대 이후 CCC의 구성은 급격하게 변화하기 시작한다. 1980년대 이후 페루의 정치경제적 변화에 따라 농촌 경제가 변화하게 되면서, 특히 푸나 지역에 위치하고 있는 CCC 농민들의 생계가 타격을 입었다. 경제적 변화와 더불어 기후변화는 생태적 환경에 대한 의존도가 높은 이 지역 농민들에게 큰 영향을 미쳤다. 이 지역은 빙하가 존재하는 지역으로 강수량과 기온 변화에 매우 민감하며, 기후변화를 가장 뚜렷하게 경험할 수 있는 지역이다(Rasmussen, 2016: 76). 지구온난화에 따라 빙하가 녹고, 강수량이 변화하고, 다양한 식물과 동물 종이 사라지기 시작하면서 이 지역 사람들의 일상에도 변화가 생기기 시작했다(Rasmussen, 2016: 73). 가령 빙하가 녹으면서 홍수가 발생하기도 하고, 농작물의 수확량이 이전같이 확보되지 않으면서, 농사를 지을 때 이전보다 훨씬 많은 비료를 사용하는 상황이 발생했다(Rasmussen, 2016: 80-81). 이러한 생태적 변화는 이 지역에서 전통적으로 농사와 목축업에 종사해 오던 농민들의 생계 전략에 변화를 가져왔다. CCC에 속한 많은 농민은 여전히 농업과 목축업에 종사하고 있지만, 경제적 생태적 변화 과정에서 농민들은 농업과 목축업 이외의 경제활동에 종사하기 시작했다. 그 결과 CCC 내에서 이전과 같은 호혜적 사회관계는 점차 줄어들기 시작했고, 노동의 교환은 점차 임금에 의한 자본주의적 관계로 전환되었다(Rasmussen, 2020: 82). 공동체 내의 젊은 세대들은 점차 농촌에서의 삶보다는 도시에서의 기회를 얻고자 했고, 예전에 공동체에서 이뤄지던 공동 방목과 같은 활동은 계약한 임노동자에게 맡겨지기도 했다(Rasmussen, 2020: 85). 그 결과 CCC의 구성도 농경과 목축 활동을 주로 생계 전략으로 삼는 전통적인 농민 이외에 계절적 임노동자와 도시와 농촌을 오가며 농업 이외의 다양한 생계 활동을 하는 청년 세대의 구성 비율이 늘었다(Pouliot and Rasmussen, 2023: 5). 따라서 토지는 주된 생계수단으로서 농사를 짓거나 목초지를 확보하기 위한 수단이라기보다는 점차 다양한 생계 전략 중 하나로서의 의미로 전환되기 시작했다. 기후변화나 경제구조의 변화로 인해 농업이나 목축 활동이 이전과 같은 소득을 발생시키지 못하는 상황에서 토지는 자가소비를 위한 경작지의 의미를 가지게 되었다. 이 지역 농민에게 있어 자가소비를 위한 경작지의 확보는 중요한 의미를 지니는데, 새롭게 구성된 CCC의 농민들이 농업과 목축업 이외의 경제활동에 대한 참여를 통해 각 가계의 생계 전략을 추구하더라도, 대부분이 비정규직인 경우가 많고, 임시적이고 열악한 노동조건을 가진 경우가 허다하기 때문이다. 따라서 이들에게 토지는 불안정한 생계 조건에서 예상치 못한 위기가 발생하게 되면 최소한의 생계를 유지할 수 있는 사회적 안전망 혹은 보험과 같은 역할을 하게 되는 것이다(Pouliot and Rasmussen, 2023: 9-10). 이러한 의미에서 CCC는 안데스 푸나 농촌 지역의 기본적인 사회적 안전망을 유지하는 공동체로서 기능하게 되며, 토지는 이러한 안전망을 보장할 수 있는 전통적인 권리인 것이다.

4. 유토피아적 공동체주의를 넘어 변동하는 공동체로

각자도생을 통해 경쟁에서 살아남기를 강요받는 사회에서 날마다 치열한 생존경쟁을 하는 한국 사람들에게 공동체는 이미 잃어버린 이상향일지도 모르겠다. 때문에, 한국 사회 한편에선 이러한 잃어버린 이상향의 흔적을 찾아 공동체를 새롭게 만들고, 사회관계의 회복을 위해 연대하는 노력이 활발하게 이뤄지고 있는 것 같기도 하다. 이런 맥락에서 저 멀리 지구 반대쪽에 유토피아적 공동체주의의 흔적이 존재할 것이라는 기대감은 마치 사막에서 오아시스를 마주한 것과 같은 반가움이 아닐까? 본 장의 논의는 어쩌면 이러한 기대감에 찬물을 끼얹는 것과 같은 시도일지도 모르겠다. 안데스 사회의 농민들은 농사짓기에 척박한 생태적 환경으로 인해 오랜 기간 다양한 고도와 생태적 지역에 위치한 주민 간의 노동 및 작물 교환 체제를 유지하고 물이나 토지 등과 같은 생태 자원을 공동으로 관리하면서 공동체적 삶을 유지해 왔다. 이러한 공동체적 삶은 안데스 제국 시기 절정에 이르렀던 것으로 알려진다. 하지만 이러한 공동체적 삶은 스페인 식민 지배 시기 이후 서서히 붕괴해 갔다. 이러한 배경에서 본 장은 그동안의 오리엔탈리즘적 안데스 읽기를 극복하고 잉카의 과거와 안데스 고산이라는 특정 시간과 장소에 고정된 안데스 공동체주의에 대한 이상적 인식(안데스주의적 인식)과 현실 안데스 사회 사이의 간극을 좁혀보고자 했다.

특히 안데스 농촌사회의 농민 공동체 중 하나인 중부 안데스 지역의 카탁 농민 공동체(CCC)의 사례를 통해 외부 세계와 끊임없이 교류하고 소통하면서 안데스 사회변동에 대응하는 농민 공동체와 그 과정에서 나타난 공동체와 토지의 의미변화에 대해 살펴보았다. 토지개혁으로 인해 안데스 사회를 지배하고 있던 대지주제가 막을 내리면서, CCC는 생계를 위한 수단으로서의 농사지을 땅에 대한 권리를 국가로부터 인정받기 위해 공동으로 대응했다. 또한 국가의 관료주의적 협동조합 조직화(SAIS)에 대응하기 위해 독립적인 농·목축업 협동조합을 조직하고 관습법에 근거해서 "조상 대대로 물려받은 토지(ancestral right to the land)"에 대한 권리를 회복하고자 했다. 이후 국립공원 형성 과정에서 CCC 농민들은 목초지 이용에 문제가 발생하면서 CCC는 국립공원의 경계와 관련된 문제를 해결하기 위해 법적 대응을 진행했다. 이 과정에서 드러난 CCC 토지의 의미는 목초지 공동관리에 대한 권리이자, 국립공원과 연계되어 발생하는 관광 소득에 대한 권리까지 포괄하는 것이었다. CCC는 이처럼 변화하는 생계 조건에 대해 공동으로 대응함으로써 관습법상의 토지에 대한 권리 회복을 주장했다. 마지막으로 신자유주의 경제 세계화와 기후변화에 따라 CCC 농민들은 점차 생계 전략을 다변화하게 되는데, 이 과정에서 공동체의 구성과 토지의 의미가 변화하게 된다. 공동체는 더 이상 전통적으로 이 지역에서 농사를 짓거나 목축업을 하는 농민들에게만 국한되지 않았고, 실제 이 지역으로 임노동을 위해 이주 온 노동자들이나 도시에서 상업이나 서비스업에 종사하는 청년 세대도 포괄했다. 이들에게 토지는 더 이상 경작지나 목초지와 같은 주요 생계수단으로 인식되지 않았으며, 오히려 열악해지는 생활환경에서 기본적인 생계를 보장하기 위한 사회적 안전망이자 보험으로서의 의미를 가지게 되었다.

커먼즈론의 관점에서 보자면, 페루 안데스 지역의 카탁 농민 공동체는 잉카 제국 시대와 같은 호혜적 관계에 근거한 유토피아적 공동체의 모습이라기보다는 변화하는 정치·경제적 동학 속에서 자신들의 기본적인 생계를 유지하기 위한 토지에 대한 권리의 회복을 요구하기 위해 형성되는 공동체라고 볼 수 있다. 즉, 식민화 과정을 거치면서 자신들의 생계수단과 삶의 방식을 결정할 수 있는 결정권을 잃어버린 농민들은 독립 이후 국가를 대상으로 끊임없이 그 결정권의 회복을 요구했다. 이 과정에서 관습법상 조상 대대로 물려받은 토지는 사유화되거나 특정하게 정형화된 토지이거나 공동으로 관리하는 공동자원이라기보다는, 농민들의 생계수단이자 삶의 방식을 결정할 수 있는 결정권이라고 이해할 수 있다. 따라서 페루 안데스 지역 카탁 농민 공동체는 생계수단에 접근하거나 이용할 수 있는 권리와 그러한 생계수단에 기반한 삶의 방식을 결정할 수 있는 권리의 근간으로서 토지를 회복하기 위해 유동적으로 형성된 '우리'라고 볼 수 있다. 즉, 페루 안데스 지역 카탁 농민 공동체는 근대화와 자본주의의 물결 속에서 개별적인 생계 전략만으로는 너무나 열악한 생활환경에 노출될 수밖에 없는 농민들이 기본적인 생계를 보장하고 삶의 방식을 회복하기 위한 권리를 주창하기 위해 공동으로 대응하는 과정에서 형성된 유동적 '우리'라고 이해할 수 있다.

참고문헌

박윤주. 2013. "미디어 모노컬처와 오리엔탈리즘: 한국 언론의 라틴아메리카 보도 행태 연구." 『중남미연구』 32(2): 139-162.

박정원. 2015. "'아직은 너무 먼 '이웃': 〈꽃보다 청춘〉과 〈세계테마기행〉의 여행서사에 재현된 페루." 『스페인어문학』 74: 163-185.

서지현. 2023a. "에콰도르 코레아(Correa) 정권과 부엔 비비르(Buen Vivir)." 『ECO』 27(1): 273-311.

_____. 2023b. "페루 레기아 정부의 신 조국과 근대도시 만들기." 『아태연구』 30(4): 175-206.

_____. 2024a. "'관광 산업과 '허락된 원주민': 쿠스코 친체로 직조 센터의 사례를 중심으로." 『이베로아메리카연구』 35(1): 107-130.

_____. 2024b. "풀뿌리 환경주의의 관점에서 본 라틴아메리카 토지의 의미 변화: 멕시코 EZLN과 브라질 MST 사례를 중심으로." 『라틴아메리카연구』 37(1): 61-79.

정영신. 2020. "한국의 커먼즈론의 쟁점과 커먼즈의 정치." 『아시아연구』 23(4): 237-260.

Akram-Lodhi, H., Kay, C. 2009. "The agrarian question: peasants and rural change." pp. 3-34 in Akram-Lodhi, H and Kay, C.(eds.), Peasants and Globalizations: Political economy, rural transformation and the agrarian question. London and New York: Routledge.

Araghi, F. 2009. "The invisible hand the visible foot: peasant, dispossession and globalization." pp. 111-147 in Akram-Lodhi, H and Kay, C.(eds.), Peasants and Globalizations: Political economy, rural transformation and the agrarian question. London and New York: Routledge.

Deere, C., Royce, F.(eds.) 2009. Rural Social Movements in Latin America: Organizing for Sustainable Livelihoods. Gainesville: University Press of Florida.

Hobsbawm, E. 1994. The Age of Extreme: A history of the world. 1914-1991. New York: Vintage Books.

Kay, C. 2006. "Rural Poverty and Development Strategies in Latin America." *Journal of Agrarian Change* 6(4): 455-508.

Kerseen, T. 2015. "Food sovereignty and the quinoa boom: challenges to sustainable re-peasantisation in the southern Altiplano of Bolivia." *Third World Quarterly* 36(3): 489-507.

Mallon, F. E. 1983. The Defense of Community in Peru's Central Highlands. Princeton: Princeton University Press.

McMichael, P. 2006. "Peasant prospects in the neoliberal age." *New Political Economy* 11(3): 407-418.

McMichael, P. 2009. "Banking on Agriculture: A Review of the World Development Report 2008." *Journal of Agrarian Change* 9(2): 235-246.

Pouliot, M. and Rasmussen, M. B. 2023. "Re-imagining Land: Conceptualizing the changing form and content of the Andean Peasant Community in Peru." Geoforum, 103859. 1-13. retrieved from https://www.sciencedirect.com/science/article/pii/S0016718523001859

Rasmussen, M. B. 2016. "Unsettling Times: Living with the Changing Horizons of the Peruvian Andes." *Latin American Perspectives* 43(4): 73-86.

_____. 2019. "Conservation Conjuncture: Contestation and Situated Consent in Peru's Huascarán National Park." *Conservation and Society* 17(1): 1-14.

_____. 2020. "Contradictions of community: capitalist relations in highland Peru." *Canadian Journal of Development Studies* 41(1): 74-91.

Starn, O. 1991. "Missing the Revolution: Anthropologists and the War in Peru." *Cultural Anthropology* 6(1): 63-91.

_____. 1994. "Rethinking the Politics of Anthropology: The Case of the Andes." *Current Anthropology* 34: 13-38.

Teubal, M. 2009. "Peasant struggles for land and agrarian reform in Latin America." pp. 148-166 in Akram-Lodhi, H and Kay, C.(eds.), Peasants and Globalizations: Political economy, rural transformation and the agrarian question. London and

New York: Routledge.

Vincent, S. 2012. "Community, Comunidad, Collectives and Neoliberal Political Decentralization in Peru." *Anthropologica* 54: 239-251.

제2부
인간 너머로의 전환과 커먼즈

2부 인간 너머로의 전환과 커먼즈

4장 수달과 함께 도시 커먼즈 만들기 최명애
5장 인간 및 인간 너머 존재에 의한 생태 사회적 커먼즈의 형성 한상진

4장

수달과 함께
도시 커먼즈 만들기

최명애

커먼즈 논의에서 '비인간'이란 무엇인가? 기존의 커먼즈 논의에서 비인간은 주로 커머닝 활동이 이뤄지는 숲, 강, 목장 등과 같은 자원으로 다뤄져 왔다. 최근 비인간의 역량, 행위성, 노동, 다른 존재와의 신체적, 정동적 상호작용에 대한 관심 속에서, 커먼즈 논의에서 비인간을 새롭게 생각해야 한다는 지적이 나오고 있다. 이들 '인간 너머 커먼즈' 연구는 비인간을 비단 수동적 대상으로 여길 것이 아니라, 인간과 마찬가지로 커머닝에 참여하는 행위자로 보고, 이 같은 비인간의 참여가 커먼즈의 공동체, 공유자원, 규범과 규칙을 어떻게 변용 혹은 재구성하는지를 살펴본다. 이 글은 서울의 수달 운동을 사례로 비인간, 특히 수달이라는 동물이 커먼즈의 장 속에 개입했을 때 어떤 변화들이 나타나는지를 탐색한다.

1. '인간 너머의 도시'

도시에는 인간만 사는 것이 아니다. 서울에는 41종의 멸종위기종이 시민들과 함께 살고 있다(MBC, 2022). 청계천에는 수달이 헤엄치고, 용마산에는 산양이 뛰어다니고, 고층 아파트 베란다에는 황조롱이가 새끼를 기른다(한국일보, 2024a). 도시는 인간과 다양한 비인간 동식물이 함께 살고 있는 다종(multi-species)의 공간인 것이다.

이 글은 서울의 수달을 사례로 '인간 너머의 커먼즈'의 가능성을 탐색한다.[1] 최근 도시의 수달, 아파트 단지의 새, 딱따구리 등에 대한 관심은 도시를 인간과 야생동물이 공유하는 공간으로 새롭게 바라보고 이를 만들어가기 위한 일련의 활동들을 촉발하고 있다(최명애 외, 2023; 한국일보, 2024b). 이는 기존의 녹색 복지나 멸종위기 동식물 보전과 구분되는 새로운 도시 생태정치의 모습을 보여주는 듯하다. 이때 도시의 비인간 동물은 인간에게 편익을 제공하거나, 인간의 '구원'을 기다리는 존재가 아니라, 인간과 함께 도시에서 살아가는 "비인간 이웃"으로 이해된다. 인간과 동물의 상호작용은 인간의 공간으로 여겨온 도시를 인간과 비인간 존재가 함께 살 수 있는 '공존'의 공간으로 바꿔내는 데 주력한다.

도시에서 벌어지는 인간-동물의 새로운 공간적 실천을 포착하고 설명하기 위해 이 글은 최근의 '인간 너머 커먼즈(more-than-human commons)' 논의에 주

---

[1] 이 글에서 논의하는 '인간 너머의 커먼즈'는 비인간을 포함해 커먼즈를 새롭게 사유하자는 측면에서 이 책에 실린 한상진(5장)의 '생태 사회적 커먼즈'와 접점을 갖는다. 한상진은 새만금 갯벌에 해수가 유통되면서 게, 조류 등의 섭식 행위가 되살아나고, 이들 비인간 행위자의 활동이 새만금 갯벌의 원형 복원을 촉구하는 인간의 공동 행동으로 이어지고 있다고 지적한다. 이는 수달의 서울 귀환이 생태 모니터링이라는 시민들의 응답으로 이어졌다는 이 글의 지적과 맥락을 같이한다. 즉, 인간과 비인간의 상호작용이 인간의 것으로 여겨온 생태 커먼즈(하천, 갯벌)를 인간 너머의 커먼즈로 새롭게 만들어내고 있다는 것이다. 한편 한상진은 인간이 주도하는 커머닝과 비인간이 주도하는 커머닝을 구분하고 있으나, 연구자는 인간과 비인간의 신체적, 정동적 상호작용을 강조함으로써 커머닝을 인간과 비인간의 결합체가 만들어 가는 것으로 본다는 점에서 차이를 보인다.

목한다. 기존의 커먼즈 논의가 특정 공동체가 어떻게 커먼즈, 즉 숲, 강, 갯벌과 같이 공동체에게 주어진 것으로 여겨지는 자연자원을 효과적으로 관리하는지에 주력해 왔다면, 최근의 커먼즈 논의는 커먼즈를 커머닝, 즉 "자원이나 공간을 공동의 것으로 만드는 실천"(정영신, 2016: 339)을 통해 구성되는 성취물로 보고, 사회운동의 한 방식으로 커머닝을 다룬다(라인보우, 2012; Bollier & Helfrich, 2014; 브로치 & 콘버거, 2023). 메치거 등은 커머닝 과정에 인간뿐 아니라 다양한 비인간이 결합하고 있음을 강조하고, 비인간을 포함해 커먼즈 운동과 효과를 새롭게 바라보는 '인간 너머의 커먼즈' 논의의 필요성을 지적한다(Bresnihan, 2015; Metzger, 2015; García-López et al., 2021).

연구자는 '인간 너머 커먼즈' 논의가 최근 도시의 변화하는 인간-동물 관계, 특히 도시를 인간과 비인간이 공유하는 '다종의 서식지'로 바꿔내고자 하는 일련의 활동을 설명하는 데 유용하다고 본다. 수달의 귀환과 시민들의 모니터링은 서울이라는 도시가 인간뿐 아니라 비인간 야생동물의 공간임을 드러냈다. 수달의 귀환과 시민들의 응답은 도시하천을 인간과 비인간 야생동물이 함께 살아가는 '인간 너머의 서식지'로 새롭게 구성하고, 도시의 공간을 새롭게 만들어내고자 하는 일련의 실험과 제도로 이어졌다. 이 글은 수달을 매개로 구성된 인간과 비인간 결합체의 공간적 실천을 '커머닝'으로 바라보고, 이 같은 인간 너머의 커머닝이 한강이라는 도시 커먼즈의 공동체, 공유자원, 규칙 및 제도에 어떤 변화를 가져왔는지를 살펴본다. 이를 통해 서울의 수달 운동을 도시라는 인간의 공간을 '인간 너머의 공간'으로 만들고자 하는 '인간 너머의 커먼즈' 운동으로 이해하고자 한다.

학술적으로 이 글은 커먼즈를 사회운동으로 바라보는 기존의 비판적 도시 커먼즈 논의와, 보다 우호적인 도시의 인간-동물 관계를 지향하는 도시동물지리학 연구와 접점을 갖고 있다. 먼저, 비판적 커먼즈 논의가 도시에서 대안적 공간과 삶의 방식을 만들고자 하는 사회운동에 주력해 왔다면, 이 글은 '인간 너머의 도시'를 만들고자 하는 실천 또한 도시 커먼즈 운동의 한 형태로 볼 것을 제안한다. 나아가, 최근 한국 사회에서 빠르게 늘어가고 있는 도시의 인간-동물 관계 연구들은 인간과 비인간의 삶이 '도시'라는 공간 속에서 중첩되고 있음을 강조하면서, '코스모폴리틱스'와 같은 개념을 통해 인간과 비인간의 공존을 지향하는 다종의 정치를 모색해 왔다(전의령, 2017; 김준수, 2018; 황진태 외, 2019; 최명애 외, 2023). 수달 사례를 통해 제시하는 '인간 너머 커먼즈' 개념과 논의는 인간과 비인간의 응답과 협력에 기반한 공간적 실천을 포착, 설명함으로써, 공간적 차원에서 작동하는 도시 인간-동물의 코스모폴리틱스를 보여줄 수 있을 것이다.

이 글은 먼저 커먼즈와 커머닝, 인간 너머의 커먼즈, '인간 너머'의 접근을 취하는 도시동물지리학 논의들을 살펴봄으로써 이 연구의 이론적 자원을 소개한다. 이어 서울의 수달 운동 사례를 소개하고, 수달의 귀환과 인간의 응답으로 이어지는 다종의 상호작용을 살펴본다. 나아가, 수달과 인간의 커머닝을 통해 한강이라는 도시하천의 공동체, 공유자원, 규칙과 규범이 어떻게 재구성되는지를 검토한다. 마지막으로 수달 사례가 보여주는 도시의 생태정치를 '인간 너머의 커먼즈' 운동으로 제시하고, 기존의 녹색 복지 및 자연보전과 비교해 살펴본다.

2. 인간 너머의 커먼즈와 도시 동물

이 책에서 수차례 지적된 것처럼 커먼즈 논의는 하딘의 '공유지의 비극'과 제도를 통한 공동체의 효과적인 공유지 혹은 커먼즈/공동자원[2] 관리라는 하딘과 오스트롬의 논의를 넘어선 지 오래다(오스트롬, 2010). 커먼즈의 대상 또한 공

---

2 커먼즈(commons)는 공동자원, 공유자원, 공유지 등으로 다양하게 번역된다. 이 글에서는 공동체가 생산, 관리하는 자연자원을 가리킬 때는 공동자원으로, 커머닝을 통해 생산되는 유형의 공유자원을 가리킬 때는 커먼즈 혹은, 공유자원으로 쓰기로 한다.

동체에 주어진 공동 자연자원(e.g. 마을 숲, 어장, 공동 목장)에서 무형의 커먼즈(e.g. 인터넷, 면역, 지식), 다양한 형태의 도시 커먼즈(e.g. 공원, 가로수, 공동체 텃밭, 도시 수계), 글로벌 자연 커먼즈(e.g. 바다, 대기, 기후) 등으로 확장하고 있다(오스트롬 & 헤스, 2010; García-López et al., 2021).[3] 서울의 수달과 인간이 수행하는 일련의 실천을 살펴보기 위해 이 연구는 커먼즈 논의 가운데 '커머닝'과 '인간 너머의 커먼즈' 논의에 주목한다. 또, 비인간의 행위성과 인간-동물 관계의 정동적 상호작용을 강조하는 인문지리학의 도시동물지리학을 추가적인 이론적 자원으로 활용한다.

1) 공동자원 관리에서 커머닝 실천으로

정영신(2016, 2020)은 커먼즈 연구가 '자원관리 패러다임'과 '정치 접근법'이라는 상이한 두 가지 접근법으로 수행되고 있다고 지적한다. 오스트롬(2010) 등으로 대표되는 자원관리 패러다임 연구가 (신)제도주의를 이론적 바탕으로 활용해 효과적인 공동 자원관리 방식에 주목한다면, 최근의 비판적 커먼즈 연구자들은 커먼즈를 다양한 형태의 "실천, 상상, 관계"(Garcia-Lopez, 2021: 1201)의 성취물로 바라보는 구성주의적·정치생태학적 접근법을 발전시켜 왔다(라인보우, 2012; Bollier & Helfrich, 2014; 브로치 & 콘버거, 2023). 이들 비판적 연구자들은 자원관리 접근이 커먼즈를 공동자원(Common-Pool Resources)이라는 경제학적 재화 개념으로 단순화하고 있다고 지적하며, 커먼즈에 대한 인류학 연구들과 제3세계 페미니즘 연구들을 인용해 커먼즈가 특정한 정치, 사회, 문화적 맥락에서 구성되는 역사적, 사회적 산물임을 강조한다(Mccay & Acheson, 1987; 페데리치, 2013). 이때 커먼즈는 오스트롬이 가정하는 것처럼 자명하고 객관적으로 주어진 실체가 아니라 "공동의 것을 요구하고 만드는 과

---

[3] 커먼즈 논의에 대한 리뷰는 정영신(2020), 콘버거 & 브로치(2023)를 참고하라.

정과 실천을 통해서 계속해서 형성, 재형성 되는 존재"(정영신, 2016: 434)라는 것이다.[4] 비판적 커먼즈 연구자 라인보우는 이 같은 맥락에서 "커먼즈를 천연자원인 듯 말하는 것은 최선의 경우에도 뜻을 오도하며 가장 나쁜 경우에는 위험하다."고 지적하며 "커먼즈는 활동이며, 자연과의 관계로부터 분리될 수 없는 사회적 관계를 표현한다."고 강조한다(라인보우, 2012: 321).

이들 비판적 연구자들은 커머닝의 방식과 효과, 즉 커머닝 실천이 어떻게 커먼즈를 새롭게 만들어내고 유지하며, 그 정치적 효과는 무엇인지에 주목한다. 콘버거와 브로치(2023)는 커머닝의 역동성을 강조하면서 "도시 커먼즈를 구성하는 자원은 도시 행위자들의 이용 능력에 달려 있다."고 주장한다. 도시의 공유자원과 공동체, 즉 '커먼즈'와 '커머너'는 행위자들이 어떤 집단적 실천을 하느냐에 따라서 새롭게 구성된다는 것이다. 다시 말해, 커머닝 없는 커먼즈는 없으며, 커머너 없는 커머닝도 없다(Walsh, 2018; García-López et al., 2021). 예컨대, 한강을 어떻게 이용하느냐에 따라 한강이 시민들의 휴식과 레저를 위한 공간이 될 수도 있지만, 인간과 수달이 공유하는 다종의 서식지가 될 수도 있는 것이다. 이처럼 커먼즈 논의의 무게중심을 공동자원 관리에서 커먼즈를 만들어내는 실천으로 이동하는 것은, 국가와 시장을 넘어서는 다양한 공간적 실천을 커먼즈를 경유해 포착하고 설명할 수 있게 한다.

2) 인간 너머의 커먼즈

전통적으로 커먼즈 논의에서 커먼즈의 주체는 인간으로, 비인간 자연은 커먼즈의 대상으로 상정된다. 인간은 공동자원을 소유하고 이용할 수 있는 능동적 행위자이며, 비인간은 인간의 경제활동이 이뤄지는 배경 혹은 자원으로 여겨

---

4 이들은 마을 숲이나 공동 목장과 같은 공동자원이 애초부터 주어진 것이 아니라, 공동체 구성원과 자연자원의 맥락화된 상호작용을 통해 고유한 형태로 (재)생산되는 자연문화적 성취물임을 강조한다.

지는 것이다. 그러나 메치거 등은 이 같은 전통적 커먼즈 논의가 인간-자연의 이분법 위에서 작동하고 있다고 지적한다(Bresnihan, 2015; Metzger, 2015; Cooke et al., 2020; 정영신, 2021). 인간과 자연을 주체와 대상으로 구분하면서, 인간을 자연에 속한 것이 아니라 자연으로부터 초월적인 위치에 있는 존재로 다뤄왔다는 것이다. 2000년대 이후 사회과학 전반의 '물질적 전회'의 자장 속에서 이들은 커먼즈의 인간이 다른 인간 및 비인간과 상호의존적으로 얽혀 있음을 강조하고, '비인간'을 포함해 커먼즈와 커머닝 논의를 혁신적으로 재구성할 것을 촉구한다. 커머닝에 결합한 인간과 비인간은 '인간 이용자'와 '비인간 대상'으로 단순화될 수 없으며 상호연결성 속에서 보다 복잡하고 미묘하게 상호작용한다는 것이다

인간 너머 커먼즈에서 비인간 존재의 커머닝은 크게 두 가지 방향으로 전개되는 듯하다. 비인간이 커먼즈의 생산, 유지에 기여하는 비인간 '노동자'라는 입장과, 비인간을 포함해 커먼즈를 논의하는 것이 인간-자연 관계의 윤리-정치적 측면에 '새로운 상상과 에너지를 가져옴'을 강조하는 입장이다. 먼저, 브레스니한 등은 커먼즈 생산, 이용의 공동체를 인간 이외의 존재로 확장할 수 있음을 강조한다(Bresnihan, 2015; Clement & Bunce, 2022). 비판적 커먼즈 연구자들은 정치생태학 논의를 빌려 커먼즈가 미리 주어진 천연자원이 아니며, 인간 공동체의 노동과 이용(e.g. 땔감 마련, 목축, 채집)을 통해 특정한 방식으로 생산되었음을 강조해 왔다(정영신, 2016). 인간 너머 커먼즈 연구자들은 이때 커머닝을 통해 생성되는 자연자원(e.g. 공동 목장)이 인간의 노동만으로 생산되지 않으며, 흙, 물, 햇빛, 수분 매개 생물, 바람 등과 같은 다양한 비인간 행위자의 참여가 수반됨을 지적한다. 미생물, 곤충 등의 비인간 또한 인간과 마찬가지로 공동자원의 생산과 유지에 필수적인 '노동'을 제공하는 존재가 되는 것이다. 가르시아-로페즈 등의 지적처럼, 꿀벌은 꽃가루를 옮기고 꿀을 생산하며, 비버는 댐을 짓고, 버섯은 숲의 경관을 바꾼다(García-López et al., 2021). 이때 비인간은 커머닝의 단순한 '대상'이 아니며, 노동을 통해 "인간과 함께 커머닝하는

(commoning-with)" "잠재적 협력자(potential collaborator)"가 되는 것이다(Cooke et al., 2020). 이들 연구자들은 공유자원의 생산과 유지를 위해 인간 행위자(e.g. 정원사)들이 비인간과의 다양한 관계(e.g. 흙, 꿀벌)에 주의를 기울이고, 조율과 돌봄을 통해 비인간의 필요와 요구에 응답하고 있음을 지적한다. 커머닝에 결합한 인간과 비인간의 관계는 경제적인 이해관계로만 환원되지 않으며, 상호의존적인 돌봄을 통해 형성, 유지된다는 것이다. 비인간 존재의 협력과 참여는 공유자원의 재생산에 필수적이며, 이를 통해 '공공의 부(commonwealth)'를 보호, 유지, 확장한다.

한편, 비인간 존재는 공유자원의 협력자 기능을 넘어 새로운 공동체와 공유자원의 가능성을 시사하기도 한다. 쿠크 등은 비인간 식물이 도시 공간을 점유함으로써 새로운 공간적 상상을 촉발한다는 데 주목한다(Cooke et al., 2020). 이들은 도시 식물이 특정한 사유지(property)에 뿌리를 내리고 있지만, 성장에 따라 사유지의 경계를 넘나들며 번성하는 것을 지적하면서, 도시 식물을 사유지에 속한 생명체로 볼 것이 아니라, "사유지의 경계를 넘어 형성되는 확산되고 일시적인 관계들의 일부"(Cooke et al., 2020: 171)로 볼 것을 주문한다. 식물의 행위성은 인간이 규정한 도시의 공간적 구획을 교란하고, 도시 공간의 질서를 모호하게 한다. 도시 공간을 '점유'하는 비인간은 식물만이 아니다. 도시 동물도 공간을 점유한다(Philo & Wilbert, 2000). 이 논문에서 살펴볼 수달이나 혹은 백로의 경우, 도시의 특정 공간에 반복적으로 출현해 먹이 활동을 수행하고, 번식하고, 배설물을 뿌려댄다(최명애 외, 2023). 이 같은 활동을 통해 도시 공간을 자신의 공간으로 '영역화'하는 것이다. 도시 동물의 도시 공간 점유는 종종 해당 동물을 도시에서 제거하고자 하는 기획으로 이어지지만, 때로는 도시를 찾아온 동물의 생태와 행위에 귀를 기울이고, 이들의 서식을 보장하기 위한 개인적, 집단적, 제도적 실천으로 이어지기도 한다(Van Dooren & Rose, 2012; Jerolmack, 2013). 이때 도시의 비인간 공동 식물은 인간과 마찬가지로 도시의 공간을 점유하고 도시에서 삶을 꾸려가는 존재로 새롭게 생각될 수 있는 것이다.

커머닝을 인간과 비인간 존재가 함께 만들어가는 '인간 너머'의 실천으로 이해하는 것은 도시의 인간-동물 관계를 혁신할 가능성을 보여준다. 비인간 존재가 포함되면서 커먼즈의 공동체는 "다른 이들과 구분되는 고유한 관심사를 가진 사람들의 집합"에서 "서로와 지구, 숲, 바다, 동물에 대한 책임감과 협력의 원칙을 가진 관계들"(Garcia-Lopez et al., 2021: 228-229), 즉 인간에서 다종의 연결망으로 확장된다. 이들 연구자들은 커머닝이 협력과 자치에 기반해 대안적 삶의 방식을 추구하는 '실험적' 실천임을 상기시킨다. 인간 너머 커먼즈 논의의 등장은 역설적으로 지금까지의 커먼즈 논의가 국가와 자본으로부터의 자유와 대안을 탐색해 왔으나, 근대적 인간 예외주의로부터는 자유롭지 못했음을 상기시킨다. 따라서 인간 너머 커먼즈는 "공생공락(conviviality), 공존, 상호의존성"(Clemens and Bunce, 2022: 7)에 기반해 도시의 인간-동물 관계를 바꿔나갈 수 있는 윤리-정치적 기획으로의 가능성을 갖는다고 할 수 있을 것이다(Metzger, 2015).

3) 도시동물지리학

비인간을 포함하는 방식으로 커머닝과 커먼즈 논의를 재구성해야 한다는 '인간 너머 커먼즈' 논의는 도시의 인간-동물 관계를 살펴보는 최근의 도시동물지리학 연구와 접점을 갖는다(Metzger, 2015; Clement & Bunce, 2022). 1990년대 후반 이후 울치 등의 도시지리학자들은 지금까지의 도시 연구가 도시에 존재하는 비인간 동물들을 누락해 왔다는 데 주목하고, "비인간 생명에 깃들어 있는 도시의 숨결과 영혼"(Wolch, 2002: 722)을 포함해 도시를 새롭게 사유할 것을 주문해 왔다(Wolch et al., 1995; Wolch, 2002; Hovorka, 2008; Barua & Sinha, 2019; Hubbard & Brooks, 2021). 이들은 비둘기, 쥐, 원숭이, 코요테와 같은 동물들이 실제 도시에서 살거나 꾸준히 출현함에도 도시 연구가 이들이 존재하지 않는 것처럼 외면해 왔다고 지적하면서, 동물도 인간과 마찬가지로 도시의 구성과 작동에 기여하는 비인간 행위자로 볼 것을 주장했다. 이들에게 도시화는 인간과 비인간의 다양한 연결과 상호작용으로 작동하는 '인간 너머'의 실천이며, 이렇게 만들어지는 도시는 인간과 비인간이 삶을 꾸려나가는 '인간 너머의 도시'(more-than-human city)(Braun, 2008), '다종 도시(multispecies city)(Van Dooren & Rose, 2012), '동물 도시(Anima Urbis)'(Wolch, 2002)로 재구성된다.

도시에서 인간과 동물의 관계를 살펴보는 도시동물지리학 연구는 '인간 너머 커머닝'의 방식과 효과를 분석하는 데 유용한 도구들을 제공한다. 특히 도시동물지리학에서 발전시켜온 동물의 행위성에 대한 관심은 동물의 습성, 생태, 행동에 주의를 기울이게 함으로써 인간 너머 커머닝에 참여하는 비인간 행위자의 역할을 효과적으로 포착하도록 한다(최명애 외, 2023). 또, 사육과 야생이라는 근대적 구분의 외부에서 암약하는 다양한 도시 동물들을 탐색함으로써, 도시의 인간-동물 관계가 혐오와 애정, 죽임과 살림의 이분법이 아니라 모호하고 양가적으로 전개될 수 있음을 인지하게 한다. 나아가, 도시에서의 인간-동물의 공존의 방식들을 탐색하는 도시동물지리학의 규범적 경향은 "도시의 인간 거주자인 '우리'가 주변화된 도시 거주자들이 대문자 도시에 들어올 공간을 만들기 시작해야 한다."(Metzger, 2015: 42)는 인간 너머 커먼즈의 윤리-정치적 지향과도 조응하는 듯하다.

3. 서울 수달 운동

수달은 국내 하천에서 흔히 볼 수 있는 동물이었으나 도시와 하천 개발로 서식지가 소실되면서 1970년대 이후 자취를 감췄다. 그런데 지난 2016년 40여 년 만에 서울 한강에서 수달이 목격되면서 수달에 대한 관심이 빠르게 확산되고 있다. 수달은 2024년 현재 한강 본류 및 지천 곳곳에서 목격되며, 환경운동가와 시민 들을 중심으로 수달 모니터링과 보호 활동이 활발히 이뤄지고 있다.

수달은 식육목 족제빗과의 동물로 전 세계에 13종이 있으며, 국내에서는 유라시아 수달(lutra lutra) 한 종만이 발견된다(〈그림 1〉). 하천 생활에 적응해 살아가고 있는 포유류 동물로, 하천을 오르내리며 붕어, 잉어, 배스 등의 민물고기를 주 먹이로 삼는다(문화재청, 2001; 한성용, 2004). 발가락 사이에 두꺼운 물갈퀴가 있어서 물속에서 빠른 속도로 수영하며 활동할 수 있다. 낮에는 하천 변의 바위, 큰 나무뿌리, 강변 구조물의 틈새를 이용해 쉬거나 잠을 자고, 밤에 먹이 활동을 하는 야행성 동물이다. 몸 길이는 전체 1.0~1.3m 정도이며, 꼬리가 몸길이의 3분의 1가량을 차지한다.

〈그림 1〉 수달

자료: 한국의 멸종위기종 데이터베이스

국내에서 수달은 1982년 천연기념물 330호, 1998년 멸종위기 야생동물 1급으로 지정돼 보호받고 있다. 세계자연보전연맹(IUCN) 적색목록에서도 '위기근접종(Near Threatened)'으로 지정된 국제적 멸종위기종이다. 전 세계적인 수달 개체수 감소는 모피 사냥 때문으로 알려져 있다(한성용, 2004). 수달이 적색목록에 등재되고, 국가 간 멸종위기 야생동물의 거래를 금지하는 국제협약(CITES)이 발효되면서 모피를 목적으로 한 수달 사냥은 사실상 중단된 상태다.

한편 일본과 한국 같은 동아시아 국가에서는 하천 환경변화가 수달 개체수 감소의 핵심 원인으로 꼽힌다. 개발사업의 일환으로 하천의 물길을 직선화하고 하천제방에 콘크리트를 씌우면서 수달의 서식지가 사라진 것이다(문화재청, 2001). 하천 변에 도로가 개설되면서 수달 로드킬이 증가했고, 수달이 "민물에 사는 물개"로 잘못 알려지면서 보신을 목적으로 한 밀렵도 이뤄져 수달 개체수 감소에 기여했다(한상훈, 1998). 일본에서는 1979년 고치현에서 마지막 개체가 목격되었고, 2012년 공식적으로 멸종이 선언됐다. 국내에서는 1970년대 이후 개체수가 빠르게 감소했으며, 1990년대 후반 조사를 통해서 강원도 내린천과 동강, 경북 봉화군 왕피천, 남해안 해안 등에서 약 5,000마리 정도가 서식하는 것으로 확인됐다(한상훈, 1998; 문화재청, 2001). 서울 지역 한강의 경우, 1974년 팔당댐이 완공된 이후 수달 서식이 확인되지 않았다. 1997년 팔당대교 인근에서 로드킬에 희생된 수달이 발견된 것을 마지막으로, 수달은 한강에서 자취를 감춘 상태였다.

2016년 3월 서울 강동구 탄천 하류에서 한 시민이 수영하는 수달을 목격했다. 이듬해 2017년 천호대교 북단 한강 변에 설치한 한강유역환경청의 무인 생태 카메라에 수달 가족이 촬영됐다. 성체 한 마리와 새끼 3마리였다(한성용 외, 2017). 44년 만에 수달이 한강에 다시 나타난 것이다. 이어 서울 한강의 본류와 지천에서 수달이 잇달아 목격되기 시작했다. 탄천, 성내천, 중랑천으로 확산되던 수달은 2021년엔 여의도 샛강에까지 자리를 잡았다. 2022년 서울시는 흔적 조사, 무인 생태 카메라 조사, 유전자(DNA) 분석 등을 통해 서울 지역에서 모두 183건의 수달 출현 증거를 수집하고, 서울 한강 지역에 15마리의 수달이 서식하고 있다고 발표했다(한성용 외, 2022). 서울시는 수달의 한강 '귀환'이 생태하천 조성 사업을 통해 잠실 한강공원 등 한강 본류의 콘크리트 호안 일부가 자연형 호안으로 바뀐 것 때문이라고 설명했다.

　서울시와 별도로 서울 지역 환경운동가들과 수달에 관심을 가진 시민들을 중심으로 한강 본류와 지천에서 수달 보호 활동이 활발히 이뤄지고 있다. 사회적 협동조합 한강, 중랑천환경센터, 고덕천을 지키는 사람들 등 서울 지역 환경단체들은 서울 지역 수달 보호를 위해 2021년 서울수달보호네트워크를 결성하고 정기적인 모니터링과 서식지 보호 활동을 실시하고 있다. 시민 모니터링 결과에 따르면 2024년 상반기 현재 탄천, 홍제천, 중랑천, 안양천의 서울 4대 하천 모두에서 수달 흔적이 발견된 상태다(서울수달보호네트워크, 2024). 이들 단체는 수달의 한강 귀환을 환영하면서도, 발견된 수달의 배설물에서 플라스틱 쓰레기가 발견되고, 각종 개발사업으로 한강 변이 안정적인 서식지를 제공하지 못하고 있다며, 보다 적극적인 수달 보호 대책의 필요성을 지적하고 있다.

4. 수달과 인간의 커머닝

　수달의 서울 '귀환'은 수달을 파악하고 보호하기 위한 다양한 활동을 촉발했다. 이 절에서는 수달을 매개로 촉발되고 전개되는 수달의 귀환, 시민 모니터링, 수달 서식지 만들기를 인간 너머의 커머닝 논의와 연결지어 살펴본다.

1) 수달의 '귀환'

　수달을 둘러싼 일련의 활동은 인간의 기획으로 출발한 것이 아니다. 수달이 서울 한강으로 찾아오는 데서 시작한다. 생태학자들에게 2017년 수달 가족의 한강 출현은 풀기 힘든 미스터리다. 1974년 팔당댐이 축조되면서 팔당댐 상류와 하류의 한강은 생태적으로 단절됐다. 팔당댐 상류에서는 수달 배설물이 지속적으로 발견됐으나, 팔당댐으로 서식지가 단절됐기 때문에 수달이 팔당댐 하류로 이동하는 것은 사실상 불가능한 것으로 여겨졌다(한성용 외, 2017). 수달이 댐을 뛰어넘을 수 없으며, 팔당댐 좌우의 강변도로를 따라서 이동해야 하는데, 이 지역은 차량 통행량이 많아 로드킬의 위험이 높다. 1997년 한강 유역에서 마지막으로 발견된 수달도 팔당대교 인근에서 로드킬을 당한 개체였다. 설령 로드킬을 피해 요행히 팔당댐 하류로 이동했다 하더라도, 서울 한강 유역에 수달이 사실상 없기 때문에 짝을 지을 배우자를 만나는 것도 불가능하다. 연구진은 다시 팔당댐 상류로 되돌아가기도 어려운 상황 속에서 고립된 수달들은 야생에서 생존하기 어려웠을 것으로 판단하고 있다. 그런데 수달이 4마리의 가족을 이뤄 천호대교 인근의 무인 생태 카메라에 촬영된 것이다. 한강유역환경청의 보고서는 조심스럽게 수달의 한강 귀환 과정을 추정한다.

> 다시 말해 2016년 8~11월 본 연구진에 촬영되었던 수달 개체는 원래 팔당댐에 서식하던 개체로서 아마 임신한 상태에서 다행히도 로드킬을 피하면서 서울 한강 방면으로 유입되게 되었던 것은 아닌지 추정해 볼 수 있었다. 그리고 나서 서울 한강 유역 내에서 활동하다가 3마리의 새끼를 낳아 현재까지 기르게 된 것은 아닌지 신중히 추정해 보는 바이다(한성용 외, 2017: 194).

여기서 수달의 한강 귀환은 임신한 수달, 로드킬을 피해 이동, 성공적인 출산, 새끼 양육이라는 일련의 우연이 거듭된 결과로 풀이된다. 기적처럼 한강을 찾아온 수달이 무사히 한강 환경에 적응해 개체수를 불렸으리라는 것이다. 돌아온 한강은 수달 입장에선 먹을 것이 풍부한 곳이었을 것이다. 하천 생태계의 최상위 포식자가 없는 상황에서 어류가 번성하면서 수달의 먹이가 되는 붕어, 배스, 잉어 같은 물고기들이 풍성했다. 수달은 강줄기를 따라 선형으로 이동하며 먹이 활동을 한다. 수컷은 15km, 암컷은 7km 정도로 강을 따라 세력권을 형성하며, 다른 개체와 세력권을 공유하지 않는다(한성용, 2004). 이 같은 수달의 습성 때문에 개체수가 15마리 정도임에도 불구하고 짧은 시간 내에 서울 동쪽 끝 천호대교에서 서쪽 여의도까지 영역을 확장하고, 탄천, 중랑천, 안양천과 같은 지류에서까지 목격되기 시작했다. 수달이 서울로 돌아온 것은 서울시의 설명처럼 생태하천 사업으로 자연형 호안이 늘어났기 때문이기도 하겠지만, 수달의 우연한 이동과 강줄기를 따라 서식지를 꾸려가는 습성 때문이기도 하다.

2) 시민의 응답: 생태 모니터링

환경운동가들이 수달의 출현에 주목하고 수달을 관찰, 기록하기 시작한 것은 2020년 하반기부터이다. 수달을 포함해 야생동물 모니터링은 동물을 발견하려는 적극적인 의지와 노력, 훈련을 필요로 한다(성한아, 2022). 야행성 동물인 수달은 해질녘 나타나 아침이 되기 전에 서식지로 되돌아간다. 때문에 인간 조사자는 수달을 직접 목격하는 대신, 발자국과 배설물 같은 수달의 흔적을 쫓아야 한다. 강변에 남겨진 배설물과 발자국을 보고 수달의 행동을 읽어내는 것은 쉬운 일이 아니다. 힌츨리프 등은 런던 외곽의 설치류 시민 모니터링 연구에서, 생물도감의 동물 흔적 그림과 실제 동물이 도시에 남긴 흔적 사이에는 큰 차이가 있다고 지적했다(Hinchliffe et al., 2005). 도시 공간에서 동물의 흔적을 읽어내고, 도시 공간을 동물의 서식지로 새롭게 이해하기 위해서는 조사자의 눈, 귀, 코와 같은 신체감각을 동물의 생태와 감각에 맞춰 조율하는 '동물-되기'의 훈련이 필요한 것이다(García-López et al., 2021).

수달도 마찬가지다. 수달의 발자국은 발가락이 5개로 개 발자국과 모양이 비슷하다. 모래밭에 남겨진 발자국에서 발가락 사이의 물갈퀴를 찾아내야 수달의 발자국으로 판단할 수 있다. 배설물은 보다 분명히 구분된다. 수달 배설물은 수달이 은신처나 휴식처로 이용하는 강변 바위나 자갈밭에서 발견된다. 배설물은 굵기 1cm, 길이 4cm 정도로, 물고기 비늘이나 가시가 남아 있으면 수달의 배설물이다. 수달의 몸무게는 12kg 정도지만, 매일 1kg 정도의 물고기를 섭취한다. 물고기를 소화하고 배설시키는 시간이 상대적으로 짧기 때문에 소화가 되지 않은 물고기의 흔적이 배설물에 남아 있다(문화재청, 2001). 수달 모니터링에 참여하는 활동가들은 '냄새'도 배설물 구분 방법으로 활용한다. 냄새를 맡았을 때 생선 비린내가 강하게 나면 수달의 배설물임을 확신할 수 있다는 것이다.

인간 조사자들의 수달 모니터링은 수달의 관점에서 한강을 생각하고, 한강의 특정 지역을 수달의 서식지로 읽어낼 수 있는 능력을 길러낸다. 성한아(2022)는 조류 센서스 연구를 통해 생태 모니터링은 조사 대상 동물의 관점에서 조사 지역을 바라보고, 현장의 단서들을 통해 조사 지역을 동물의 서식지로 해독하는 '현장 문해력(field literacy)'을 필요로 한다고 지적했다. 수달 조사원들은 한강 중에서도 물과 가깝고 돌출된 바위가 있는 지역을 수달의 서식지로 읽어낸다(한성용 외, 2022). 그리고 무인 생태 카메라를 설치한다. 무인 생태 카메라는 움직임을 감지해 자동으로 촬영하는 장비로, 사람이 없더라도 수달이 나타나면 사진을 촬영해 수달의 서식을 확인해 준다. 수달 모니터링은 이처럼 수달의 흔적을 알아차릴 수 있도록 조사자의 신체를 예민하게 조련하고, 수달의 입장에서 한강을 바라보는 '수달-되기'의 과정을 동반한다.

3) 한강에 수달 은신처 만들기

인간 너머의 커먼즈를 다룬 연구들은 인간과 동물의 친밀한 상호작용을 통해 생성되는 "돌봄, 공감, 책임감의 정동"(Clement and Bunce, 2022: 8)이 인간과 비인간의 '공존'을 지향하는 기획들로 이어진다고 지적한다(Metzger, 2015; García-López et al., 2021). 수달의 귀환과 시민들의 모니터링은 한강이 인간의 레저와 휴양을 위한 공간이면서 동시에 수달이라는 도시 야생동물이 삶을 꾸려가는 공간으로 새롭게 보게 했다. 한강 변의 모래톱, 바위, 습지, 갈대밭, 나무뿌리 등은 수달이 휴식하고, 먹이를 먹고, 배설하고, 몸을 숨기는 공간이기도 했다. 수달의 출현과 시민들의 응답은 한강에서 수달의 존재를 드러내고, 한강이 수달이 서식지이기도 함을 강조하는 일련의 활동들로 이어졌다. 수달의 서식지를 알리는 안내판을 세우고, 한강 변의 쓰레기를 치우는 한편, 하천 변에 수달이 쉬거나 몸을 숨길 수 있는 수달 은신처 만들기도 실시됐다. 수달 은신처 만들기는 한강에 돌아온 수달을 환영하는 데에서 한 걸음 더 나아가, 보다 적극적으로 한강을 수달과 공존할 수 있는 공간으로 만들어내기 위한 실천의 모습을 보인다. 수달 은신처는 수달이 자주 찾는 강변에 자갈, 모래, 나무 등으로 둔덕을 만드는 방식으로 이뤄진다. 바위틈에 몸을 숨기고, 큰 바위 위에서 먹이를 먹고 배설을 하는 수달의 생태를 감안해, 수달이 편히 쉬고 먹이 활동을 할 수 있는 공간을 제공하는 것이다(한성용 외, 2022). 사회적협동조합 한강이 위탁 관리하는 여의도 샛강생태공원, 사람의 출입이 금지된 폐쇄 습지로 운영되는 난지생태습지원 등에 수달 놀이터와 쉼터가 마련돼 있다(조은미, 2021).

수달이 실제로 인간이 조성한 쉼터를 이용하는 것이 확인되면서, 수달 보금자리 만들기는 서울시로도 확장되고 있다. 한강사업본부가 지속적으로 수행하는 한강 자연성 회복 사업에 수달을 위한 공간이 포함된 것이다. 서울시가 2023년 발표한 그레이트 한강 프로젝트는 한강에 남아 있는 콘크리트 호안을 자연형 호안으로 복원한다는 계획이 포함돼 있다. 강변의 콘크리트를 흙, 자갈, 큰 돌과 같은 자연 소재로 복원함으로써 수달을 비롯한 야생동물이 서식지로 활용할 수 있도록 하는 것이다. 여의도 샛강생태공원에 수달이 쉬어갈 수 있는 수달 모래톱도 설치한다는 계획이다. 이 같은 노력들은 오랫동안 인간의 휴식과 건강을 위한 공간으로 여겨온 한강에 '수달의 공간'을 마련함으로써 도시에서 수달과 인간의 공존을 모색하려는 시도로 보인다.

도시 내에서 비인간 동물을 위해 '공간'을 마련하는 것은 도시동물지리학자들이 주장해 온 '공생공락의 윤리(an ethics of conviviality)'를 연상케 한다(Hinchliffe & Whatmore, 2006; Van Dooren & Rose, 2012). 반 두런과 로즈(2012)는 공생공락의 윤리를 장소를 공유하고 있는 서로 다른 존재들이 함께 하는 방법을 찾아가려는 노력과 실천으로 설명한다. 즉, 도시라는 같은 장소를 사용하고 있는 비인간 존재를 위해 우리의 행위-스토리텔링, 보전, 돌봄-에 어떤 방식으로든 그 존재들을 위한 공간(room)을 만들어내야 한다는 것이다. 한강에 돌아온 수달에 관심을 기울이고, 인간의 공간으로 여겨온 한강에 수달을 위한 물리적 공간을 만들어내는 행위는 수달과 인간의 공생공락을 위한 하나의 시도가 될 수 있을 것이다.

요컨대, 수달의 서울 출현과 이어지는 일련의 활동은 인간만의 실천이 아니다. 수달이 먼저 서울 한강 유역으로 찾아오고, 한강의 수계를 따라 서식지를 꾸리면서 도시의 새로운 인간-동물 관계망을 구성하기 시작했다. 이때 수달은 단순히 관찰과 기록의 '대상'이 아니라 새로운 인간-동물 실천을 촉발하는 행위자로서 기능한다. 도시동물지리학자들은 동물의 고유한 생태와 습성이 도시의 인간-동물 관계를 만드는 데 핵심적인 역할을 하고 있음을 강조한다(Wolch, 2002). 펭귄은 매년 번식을 위해 같은 곳을 찾아오고, 백로는 서식지 철거에도 꾸준히 같은 숲을 찾아오며, 비둘기는 도시의 인공적 구조물을 서식지로 활용해 숫자를 불려 나간다(Van Dooren & Rose, 2012; Jerolmack, 2013; 최명애 외, 2023). 도시의 인간 행위자들은 펭귄, 백로, 비둘기, 나아가 수달과 같은 동물의 행위성에 서식지 보호, 철거 혹은 조사와 같은 방식으로 대응한다. 수달 모니터링은 수달의 귀환에 대한 서울의 '응답'인 셈이다. 또, 미시적 차원에서 모니터링은 인간 조사자가 동물의 생태와 습성에 관심을 기울이고, 이에 응답하는 다종적 조율을 통해서 비로소 효과적으로 수행된다(Lorimer, 2008; 성한아, 2022). 모니터링은 한강을 인간의 공간만이 아니라 수달의 서식지로도 새롭게 읽어내게 한다. 나아가, 수달 은신처 만들기는 한강에 수달을 위한 물리적 공간을 창출해내는 행위로, 한강을 인간과 수달이 함께 이용하는 공간으로 새롭게 재구성하는 실천이 된다. 이처럼 수달의 귀환, 모니터링, 은신처 만들기와 같은 돌봄 활동은 수달과 인간이 함께 상호작용해 한강이라는 도시 공간을 재구성하는 '인간 너머의 커머닝'으로 이해할 수 있을 것이다.

5. 인간 너머의 커먼즈 만들기

이 글은 커먼즈가 공동체에 미리 주어진 공동자원이 아니며, 커머닝을 통해 구성되는 성취물로 보는 구성주의적 입장을 따른다. 이때 커먼즈는 공동체, 공유자원, 제도를 핵심 요소로 하고 있으며, 이들이 의존적으로 상호작용하면서 커먼즈라는 결과를 이뤄낸다고 본다(Bollier & Helfrich, 2014). 인간을 중심에 두고 구성되어 있던 한강이라는 도시의 커먼즈에 수달이 개입하고, 인간의 응답이 이어지기 시작했다. 이 절에서는 인간과 수달의 '인간 너머 커머닝'이 한강이라는 도시의 커먼즈에 어떤 변화를 가져왔는지를 살펴본다. 특히 이들의 커머닝 실천이 한강을 이용하는 공동체, 한강이라는 공유자원, 공유자원 이용의 규범과 규칙에 어떤 미세한 변화와 새로운 가능성들을 가져왔는지에 주목한다.

1) 인간 너머의 공동체: '생물 시민' 수달과 '수달 언니들'

인간 너머 커먼즈 연구자인 가르시아-로페즈 외(2021)는 페데리치(2013)의 말을 인용해 커먼즈의 공동체가 공동의 관심사를 지닌 '인간'들의 집합이 아니라, 상호협력과 책임에 기반한 다양한 '관계'의 집합임을 강조한다. 이때 관계는 인간만이 아니라 인간과 다양한 비인간을 포함한다. 앞 절에서 살펴본 것처럼 서울 수달 운동의 커머닝은 수달의 서울 귀환과 이에 대한 시민들의 응답으로 촉발되었다. 수달 운동이 전개되면서 이 공간적 실천의 주체는 수달, 수달에 응답하는 시민들, 나아가 하천 생태계로 확장되는 모습을 보여준다.

먼저, 수달은 인간의 공간으로 여겨져 온 한강을 '점유'하고 인간 행위자의 응답을 요구하는 비인간 존재다(Cooke et al., 2020). 동시에 수달은 먹이 활동을 통해 하천 생태계의 조절에 참여함으로써 인간과 함께 한강이라는 공유자원을 생산, 유지하는 존재이기도 하다(García-López et al., 2021). 생태학자들은 수달이 하천 생태계 먹이사슬의 균형을 유지하는 핵심종(keystone species)으로 기능함을 강조해 왔다(한성용, 2004). 수달은 대형 어류를 사냥하는, 하천 생태계의 최상위 포식자다. 한강으로 돌아온 수달이 과잉 증식한 잉어와 외래종인 배스를 먹잇감으로 삼음으로써 교란된 한강 하천 생태계를 복원할 수 있다는 것이다(한성용 외, 2022; 서울수달보호네트워크, 2024). 이때 수달은 어류 사냥을 통해 하천 생태계에 기여하는 비인간 노동자가 된다.

수달 활동가들은 수달이 한강 생태계를 생산하고 이용하며 삶을 꾸려가고 있다는 데 주목하고, 수달을 한강에서 살아가는 비인간 '시민'으로 의미화한다. 수달 교육 자료와 포럼에서 수달은 종종 '생물 시민'으로 표현된다.

한강의 작은 시민 수달을 보호해요(2023년 4월 제3차 수달 보호 포럼 현수막). 서울 수달은 시민과 함께 공존하고 있으며, 생물 시민의 일원으로 살아가고 있습니다. 그러나 한강과 도시하천은 인간 중심의 개발로 수달과 생물 시민들의 삶을 위협하고 있습니다(2024년 제4차 서울 수달 포럼 자료집, 9쪽).

인간 시민에 견준 '생물 시민'이라는 표현은 비인간 동물에게 인간적인 특징을 투사하는 의인화와는 구분된다(Milton, 2005). 이때 '시민'이라는 표현은 수달과 인간을 평평한 존재론적 위치에 놓고자 하는 시도로 보인다. 이들의 수달에 대한 이해는 현장 모니터링으로 매개된 신체적, 정동적 마주침(encounter)과 이를 통해 길러진 호기심, 공감, 돌봄의 감각에 기반하고 있다(García-López et al., 2021; 정영신, 2021). 수달을 '시민'으로 호명하는 것은 수달이 인간과 마찬가지로 한강의 정당한 이용 주체임을 강조하고, 하천 공간을 배분할 때 수달의 필요 또한 인간의 필요와 마찬가지로 고려되어야 한다는 지향을 의미한다. 이때 수달은 서울의 인간 시민과 마찬가지로 한강이라는 공동자원을 생산, 이용하는 커먼즈 공동체의 일원이 된다.

수달과 함께 수달 운동을 이끌어가는 인간 행위자는 수달 모니터링과 보호 활동을 실시하는 활동가들이다. 서울 수달 모니터링은 2020년 하반기 한강 보호 단체인 '사회적협동조합 한강', 서울의 풀뿌리 지역 환경 단체인 '중랑천환경교육센터', '고덕천을 지키는 사람들', '숲여울기후환경넷' 등의 활동가들이 성내천, 탄천, 고덕천, 중랑천 등 한강 지류에서 수달 흔적을 쫓으며 시작됐다. 이듬해 시민들을 수달 모니터링 활동가로 양성하는 시민 과학 프로젝트 '수달 언니들'이 출범하면서 수달 모니터링이 본격화됐다. "곤궁한 수달을 보살펴줄 수달 언니들을 모집합니다."라는 공고에 화답이 이어졌고, 2021~2022년 동안 모두 4기의 수달 언니들이 양성됐다.

'수달 언니들'은 사회적협동조합 한강 등이 만든 프로젝트로, 참가자들에게 수달 생태와 현장 모니터링 방법을 교육한다. '수달 언니들'을 통해 배출된 활동가들은 정기적으로 수달 서식지를 모니터링하고, 서식지 보호 활동을 전개하고 있다. 수달 언니들 외에도 한강의 지류 하천이 지나가는 지역에서 수달을 관찰하고 돌보는 자발적 모임들도 잇달아 생겨났다. '달달이'(탄천), '홍달이'(홍제천) '달수클럽'(중랑천) 등이 대표적이다. 수달은 이처럼 등장 직후부터 환경 활동가들과 시민들의 관심을 한 몸에 받으며 서울 도시생태의 상징적인 존재로 떠올랐다. 사회적협동조합 한강이 수달 보호 기금 마련을 위해 작성한 크라우드 펀딩 소개 글에는 서울의 수달과 시민을 접속시키는 주요한 정동이 드러난다.

> 겨울 두어 달 한강 지류 곳곳을 따라다니며 수달 흔적을 찾아보았어요. 카메라를 설치하고 물가를 살폈습니다. 물속 이끼 위 수달의 또렷한 발자국, 강가 바위 위 수달의 똥, 카메라에 포착된 **호기심 많은** 수달의 얼굴. 다 보았습니다. 여러 마리가 우리 곁에 와서 삶을 이어가고 있었네요. **반가운** 마음도 잠시, **수달은 상처투성이고, 똥에서는 허접스런 플라스틱 쓰레기가 나와요. 귀염둥이 수달**의 서식처인 한강이 건강하지 못한 반증입니다. **한강으로 이사 왔지만, 한강은 황량하고 살기 힘든 곳입니다**(사회적협동조합 한강, 2021, 강조는 연구자).

이 글에서 수달은 한강으로 '돌아온' 존재로 시민들에게 '반가움'을 선사한다. 개체수가 크게 줄어 '멸종위기종'에 '천연기념물'로까지 지정된 수달이 '인간의 공간'으로 여겨온 한강에 자리를 잡았다는 뜻밖의 사실이 기쁨을 주는 것이다. 과거 국내 전역에 서식했으나 인간을 위한 하천 개발로 사라졌다는 수달의 역사는 수달의 멸종에 대한 인간의 책임을 환기시키고, 그럼에도 불구하고 도시로 돌아와 준 수달에 대한 고마운 마음으로 이어진다. 또, 수달의 '귀여운' 외모와 '호기심 많은' 성격은 수달에 대한 대중의 관심과 애정을 불러일으킨다. 대중매체와 홍보물에서 수달은 종종 털이 보송보송하고 긴 꼬리를 가진 동물로, 호기심 어린 얼굴로 인간을 빤히 바라보는 모습으로 재현된다(중랑천환경센터, 2021)(〈그림 2〉). 실제로 수달 모니터링에 참여하는 활동가들 또한 "얼굴 보고 반했다.", "수달은 외모 덕을 본다."[5]라고 언급할 만큼 수달에 대한 대중적 관심과 보호 활동의 확산은 수달의 귀여운 외양과 무관하지 않다(Lorimer, 2007).

〈그림 2〉 중랑천환경센터에서 작성한 수달 홍보물(왼쪽)과
샛강생태공원의 수달 동상(오른쪽)

자료: 중랑천환경센터, 『내 손안의 서울』

---

5 제4차 서울 수달 포럼 참여 관찰(2024. 3. 14.).

나아가, 한강이 수달에게 여전히 "살기 힘든 곳"이라는 사실이 수달에게 관심을 가진 이들에게 '미안한' 감정을 촉발하고 수달을 위한 활동에 나서게 한다. 사회적협동조합 한강 등의 모니터링에 따르면, 수달 배설물에서는 플라스틱, 스티로폼, 방습제 같은 인간 유래 오염 물질들이 발견됐다(한겨레, 2021). 또, 무인 생태 카메라에 잡힌 수달의 몸에는 찢긴 상처들도 확인됐다. 수달이 어렵게 한강으로 돌아왔지만, 수달이 안전하게 살아가기 위해서는 한강의 환경을 시급히 개선해야 한다는 것이다. 초기 '수달 언니들'의 활동은 모니터링과 함께 수달 서식지의 쓰레기를 제거하고 서식 환경을 개선하는 데 집중됐다. 나아가 서울시에서도 수달을 내세워 '수달을 위해 한강의 쓰레기를 제거하자'는 공공 캠페인을 실시하기도 했다.

한강으로 돌아온 수달과, 환경운동가와 일부 시민의 응답으로 출발한 '수달 언니들'의 네트워크는 빠른 속도로 확장됐다. 당초 한강의 지류가 지나가는 환경단체 활동가들을 중심으로 출발한 수달 운동은 2021년 서울 지역 15개 환경 및 시민 단체가 참여하는 '서울수달보호네트워크'가 결성되면서 서울 전역으로 확장됐다. 2023년에는 수달에 관심을 갖고 있는 전국 단체와 개인 50여 곳의 참여로 '한국수달네트워크'가 출범했다. 2023년 11월 한국수달네트워크 주최로 실시한 전국 수달 시민 동시조사에는 전국에서 65명이 참여해 669건의 수달 관찰 기록을 남겼다.

나아가, 최근의 수달-인간 네트워크는 다른 비인간 존재로도 확장되는 듯하다. 수달 생태와 모니터링 방법을 소개하던 '수달 언니들'의 교육 프로그램은 4기에 이르러서는 수달이 포함된 하천 생태계의 다양한 존재들에 대한 교육으로 확장되고 있다. 수달 생태뿐 아니라 수달 서식처의 식물, 곤충, 어류, 도시하천의 양서파충류와 조류까지 포함한다. 수달을 돌보기 위해서는 수달 자체에만 집중할 것이 아니라, 수달을 도시하천 생태계 속에 위치시키고, 수달이 포함된 도시하천의 생태 전반을 돌봐야 한다는 것이다. 이처럼 수달을 매개로 한 일련의 활동들은 한강 커먼즈의 공동체를 수달과 인간을 포함하는 '인간 너머의

공동체로' 재구성하는 것이다.[6]

2) 도시하천은 인간과 비인간의 '공동의 서식지'

도시하천인 한강은 오랫동안 시민들의 휴양과 레저의 공간으로 여겨져 왔다. 그러나 수달의 한강 출현은 인간뿐 아니라 수달과 같은 비인간 존재도 한강을 이용하고 한강에서 삶을 꾸려가고 있음을 상기시켰다. 수달 모니터링은 한강 수변 지역이 수달이 몸을 털고, 말리고, 먹이를 섭취하고, 배설하는 곳임을 드러냈다. 한강 변의 갈대숲과 습지는 시민들에게 즐거움을 선사하는 경관이면서 동시에 수달이 몸을 숨기고 휴식하는 곳이기도 했던 것이다.

나아가, 한강에는 수달만 사는 것이 아니었다. 수달을 촬영하기 위해 설치한 무인 생태 카메라에는 족제비, 너구리, 고라니, 삵 같은 동물들이 빈번히 찍혔다(서울수달보호네트워크, 2024). 수달 교육장에는 어류 전문가가 종종 등장한다. 한강은 수달의 먹이가 되는 잉어, 붕어, 납자루, 모래무지 같은 물고기가 풍성한 곳이기도 하기 때문이다. 한강유역환경청에서 도출한 수달 서식 적합도를 살펴보면, 한강 본류와 지류 총 837.5km 가운데 수달과 인간이 함께 사용할 수 있는 '공존 지역'이 387.5km로 전체의 46.3%에 이른다(한성용 외, 2017). 한강의 상당 지역이 수달과 인간의 '공동 서식지'가 될 수 있다는 것이다.

수달의 귀환과 모니터링, 이어지는 활동은 한강이라는 공간이 인간과 수달, 다양한 비인간 존재가 함께 사는 '공동 서식지'로 새롭게 구성될 수 있음을 보여줬다. 중랑천환경교육센터가 제작한 수달 홍보 브로셔는 "도시하천은 사람들이 이용하는 휴식공간이기도 하지만, 하천에서 살아가는 야생동물의 터전

---

6 수달 활동가들은 한편 '서울 수달'과 '시골 수달'을 구분한다. 구분의 경계가 인간-비인간이 아니라 도시-비도시 지역으로 재구성되는 것이다. 최진우(2023)는 '시골 수달'이 농촌에서 흔히 볼 수 있는 동물로 관심의 대상이 되지 못하고 '서울 수달'은 도시 환경 속에서 위태롭게 살아가고 있지만 시민들의 관심과 보살핌을 받고 있으며, 인간과 수달이 공존하는 도시하천이라는 새로운 도시의 비전을 제시하고 있다고 지적한다.

이기도 해요."라면서 "수달을 비롯한 많은 야생동물과 함께 살아가는 중랑천을 만들기 위해 우리 지혜를 모아보아요."라고 제안하고 있다(중랑천환경센터, 2021). 도시하천이 인간과 비인간이 함께 이용하는 '인간 너머'의 공동자원으로 의미를 획득한 것이다. 이 같은 인간 너머의 공동자원을 유지, 재생산하기 위해서는 "지혜를 모을" 필요가 있다고 브로셔는 지적하고 있다. 나아가 사회적협동조합 한강은 수달 캠페인 소개글에서 서울에 수달이 나타났다는 것이 "메트로시티 서울을 사람과 야생동물이 함께 사는 공간이 되고, 새로운 경험과 상상이 가능한 삶터가 된다는 의미"라고 쓰고 있다. 수달의 귀환으로 촉발된 일련의 활동이 서울이라는 공간을 인간과 야생동물이 공존하는 '인간 너머의 공간'으로 만들어내고, 이를 통해 도시에서의 새로운 인간-동물 관계를 상상할 수 있게 한다는 것이다.

3) 규범과 규칙: '수달과 함께 살아요'

그렇다면 어떻게 한강을 인간과 수달의 공유자원으로 만들어갈 것인가? 비인간을 포함해 커먼즈와 커머닝을 재구성하고자 하는 인간 너머의 커먼즈 논의는 공유자원의 이용을 규정하는 제도 및 규칙을 맞닥뜨릴 때 도전에 직면한다(정영신, 2021). 커먼즈의 제도와 규칙은 인간 사이의 의사소통과 합의를 통해 만들어지고, 감시와 처벌을 통해 준수돼 왔다. 그렇다면 인간 행위자를 중심으로 만들어온 제도와 규칙을 어떻게 인간 너머의 공동체로 확장할 것인가? 수달 보호 운동의 목표와, 이를 실천하기 위해 제안되는 몇 가지 방안들은 인간 너머 커먼즈의 규범과 규칙을 상상해 볼 단초를 제공하는 듯하다.

먼저, 서울 수달 운동의 목표는 수달과 인간의 '공존'이다. 같은 공간을 공유하는 인간과 비인간의 '공존'이라는 지향은 수달뿐 아니라 도시의 동식물─유해동물과 야생동물을 포함해─을 다룬 인간 너머 커먼즈 연구 및 도시동물지리학 연구에서도 강조된다(van Dooren and Rose, 2012; Cooke et al., 2020;

Clement & Bunce, 2022). 서울 수달 운동에서도 공존은 핵심 목표로 등장한다. 서울수달보호네트워크는 2021년 5월 창립선언식에서 "세계적으로 멸종위기에 처한 수달을 보호하고, 수달이 함께 사는 서울을 만들어가기 위해 출범한다."고 밝히고 "수달과 함께 사는 서울"이라고 적힌 플래카드를 창립 선포식에 내걸었다(한겨레, 2021). 한국수달네트워크 역시 '수달과 함께 사는 하천과 연안'을 목표로 제시하고 있다. '수달과 함께 살아요'라는 이들의 구호는 과거 자연보전 운동에 종종 등장하던 '○○를 구해 주세요'라는 구호와 대비된다. '구해 달라'는 호소가 인간을 자연의 외부에 위치시키고 인간의 적극적인 개입을 요청했다면, '함께 살자'는 인간과 비인간이 공간을 공유하고 있음을 지적하고, 비인간 존재 또한 인간과 마찬가지로 삶을 꾸려갈 수 있도록 방법을 찾아나갈 것을 촉구한다.

인간과 수달의 '함께 살기'가 인간 너머 커먼즈의 새로운 규범이라면, 서울 수달 운동은 함께 살기를 위해 필요한 규칙의 적용 대상을 '인간' 행위자로 집중시킨다. 즉, 수달의 행동을 바꿀 것이 아니라, 기존에 당연히 여기고 수행해 온 인간의 행동을 바꾸고, 이를 제도화하자는 것이다. 오랫동안 한국 수달을 멸종위기로 내몬 것은 콘크리트 위주의 하천 개발사업으로 지목되어 왔다(문화재청, 2001). 그러나 최근 수달 활동가들은 돌아온 수달에 대한 위협으로 인간만을 고려한 수변 개발과 하천 이용 방식을 꼽는다.[7] 하천 개발의 방향이 자연형 하천, 생태하천 복원으로 전환되면서 신규 콘크리트 사업은 좀처럼 찾아보기 어렵다. 한편, 친수 문화가 확산되면서 시민들의 수변 공간 이용을 위해 다양한 시설이 하천 변에 들어서고 있다. 자전거 도로, 맨발 체험장, 생태 연못, 눈썰매장, 산책로 정비 등 크고 작은 공사들이 이어지고, 이로 인해 수변

---

7 한강 친수문화 확산에 대한 우려는 아래 발언에서도 드러난다. "요즘에, 한강도 그렇고 어느 강도 물길이 굉장히 아름답죠. 이걸 이용하고자 하는 욕망이 아주 많습니다. 그래서 대부분 친수 문화 공간으로 조성을 합니다. 그런데 이 조성을 할 때 어떻게 하느냐면 인간 위주의 공간으로 조성되고 있다는 거예요. 하천 자체는 인간 이외 야생동물도 살고 있는 서식지라고 하는 개념이 아예, 인식을 갖고 있지 않다."(김양희, 중랑천환경교육센터 사무국장, 2022년 제2회 수달 보호 포럼 발표 중에서)

공간 이용 인구가 늘어나면서 수달을 위협하는 요인으로 작용한다(한성용 외, 2022). 즉, 서울의 하천이 사람이 이용하기 좋은 곳으로 바뀌고 있으며, 바로 이 같은 인간 위주의 하천 이용과 개발이 수달과의 '함께 살기'를 위협하고 있다는 것이다(최진우, 2023).

친수 문화 확산이 수달의 위협 요인이라는 자각 속에서 인간의 하천 이용 방식을 바꿔야 한다는 제안이 나오고 있다. 중랑천환경교육센터의 '수달과 함께 살기 위한 노력'에는 "강과 하천의 생물들이 자유롭게 이동할 수 있도록 장애물을 만들지 않아요.", "강과 하천의 생물들이 안전하게 살 수 있도록 수변 가까이 들어가지 않아요."라는 지침이 포함돼 있다(중랑천환경센터, 2021). 하천이 수달의 서식지이기도 하다는 점을 고려해 자연 가까이 접근하고 싶은 욕망을 억제하고, 인간의 편의를 위한 시설을 줄여야 한다는 것이다. 나아가, 한강변에 체육시설과 같은 주민 편의시설이 이미 지나치게 많으며, 관리 비용까지 감안하면 설치를 자제해야 한다는 지적도 나오고 있다(서울수달보호네트워크, 2024). 여기서 규칙은 비인간 동물이 아니라 인간 행위자를 대상으로 하고 있다. 하천을 인간에게 주어진 휴양과 레저의 공간으로 여기고, 인간의 이용 극대화를 추구해 온 관행을 바꿔야 한다는 것이다.

인간과 비인간의 공유 공간을 만들어내기 위해 인간이 보다 큰 책임을 질 것을 요구하는 수달 운동의 주장은 반 두런과 로즈의 '공생공락의 윤리'를 연상시킨다. 반 두런과 로즈는 야생동물이 사라진 도시가 인간 활동의 결과라는 점을 상기시키며 "의미 있고 지속되는 다종의 도시를 생산하고 (비인간과) 공유하기 위해 다양한 방법을 찾아야" 하며, 그 부담(burden)은 인간에게 지우는 것이 윤리적인 판단이라고 지적한다(van Dooren and Rose, 2012: 19). 같은 맥락에서 클레망과 번스는 캐나다 토론토의 코요테 대응 전략 연구를 통해, 동물이 아니라 인간의 행동을 바꿈으로써 도시를 인간 너머의 커먼즈로 만들어갈 수 있다고 지적한다(Clement & Bunce, 2022). 이들은 잦아진 코요테의 도시 출현을 인간의 도시개발이 코요테 서식지를 교란했기 때문으로 설명하고, 인간과 코요테의 충돌을 막기 위해 다양한 조정(mitigating) 전략을 제안한다. 이때 핵심은 코요테를 주택가로 유인하는 인간 행위(e.g. 쓰레기 배출)를 최소화하고, 코요테가 겪고 있는 서식지 교란 문제를 주민들에게 설명하는 것이다. 즉, 코요테를 바꾸는 것이 아니라, 주민들의 코요테에 대한 지식과 실천을 바꿈으로써 도시를 인간과 코요테의 공유 공간으로 만들 수 있다는 것이다. 이는 한강을 인간과 수달의 공유지로 바꿔내기 위해서는 인간의 한강 이용 방식을 바꿔야 한다는 수달 활동가들의 주장과도 맥락을 같이한다. 비인간이 아니라 인간에게 새로운 규범을 제안하고 제도화하는 것은 인간 너머의 커먼즈를 만들어가기 위해 제도와 규칙을 변용하는 하나의 방법이 될 수 있을 것이다.

4) 인간 너머의 커먼즈

수달의 귀환, 시민 모니터링, 수달 은신처 만들기로 이어지는 일련의 실천은 한강이라는 도시 공간, 한강 이용의 공동체, 한강 이용의 규범 및 제도에 미세하지만 유의미한 변화를 가져왔다. 한강은 인간의 레저와 휴양의 공간만이 아니라 인간과 수달의 '공동의 서식지'로 새롭게 구성됐다. 한강이라는 공유자원의 공동체는 '생물 시민'인 수달, 수달 언니들, 한강 생태계를 포함하는 '인간 너머의 공동체'로 확장됐다. 나아가 인간과 수달의 '함께 살기'라는 규범을 만들어내고, 이를 현실화하기 위해 인간의 하천 이용 방식을 비판적으로 고찰하고 일정한 제한을 가하는 방식으로 규칙과 제도에 변화를 도모했다. 수달과 시민들의 '인간 너머의 커머닝'이, 인간을 중심에 놓고 생각하고 이용해 온 한강 커먼즈를 인간과 수달이 공유하는 '인간 너머의 커먼즈'로 바꿔낸 것이다.

수달 사례가 예시하는 '인간 너머의 커먼즈'는 기존의 커먼즈 논의와 교차하면서도 차별화되는 지점들을 보여준다. 이는 커먼즈 논의를 촉발하는 문제상황, 해결책, 커머닝의 방식과 관련돼 있다. 오스트롬(2010) 등의 자원관리 패러다임 논의는 공동자원의 남용이나 무임승차를 해결해야 할 문제로 보고, 공동체 내부의 자치와 협력을 통해 이를 해결하는 데 주력한다. 한편, 정치접근법을 따르는 비판적 커먼즈 논의는 공동의 것으로 여겨온 유무형의 자원을 사유화, 시장화하는 경향을 지적한다(Bollier & Helfrich, 2014). 이때 문제는 자본과 같은 공동체 외부에 존재하며, 공동의 것을 되찾거나 구성하기 위한 투쟁과 실험이 전개된다.

한편 서울 수달 운동 사례에서 문제는 인간중심주의, 인간예외주의다. 인간과 자연을 분리하고, 실제 도시에서 살아가고 있는 비인간 존재들을 외면하거나 대상으로만 다뤄온 인간 중심적 문화와 제도가 문제인 것이다. 문제는 공동체의 내부나 외부에 있는 것이 아니며, 다양한 실천을 통해 공동체를 인간 너머의 공동체로 새롭게 구성해 나가는 것이 문제를 해결하는 하나의 방법이 된다. 이때 커머닝은 인간과 비인간의 생태적, 문화적, 공간적 연결성을 회복하고, 도시라는 공간을 인간과 비인간의 공동의 서식지로 새롭게 의미화하고, 비인간의 공간을 마련하고자 하는 탈인간중심적 실천이 될 것이다.

연구자는 서울 수달 운동 사례가 보여주는 인간 너머의 커머닝을 도시에서 커먼즈를 만들어가고자 하는 사회운동의 한 형태로 볼 수 있다고 본다. 지금까지 국내 커먼즈 연구는 공동의 것에 대한 권리를 회복하고자 하는 공공서비스 방어운동, 마을활성화운동, 공유도시운동, 대안소유운동 등의 대안적 사회운동에 관심을 기울이고, 이들을 커먼즈 운동으로 해석해 왔다(윤여일 & 최현, 2023). 그렇다면 서울 수달 운동, 딱따구리 보호 운동, 도시 탐조 또한 도시를 인간과 비인간의 공유 공간으로 바꿔내고자 하는 일종의 사회운동으로 생각할 수 있을 것이다. 이때 인간 너머의 커먼즈를 만들어가고자 하는 운동은 자연 커먼즈를 방어하기 위해 멸종위기 동식물을 정치적 자원으로 활용하는 운동과는 구분된다. 인간 너머의 커먼즈에서 비인간은 인간의 필요를 위해 소환되는 것이 아니라, 인간의 것으로 여겨온 공간에서 살아가거나, 찾아오거나 혹은 인간

의 초대에 응한 존재가 될 것이다.[8]

한편, 인간과 수달의 실천을 통해 구성되는 '인간 너머의 커먼즈'가 모든 비인간을 포괄하는 것이 아니며, 특정한 비인간에 대한 선별적인 포함과 배제를 통해 구성된다는 점을 지적할 필요가 있다.[9] 이 글에서 살펴본 인간 너머의 커머닝은 인간뿐 아니라 수달과 같은 비인간 존재 또한 도시하천에 대한 보편적 권리가 있음을 강조한다는 점에서 '모두의 것'을 비인간으로 확장하려는 시도로 볼 수 있다. 그러나 모니터링, 은신처 만들기와 같은 활동을 통해 구성되는 인간 너머 커먼즈의 공동체가 모든 비인간의 '함께 살기'를 보장하는 것은 아니다. 수달은 인간과 함께 한강 하천 생태계에 살아갈 권리가 있는 존재로 구성되지만, 수달의 먹이가 되는 어류들도 그러한 것은 아니다. 오히려 잉어, 배스와 같은 어류는 한강에서 과번성한 존재로 여겨지며, 수달의 섭식 활동을 통해 개체수를 줄여나가야 하는 존재다. 인간 너머 커먼즈가 도시하천을 '(비인간을 포함한) 모두의 것'으로 만들고자 하는 실천이지만, 결과적으로는 특정 인간과 수달, 하천 생태계 일부를 '우리의 것'으로 재구성하는 셈이다. 이때 '모두의 것'과 '우리의 것' 사이의 갈등과 긴장을 어떻게 이해하고 응답할 것인가가 도시에서 다종적 세계를 꾸려나가기 위한 핵심 문제가 될 것이다.

---

8 비인간을 '소환'하는 것과 '초대'하는 것의 차이를 섬세하게 지적해 주신 박순열 박사님께 감사드린다.
9 실제 현실에서 많은 커먼즈 운동은 정부와 시장과 협력 및 의존 관계에 있다. 수달 운동을 주도하는 사회적협동조합 한강은 서울시 한강사업본부로부터 여의도 샛강을 위탁받아 운영하고 있으며, 현대자동차, LG생활건강 등으로부터 일부 지원을 받아 수달 캠페인을 진행하고 있다. 인간 너머 커먼즈 운동 또한 정부 및 자본과의 협력과 연대 속에서 작동하는 상황에서, '커머너'와 '지자체 자연 관리의 대행자', '인간 너머의 공유지'와 '시민을 위한 공공의 녹지'라는 '공유'와 '공공'의 긴장과 갈등은 언제라도 발생할 수 있다.

6. 결론: 도시의 새로운 생태정치

이 글은 '인간 너머 커먼즈' 논의를 가져와 서울 수달 운동에서 벌어지는 인간과 동물의 상호작용을 살펴봤다. 수달의 서울 '귀환'에서 촉발된 수달 운동은 수달의 흔적을 찾는 시민 모니터링과 수달 쉼터 만들기와 같은 일련의 활동으로 이어졌다. 이 같은 수달과 인간의 실천은 한강이라는 도시 커먼즈를 인간과 수달이 공유하는 '공동의 서식지'로 새롭게 만들어내고, 수달, 인간, 한강 생태계의 구성원들로 확장되는 '인간 너머의 공동체'를 구성했다. 이를 통해 연구자는 수달을 매개로 한 일련의 활동이 인간의 공간으로 여겨온 도시에서 '비인간'의 차원을 드러내고, 비인간을 포함해 도시의 공유자원, 공동체, 규칙과 제도를 재구성하는 '인간 너머의 커먼즈'를 보여주는 사례가 될 수 있다고 주장했다.

결론을 대신해 이 글에서 '인간 너머 커먼즈'라고 포착한 도시의 새로운 인간-동물 관계가 도시의 생태정치에서 갖는 함의를 간략히 살펴보고자 한다. 서울에서 전개되는 수달과 인간의 '커머닝'은 '녹색 복지'나 '자연보전'과 같은 기존의 도시 생태정치로는 좀처럼 설명되지 않는 면모들을 보여준다. 도시에서 인간과 자연의 관계는 크게 '녹색 복지'와 '자연보전'이라는 틀로 생각되고 실천돼 왔다. 녹색 복지 프레임워크는 도시의 자연을 시민에게 주어진 자원으로 보고, 시민의 건강과 휴양을 위해 자연자원 이용을 확대하는 데 주안점을 둔다 (김용국, 2014; 김은영 외, 2017). 이때 자연은 깨끗한 공기, 맑은 물, 도시 숲, 수변 공간 등으로, 도시민에게 깨끗한 환경, 여가 공간, 휴양 등과 같은 '생태계 시스템 서비스'를 제공하는 존재다. 이때 인간과 자연을 매개하는 것은 인간의 유익을 중심에 둔 공리주의적 판단이 된다.

한편, 자연보전은 도시 자연을 생물다양성의 관점에서 바라본다. 도시의 동식물이 자연생태계에서 갖는 중요성이 강조되며, 보전 노력은 멸종위기 동식물을 보호하는 데 집중된다. 보전 전략은 멸종위기종이나 보호지역을 지정하는 방식으로, 도시에서도 철새보호구역, 생태경관보호지역, 람사르 습지 등 다양한 형태의 보호지역이 조성된다. 자연보전은 인간에게 주는 유익과 관계없이 자연의 가치 자체를 강조하지만, 다른 한편으로는 인간의 적극적 개입을 통해 특정 자연을 구원하려는 모습을 보여주기도 한다.

서울의 수달 운동 등은 녹색 복지와 자연보전으로 환원되지 않는 새로운 인간-자연 관계를 보여주는 듯하다.[10] 이때 자연은 인간에게 서비스를 제공하는 존재가 아니며, 그렇다고 멸종위기에 처한 존재도 아니다. 이 같은 자연의 존재론적 위치는 최근의 도시 탐조나 딱따구리 보호 운동, 나아가 백로와의 공존을 도모하는 시도에서 선명히 드러난다(홍자경, 2022; 최명애 외, 2023; 한국일보b, 2024). 도시의 새와 딱따구리는 멸종위기종이 아니며, 괄목할만한 생태계 서비스를 제공하는 존재도 아니다. 백로는 되레 소음과 냄새로 도시민들의 혐오의 대상이다. 그러나 탐조인, 환경 운동가, 시민 과학자들에게 이들은 인간과 함께 도시에서 삶을 꾸려가는 존재이며, 신체적 마주침(encounter)을 통해 기쁨과 찬탄을 불러일으키는 존재다. 수달도 마찬가지다. 수달이 멸종위기종이자 천연기념물이라는 사실이 수달 캠페인에 등장하지만, '멸종위기'에 있다는 수달의 생태적 지위가 수달을 보호해야 하는 핵심 이유로 제시되지는 않는다. 그보다는 수달이 다시 도시를 찾아왔다는 데 대한 반가움, 도시로 찾아온 야생동

---

10 비인간을 파트너로 삼아 새로운 도시 공간을 만들고자 한다는 점에서 '인간 너머 커먼즈'는 최근의 재야생화 논의와 접점을 갖는 듯하다. 재야생화는 자연의 활력을 이용해 다양한 스케일의 녹지공간을 만들어가려는 새로운 자연보전 전략 및 생태운동이다(최명애, 2021; Pettorelli et al., 2022). 특히 최근 도시 재야생화는 도시의 훼손 지역이나 자투리 지역을 활용해 적은 비용으로 탄소 흡수원을 빠르게 만들어낼 수 있다는 점에서 주목받고 있다. 비인간 자연을 인간의 개입을 기다리는 수동적 존재가 아니라 자연 복원의 동반자로 바라보고, 이를 통해 도시를 인간과 자연의 공유 공간으로 만들어가고자 한다는 점에서 재야생화와 인간 너머의 커먼즈는 친연성을 가지는 듯하다. 그러나 수달 사례에서 보듯 인간 너머 커머닝의 인간 파트너가 자발적 시민 혹은 환경 단체인데 비해, 서구에서 진행되는 재야생화 프로젝트의 상당수는 지자체 혹은 정부가 주도하고 있다(Jepson & Blythe, 2020). 커먼즈 운동이 자본과 국가로부터 자율적인 영역을 만들어내려는 저항적 실천이라면, 현 단계의 재야생화 프로젝트는 정부의 지원을 받아 '공공' 녹지공간을 만들어내는 데 주력하는 듯하다. 앞서 연구자는 인간 너머의 커먼즈가 인간중심주의를 반성하고 새로운 인간-자연 관계를 만들어가고자 하는 실천이라는 점을 강조했다. 수달 운동 등이 인간중심주의라는 도시의 지배적 질서에 문제를 제기하고 여기서 분기하고자 하는 시도라는 점을 감안할 때, 재야생화보다는 인간 너머의 커먼즈가 새로운 도시의 생태정치를 설명하기에 더 적절해 보인다.

물에 대한 환대, 이를 통해 인간과 수달이 공존하는 도시에 대한 상상과 욕망이 수달 보호의 이유로 제시된다. 캠페인 구호에서 드러나듯이 수달은 '구해 주세요'가 아니라 '함께 살아요'의 대상인 것이다.

이때 도시의 자연은 수달 운동의 '생물 시민'이라는 표현처럼 도시에 살아가는 "비인간 이웃"(최명애 외, 2023)이 된다. 또, 경제적 합리성이나 생태적 지위가 아니라, 생태 모니터링과 같이 이들에게 눈과 귀를 기울이는 신체적, 정동적 실천을 통해 비로소 알게 되는 존재다. 도시에서 자연을 '보호'해야 하는 이유는, 인간의 이익을 극대화하기 위해서나 위기에 처한 자연을 구원하기 위해서가 아니라, 인간과 비인간이 함께 잘 사는 것, 즉 공생공락을 위해서가 된다. 수달이 살고 있는 한강, 딱따구리가 살고 있는 도시 숲, 새들이 깃든 아파트 단지와 같은 도시 공간을 인간뿐 아니라 비인간도 함께 살 수 있도록 바꿔내는 것이 윤리-정치적 실천이 되는 것이다.

연구자는 이 같은 도시의 새로운 생태정치를 포착하고 설명하는 데 '인간 너머의 커먼즈' 개념이 유용하다고 본다. 도시 텃밭, 정원, 녹지 등을 사례로 비인간과 함께 만들어가는 인간 너머 커먼즈에 대한 연구들이 나오고 있지만, 커먼즈 학술 논의에서 인간 너머 커먼즈는 아직까지 비인간을 포함해 커먼즈 논의를 재구성해야 한다는 주장 혹은 선언의 차원에 머물러 있는 듯하다(Metzger, 2015). 비인간을 도시에서 함께 삶을 꾸려가는 파트너로 보고, 인간의 공간으로 여겨온 도시를 인간과 비인간의 서식지로 새롭게 이해하고, 비인간이 삶을 꾸려갈 수 있는 여지를 마련하고자 하는 시도는 서울의 수달, 딱따구리, 도시 탐조, 백로 등 곳곳에서 찾을 수 있다. 앞서 살펴본 것처럼 '인간 너머의 커먼즈' 논의는 호혜와 협력에 기반한 인간과 비인간의 상호작용을 강조하고, 이를 통해 인간 너머의 공동체와 다종의 공유자원을 만들어가고자 한다. 인간 너머의 커먼즈는 이 같은 면에서 녹색 복지나 자연보전으로 포착되지 않는 도시의 새로운 생태정치를 가리키는 개념이 될 수 있을 것이다.

참고문헌

김용국. 2014. "녹색복지 관점에서 서울시 생활권 도시공원의 분배적 형평성 분석." 『한국조경학회지』 42(3): 76-89.

김은영·김지연·정혜진·송원경. 2017. "도시공원의 생태계서비스 평가지표 개발 및 측정가능성 검토." 『환경영향평가』 26(4): 227-241.

김준수. 2018. "한국의 발전주의 도시화와 '국가-자연'관계의 재조정: 감응의 통치를 통해 바라본 도시 비둘기." 『공간과 사회』 63: 55-100.

라인보우, 피터. 2012. 『마그나카르타 선언』. 정남영 역. 서울: 갈무리.

문화재청. 2001. 『천연기념물 수달의 서식실태 및 보호방안 연구』. 서울: 문화재청.

브로치, 크리스티안·콘버거, 마르틴. 2023. 『도시 커먼즈: 도시를 다시 생각하다』. 한경애 역. 서울: 국토연구원.

성한아. 2022. "종이 종을 셀 수 있을 때: 겨울철 조류 동시 센서스의 신체, 경계거리, 현장문해력." 『과학기술학연구』 22(3): 69-106.

오스트롬, 엘리너. 2010. 『공유의 비극을 넘어: 공유자원관리를 위한 제도의 진화』. 윤홍근 역. 서울: 랜덤하우스 코리아.

오스트롬, 엘리너·헤스, 샬럿. 2010. 『지식의 공유: 폐쇄성을 넘어 '자원으로서의 지식'을 나누다』. 김민주·송희령 역. 서울: 타임북스.

윤여일·최현. 2023. "21세기 한국학계 공동자원 연구의 전개와 과제-공동체 공동자원과 공중 공동자원 연구에 대한 분석을 중심으로." 『공동체문화와 민속 연구』 5: 45-77.

전의령. 2017. "'길냥이를 부탁해': 포스트휴먼 공동체의 생정치." 『한국문화인류학』 50(3): 3-40.

정영신. 2016. "엘리너 오스트롬의 자원관리론을 넘어서: 커먼즈에 대한 정치생태학적 접근을 위하여." 『환경사회학연구 ECO』 20(1): 399-442.

_____. 2020. "커먼즈의 쟁점과 커먼즈의 정치." 구도완 외. 『생명자유공동체 시대의 새로운 질문』. 서울: 도서출판 풀씨. 143-194.

_____. 2021. "제주 비자림로의 생태정치와 커먼즈의 변동." 『환경사회학연구 ECO』

25(1): 257-299.

중랑천환경센터. 2021. 『중랑천과 한강의 수달 엿보기』. 서울.

최명애. 2021. "재야생화: 인류세의 자연보전을 위한 실험." 『환경사회학연구 ECO』 25(1): 213-255.

최명애·박현빈·조엘 샴팔레·성한아. 2023. "도시의 비인간 이웃: 대전시 주민-백로 갈등을 중심으로." 『한국도시지리학회지』 26(1): 17-36.

최진우. 2023. "기고: 서울 수달이 행복하기 위해서는." 뉴스톱.
    https://www.newstof.com/news/articleView.html?idxno=20239

페데리치, 실비아. 2013. 『혁명의 영점』. 황성원 역. 서울: 갈무리.

한상훈. 1998. "포유동물의 묵시록 3.수달 영리하면서도 장난끼 많은 수영의 달인." 『사람과 산』.

한성용. 2004. "한국 수달의 생태 및 관리 체계." 『한국생태학회 학술대회 발표문』.

한성용·노백호·이혁재·신화용·김형후·최준우·신지훈·장지은·장필진·한은주. 2017. 『한강수계 수달 정밀 모니터링 및 보호방안 연구』. 서울: 한강유역환경청.

한성용·황인욱·김형후·신지훈·한승우·김대산. 2022. 『한강 수달 서식현황 조사 및 적정 관리방안』. 서울시.

홍자경. 2022. 『'다종적 접촉'이 촉발하는 공거의 윤리』. 연세대학교 문화인류학과 대학원 석사학위논문.

황진태·전민성·서성훈·유동현·최다훈. 2019. "발전주의적 코스모폴리틱스로서 동물카페." 『문화역사지리』 31(3): 61-78.

Barua, M., Sinha, A. 2019. "Animating the urban: An ethological and geographical conversation." *Social & Cultural Geography* 20(8): 1160-1180.

Bollier, D., Helfrich, S. 2014. The Wealth of the Commons: A World beyond Market and State, Levellers Press.

Braun, B. 2008. "Environmental issues: Inventive life." *Progress in Human Geography* 32(5): 667-679.

Bresnihan, P. 2015 "The more-than-human commons: From commons to commoning." Space, Power and the Commons, Routledge. 105-124.

Clement, B., Bunce, S. 2022. "Coyotes and more-than-human commons: Exploring co-existence through toronto's coyote response strategy." *Urban Geography* 1-19.

Cooke, B., Landau-Ward, A., Rickards, L. 2020. "Urban greening, property and more-than-human commoning." *Australian Geographer* 51(2): 169-188.

García-López, G. A., Lang, U., Singh, N. 2021. "Commons, commoning and co-becoming: Nurturing life-in-common and post-capitalist futures." *Environment and Planning E: Nature and Space* 4(4): 1199-1216.

Hinchliffe, S., Kearnes, M. B., Degen, M., et al. 2005. "Urban wild things: A cosmopolitical experiment." *Environment and Planning D* 23(5): 643-658.

Hinchliffe, S. & Whatmore, S. 2006. "Living cities: Towards a politics of conviviality." *Science as Culture* 15(2):123–138.

Hovorka, A. 2008. "Transspecies urban theory: Chickens in an african city." *Cultural Geographies* 15(1): 95-117.

Hubbard, P., Brooks, A. 2021. "Animals and urban gentrification: Displacement and injustice in the trans-species city." *Progress in Human Geography* 45(6): 1490-1511.

Jepson, P., Blythe, C. 2020. Rewilding: The Radical New Science of Ecological Recovery. Icon Books.

Jerolmack, C. 2013. The Global Pigeon. University of Chicago Press.

Lorimer, J. 2007. "Nonhuman charisma." *Environment and Planning D: Society and Space* 25(5): 911-932.

_____. 2008. "Counting corncrakes." *Social Studies of Science* 38(3): 377-405.

Mccay, B. J., Acheson, J. M. 1987. The Question of the Commons: The Culture and Ecology of Communal Resources. University of Arizona Press.

Metzger, J. 2015. "The city is not a menschenpark: Rethinking the tragedy of the urban commons beyond the human/non-human divide." Christian Borch & Martin Kornberger (eds), Urban Commons: Rethinking the City, Routledge.

22-46.

Milton, K. 2005. "Anthropomorphism or egomorphism? The perception of non-human persons by human ones." In: John Knight (ed). Animals in Person: Cultural Perspectives on Human-Animal Intimacy, Routledge. 255-271.

Pettorelli, N., Dancer, A. D., Durant, S. M., et al. 2022. Rewilding Our Cities, ZSL.

Philo, C., Wilbert, C. 2000. Animal Spaces, Beastly places: New Geographies of Human-animal Relations. Routledge.

Van Dooren, T., Rose, D. B. 2012. "Storied-places in a multispecies city." *Humanimalia* 3(2): 1-27.

Walsh, Z. 2018. "Contemplating the more-than-human commons." *The Arrow: A Journal of Wakeful Society, Culture, and Politics* 5(1): 5-18.

Wolch, J. 2002. "Anima urbis." *Progress in Human Geography* 26(6): 721-742.

Wolch, J. R. 1998. "Zoopolis." In: Wolch J.R. and Emel J. (eds), Animal Geographies: Place, Politics, and Identity in the Nature-Culture Borderlands, Verso. 119-138.

Wolch, J. R., West, K., Gaines, T. E. 1995. "Transspecies urban theory." *Environment and Planning D: Society and Space* 13(6): 735-760.

내 손안에 서울. 2023년 4월 5일. "21만 그루 심어 '한강숲' 만들고, 생태공원 재정비."

서울수달보호네트워크. 2024년 3월14일. "제4차 서울수달포럼 서울 수달 보호를 위한 하천관리방안." 자료집. ISB 서울빌딩 5층.

오마이뉴스. 2021년 12월 11일, "조은미_여의샛강생태공원에 수달모시기작전 성공담."

한겨레. 2021년 5월 26일, "수달을 위해 뭉쳤다 서울수달네트워크 출범."

한국일보. 2024년 3월 11일. "3년 만에 청계천서 발견된 멸종위기종 수달, 자리 잡았나."

한국일보. 2024년 4월 29일. "딱딱딱~" 서식지 잃어가는 딱따구리 지키는 첫 국내 단체 생겼다."

MBC. 2022년 10월 18일. "서울이 야생동물의 낙원? 멸종위기종만 41종 확인."

5장

인간 및 인간 너머 존재에 의한 생태 사회적 커먼즈의 형성

한상진

이 장은 인간과 인간 너머 존재가 교차적으로 형성하는 생태 사회적 커먼즈의 특성 및 관련 사례를 탐구한다. 행성의 스케일에서 볼 때, 별개로 전개되어 온 사회적 커먼즈 및 생태적 커먼즈의 담론은 기후변화, 인간 중심의 개발 등을 둘러싸고 인간 및 인간 너머 존재가 밀접하게 관련되는 생태 사회적 전망 아래 종합될 수 있다. 이 장의 논의는 인간이 주도하는 생태 사회적 커먼즈 사례로 기후위기로 인한 폭염에 시달리는 배달 플랫폼 노동자에, 인간 너머 존재로 인해 촉발되는 해당 사례로는 갯벌 간척이 낳은 담수호 오염을 완화하기 위한 해수 재유통에 따라 되살아나는 게, 조류 등에 주목한다. 생태 사회적 커먼즈의 개념화가 갖는 의의는 인간 및 인간 너머 존재의 다양한 커머닝 방식에 주목하여, 배달 플랫폼 노동자의 기후실업급여 운동과 토건적 개발 반대를 통한 갯벌 보전 운동이 상호 무관한 것이 아니라 '커먼즈 전환'의 차원에서 연계될 수 있음을 드러내는 데에 있다.

1. 커먼즈를 행성성에 비추어보기

지금까지 한국에서 커먼즈를 둘러싼 논의는 공동자원 보전에 관한 '생태적 커먼즈(ecological commons)'와 공유지 확보를 향한 '도시 커먼즈(urban commons)'라는 양 갈래로 전개되어 왔다. 이 장은 기후 위기 등 복합 생태 위기로 인해 생태적, 사회적 접면이 확대되는 데에 주목하여, 생태 사회적 커먼즈(ecosocial commons)라는 융합 범주를 제안하고 그 실제적 사례를 탐구하려고 한다. 생태 사회적 커먼즈는 앞 장의 논의처럼 도시 커먼즈와 수달이라는 인간 너머 존재의 관계를 통해 형성될 수도 있고, 이 장에서의 배달라이더 기후실업급여 운동처럼 생태적 커먼즈에 대응한 인간의 커머닝을 통해서도 형성 가능하다. 즉, 인간 및 인간 너머 존재 각각의 주도성 측면에서 생태 사회적 커먼즈의 형성 사례에 접근해 보면, 배달라이더라는 플랫폼 노동자의 조직화와 토건적 개발 반대를 통한 갯벌 보전이라는 상호 무관한 듯 보이는 실천 운동은 '커먼즈 전환'이라는 차원에서 연계 지점을 찾아낼 수 있다.

연구자(한상진, 2018b)는 더니 외(Dawney et al., 2016: 6-13)를 인용해 사회적 커먼즈(social commons)에 대해 도시 커먼즈, 법제 커먼즈, 맑스주의 커먼즈 등을 아우르는 범주로 이해한다. 즉, 사회적 커먼즈는 인간의 공동 활동을 통해 생산되는 커먼즈이고, 그 가운데 도시 커먼즈는 현대사회 생활의 주된 장소가 도시 공간이기 때문에 식별되는 형태라 할 수 있다. 이에 반해 생태적 커먼즈란 자연의 선물이자 인간의 사용 대상이 되는 어장, 삼림, 목초지 등과 결합된 공간이라 파악될 수 있다. 연구자(한상진, 2018b: 87)는 나아가 사회적 커먼즈, 생태적 커먼즈를 별개의 대상으로 취급하는 것이 아니라, "하나뿐인 지구에서 다른 세계가 가능하다."는 입장에서 생태 사회적 커먼즈라는 범주로 통합한 바 있다.

한편 연구자(한상진, 2018a)는 한국형 생태 복지 국가(ecowelfare state)에 대한 논의를 촉발하기 위해 '지구적 제3의 길(global third way)' 담론이 갖는 생태 복지적 함의를 부각시키고 있다. 그런 흐름에서 '제3의 길'은 블레어 등이 주창하는 근로 연계 복지의 세계화 수준을 넘어 '하나뿐인 지구에서 가능한 다른 세계'라는 생태 사회적 커먼즈의 문제의식으로 재해석된다. 그렇다면 제3의 길을 형용하는 지구(globe; 이하 지구g)는 지구(earth; 이하 지구E)와 어떻게 다른가? 지구g는 '이익에 따라 분할된 지구E'로, 지질·생물적으로 형성된 지구E 속에서 국가, 시장, 사이버공간 등이 착종하는 세계질서로 형성, 유지되어 왔다. 차크라바티(Chakrabarty, 2021) 또한 산업화, 식민주의, 자본주의 등으로 개발, 점유된 지구E가 세계적으로 연결된 지구g의 완전한 형태로 인간 역사에 종속되어 왔다고 말한다.

이에 덧붙여 스피박(Spivak, 2003; 스미스, 2021에서 재인용)은 행성성(planetarity)으로 지구g가 갖는 추상성을 붕괴시킴으로써, 자아 정체성의 고립된 공고화를 극복해야 한다고 역설한다. 이때 행성 중 하나인 지구E는 나뉘지 않은 자연적 공간으로, 기계적으로 동질화된 지구g에 도전하는 범주라고 식별된다. 인간에 의해 완전히 파악되어 거리가 좁혀졌다고 보이는 지구g와 달리, 행성이나 지구E는 인간 감각을 넘어 불규칙한 이질성을 지닌 미지의 공간이다. 우카이(Ukai, 2017; 박명림 외, 2022: 195에서 재인용)는 행성을 닿을 수 없는 깊고 먼 공간이자 '위에 있는 무엇인가'의 다차원적 움직임으로 규정한다. '행성'의 고대 그리스 어원은 방랑성, 유동성, 불규칙성을 뜻하는데, 행성 작용은 실제로 완만함과 가파름, 빠름과 느림을 왕복하는 특성이 있다. 이렇게 보면, 세계의 모든 사회는 태양, 달 등 행성의 날씨에 의해 미생물과 동식물이 상호작용함으로써 형성하는 지질사회적(geosocial) 구성체이다(스미스, 2021). 행성적 접근은 행성 스케일에 의거하여 행성 경계가 붕괴되지 않도록 세계, 국가, 지방 등에 걸친 사회 경계(social boundary) 내 인간의 웰빙을 제고하는 실천을 요청한다. 이 장에서는 지구g적 관심을 뛰어넘는 행성성 관점에서 커먼즈를 조명하여 인간 집단과 인간 너머 존재를 가로지르는 생태 사회적 커먼즈를 범주화하고 이와 관련된 예증을 시도하고자 한다.

이 장의 구성은 다음과 같다. 먼저 행성적 접근에 대해 논의한 다음, 커먼즈 및 생태 사회적 커먼즈 개념을 검토한다. 또 인간 집단이 주도하는 생태 사회적 커먼즈 사례로 기후변화에 따른 배달 플랫폼 노동자 상황 및 기후실업급여 요구를, 인간 너머 존재가 촉발하는 생태 사회적 커먼즈 사례로는 갯벌 간척에 따라 사멸되었다가 담수호의 수질 개선을 위한 해수 재유통으로 되살아나는 게, 조류 등을 다룬다. 결론에서는 이들 사례를 종합하여 행성성에 비추어본 생태 사회적 커먼즈의 형성에 대해 평가한다. 한편 연구의 방법은 인간집단에 의한 생태 사회적 커먼즈 사례의 경우 배달 플랫폼 노동자 4명에 대한 심층면접[1], 인간 너머 존재에 의한 생태 사회적 커먼즈 사례의 경우 문헌고찰에 의존했다.

2. 개념적 검토

1) 행성성

코로나19 대유행은 지구g와 인간의 생물적, 지질적, 정치적 제약을 뛰어넘는 행성성의 사례 중 하나이다. 코로나19 바이러스는 지구E에서 가장 효율적인 기생체인 인간에 기생하는 기생체이다(Dasgupta, 2021). 인간-바이러스 간 상호작용은 인간 너머 존재에 대한 윤리성과 더불어, 기생 관계가 상호주체성에 의거한다는 사실을 일깨워준다. 바이러스는 항상적 돌연변이와 공생적 전이를 통해 행성의 진화를 증명함과 아울러 지구E에서의 인간 중심의 과학적 확실성을 무너뜨려 왔다. 피에르험버트(Pierrehumbert, 2004: 677)는 '행성적 온난화'를 언급하면서 온난화, 한냉화 등이 지구E는 물론 여타 행성에서도 마찬가지로 발

---

[1] 배달 플랫폼 노동자에 대한 심층면접은 2023년 9~10월 울산, 양산, 경산 등지에서 울산대 사회·복지학 전공 교과목인 '도시빈곤과 생태 복지'를 수강하는 박재훈, 박서진, 송시호, 이민영, 유태훈, 오규민 등을 조사원으로 하여 수행되었다.

생함을 지적한다.

행성성은 지구 외부 관계적 위치에 거리를 두고 있는 행성의 차원에서 지구를 낯설게 하는 인식론적 전략에 바탕을 둔다. 이는 단일 세계의 우주(universe)나 지구g 관점의 가상세계인 메타버스(metaverse)를 다원적으로 해체하는 플루리버스(pluriverse)의 문제제기와도 맥을 같이한다. 플루리버스라는 용어는 서구를 유일한 가치로 상정해 다른 세계를 주변화하는 것에 반대하는 멕시코 사파티스타의 우주관과 자치운동에서 비롯되었다. 에스코바르(2022: 449)는 이 개념이 '오직 하나의 세계로 구성된 세계'에 반대하여 '다른' 세계의 존재를 확인하는 이론적 토대이자 존재론적 전환의 실천이라고 말한다.

행성성의 접근은 지속 가능성(sustainability) 담론이 지구g적 역사 체제에 머무른다고 비판하면서, 그 대안으로 복잡한 생명의 지속적 실존을 행성 친화적 방식으로 정의하는 '거주 가능성(habitability)' 개념을 제기한다.[2] 생명이 살 수 없는 곳에 인간도 존재할 수 없으므로 거주 가능성 개념은 인간을 중심에 두지는 않더라도 인간 실존의 필수조건을 적시하고 있다(박명림 외, 2022: 198-199). 그런데 박명림 외(2022)는 '행성적 통로(planetary corridor)'라는 용어를 세계-지구E 체계 이론의 '안전하고 공정한 통로'와 별개의 것으로 설정함으로써, 후자의 입장을 행성적 접근으로부터 배제하고 있다.

박명림 외(2022: 202)는 '행성적 통로'가 세계/지구E, 안전/공정의 이분법을 지양하여, 행성성의 특성인 이질성, 불규칙성을 드러낸다고 주장한다. 그들에 의하면, 이 용어는 인간 역사 체제와 지구E 역사 체제가 교차, 중첩됨으로써 확장된 행성의 역사 체제에서 지구E에 거주하는 모든 존재가 행성을 안전, 공정하게 공유하는 경로를 포착한다(박명림 외, 2022: 202). 연구자는 세계 체계 차

---

2 한편 세계-지구E 체계 이론은 '사회-행성 경계'의 사회적 목표(Leach et al. 2013; 박명림 외, 2022: 186에서 재인용)를 식수, 식량, 건강, 성 평등, 사회적 공정성, 에너지, 일자리, 발언권, 회복력, 교육, 소득 등 인간 웰빙 및 공정한 권리에 초점을 둔 내용으로 수립하여, 생태적 목표와 연계하고 있다.

원의 사회적 불의가 지구E의 거주 가능성을 계속 침해해 왔다는 점에서, 그들의 입장이 인간중심주의에 대한 심층생태주의적 반론의 일환이라고 이해한다. 하지만 이 글에서는 행성 경계와 사회 경계 양자 간 상호의존성에 초점을 맞추는 세계-지구E 체계 이론까지 넓은 의미의 행성적 접근으로 포괄하고자 한다.

세계-지구E 체계 이론은 사회경제적 '세계' 체계의 발전 과정에서 생물물리학적 '지구E' 체계의 불균형, 불안정성이 증대한다고 파악한다. 이 이론은 '사회-행성 경계'에 대해 공정하고 지속 가능한 사회적 목표를 기반으로, 안전한 행성 경계를 확보하려는 생태적 목표를 천장으로 한다는 중첩적 설명을 시도하고 있다. 이때 사회적 기반과 환경적 천장 사이에 '안전하고 공정한 공간'이 상정되는데, 박명림 외(2022: 186)는 기반, 천장이라는 서로 분리된 공간을 통해 공정한 세계 체계와 안전한 지구E 체계라는 상이한 목표를 병렬적으로 제시하는 것은 행성적 접근에 위배된다고 비판한다. 그러나 이 글은 지구E 체계의 천장을 침범하지 않기 위한 행성 경계에 대한 강조 역시 넓게 보면 행성성의 문제의식에 포함할 수 있다고 본다.

세계-지구E 체계 이론은 세계 체계와 지구E 체계의 상호의존성에 주목하는데(Anderies et al., 2022; 박명림 외, 2022: 184에서 재인용), 이때 세계 체계는 인간사회의 정치, 기술, 문화 등 사회적 흐름에 의존하는 체계로, 지구E 체계는 생태, 물리, 화학 등 지구E적 동역학에 따라 연결되는 체계로 규정된다. 한편 영 외(Young et al., 2019: 412)는 인류세로 이동하면서 지구E 자체가 인간 남용에 종속되는 복합체계라는 사실이 명료해졌으나, 지구E 역시 다양한 인간 활동을 효과적으로 보호하지 못해 왔다고 지적한다. 그리하여 지구E가 닫혀가고 숨 쉴 공간이 적어짐을 느끼는 인간과 인간 너머 존재는 생존을 위해 공유재(共有財), 공유지(共有地)를 형성, 확산하려는 움직임에 나서게 된다는 것이다.

2) 커먼즈

행성성의 차원에서 커먼즈는 "세계, 지구E 위 행성의 스케일에서 '세계' 체계를 재해석, 재구성하는 커머너(commoner)의 커머닝(commoning) 과정 및 결과"라고 시론적으로 정의될 수 있다. 이처럼 커먼즈는 자원이나 생태계 서비스는 물론이고, 사적 소유 체계에 도전하는 도시 사회운동 모두를 가리킨다. 정영신(2023: 118-119), 홍덕화(2023: 82) 등의 최근 논의는 공유지를 둘러싼 도시 커먼즈와 공동자원을 보전하려는 생태적 커먼즈를 별개로 취급하는 경향을 나타낸다. 하지만 이 글은 행성적 접근에 의거해 사회적 커먼즈와 생태적 커먼즈 간 상호작용이 생태 사회적 교차성과 포용성으로 나타날 수 있음을 논증할 것이다.

키르완 외(Kirwan et al., 2015: 3)는 커먼즈가 생태계 파괴, 양극화로 통제 불능에 처한 신자유주의에 대항하여 변동이 계속 발생할 수 있고 작은 행동도 소중하다는 메시지를 던져준다고 평가한다. 또 커먼즈의 용법은 커먼즈 주체로서의 커머너나 커먼즈 형성 과정으로서의 커머닝 등으로 변환 가능하므로, 복합 생태 위기에 처한 자본주의 사적 소유 체계에 도전하는 사회운동과 변혁 과정을 포착하기에 수월하다. 바바루시스(Varvarousis, 2022: 206)는 미래를 위한 대안 창조란 이에 걸맞는 새로운 어휘를 요구하며 최근에는 커먼즈가 그 노력의 전위에 있어왔다고 지적한다. 그리고 하비(2014)는 커먼즈에 대해 "개별의 자기규정적 사회집단과 그들의 삶과 생계에 핵심적 운명이 될, 현존하거나 아직 창조되지 않은 사회적, 물리적 환경 간 불안정하고 적응성 있는 사회관계"라고 파악하고 있다.

위의 문장을 해석해 보면, 커먼즈의 요소에는 '불안정하고 적응성 있는 사회관계(제도·실천)', '개별의 자기규정적 사회집단(공동체)', '현존하거나 아직 창조되지 않은 사회적, 물리적 환경(자원)' 등이 포함됨을 읽어낼 수 있다(Kip et al., 2015: 15). 그런데 한경애(2022: 14-18)는 커먼즈를 제도·실천, 공동체, 자원 등으로 간주하지 않고 하트(Hardt), 네그리(Negri) 등의 '공통적인 것으로서의 메트로폴리스(metropolis as the common)'를 기반으로 한 맑스주의 커먼즈 개념을 제시한다. 그녀는 커먼즈를 르페브르(Lefebvre)의 '도시적인 것(the urban)'과 연결해 '도시적 커먼즈'의 담론을 제안하고 있다. 이 경우, 메트로폴리스는 커먼즈가 생산되는 곳이자 금융자본 및 지대에 의해 포획, 추출, 사유화되는 장소 (Hardt and Negri, 2009: 한경애, 2022: 22에서 재인용)로 특정하게 정의된다.

생태적 커먼즈를 본격 조명한 오스트롬(2010)은 애초에 커먼즈를 자원관리에 배타적으로 몰두하는 사회체계로 보아, 사회운동을 지향하는 그 잠재력에 대해 무관심했다. 하지만 오스트롬 본인도 후기에는 커먼즈를 하나의 자원일 뿐만 아니라 사회적, 생태적 과정(van Laerhoven & Ostrom, 2007; Chan et al., 2019: 407에서 재인용)으로 인식했다. 그리하여 포스터 외(Foster et al., 2019: 237)는 도시 커먼즈의 규범 및 신뢰망, 자발적 협력 등이 장기적 자원 지속 방식에 대한 이용자의 집합 관리라는 생태적 커먼즈 논의의 연장선 위에서 재해석될 수 있음을 시사한다.

3) 생태 사회적 커먼즈의 범주화

레이드(Reid, 2010: 25)는 도시 커먼즈, 환경 커먼즈 각각을 시민적 커먼즈, 생태적 커먼즈로 명명하면서 전자를 사람들이 관계 맺는 일상 실천의 사회적 망으로, 후자를 인간/비인간의 물질적 과정의 상호 의존망으로 규정한다. 이 같은 논법은 지구E-세계 체계 이론의 전제와 유사함에도 불구하고, 지구E의 대부분을 인공환경으로 변모시키는 자본의 생태계 포섭 과정이 디지털 커먼즈, 법제 커먼즈 등 커먼즈의 이질화를 배태시켜 왔다는 사실 또한 함축하고 있다. 더욱이 행성적 차원에서 볼 때, 생태적 커먼즈는 지구 자원의 희소성 문제에 국한되지 않고 시민적 커먼즈와 불규칙하게나마 상호작용해 온 것이 분명하다.

데 안젤리스(De Angelis, 2017: 103; Varvarousis, 2022: 208에서 재인용)는 커먼즈를 현재의 지배적인 자기 생성적 사회체계인 자본에 대립하는 자기 생성적 사회체계라고 규정한다. 또한 커먼즈의 재생산 유형은 '독특한 하위체계의 자율성 제고'와 '더 많은 커먼즈 체계의 발생'으로 집약된다. 그 결과 미시 커먼즈 집단은 스스로 작동하고 연계하는 환경이 포함되는 '커먼즈 생태'를 구성하며[3] 이들 간 연계는 공생(symbiosis)의 형태를 나타낸다고 한다. 커먼즈의 재생산은 생태적 커먼즈의 하위체계인 국가, 지방 등 다양한 스케일에서 자율적인 사회적 커먼즈, 도시 커먼즈를 형성하게 만든다. 더욱이 앞서의 '더 많은 커먼즈 체계의 발생'이라는 흐름에서, 사회적 커먼즈 내에서 도시 커먼즈 외 디지털 커먼즈, 법제 커먼즈, 금융 커먼즈(정진영, 2023) 등이 파생할 수 있다. 그러면 데 안젤리스의 커먼즈 재생산 유형에 의거하여 생태 사회적 커먼즈의 형성 경로를 추적해 보자.

우선 '독특한 하위체계의 자율성 제고' 측면에서는 생태적, 사회적 커먼즈가 세계, 민족국가, 도시 등의 다중 스케일에서 분산, 연결될 수 있다. 특히 기후 위기에 따라 생태계와 사회체계의 접촉 기회가 확대될수록 '생태 사회적인 것'으로의 커먼즈 형성이 빈번해질 수밖에 없다. 다음으로 '더 많은 커먼즈 체계의 발생' 측면에서는 대기, 물 등의 생태적 커먼즈는 물론, 디지털, 법제 등의 사회적 커먼즈가 복합적 커먼즈로 생성될 수 있다. 그러므로 생태 사회적 커먼즈의 범주화는 생태적 커먼즈, 사회적 커먼즈를 다중스케일적으로 교차시킴으로써, 커머너, 커머닝의 새로운 가능성 확장에 기여하는 것이다.

나아가 행성성에 비추어본 생태 사회적 커먼즈 범주는 넓은 의미의 행성적 접근인 세계-지구E 체계 이론에 입각하여 생태적 커먼즈와 사회적 커먼즈가 중첩되는 A 유형, 행성적 스케일에서 지구E, 세계가 각각 생태적, 사회적 커먼즈로 내포되는 B 유형으로 구별될 수 있다(〈그림 1〉). 이는 이념형이기 때문에 현실에서는 한 범주에서 두 유형이 교차될 수 있어, 사례를 검토하는 탐색적 준거

---

[3] 독특한 사회체계로서의 커먼즈는 사회운동과 연계될 때 커먼즈, 자본 등과 상이한 또 다른 자기 생성적 사회체계를 구성하여 커먼즈 운동을 구성한다. 데 안젤리스에 의하면, 커먼즈 운동은 커먼즈 사회체계가 취할 수 있는 궁극적 형태이며 전체 사회를 변형시킬 수 있다(Varvarousis, 2022: 209).

로만 활용하도록 한다. 〈그림 1〉에서 A 유형의 생태 사회적 커먼즈는 생태적 커먼즈와 사회적 커먼즈가 교차하는 교집합 영역에 해당한다. 또 B 유형에서 생태 사회적 커먼즈는 바깥 원을 지구E의 경계, 안쪽 원을 세계의 경계라고 할 때, 생태적 커먼즈에 내포되는 사회적 커먼즈인 안쪽 원의 영역이라 할 수 있다. 여기에서 A 유형은 중첩된 원, B 유형은 내포된 영역이라고 이름 붙이는데 이는 지속가능발전에 서로 다르게 접근하는 벤슨 외(Benson et al., 2017)의 모델명에서 차용한 것이다.

〈그림 1〉 생태 사회적 커먼즈 범주의 유형

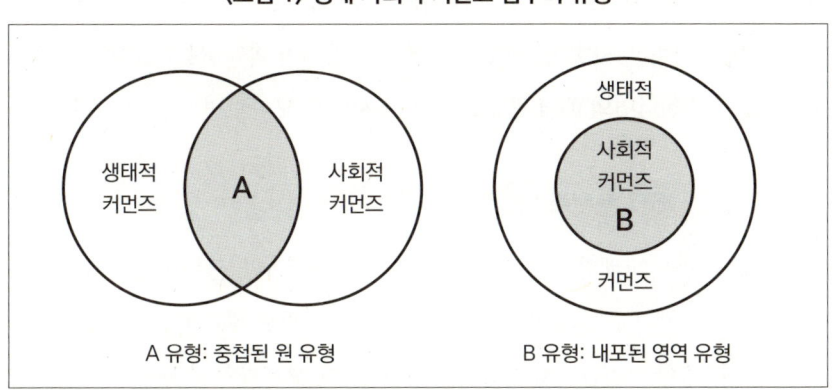

A 유형: 중첩된 원 유형   B 유형: 내포된 영역 유형

3. 관련 사례

1) 인간 집단이 주도하는 생태 사회적 커먼즈의 형성 사례

중력과 화학적 성질에 의거한 행성 작용은 기후 패턴, 가뭄 지역, 해양 시스템, 종의 진화, 빙하의 흐름, 허리케인 등 다양한 정도와 방법으로 인간과 서로에게 가해지며 영향을 주고받는다(Connolly, 2017: 4; 박명림 외, 2022: 194에서 재인용). 그런데 안새롬(2019: 215)은 대기를 공동의 것으로 바라보는 '대기

커먼즈'로 파악할 경우 깨끗한 대기로부터 얻는 이익을 특정 집단이 전유하거나 그 이익에서 누군가를 배제하는 것이 용인되지 않는다고 말한다. 대기가 이에 공동 구속된 공동체들이 함께 향유하는 커먼즈인 것처럼, 기후변화의 피해 역시 특정 집단에게 차별적으로 집중되어서는 안 된다는 커먼즈 논리에 의거해 접근되어야 할 것이다.

여기서는 기후 위기에 따라 인간 집단인 배달 플랫폼 노동자가 경험하는 난관과 아울러, 이에 대처하는 생태 사회적 커먼즈의 사례로 '기후실업급여'에 관해 살펴본다. 인간 및 인간 너머 존재가 상호작용하는 커먼즈 관점에서 볼 때, 기후변화에 따른 폭염으로 이들 노동자가 겪는 어려움 및 이에 대한 생태 복지 차원의 해결 방향은 사회적, 생태적 커먼즈의 접면이 확장됨을 보여준다. 심층 면접으로 수집한 4명의 배달 플랫폼 노동자 사례를 모아보면 다음과 같다.

> 사례1: ㅅ 배달 플랫폼 박○○

24세로 울산의 현 배달 플랫폼에 근무한 지 3개월째이다. 근무 시간은 고정제가 아닌 건수제라 유동적이며 폭염 시 작업환경은 하루 평균 4시간 열에 노출된다. 기후변화로 인한 어려움으로는 이상고온에 오토바이 헬멧을 쓰고 더운 공기 속을 달려야 하는 것이 불편하다. 폭염이 건강에 미치는 영향은 배달 후 오토바이에서 일어설 때 자주 현기증이 일어난다는 점이다. 아무리 폭염이 지속되어도 배달 플랫폼으로부터 오토바이를 계약하고 일하기 때문에 계속 쉬기에는 눈치가 보여 1~2일 쉬는 것이 최대치이다. 근로계약에 폭염 대응 관련 조항이 포함되어 있는지에 관해서는 잘 모르겠다. 회사로부터 노동자에게 제공되는 폭염 대비책은 사무실의 냉방시설 외에는 전무하고 다른 배달 기사가 모두를 위해 개인적으로 구입하여 제공하는 얼음물만 마셔보았다. 노동자 자체적으로 폭염 대비를 위해 취하는 조치로는 반팔, 반바지를 입고 근무하거나 오토바이 거치대에 아이스커피를 거치하고 수시로 마시는 것 말고는 없다. 반팔, 반바지를 입고 배달하다가 사고가 나면 큰 부상을 당하나, 더위를 피하기

위해 어쩔 수가 없다. 기업의 폭염 대비 지원으로는 아주 더우면 수수료 팁을 건당 500원 더 책정해 주는 것인데, 소득에는 별 차이를 느끼지 못한다. 폭염 예보의 전달과 관련해 스마트폰 긴급재난문자를 제외하고는 플랫폼에서 제공하는 정보는 잘 보지 않는다. 현재 배달료가 갈수록 줄어들고 한 집에 한 건만 배달하는 시스템이 도입되어 기름값 벌이도 힘들다. 그럼에도 배달업만큼 노동시간이 자유롭고 상사 눈치를 보지 않아도 되는 일이 드물기 때문에, 더위로 인해 배달 일을 그만둔다고 해서 다른 일을 마땅히 찾기도 어렵다고 생각한다. 폭염 대응을 위한 제안으로는 폭염 시 기후실업급여나 배달 건당 수수료를 대폭 인상하는 제도가 생겼으면 좋겠다.

사례2: ㅅ 배달 플랫폼 장○○

19세로 배달 플랫폼이 그동안 세 번 바뀌었지만 모두 3년 2개월을 울산에서 근무해 왔다. 근무 시간은 원래 주 6일, 하루 10~12시간이었으나 2023년 대학에 입학한 후에는 아르바이트 개념으로 주 3일, 하루 4~8시간 일하고 있다. 폭염 시 열에 노출되는 시간은 4시간을 일할 때 3시간 30분 정도이다. 폭염으로 인한 어려움으로는 배달이 몰리는 낮 12시쯤 강한 햇빛 때문에 어지러움이 발생하고 오토바이를 타는 동안 손목, 팔에 화상을 입는 것이 가장 심각하다. 폭염 시 근로 시간은 전업의 경우, 파트별로 오전 9~10시부터 오후 10시, 오후 2시부터 새벽 2시로 나뉘어 있어 오전 출근 인원의 경우, 오후 2시쯤 되어서야 식사나 휴식을 할 수 있다. 폭염 대응 관련 근로계약 조항에 대해서는 들어본 적 없으며 지점장이 노동자 관리를 위해 휴식 환경을 만드는 경우는 있다. 노동자의 폭염 대비책으로는 배달 대행 특성상 기사들이 스스로 작업복을 챙기고 팔 토시, 타이즈 위에 차가운 물을 뿌리거나 기사들끼리 시간을 조율하는 교차 휴식 등이 있다. 기업의 폭염 대비 지원은 노동자의 배차를 확인하여 기사들끼리 동선을 꼬이지 않게 하는 정도이다. 또한 배달 대행 지점장, 관리자, 노동자의 단체 메신저 방이 존재하여 폭염 정보와 주의사항이 전달되기도 한다. 이상고온으로 인한 긴급상황 시 산재보험에 따라 보상받을 수 있다고는 하지만, 보상을 요구하거나 보상받는 경우를 본 적은 없다. 기후 위기 조건에서도 일을 계속하는 이유는 나이가 같거나 어린 친구의 경우 무엇보다 소득이다. 한 달 기준 23일을 열심히 일한 경험이 있는데 8일을 쉬었지만 수수료를 제외하고도 450만 원의 수익을 얻은 적이 있는데다가 하루에도 시간당 2~3만 원을 벌기 때문이다. 나이가 있는 분 또한 시간에 비해 수익이 많기에, 배달 대행을 시작하면 가정 때문에 쉽게 그만두지 못하는 것 같다. 폭염에 대한 개선 방향으로 노동자끼리 업무 시간을 조율하여 피로를 줄이면 좋지 않을까 생각한다.

사례3: ㅂ 배달 플랫폼 김○○

24세로 경남 양산에 있는 현재의 배달 플랫폼에 근무한 지는 4개월 되었다. 이상고온 시 작업환경에서 열에 노출되는 시간은 하루 평균 3시간이고, 폭염으로 인해 엘리베이터 없는 곳으로 배달 갈 때 계단을 오를 때마다 지치고 힘들다는 점이 큰 어려움이다. 폭염이 건강에 미치는 영향과 관련하여, 갈증이 생겨 물을 자주 마셔야 하는 점이 문제이다. 이상고온 시 덥다고 배달 수가 줄어드는 것이 아니어서 배달 인원은 필요하므로, 당일 물만 제공받고 일하는 경우가 태반이다. 그러나 기온이 아주 높을 때는 개인적으로 배달을 자제하는 편이다. 노동자들이 자체적으로 폭염 대비를 위해 취하는 조치로는 작업복을 가볍게 입거나 몸을 많이 필요로 하는 배송 위치 피하기 등이 있다. 고온 발생 시의 건강한 작업환경을 위해, 기업에서는 강사를 초청하여 강연을 듣게 하며 폭염 시 안전수칙을 제공한다. 폭염 예보가 나오면 노동자에게 배달을 조심하라는 알림이 오기는 하나, 긴급상황이 발생할 때의 도움 절차는 잘 모르겠다. 폭염 조건이라도 일을 계속하는 이유는 아무래도 다른 알바에 비해 높은 소득을 받기 때문이다. 더위에 힘들더라도 시급을 받으면 다시 일을 하고 싶어진다. 폭염 대응 제도에 대한 개선점은 무엇보다 대상의 확대가 시급하다. 배달 일을 하더라도 다른 적용 사항에 포함되지 않아 혜택을 못 받는 경우가 종종 있기 때문이다.

> **사례4: ㅂ 배달 플랫폼 윤○○**

25세로 경북 경산에 있는 현재의 배달 플랫폼에 근무한 지 5개월 되었다. 근무 시간이 자유로운 아르바이트로 일하며, 폭염 시 작업 지역 평균기온은 33도에 이른다. 부업 형태인지라 제일 뜨거운 시간대인 오후 2~5시에는 휴식을 취했기에 열에 노출되는 시간은 별로 없었다. 따라서 폭염으로 인한 어려움은 거의 못 느끼는데 오히려 타이어 접지력이 좋아져 운전하기 수월한 면도 있다. 폭염이 건강에 미치는 영향과 관련해서는 손등이 타서 힘들다는 반응을 보인다. 폭염 시의 근로 조정 여부에 대해서는 근무 시간은 노동자 자유여서 변경은 따로 없다고 말하며, 배달 기사는 개인사업자로 분류되기에 근로계약서도 안 쓴다고 한다. 기업 차원의 폭염 대비책으로는 지사장의 개인 카페에서 노동자에게 휴식 및 아이스 아메리카노가 제공되며, 자체적 폭염 대비 조치로는 토시 착용 외에는 없다. 또 이상고온의 긴급상황이 발생할 때 노동자가 도움받을 수 있는 절차로는 사고 시 보험 처리, 열사병으로 쓰러질 경우의 119 연결 등이 손꼽힌다. 폭염 대응과 관련한 배달 플랫폼 노동자로서의 건의사항으로는 국민의 배달 기사에 대한 인식 강화 및 경찰의 단속 자제가 언급된다.

다른 한편으로 민주노동조합총연맹 공공운수노조 라이더 유니온 지부(이하 유니온)는 2023년 8월 "고용노동부의 온열질환 예방 가이드는 폭염특보 시 규칙적 휴식, 옥외 작업 제한, 업무 담당자 지정을 통한 노동자 건강상태 확인 등을 권고하지만 야외에서 이동하며 일하는 배달 플랫폼 노동자[4]에겐 무용지물"이라

---

4 배달 플랫폼 노동자는 긱(gig) 노동자로도 불리는데, 고용주의 필요에 따라 단기로 계약을 맺거나 일회성 일을 맡는다. 긱 노동은 노동력 중개가 디지털 플랫폼에서 이루어진다는 점에서 기존의 단기 근로 형태와는 차이가 있다. 디지털 플랫폼을 기반으로 하는 공유경제가 확산되면서 등장한 차량 공유 서비스 운전자와 같은 개인 프리랜서 계약자들이 이러한 형태에 해당한다(유미란, 2020).

고 밝히고 있다(박선우, 2023). 통상 주문 1건당 배달료를 지급받는 배달 플랫폼 노동자의 특성상 기상 악화 상황에서 스스로 일손을 놓기 어려운 것이어서, 유니온은 '기후실업급여'를 대책으로 제시했다. 이는 폭염을 포함해 폭우나 폭설, 미세먼지 등 기상 악화 시 발생하는 작업 중지의 상황을 일시적 실업 상태로 보고, 이 시간 동안 통상수입의 약 70%를 실업급여로 지급하라는 내용이다.

유니온은 아스팔트 복사열, 차량 열기 등 배달 기사의 업무 특성을 고려한 새로운 온열질환 예방 기준을 마련해 줄 것도 함께 촉구하고 있다. 또 "현재 기상청이 발표하는 체감 온도만으로는 배달 플랫폼 노동자의 상황을 제대로 파악할 수 없기 때문에 기상청 데이터와 배달 플랫폼을 연동해 특정 상황에서는 주문 접수를 중단하고 작업 중지가 자동으로 이루어질 수 있어야 함"을 강조한다. 유니온 조직국장은 "고용노동부 장관이 긱 노동자를 위한 사회안전망을 갖춘다고 이야기했기 때문에 그 말을 지킬 수 있도록 제도 개선을 요구"한다고 밝힌다.

위의 네 가지 사례에서 보듯이 기후 위기로 인한 이상고온 현상에도 불구하고 배달 플랫폼 노동자는 생계유지를 위해 작업을 중지하지 못하고 있다. 폭염에 처한 배달노동자가 겪는 건강의 위험으로는 열중증 증후군, 열사병, 탈수, 피부 화상 문제, 허벅지 열상, 피로와 스트레스 등이 발견된다. 「산업안전보건법」 제51조에 따르면, 사업주는 산업재해 등 급박한 위험이 있을 시 근로자를 대피시켜야 할 의무가 있다. 배달 플랫폼 노동자에게 기후실업급여를 도입할 때의 이로운 점으로는 자유로운 작업중지권의 확보, 안정적인 소득, 생산성 유지, 노동자와 고용주의 사회적 안정성 향상 등을 들 수 있다.[5] 유니온의 기후실업급여 요구는 기후변화가 위기 상황으로 치달으면서, 기후라는 생태적 커먼즈

---

[5] 이에 반해 기후실업급여 도입의 문제점으로는 실업급여를 제공할 기후 기준에 대한 명확성 결여, 건당 수입에 따른 수입 기준의 불명확성, 배달 플랫폼당 고용보험 가입기준이 다른 점, 공정한 급여 수준 결정의 어려움, 배달 노동의 산업 및 지역별 일자리 손실 차이, 배달 노동의 교통수단으로 인한 탄소배출 등이 거론된다. 박재훈 외(2023) 참고.

와 배달 플랫폼 노동자 권리라는 사회적 커먼즈의 연계를 확장하려는 새로운 시도로 평가받을 만하다.

2) 인간 너머 존재가 촉발하는 생태 사회적 커먼즈의 형성 사례

지구에서 동물의 등장은 단일세포 유기체가 화학적 집적, 빛, 산소 등을 활용하여 그들의 작은 몸을 이동시키는 힘 있는 동작을 발전시키면서 가능해졌다(Clark et al., 2021: 131). 인간 몸의 동작 또한 근본적으로 동물 에너지혁명에서 도출되는 것인데, 그런 이유에서 버거(Berger)는 인간과 동물의 삶은 평행관계이며 죽음으로만 잠시 교차했다가 다시 평행관계로 복귀한다고 지적한다(김산하, 2021: 59). 클라크 외(Clark et al., 2021: 130)에 의하면, 인간 너머 존재는 일종의 '움직이는 고체(mobile solid)'로 이들 중 낮은 저항 환경으로 이동할 수 있는 고래, 어류, 조류 등이 최대의 모빌리티(mobility) 능력을 나타낸다. 특히 조류는 잠재적으로 위험한 동물의 접근을 주시하고 있다가 그 동물이 특정 거리 내로 접근하면 경계의 수위를 상향조정한다(김산하, 2021: 57).

최명애(2022: 303-305)에 의하면, 사육동물의 고통을 주로 다루어온 한국의 동물 논의가 동물을 정치적 주체로 하는 법과 정책의 영역으로 초점을 이동하고 있다. 이러한 변화는 동물 연구 및 동물 운동이 '동물 윤리'에서 '동물 정치'로 확장되는 세계적 추세와 무관치 않고, 이에 따라 동물은 공동체의 일원으로서 여성, 외국인 등과 마찬가지로 평등하고 정의로운 대우를 받아야 할 정치적 소수자 집단이라고 이해되어 왔다. 나아가 최명애(2023: 77)는 인간 너머 커먼즈의 관점에서 야생동물을 유인하는 등의 '도시 재야생화'가 갖는 의의를 탐색하고 있다.

행성적 접근은 인간 중심의 지구g적 관점에서 탈피하여, 도시 및 환경 커먼즈를 인간 집단과 인간 너머 존재가 교차적으로 형성하는 생태 사회적 커먼즈로 해석할 수 있게 한다. 여기서는 새만금 사업 이후의 '수라 갯벌' 사례를 통해

게, 조류 등의 생태적 커먼즈가 어떻게 공항 개발 반대라는 사회적 커먼즈 과정과 연계되는지 다루도록 한다. 1987년 대통령선거 과정에서 노태우 후보가 공약하여 1991년에 시작된 새만금 개발사업은 노무현 대통령이 당선된 직후인 2003년에 재검토 과정을 거쳤다. 그 즈음에 새만금 사업 이후 농지로 쓰려면 토양에 염분이 빠질 때까지 20년 이상 기다려야 하고 산업용지로 쓰려 해도 복토 비용이 2조 원이나 드니 경제성이 없다는 주장도 제기되었다(이정우, 2023).

이정우(2023)에 의하면, 2003년 6월 노무현 대통령은 "담수호냐 해수 유통이냐를 시급히 결정해야 한다. 최악의 경우를 염두에 두고 기술적 검토를 해야 한다. 물길을 막고 난 뒤에 무슨 신구상이 있겠느냐. 새만금에 대한 전북도민의 간절한 소망은 잘 알지만 갑문이냐 다리냐 등 기술적 검토가 필요하고, 공사 속도 조절도 필요하다. 천하가 뒤집히더라도 제대로 결정해야 한다."고 말했다. 하지만 2001년의 새만금에 대한 공유수면매립면허 취소 소송이 2003년 1심에서는 승소했지만 2, 3심에서 패소함으로써, 2006년 4월 결국 새만금방조제[6] 사업은 방조제 끝물막이 공사를 끝으로 완공되었다(정희정, 2023).

김규일(2023)은 새만금 개발사업이 인간의 이익을 위해 지구E의 다른 생명들과 공존하지 않아도 된다는 무지는 물론, 쓸모를 고려하지 않고 무턱대고 세계 최대로 만들겠다는 오만함을 드러낸다고 비판한다. 이후 2018년에 설립된 새만금개발공사는 2019년 1월 새만금 국제공항 건설을 예비타당성조사 면제 사업으로 승인받아, 수라 갯벌을 기존 군산공항 부지의 확장 예정지로 지정했다. 그런데 방조제 완공 이후 새만금호 수질이 지속적으로 악화되면서, 2020년 12월에는 담수호의 수질 개선을 위해 야간에도 해수를 유통하기로 결정한다(김재우, 2022).

---

[6] '방조제(防潮堤)'는 갯벌을 둘러싸고 바깥 해역에서 들어오는 바닷물을 차단하여, 수자원과 토지를 확보하는 해안구조물을 말한다. 이에 비해 '방수제(防水堤)'는 방조제 안쪽 담수호와 토지를 구분 짓는 구조물로, 내부 토지 보호 및 간척지 간선도로 활용 등을 목적으로 설계된다. 새만금 방조제는 2006년에 완공된 반면, 새만금 방수제는 2010년부터 공사가 시작되었다. 정희정(2023) 참조.

영화 『수라』는 새만금 간척으로 바닷물이 들어오지 않아 갯벌이 말라가던 때, 비가 내리자 수많은 백합들이 일제히 입을 벌린 채 죽는 현장을 포착한다. 2022년 11월 '새만금 신공항 백지화 공동 행동(이하 공동 행동)'이 진행한 '수라 갯벌에 들기' 행사는 "방조제 때문에 조수 간만의 차가 없어 갯벌 기능을 잃었다."는 전라북도의 입장과 달리, 남수라마을 인근이 해수 재유통 이후 멸종위기 야생생물의 거주지로 회복되어 간다는 사실을 알리는 계기가 되었다. 또 2023년 7월에는 수라 갯벌에 설치된 새만금 신공항 부지 지질조사용 중장비 틈새에서 멸종위기 야생생물 2급인 흰발농게가 발견되었다. 그 밖에도 이 갯벌에는 멸종위기 1급인 저어새와 붉은어깨도요, 알락꼬리마도요 등 42종 이상의 조류가 서식하는 것으로 파악된다.

10여 년에 걸친 방조제 간척으로 사라진 것처럼 보였던 새만금 갯벌에서는 해수유입에 따른 생물학적, 지질학적 상호작용으로 비인간 생명체가 되살아났다. 간척사업으로 갯벌이 육지화될 위험에 처한 가운데, 부분적 해수 재유통으로도 생명체들이 부활하고 있다는 사실은 인간 너머 존재에 의한 생태 사회적 커먼즈의 행성적 차원을 드러낸다. 새만금 신공항 백지화 공동 행동(2023)은 아직까지 새만금 관리수위가 −1.5m로 제한되어 있어 한 달의 10일은 해수가 유통되지 않는 관계로, 게, 조류 등의 회복 정도가 2014년 수준일 뿐이라고 지적한다. 그리하여 공동 행동은 인간 너머 존재의 부활을 계기로, 새만금 수위의 인위적 제한을 없애고 남아 있는 새만금 원형 갯벌의 보존을 요구하기 시작하고 있다.

그럼에도 국토교통부는 2022년 6월 새만금국제공항 개발사업을 재확인하여, 8,000억 원을 투입해 활주로, 여객·화물터미널, 계류장 등을 2028년까지 건설할 것이라고 발표했다(강한들, 2022). 인간 너머 존재의 거주 가능성을 확인시키면서 살아남은 수라 갯벌이 다시 공항의 콘크리트로 뒤덮여야 하는 상황은 "신공항이 완공되면 먼 데서 오는 새들은 착륙할 수 없고 거짓 새인 비행기들만이 날아들 것"(고병권, 2023)이라는 인간 중심 개발의 이중성을 여실히 보여준다. 더욱이 2023년 여름의 잼버리대회가 파행으로 끝나고 새만금 신공항이 맹목적이라는 여론의 질타를 받은 후 2024년의 관련 예산이 삭감되었는데도, 일부 정당과 정치인은 새만금 사업 예산을 복구하려는 움직임을 보이고 있다. 이에 2023년 11월 국회에서는 공동 행동 등이 주최한 '새만금 SOC 예산 삭감, 갯벌 복원 촉구' 궐기대회가 열렸는데, 한 발언자는 "호주, 뉴질랜드 등지에서 출발한 도요새는 한 번도 쉬지 않고 8일 동안 날아 한국 갯벌로 온다. 세계적 추세는 이제 갯벌 복원이다. 새만금 갯벌도 되살려야 한다."고 말했다(김나희, 2023).

4. 생태 사회적 커먼즈의 전망

지금까지 살펴본 인간 및 인간 너머 존재가 교차적으로 형성하는 생태 사회적 커먼즈의 개념 및 사례는 시론적인 데다가 현재진행형인 내용이어서 완벽하게 평가하기에 시기상조이다. 단지 탐색적 차원에서 〈그림 1〉의 생태 사회적 커먼즈 유형에 비추어 분류해 보면, 이 글에서 인간이 주도하는 생태 사회적 커먼즈 사례인 배달 플랫폼 노동자의 기후실업급여 요구는 중첩된 원 유형, 인간 너머 존재가 촉발하는 관련 사례인 수라 갯벌에서의 게, 조류 등의 회복력은 내포된 영역 유형에 근접한다고 해석된다.

유의할 것은 생태 사회적 커먼즈의 형성 논리가 인간 집단 중심의 경우 중첩된 원 유형에, 비인간 생명체 중심의 경우, 내포된 영역 유형에 항상 조응하는 것은 아니라는 점이다. 다만 행성 작용에서 비롯되는 생태적 커먼즈가 사회적 커먼즈를 포괄하는 형태인 '내포된 영역' 유형에서는 최초의 작인(agent)이 인간 너머 존재로부터 주어질 확률이 더욱 높기는 하다. 그리고 도시 커먼즈, 법제 커먼즈 등의 사회적 커먼즈가 생태적 커먼즈와의 접면을 확대해가는 '중첩된 원' 유형에서는 사회 경계에 처한 인간의 웰빙을 향한 실천이 행성 경계와 조우하게 될 가능성이 좀 더 크다고 추론할 수 있다.

　마지막으로 이 장의 생태 사회적 커먼즈에 대한 행성적 접근이 갖는 실천적 함의는 다음과 같다. 이 장에서의 개념화 및 사례는 인간 역량(capabilities)을 인간 너머 존재의 생태적 역량에 비추어 설정함으로써 한국의 커먼즈(전환) 논의와 실천 지형을 확장하는 의의를 갖고 있다. 연구자가 행성성의 관점을 심층생태주의에 치우치기보다 지구E-세계 체계 이론까지 포괄하는 이유 또한 배달 라이더의 폭염에 따른 노동조건 악화라는 인간 세계의 문제가 기후 위기는 물론 토건적 부동산 개발 논리로 인한 인간 너머 존재의 생존 위협과 결합되어 있음을 강조하기 위함이다. 연구자는 행성적 접근과 관련하여 심층생태주의에 근거하여 '행성적 통로'를 우선적으로 강조하는 박명림 외(2022)의 입장이나 행성 경계, 사회 경계 모두에 초점을 맞추는 세계-지구E 이론 둘 다를 수용하고 있다. 현 단계에서는 행성성에 대한 이론적 민감성보다는 지구 천장을 침범하지 않기 위한 실사구시적 정책화가 더 긴급하다고 보기 때문이다.

참고문헌

김산하. 2021. "야생의 거리와 공존의 생태계." 인간-동물 연구네트워크 편. 『관계와 경계』. 포도밭.

박명림 외. 2022. "안전하고 공정한 세계-지구시스템을 위한 행성성과 행성적 통로." 『공간과 사회』 32(4): 173-210.

스미스(T. Smith). 2023. "컨템포러나이티를 정의하기." 곽승찬 역. https://akaroot.co.kr/bbs/board.php?bo_table=b0501&wr_id132 page=5. [2023.10.31]

안새롬. 2020. "대기 커먼즈." 구도완 외. 『생명 자유 공동체 새로운 시대의 질문』. 풀씨.

에스코바르(A. Escobar). 2022. 『플루리버스』. 박정원 외 역. 알렙.

오스트롬(E. Ostrom). 2010. 『공유의 비극을 넘어』. 윤홍근 외 역. 위즈덤하우스.

정영신. 2023. "도시 커먼즈는 제도적 장벽을 어떻게 넘어설 수 있는가." 김수진 외. 『전환의 정치, 열 개의 시선』. 풀씨.

최명애. 2022. "비인간 동물을 정치에 어떻게 포함시킬 것인가" 김수진 외, 『전환의 정치, 열 개의 시선』. 풀씨.

_____. 2023. "도시 녹지공간과 인간 너머의 커먼즈." 숲과나눔 환경학술포럼자료집.

하비(D. Harvey). 2014. 『반란의 도시』. 한상연 역. 에이도스.

한경애. 2022. "마을 공동체에서 도시적 커먼즈로." 『공간과 사회』 32(4): 11-44.

한상진. 2018a. 『한국형 제3의 길을 통한 생태복지국가의 탐색』. 한국문화사.

_____. 2018b. "생태사회적 커먼즈를 향한 성찰과 관련 사례들." 『에코』. 22(2): 77-100.

홍덕화. 2023. "커먼즈를 체제전환과 어떻게 연결할 것인가." 김수진 외. 『전환의 정치, 열 개의 시선』. 풀씨.

Benson, M. H., et al. 2017. The End of Sustainability. Lawrence: University Press of Kansas.

Chakrabarty, D. 2021. The Climate of History in a Planetary Age. Chicago: University of Chicago Press.

Chan, C. et al. 2019. "Bigger Issues in Smaller Worlds." pp. 401-411 in Routledge Handbook of the Study of the Commons 2019, edited by Hudson, B. Earthscan from Routledge.

Clark, N., et al. 2021. Planetary Social Thought. Cambridge: Polity Press.

Dasgupta, A. 2021. "Viral Entanglements: Pandemic, Planetarity and New Materialist Response." *Journal of Literary and Cultural Inquiry* 8(1), December.

Dawney, L., et al. 2016. "Introduction." pp. 133-139 in Space, power, and the Commons, 2016, edited by Kirwan, S. et al. New York: Routledge.

Foster, S. R., et al. 2019. "Ostrom in the City." pp. 235-255 in Routledge Handbook of the Study of the Commons 2019, edited by Hudson, B. Earthscan from Routledge.

Kip, M., et al. 2015. "Seizing the (Every)Day: Welcome to the Urban Commons." pp. 9-25 in Urban Commons 2019, edited by Dellenbaugh, M. Berlin: Birkhouser.

Kirwan, S., et al.(eds.) 2015. Space, Power and the Commons: The Struggle for Alternative Futures. UK: Routledge.

Pierrehumbert, R. 2004. "Warming the World-Greenhouse Effect: Fourier's Concept of Planetary Energy Balance is Still Relevant Today." Nature, 432.

Reid, H. et al. 2010. Recovering the Commons. Chicago: University of Illinois Press.

Varvarousis, A. 2022. "The Common(s)." pp. 206-216 in Handbook of Critical Environmental Politics, edited by Pellizzoni, L., et al. Cheltenham: Edward Elgar Publishing Inc.

Young, O. R., et al. 2019. "Protecting the Global Commons - The Politics of Planetary Boundaries." pp. 412-424 in Routledge Handbook of the Study of the Commons 2019, edited by Hudson, B. Earthscan from Routledge.

경향신문. 2022년 12월 2일. "강한들_죽었다던 '수라갯벌', 멸종위기 동물과 염생식물 생명의 숨소리."

경향신문. 2023년 5월 26일. "고병권_거짓 새들의 둥지."

김규일. 2023. "우리가 모르는 새만금의 비밀, 알면서도 외면하는 새만금의 진실 5가지." 새만금신공항 백지화 공동행동, 『새만금 뽀개기 특강 자료 1』.

박재훈 외. 2023. "여름 폭염에 따른 배달노동자 실태와 기후실업급여의 가능성." 울산대 사회.복지학전공. 『도시빈곤과 생태복지 if-pbl 중간보고서』.

새만금신공항 백지화 공동행동 기자회견문. 2023년 10월 31일. "새만금호 -1.5m 관리수위 폐기하고, 평균해수면으로 해수유통 확대하라."

시사저널. 2023년 8월 3일. "박선우_배달노조, 폭염에 '기후실업급여' 촉구…통상수입의 70% 달라."

오마이뉴스. 2023년 11월 28일. "김나희_새만금 파괴 예산 되살리지 말고, 새만금 갯벌 되살려라."

오마이뉴스. 2022년 12월 4일. "김재우_갯벌이 살아야 사람이 산다. 수라갯벌 탐사기."

유미란. 2020. "긱 워커, 그들은 누구인가." https://www.e-hcg.com/bbs/board.php?bo_table=gallery&wr_id=87. [2023.11.01]

정진영. 2023. "금융커먼즈 해외 사례 및 우리나라 금융커먼즈 지형도." 희년함께 희년은행. 『금융소외지대에 선 사람들』. 대안금융포럼 자료집.

정희정. 2023. "지금 새만금에는 무슨 일이? -새만금 사업의 역사와 현황." 새만금신공항 백지화 공동행동. 『새만금 뽀개기 특강 자료 2』.

한겨레신문. 2023년 9월 4일. "이정우_온 나라 극명하게 대립한 '단군 이래 최대 역사', 새만금사업."

제3부

에너지 전환과 커먼즈

3부 에너지 전환과 커먼즈

6장   커먼즈와 불로소득주의 사이에 서 있는 탄소중립·에너지전환 홍덕화
7장   에너지전환과 에너지 커먼즈 김수진

6장

커먼즈와 불로소득주의 사이에 서 있는 탄소중립·에너지전환

홍덕화

> 커먼즈는 햇빛·바람 연금과 공공 재생에너지에서 탄소배출권거래제, 전력 플랫폼까지 탄소중립·에너지전환을 둘러싼 경합을 이해할 수 있는 열쇠말 중 하나다. 다만 자원과 공동체, 규약의 결합으로 커먼즈로 사고하면 전환 경로 경합을 온전히 포착하기 힘들다. 또한 자원의 물질적 속성이나 존재론적 공통성을 강조하는 것으로는 커먼즈와 연관된 제도 변화를 세밀하게 추적하기 어렵다. (에너지) 커먼즈를 이해하는 출발점은 특정한 자원을 배타적으로 소유하거나 독점적으로 이용하는 것에 저항하면서 이를 공(共, common)과 공(公, public)의 관계 속에 (재)배치하는 활동, 즉 '커먼즈의 정치'다. 커먼즈의 정치는 공동체 에너지를 넘어서 불로소득주의에 대한 저항과 공공 협력을 에너지 커먼즈 논의로 통합할 수 있는 길을 열어준다.

1. 들어가며

 '햇빛·바람 연금'은 에너지전환의 돌파구가 될 수 있을까? 지역주민이 태양광발전이나 풍력발전에 투자하고 판매 수익을 나누는 주민 이익공유제가 '햇빛·바람 연금'이라는 이름으로 관심을 끌고 있다. 전남 신안군과 같이 재생에너지 시설에 대한 수용성을 높이고 지역사회를 활성화하는 방안으로 주민 참여형 이익공유제를 적극적으로 활용하는 곳도 늘고 있다. 다른 한편에서는 '공공 재생에너지'가 기후정의 운동의 핵심 요구사항으로 떠오르고 있다. 단적인 예로, 2024년 3월 석탄화력발전소가 밀집한 충남 태안에서 열린 '충남 노동자행진'에서는 공공 재생에너지가 '정의로운 에너지전환'을 추진하는 구체적인 방안으로 제시되었다(정의로운 전환을 위한 충남 노동자행진, 2024). 공공 재생에너지 운동은 '태양과 바람은 우리 모두의 것'이라 주장하며, '발전 공기업의 통합과 민주적 통제', '부유층과 대기업 과세로 공공 재생에너지 재원 마련', '재생에너지 투자은행 설립' 등을 요구하고 있다(구준모 외, 2023). 2024년 4월 국회의원 선거 공약에서 볼 수 있듯이, '햇빛·바람 연금'과 '공공 재생에너지'가 주요 정당들의 에너지전환 정책으로 자리를 잡아가고 있다.

 언뜻 보면 '햇빛·바람 연금'과 '공공 재생에너지'는 크게 다르지 않다. 하지만 햇빛·바람 연금과 공공 재생에너지를 뒷받침하는 논리와 구체적인 추진 방법은 상당히 다르다. 예컨대, 햇빛·바람 연금은 금액이 적더라도 자본투자를 이익 향유의 전제조건으로 하는 반면, 공공 재생에너지는 자본투자와 무관하게 이익을 향유할 권리를 옹호한다. 또한 공공 재생에너지는 공공(公共) 협력에 기초한 재생에너지 확대를 모색하지만 햇빛·바람 연금은 민간기업과 민간자본의 주도적인 역할을 인정한다. '햇빛·바람 연금'과 '공공 재생에너지' 사이의 긴장은 에너지전환의 방법으로 커먼즈[1]가 소환되고 있는 동시에 커먼즈에 대한 시각이

---

1 공유지, 공동자원, 공통장 등 커먼즈의 번역어가 합의되지 않은 것에서 유추할 수 있듯이, 커먼즈에

엇갈리고 있음을 보여준다.

국내 에너지전환 논의에서 커먼즈가 직접적으로 소환된 것은 비교적 최근의 일이다(구준모 외, 2023; 홍덕화, 2019; 2021). 하지만 주민 이익공유제, 에너지 협동조합, 공동체 에너지(community energy), 에너지 공유경제, 풍력자원 공유화 등 에너지전환과 커먼즈 사이의 연결고리는 계속 존재했다(김동주, 2015; 리프킨, 2014; 이정필·한재각, 2014; 홍덕화, 2019). 되돌아보면, 에너지 커먼즈를 상상하는 출발점은 주민 이익공유와 에너지 협동조합, 나아가 에너지 공유경제였다고 해도 과언이 아니다. 여기에 에너지 자치·분권과 지역에너지 공사 등에 대한 관심이 결합하여 공동체 에너지로 논의가 확장해 갔다. 하지만 주민 이익공유제와 에너지 협동조합, 에너지 공유경제는 전력산업의 사유화·시장화의 문제를 정면으로 다루기보다는 우회했다. 그리고 공동체 에너지가 시장 주도 에너지전환의 보조 수단처럼 활용되는 일이 늘면서 에너지 커먼즈를 공동체 에너지로 치환하는 것에 대한 비판이 나오기 시작했다(한재각, 2023; 홍덕화, 2019).

에너지 커먼즈를 공공 협력(public commons partnership)으로 (재)해석하는 것은 이와 같은 상황을 타개하기 위한 시도 중 하나였다(구준모 외, 2023; 홍덕화, 2021). 자치·협력 추구와 생계 자립의 권리를 커먼즈의 구성 원리로 결합시킨 '커먼즈의 정치'(정영신, 2020)는 공공 협력을 적극적으로 모색할 수 있는 길을 열어주었다. 국유화·공기업과 시장화·사기업의 대결 구도 속에서 공동체 에너지, 지역에너지가 시장 주도 에너지전환으로 편입되는 것이 아니라 에너지 공공기관

대한 해석은 상당히 엇갈린다. 커먼즈론의 다양성을 고려하되, 여기서는 탄소중립·에너지전환의 경로를 재조명하는 것을 염두에 두고 커먼즈 논의를 선별적으로 살펴본다. 또한 커먼즈의 다양한 의미와 용법을 고려해 특정 번역어를 사용하는 대신 커먼즈로 표기한다. 다만 기존 논의를 감안하여 맥락에 따라 공동자원, 우리 모두의 것, 공통적인 것 등의 번역어를 병용할 것이다. 권범철(2019), 장훈교(2022), 정영신(2016, 2020), 박서현(2023), 윤영광(2022a, 2022b), 최현(2024), 한디디(2024) 등이 여러 갈래의 커먼즈 논의를 개괄하는 데 유용하고, 박서현(2022), 윤여일·최현(2023)은 국내 커먼즈 연구의 전체적인 동향을 파악하는 데 도움이 된다.

과의 협력적 관계를 증진시키는 방향으로 나아가는 데 커먼즈가 소환된 것이다.

그러나 공공 협력이 에너지 커먼즈 논의의 종착점은 아니었다. 단적으로 제주도 풍력자원 공유화(공풍화) 운동에 적극적으로 참여했던 김동주(2015, 2017)는 바람의 '무상 이용' 문제를 선구적으로 제기하며 풍력자원 공유화의 중요성을 역설해 왔다. 하지만 기후·에너지 분야의 활동가와 연구자 들 사이에서 풍력자원 공유화와 주민 이익공유제, 공동체 에너지, 공공 협력은 명확하게 구분되지 않을 때가 많았다(한재각, 2023; 홍덕화, 2019; 2021). '햇빛·바람 연금'과 '공공 재생에너지' 사이의 균열이 본격적으로 드러난 것은 에너지전환 경로를 놓고 기후·에너지 운동이 분화되기 시작한 뒤의 일이라 할 수 있다.

시야를 조금 더 넓혀보면, 탄소중립·에너지전환의 추진 방법을 둘러싼 논쟁 곳곳에서 커먼즈와 연관된 문제를 엿볼 수 있다. 한 예로, 온실가스 감축 책임을 진 기업들에게 탄소배출권을 무상으로 할당한 이후 느슨하게 규제하는 일이 반복되고 있다. 이로 인해 인류 공동의 자원인 지구의 대기를 오염시키는 것에 대해 다른 방식으로 책임을 부과해야 한다는 목소리가 이어지고 있다. 특히 시민 배당(또는 기본소득)과 연동된 탄소세 도입이 탄소배출권거래제의 대안으로 폭넓게 논의되고 있다(스탠딩, 2021).

한편 재생에너지 시설이 늘면서 전력시장과 전력 계통 관리가 중요한 쟁점으로 부상했다. 재생에너지의 간헐성으로 인해 전력공급은 물론이거니와 전력수요까지 능동적으로 조절할 필요성이 커지고 있다. 새로운 기술을 토대로 시민들이 생산-소비자로서 전력망의 안정성을 유지하는 데 관여할 수 있는 길이 넓어지면서 상황은 더 복잡해지고 있다. 중앙집중형 전력 체계의 분산화, 소비자의 에너지 생산 참여, 에너지 프로슈머의 거래 활성화를 에너지 민주주의로 치환하는 이들은 여기서 에너지 공유경제의 미래를 본다(리프킨, 2014; 이호근, 2023). 하지만 플랫폼 사업 모델이 공유경제를 대체해가듯이, 분산 전원의 장밋빛 전망은 전력·에너지 플랫폼 기업에 의해 잠식되고 있다. 생산자이자 소비자로서 시민들의 활동이 활성화되는 것과 더불어 이윤 창출의 새로운 통로를 만들고 독점적 지위를 확보하기 위한 기업 간의 경쟁이 격화되고 있다.

커먼즈는 햇빛·바람 연금과 공공 재생에너지, 탄소배출권거래제, 분산 전원과 전력 플랫폼을 관통하는 열쇠말이 될 수 있을까? 한 가지 분명한 사실은 탄소중립·에너지전환을 둘러싼 갈등을 커먼즈의 시각에서 재조명하기 위해서는 에너지 커먼즈 논의를 확장하는 동시에 통합해야 한다는 점이다. 즉, 다양한 갈래의 커먼즈 논의 속에서 에너지 커먼즈 논의를 확장할 수 있는 단서를 찾으면서 이를 관통할 수 있는 방안을 모색해야 한다. 출발점은 커먼즈의 유지·지속을 넘어서 쟁투적 과정으로서 커먼즈의 변동을 추적하는 것이다(정영신, 2019: 382). 아울러 커먼즈의 변동을 촉발하는 역사적 맥락을 살펴보는 것으로 한 발 더 내디딜 필요가 있다. 탄소중립·에너지전환 정책의 도입·시행이 다른 정치경제적 변화와 연결되는 양상을 따져볼 때, 에너지 커먼즈로 다양한 분야의 쟁점을 관통할 수 있는 이유 또한 분명해질 것이기 때문이다.

이 글은 커먼즈의 강탈·포획을 매개로 한 불로소득 추출을 비판적으로 검토하여 전환 경로를 둘러싼 쟁투에 대한 이해를 확장하는 것을 목표로 한다. 이를 위해 우선 에너지 커먼즈 논의를 공동체 에너지, 공공 협력에서 커먼즈의 강탈·포획으로 확장하고 '커먼즈의 정치'의 시각에서 재해석한다. 다음으로 불로소득 자본주의와 커먼즈의 관계를 개괄한 뒤, 탄소중립·에너지전환이 불로소득 추출의 계기로 편입되고 있는 양상을 살펴본다. 신자유주의 금융화가 확산하면서 역설적으로 지대(rent)와 불로소득의 문제가 새롭게 주목받고 커먼즈의 복원을 요구하는 목소리가 커지고 있는 것은 우연이 아니다(Sayer, 2023). 이는 불로소득 자본주의(rentier capitalism)가 전환 경로 경합의 역사적 조건으로 작동하고 있음을 시사한다. 커먼즈와 불로소득 자본주의에 대한 설명을 바탕으로 4절에서는 재생에너지 이익공유제, 탄소배출권거래제, 전력·가스 산업구조 개편 등 탄소중립·에너지전환 관련 정책들이 커먼즈의 강탈·포획을 통한 불로소득 추구와 어떻게 연결되고 있는지, 그 윤곽을 그려보고자 한다. 사례는 크게 세 가지, 커먼즈에 대한 이해의 차이가 가시화된 현안, 그 자체로 쟁점화된 사안이지만 그동안 에너지 커먼즈 논의와는 직접적으로 연결되지 않았던 사안, 마지막으로 커먼즈의 시각에서 적극적으로 검토해야 할 잠정적 쟁점 사안으로 구분해서 커먼즈와 불로소득주의의 경합을 살펴본다. 커먼즈의 시각에서 불로소득의 문제를 파헤칠 때, 시장 주도 에너지전환에 대한 비판과 에너지전환 경로를 둘러싼 쟁투를 보다 입체적으로 조망할 수 있다.

2. 다시 (에너지) 커먼즈란 무엇인가

에너지 커먼즈에 대한 합의된 정의는 없다. 에너지 커먼즈 논의를 탄소중립을 아우르는 전환 경로로 확장하는 것에 대한 생각도 다를 듯싶다. 이를 부정하지 않되, 탄소중립·에너지전환을 관통하는 쟁점을 좇는 것을 염두에 두고 에너지 커먼즈 논의를 되짚어보자.

에너지 커먼즈는 자원과 공동체, 사회적 규약의 결합으로 볼 때 그 실체가 가장 또렷하게 다가온다. 아파트 입주자 대표 회의와 관리사무소의 주도 아래 아파트의 관리 외 수익을 활용하여 대다수의 가구가 미니 태양광을 설치한 것을 에너지 커먼즈의 사례로 꼽는 것이 단적인 예다(황진태, 2022). 에너지 협동조합이나 주민조직을 통해 태양광발전소를 건설하고 이익을 나누는 사례를 에너지 커먼즈로 접근하는 것은 낯설지 않다.

그러나 에너지 커먼즈를 공동체를 중심으로 특정한 규약에 기초하여 자원을 이용·관리하는 것으로 접근하면 재공영화(remunicipalization)가 에너지 커먼즈 논의와 결합하는 것을 담아내기 쉽지 않다. 에너지 커먼즈 논의에서 전력산업의 사유화·시장화에 대한 비판이 약해지면서 에너지 커먼즈가 에너지 프로슈머의 공동체로 축소될 가능성 또한 커진다. 커먼즈를 매개로 관료적인 공공기관의 변화를 모색하는 것 역시 자원과 공동체, 사회적 규약의 결합으로는 포착하기 힘들다.

이 문제를 풀어가는 하나의 방법은 '커먼즈의 정치'를 통해 공공 협력을 사고하는 것이다. 커먼즈의 역사 연구나 이탈리아 도시 커먼즈 운동이 보여주듯이, 커먼즈에 함축된 생계 자급의 권리는 특정 집단의 구성원이 소유·이용·관리하는 자원과 커먼즈를 동일시할 수 없게 만든다(라인보우, 2012; 정영신, 2022). 또한 기본권적 요구를 보장하기 위해 공공부문의 역할이 필요하지만 통제되지 않는 국가에 의해 "생계 밑천"(최현, 2024)인 커먼즈가 파괴되는 일이 잦았던 현실을 간과할 수 없다. '커먼즈의 정치'는 이 지점에 주목하여 커먼즈가 '우리의 것'으로 한정되지 않는 '모두의 것'을 내포하고 있으며, 그 사이의 긴장이 커먼즈의 생성적 힘의 원천이라 말한다(정영신, 2020; 홍덕화, 2022). 이제 커먼즈는 자치·협력의 원리에 기초해 재화와 서비스의 공동생산을 모색하면서 공적 영역을 재구성하는 기획의 의미를 갖게 된다. 이와 같은 (재)해석을 통해 에너지 커먼즈는 시장 주도 에너지전환을 비판하되 전력 공기업의 개발주의적 정책을 제어할 수 있는 길을 찾고자 한 기후·에너지 운동의 문제의식을 담을 수 있게 되었다. 즉 공공 협력은 공동체 에너지의 활성화를 통해 공공부문의 변화를 이끌어내는 것을 추구하며, (지자체로부터 지원을 받는) 공동체 에너지와 발전 공기업, 지역에너지 공사 등의 협력적 관계에 기초한 에너지전환 경로를 모색하는 통로가 되었다.[2]

공공 협력은 발전 공기업이 전력시장에서 지배적인 위치를 유지하고 있는 한국의 상황을 반영한 것이었지만, 결과적으로 공공 협력 논의는 발전시설의 소유·운영으로 초점이 좁혀졌다. 그 결과, 시장화·상품화와의 대결 구도 속에서

---

2 이와 같은 해석은 국내 연구의 한 흐름을 반영한 것이라 할 수 있다. 한국의 커먼즈 연구는 2010년대 중앙·지방 정부의 지원 아래 공유경제, (마을)공동체활동 등이 확산하는 것을 배경으로 신자유주의적 정책을 비판하고 대안을 모색하는 과정에서 활성화되었다(박서현, 2022; 윤여일·최현, 2023). 신자유주의화에 대한 비판과 중앙·지방 정부의 지원이 중첩되면서 공동체 차원에서의 관리, 조직화와 더불어 공동체와 공공부문의 관계가 커먼즈 연구의 중요한 쟁점을 형성했다. 박서현(2022)이 지적하듯이, 2010년대 사회운동적 지향을 가진 한국의 커먼즈 연구들은 공(common)으로 공(public)을 구현하는 것, 다시 말해 공동자원을 공공적으로 운영함으로써 공공성을 (재)구성하는 것을 모색했다.

'우리 모두의 것'이 부상하는 현상은 흐릿한 배경처럼 남겨졌다. 또한 제주 공풍화 운동의 선구적인 문제제기에도 불구하고, 커먼즈의 강탈과 포획은 에너지 커먼즈 논의 속에서 파편적으로 다뤄졌다. 커먼즈의 정치에 자본과 커먼즈의 대립 문제가 함축되어 있었지만, 커먼즈의 강탈은 공공 협력에서 크게 부각되지 않았다.

한편 탄소배출권거래제를 지구적 공동자원의 사유화라 비판하며 탄소세 연계 기본소득의 시각에서 재조명하는 논의가 이어졌지만, 탄소세 자체에 대한 시각 차이와 맞물려 공동체 에너지나 공공 협력 논의와는 거리를 두고 진행되었다. 가상발전소와 같이 기술혁신을 매개로 한 생산-소비의 재조직화를 에너지 커먼즈의 시각에서 재전유하려는 시도 역시 진전이 없었다. 에너지 커먼즈 논의를 확장하는 동시에 체계화하려면 이와 같은 간극부터 좁힐 필요가 있다.

공동체 에너지와 공공 협력은 공동체나 공기업과 같은 조직을 매개로 한 시설의 소유·운영과 이익 배분을 에너지 커먼즈의 중심으로 끌고 온다. 반면, 공풍화와 탄소세 연계 시민 배당은 명시적이든 잠정적이든 자연자원의 배타적 소유와 독점적 이용의 정당성 문제를 제기하는 것에서 출발한다. 이 지점에서 커먼즈 논의는 종종 로마법의 공동물(Res communes)을 소환하고 공공 신탁의 필요성을 제기한다(박태현·이병천, 2016; 장훈교, 2022). 로마법에서 공동물은 특정 개인이나 집단이 배타적으로 소유하고 독점적으로 이용할 수 없는 것으로, 대기, 바다, 해변 등 모두에게 속하는 것으로 간주되는 것들을 가리킨다. 커먼즈 운동은 모두에게 접근이 보장되어야 하는 영역 또는 사적 소유로 전환할 수 없는 영역을 지키고자 할 때, 공동물 개념을 자주 활용했다(장훈교, 2022: 58-59).[3] 공동자원에서 유래하는 부를 시민 배당의 형태로 배분할 것을 요구하

---

3 자본은 무주물(Res nullius)의 시선에서 '자연의 선물'을 바라본다. 무주물적 접근은 무주물이 인간의 노동과 결합하면 사적 소유로 전환될 수 있다고 보는 만큼, 사적 소유와 대립하지 않는다(장훈교, 2022: 58-59). 이로 인해 무주물은 자연의 영역이 자본축적의 대상으로 편입될 때 사적 소유와 독점적 이용을 정당화하는 데 활용되었다.

는 움직임은 이와 같은 맥락에 있다. 석유, 천연가스, 공기, 바람, 물, 숲 등은 공동자원의 성격을 지니고 있는 만큼 공적 개발을 우선하고 상업적으로 개발·이용할 경우 부담금을 부과하여 이를 함께 향유해야 한다는 주장을 떠올려보라(스탠딩, 2021; 최현, 2024). 이에 비춰보면, 자본투자를 전제로 하는 재생에너지 이익공유는 공동자원으로서의 성격을 희석시키는 반면, 이익공유를 자본투자와 분리하는 방식은 이익공유를 공동자원에 대한 권리의 문제로 접근한다.

이처럼 시민 배당을 공동자원에 대한 이익 향유의 권리 문제로 바라보는 것은 역사적으로 커먼즈가 생계 자급의 권리를 보장했던 것에서 유래한다(스탠딩, 2021; 최현, 2024). 그리고 이는 공동자원을 규정하는 힘이 자원의 생물리적 속성이 아닌 윤리적·정치적 정당성에 있음을 시사한다. 달리 말하면, 커먼즈는 자연적인 것이든 사회적인 것이든 공통의 부에 대한 접근권을 특정 집단이 독점할 수 없다는 인식을 윤리적 토대로 하고 있다(장훈교, 2022: 478-479). 이와 같은 맥락에서 최현(2019: 56-60)은 잠재적 이용자를 배제하는 것이 부당하다는 주장이 폭넓게 인정받을 때 커먼즈가 실체화된다고 말한다. 구체적으로, ① 생존, 생계 자급이 매우 어려워지기 때문에 배타적으로 이용·관리하는 것이 사회적으로 인정되지 않거나, ② 해당 자원을 형성하는 데 특정 개인·집단이 이바지한 것이 없기 때문에 유지·보전을 위해 필요한 부담을 지면서 이용에 참여하려는 이용자를 배제하는 것이 불공정하다는 인식이 존재할 때, 독점은 정당하지 않은 것으로 간주되고 커먼즈로의 전환 요구가 커진다.

커먼즈를 생계 자급의 권리, 배타적 소유와 독점적 이용에 대한 저항과 연결해서 이해할 경우, 커먼즈를 구성하는 사회적 관계의 역사적 변화를 추적하는 것이 중요해진다. 새로운 종획(new enclosure)을 배경으로 커먼즈 논의가 확산한 것은 우연이 아니다. 신자유주의가 전 지구적으로 확산하면서 토지, 숲 등 생계 활동과 연계된 자연자원에 대한 종획과 공공부문의 사유화가 확대되었다. 그리고 삶에 필수적인 것들을 이윤 추구의 대상으로 뒤바꾼 새로운 종획은 커먼즈의 역할을 되돌아보는 계기가 되었다. 특히 공공서비스와 생계수단의 상품화에 저항한 사회운동은 종획에 함축된 재산권의 재편을 문제 삼으며 커먼즈의 의의를 재조명하는 데 앞장섰다(장훈교, 2022; 정영신, 2016). 세계 곳곳에서 공공서비스와 생계 기반을 되찾기 위한 저항이 펼쳐졌고, 먹거리, 주택, 물, 돌봄 등 다양한 분야에서 자율적인 공급-소비의 기반을 만들어내려는 시도가 이어졌다(De Angelis, 2017; Federici, 2019). 이와 같은 움직임이 특정한 자원에 대한 소유권과 이용권, 관리권을 재편하면서 사회적 관계를 재구축하려는 시도를 포함하고 있다는 점은 강조하지 않아도 될 것이다.

다만 종획의 시각은 잃어버린 것으로서 커먼즈를 되찾는 실천에 초점을 맞추기 때문에 커먼즈가 새롭게 생성되는 양상을 포착하기 어렵게 만든다(Dardot and Laval, 2019; 장훈교, 2022; 정영신, 2020). 그래서 기술혁신과 생산-소비의 재조직화가 촉발하고 있는 변화를 커먼즈로 포착하기 위해서는 시선을 조금 돌릴 필요가 있다. 이 지점에서 우선적으로 살펴봐야 할 것은 공통적인 것(the common)의 생산과 자본에 의한 포획을 커먼즈론의 중심으로 끌고 오는 공통주의다(네그리·하트, 2014; 박서현, 2023; 윤영광, 2022a; 2022b). 사회 공장(social factory), 사회적 생산의 장으로서 메트로폴리스 논의가 시사하듯이, 자본축적은 공통적인 것의 추출에 의존하고 있다. 이용자들이 집단적으로 만들어낸 데이터를 추출·가공하여 플랫폼 기업들이 막대한 이익을 얻고 있는 것을 떠올려보라. 일상생활과 노동의 경계가 허물어지는 곳에서 집합적으로 만들어내는 것들을 포획하는 것이 자본축적의 프런티어로 부상했다. 불특정 다수의 활동의 산물에 대해 특정 기업이 배타적 소유권·이용권을 확립하여 이익을 전유하는 것은 이제 낯선 일이 아니다.

새로운 종획과 공통주의가 시사하는 바, 자본축적은 자본이 직접 만들어내지 못하는 것들에 의존하며, 그러한 것들의 중심에 커먼즈가 있다. 이때 자본과 커먼즈의 관계는 이중적인데, 자본은 커먼즈를 활성화하는 동시에 강탈·포획하고, 나아가 저항에 맞서 대응책을 강구한다(De Angelis, 2017; De Angelis and Harvie, 2014; 권범철, 2019). 달리 말하면, 자본축적을 위해 자본은 사회생태적 재생산의 조건과 집합적 (재)생산 활동을 축적의 순환 속으로 끌어들여야 하지만, 이를 완전히 포획하지는 못한다. 이 지점에서 커먼즈와 자본축적 사이의 균열이 커지는 만큼 자본과 다른 가치 실천 또는 탈상품화된 방식으로 삶을 조직하는 것과 커먼즈 사이의 접점은 넓어진다.

출발점이 다른 만큼 공동체 에너지와 공공 협력, 공공 신탁·시민 배당, 새로운 종획과 공통주의가 매끄럽게 연결되지는 않는다. 다만 전환 경로를 둘러싼 경합 속에서 커먼즈가 소환되거나 활용되는 방안을 떠올려 보면, 이들을 관통할 수 있는 방안이 없는 것은 아니다. 그 출발점은 '커먼즈의 정치'를 공공 협력 너머로 확장하는 것이다. 우선 에너지 커먼즈는 에너지 관련 자원을 특정한 사회적 관계와 제도 속에 (재)배치하려는 활동으로 접근할 필요가 있다. 정영신 (2019: 399-400)이 강조하듯이, 커먼즈는 대안적인 가치 실천이 서로 충돌하는 사회적 장으로서, "커머닝에 의해 결정되는 물질의 사회적 형태"이다. 달리 말하면, 커먼즈는 자원-공동체-규약이라는 핵심 요소의 결합으로 온전히 포착되지 않는다. 또한 존재론적 차원의 공통성을 강조하는 것으로는 제도적 배치를 둘러싼 쟁투를 세밀하게 추적하기 어렵다. 커머닝의 과정에서 재편되는 것은 단순히 자원(의 재산권)이 아니라 사회적 관계를 포함한다는 점을 염두에 두고, 커먼즈의 형성과 활성화, 강탈과 포획을 분석할 필요가 있다.

정리하면, 에너지전환 경로를 둘러싼 경합 속에서 커먼즈는 특정한 자원을 배타적으로 소유하거나 독점적으로 이용하는 것에 저항하면서 이를 공(共, common, 우리의 것)과 공(公, public, 모두의 것)의 관계 속에 (재)배치하는 활동을 통해 (재)형성된다. '커먼즈의 정치'에 함축된 문제의식을 되새겨보면, 커먼즈의 정치는 공공 협력으로 국한되지 않고, 강탈과 포획의 과정 속에서 커먼즈에 대한 감각이 형성되고 커먼즈에 대한 새로운 상상과 실천이 일어나는 것을 포괄한다. 따라서 커먼즈의 정치는 특정한 자원을 우리 모두의 것으로 요구하고 향유하는 활동 그리고 이를 소유·이용·관리하는 방법으로서 공공 협력, 나아가 생산-소비의 재조직화 과정에서 창출되는 공통의 부를 독점적으로 향유하는 것을 둘러싼 쟁투를 하나의 연결된 현상으로 볼 수 있는 길을 열어준다.

3. 불로소득 자본주의 시대의 탄소중립·에너지전환

1) 불로소득의 원천으로서 커먼즈

부동산, 금융 등 비생산적 부문의 영향력이 커지고 자산 불평등이 확대되면서 불로소득에 대한 관심이 높아졌다. 불로소득 자본주의론은 이와 같은 상황을 주시하며 지대를 현재적 쟁점으로 다시 부각시키고 있다.[4] 불로소득 자본주의론은 불로소득의 범위를 넓히는데, 대표적으로 크리스토퍼스(Christophers, 2020)는 희소자원의 소유·통제에 초점을 맞춰온 비주류 경제학의 시각과 경쟁의 제한·부재의 측면에서 불로소득을 바라보는 주류 경제학의 관점을 결합한다. 그 결과, 불로소득은 경쟁이 제한되거나 부재한 조건에서 희소 자산의 소유·보유 또는 통제를 통해 얻는 초과수익의 문제로 확장된다. 한발 더 나아가 지주형(2022)은 사회적 권력관계를 매개로 한 소득의 이전까지 불로소득으로 볼 것을 제안한다. 이제 권력관계를 통해 창출된 생산부문의 초과이윤, 특혜에 가까운 국가보조금, 세금 감면·세액공제와 같은 조치까지 불로소득의 시야에 들어온다. 불로소득의 원천이 되는 자산의 범위 역시 금융자산, 토지·건물, 자연자원을 넘어서 지식재산권, 디지털 플랫폼, 인프라의 민영화, 공공서비스의 외주화 계약으로 확장된다.

불로소득의 원천이 증가하는 데 큰 역할을 하는 것은 금융화와 플랫폼 경제이다. 우선 신자유주의화를 거치며 상품생산을 통한 이윤 추구보다 금융적 수익 추구를 우선하는 경향성이 강화되었다. 특히 실물자산의 증권화와 금융시장

---

4   불로소득 자본주의론의 핵심 내용과 주요 쟁점은 지주형(2022)을 참고.

의 팽창은 투자 영역을 확대하고 자산 가격의 상승을 부채질해 불로소득을 창출할 수 있는 여지를 넓혔다(지주형, 2022). 또한 금융화가 진전되면서 토지와 자본, 지대와 소득, 생산적 투자와 투기 사이의 경계가 허물어졌다.

한편 플랫폼이 사회경제적 순환을 조직하는 매개체로 부상하면서 플랫폼은 불로소득을 창출하는 새로운 통로가 되고 있다(Langley and Leyshon, 2017; 김명수, 2023; 서르닉, 2020). 네트워크 효과가 작동하는 만큼 이용자의 가입과 사용을 유도하기 위한 플랫폼 간 경쟁은 피할 수 없다. 특히 플랫폼 사업 모델에서는 독점적 지위를 확보하는 것이 중요하기 때문에 유사 플랫폼 간 출혈경쟁과 인수합병이 빈번하게 일어난다. 그리고 경쟁에서 살아남은 소수의 플랫폼 기업은 막대한 이익을 누리게 된다. 플랫폼 기업의 지배적 지위가 공고해질수록 중개수수료, 구독료, 데이터 추출·분석을 통한 광고수익 등 다양한 형태의 수익모델을 통해 초과수익을 얻기가 수월해지기 때문이다. 뒤집어 말하자면, 플랫폼 기업의 지위가 불안정적일 경우 수익모델을 도입하는 것이 제한적일 뿐만 아니라 이용자에게 청구할 수 있는 비용도 상대적으로 적다. 이와 같은 플랫폼 사업 모델은 플랫폼 기업의 수익이 단순히 생산적 혁신에 대한 대가가 아니라 독점적 지위를 활용해 자산에 대한 접근권을 통제하는 것에 기초해 있음을 보여준다(Langley and Leyshon, 2017; Sadowski, 2020; 김명수, 2023). 플랫폼 경제에서 생산적 투자 및 기술혁신의 대가와 지대 추출의 경계는 사실상 무너진다.

이쯤에서 플랫폼 경제는 탈물질화가 아닌 물질적 추출의 재조직화를 동반한다는 점을 짚고 갈 필요가 있다. 일례로, 이용자의 데이터를 추출하기 위해서는 온라인상의 이용 정보와 함께 다양한 형태의 감지 기술을 토대로 신체활동이나 물류(logistics)에 대한 정보를 수집할 수 있어야 한다. 그리고 이러한 감지·수집·추출을 위해서는 막대한 양의 에너지를 사용하는 인프라가 뒷받침되어야 한다. 따라서 플랫폼 경제의 확산은 프랙킹(fracking), 희소 광물 추출, 생명 정보 추출 등 채굴주의(extractivism)가 심화되고 있는 현상과 함께 봐야 한다(Mezzadra and Neilson, 2017).

커먼즈의 시선에서 보면, 자연자원, 이용자 데이터, 지식재산권 등은 커먼즈의 강탈·포획을 거쳐 불로소득의 원천인 자산으로 변환된 것이라 할 수 있다. 달리 말하면, 불로소득 자본주의는 자연의 선물처럼 주어진 공동자원, 집합적 활동을 통해 창출된 공통의 부를 자산화한 뒤, 여기서 창출되는 이익을 자산을 소유·통제하는 이들에게 이전하는 것을 기반으로 한다(Karakilic, 2022). 자본이 직접 생산하지 않은 것 또는 집합적인 활동의 산물을 자산으로 변환함으로써 불로소득 자본주의는 번성한다.

불로소득 자본주의가 확산되는 과정을 파헤치기 위해서는 자산 범위를 확대하고 불로소득 창출을 뒷받침하는 일련의 제도 변화를 눈여겨봐야 한다(Christophers, 2020; 이병천, 2022). 우선 민영화, 자유화, 규제완화는 자산 풀을 크게 확대했다. 또한 반독점 정책이 무력화되고 자산의 소유권과 통제권을 강화하는 정책이 시행되었다. 자산 가격을 높이고 안정화하는 조세·재정·통화 정책 역시 빼놓을 수 없다. 자연자원의 경우, 채굴권과 판매권이 민간에게 이양되거나 민간개발을 지원하는 세제 혜택이 주어졌다. 공공 인프라로 시야를 좁히면, 수익성 있는 부문은 자주 헐값에 매각되었고, 민영화 이후 입찰 경쟁이 제한적으로 일어나 일정 수준 이상의 수익이 보장될 때가 많았다(마추카토, 2020: 414-418).

반대로 커먼즈의 유지·보호·생성을 지원하는 정책은 불로소득을 억제하는 정책과 맞닿아 있다. 한 예로, 크리스토퍼스(Christophers, 2020)는 독점 규제(경쟁 강화 정책, 지식재산권 재편, 금융·플랫폼 규제 강화), 조세제도 개편(특혜적 조치 축소), 산업정책 강화(필수 인프라의 공공 소유), 소유 제도 재편(공동체 토지신탁, 공동체 구입 우선권 제도 등 공공 소유 확대) 등을 불로소득 축소를 위한 정책적 과제로 제시한다. 이와 같은 방식으로 불로소득을 억제하는 것이 궁극적으로 자본의 생산적 투자와 혁신을 촉진하는 역할을 할 것인지 아니면 자본주의적 관계를 약화시키는 계기가 될 것인지를 속단하기는 어렵다(이병천, 2022; 지주형, 2022). 다만 현재 국면에서 불로소득을 억제하는 정책이 커먼즈를 보호하고 강화하는 것과 연결되어 있음은 분명하다.

2) 불로소득 창출의 기회로서 탄소중립·에너지전환

앞서 언급했듯이, 새로운 종획 논의는 전력산업을 포함한 공공부문의 사유화와 민간위탁을 커먼즈의 강탈로 접근했다. 그리고 재공영화는 단순히 과거의 것을 탈환하는 것이 아니라 공동체 에너지와의 협력 속에서 공공부문의 민주적 통제를 강화하는 것을 포함했다. 공동체 에너지와 공공 협력이 재생에너지 시설을 확충하는 전략으로 주목받고 있다는 점은 새삼 강조하지 않아도 될 것이다.

그러나 탄소중립·에너지전환에서 커먼즈는 한층 더 다양한 방식으로 소환되고 있다. 단적인 예로, 최근 여러 나라에서 바람에 대한 법적 권리가 쟁점으로 부상하고 있다. 풍력발전이 풍력자원의 소유권과 사용권, 이익 향유의 문제를 제기하기 때문이다(Hughes, 2021; Wade and Ellis, 2022; 김동주, 2017; 최현, 2024). 사기업이 해상풍력을 통해 얻는 이익이 온전히 사기업의 기여에 대한 대가라 할 수 있는지 묻는 이들은 앞으로 더욱 늘어날 것이다. 커먼즈의 시선에서 보면, 특정 집단이 바람이 만들어지는 데 특별한 기여를 한 것이 없는 만큼, 바람은 배타적 소유와 독점적 이용의 대상이 될 수 없다. 이와 같은 맥락에서 바람의 소유·이용 권리의 재편을 둘러싼 갈등이 늘고, 제도적 변화를 요구하는 움직임이 나타나고 있다. 2010년대 들어 뉴질랜드와 멕시코의 선주민들이 바람을 집합적 소유의 대상으로 규정하고, 중국 헤이룽장성이 풍력과 태양력의 국가 자산화를 선언한 것이 대표적인 예라 할 수 있다(Hughes, 2021). 앞으로 재생에너지로의 전환이 가속화할수록 '자연의 선물'이 누구의 것인지 물으며 이익 독점의 정당성을 놓고 다투는 일은 더 잦아질 것이다.

시선을 잠시 과거로 돌리면, 역사적으로 자연자원은 공동의 자산으로 간주되어 사적 소유에서 제외되어 온 경향이 있다(전종익, 2020). 그리고 공동자원으로부터 얻은 이익은 인간의 노력에 대한 보상이 아닌 만큼 공동체에 귀속시키는 것이 정당하다고 여겼다. 연장선에서 자연자원은 공적 소유를 원칙으로 하고 공적 개발을 우선시해야 한다는 주장이 반복적으로 제기되었다. 공적 개발이 아닌 특허를 통해 사업권을 할당하는 경우에도 사업권 경매, 초과이윤세 부과 등의 형태로 이익의 일정 부분을 환수했다. 이와 같은 방식은 화석연료, 광물 등 재생불가능한 자원과 수력 등 재생 가능한 자원을 아울러 적용되었고, 생태계 서비스 이용이나 오염 물질의 배출·흡수, 나아가 재생에너지로 확대될 수 있다.[5]

잘 알려진 대로, 탄소배출권거래제는 가장 논쟁적인 감축 수단 중 하나이다. 제도 시행상의 문제가 반복되고 있을 뿐만 아니라, 지구적 차원의 공동자원을 오염시키는 권리를 오염자에게 부여한다는 비판을 계속 받고 있다. 탄소배출에 대한 직접규제를 강화하거나 탄소세와 같은 수단으로 대체해야 한다는 주장을 접하는 것은 어렵지 않다. 이 중 탄소세에 관한 논의는 탄소세가 공동자원을 훼손하는 것에 대한 대가의 성격을 지니고 있는 만큼 탄소세를 시민 배당의 재원으로 활용해야 한다는 제안과 자주 연결되고 있다(스탠딩, 2021).

펠리(Felli, 2014)는 조금 더 직접적으로 탄소배출권거래제를 지대 추출의 문제로 끌고 간다. 펠리에 따르면, 기존의 논의들은 배출권거래 '시장'에 초점을 맞춘 나머지 '배출권'이 창출·배분되는 것에 담긴 의미를 온전히 포착하지 못했다. 달리 말하면, 비판적 논의는 공적 재산권으로서 배출권이 국가에 의해 창

---

5 자연력의 공적 소유를 원칙으로 해도 소규모로 개인이 이용하는 것(시골 물레방아, 풍차 등)은 특허의 대상에서 제외해 온 경향이 있다. 특허나 무상 이용이 쟁점이 되는 것은 일정 규모 이상의 자원을 상업적으로 이용할 때였다. 따라서 세부적으로 들어가면 풀기 까다로운 문제들이 있다. 재생에너지의 경우, 토지와의 분리 범위나 개인 이용의 범위가 쟁점이 될 수 있다. 토지 역시 원칙적으로 공동자원이지만 광범위하게 사유화된 만큼 토지에 대한 소유권·사용권과 풍력자원의 소유권·사용권을 분리하는 것부터 장벽에 부딪칠 것이다. 역사적으로 보면, 자연자원과 토지의 관계가 단일한 것은 아니었다. 화석연료, 수력은 국가나 지방정부가 소유하는 경향이 있었던 반면, 농업과 임업의 산물(바이오매스 포함)은 대부분 토지 소유주에게 귀속되었다. 현재 태양력과 풍력은 수력과 바이오매스 사이에 위치해 있는 것으로 보인다. 관련 사항은 전종익(2020)을 참고.

출되어 국가 간/내에 불균등하게 배분되는 것에서 출발해야 한다. 배출권은 사실상 한정된 자원과 같은 역할을 하며 다른 자본이 생산 조건에 접근하는 것을 제한함으로써 배출권을 소유하지 못한 이들의 생산을 제약하는 효과를 발휘한다. 또한 배출권거래는 배출에 비용과 책임을 부과하는 것처럼 보이지만, 가상적 자산과 인위적인 권리를 창출하여 특정 집단이 독점적으로 이용할 수 있게 해준다. 따라서 배출권거래는 가치를 창출하는 활동이 아니라 생산된 가치의 배분을 놓고 다투는 문제에 가깝다. 또한 탄소배출권을 설정·할당하는 과정에서 비용 부과 대상에게 특혜적인 지원이 뒤따르는 일이 많다. 단적으로 배출권의 무상 할당은 반복적으로 논란이 되었고, 배출권 할당만으로 이익을 거두는 일이 일어났다. 배출권의 유상 할당이 늘고 있지만 기업의 비용 부담을 이유로 상쇄 조치 조치를 취하거나 제도적 특혜를 제공하는 일은 여전히 빈번하다. 따라서 탄소배출권거래제는 단순히 오염 행위에 가격에 매겨 시장 메커니즘이 작동하게 하는 것으로 볼 수 없다. 탄소배출권의 설정·할당·거래는 권력관계에서 우위에 있는 이들에게 지대를 추출하는 기회가 되고 있다.

앞서 언급했듯이, 불로소득의 범위는 지배적 지위와 사회적 권력을 활용해 희소자원을 통제함으로써 얻는 초과수익과 제도적 특혜로 확장될 수 있다. 이는 탄소중립·에너지전환 정책에 수반된 제도적 지원의 성격을 따져볼 필요성을 제기한다. 크리스토퍼스(Christophers, 2024)가 비판하듯이, 재생에너지로의 전환은 재생에너지의 발전 단가 하락과 시장 메커니즘의 작동으로 자연스럽게 일어나지 않는다. 즉, 시장 주도 에너지전환은 가격이 아닌 수익성(profitability)에 의해 좌우되는 만큼, 가격 변동성 완화, 수익성 및 예측 가능성 향상을 위한 정부 지원이 없다면 재생에너지에 대한 투자는 사회적 필요를 충족시키지 못할 것이다. 물론 여기서 제기되는 실질적인 쟁점은 정부 지원의 필요성 자체가 아닌 지원의 원칙과 방향이다. 연장선에서 녹색 혁신을 위한 연구개발 투자에서 일어나는 '위험의 사회화'와 '보상의 사유화' 역시 눈여겨볼 지점이다. 마추카토(2020: 318)는 혁신의 누적적, 집합적 성격을 강조하며 혁신적 기업이 누리는 초과이윤은 초기 투자에 대한 정당한 보상을 초과한다고 주장한다. 공공투자에 기초한 연구개발의 성과를 상당 부분 포함하고 있기 때문이다. 즉, 불확실성으로 인해 초기의 연구개발이 공적 투자에 의존하는 경향이 있는 상황에서, 그 성과를 지식재산권 제도와 혁신의 이름 아래 소수의 기업이 독차지하는 것은 과도한 보상, 특혜의 소지를 가지고 있다.

이와 같은 맥락에서 마추카토(2020)는 가치 창조와 가치 착취를 구분하며, 이 둘을 구분하는 것이 누가 무엇에 대해 어느 정도의 몫을 가져야 하는지, 나아가 경제활동을 어떻게 조직해야 하는지에 대한 토론을 활성화하는 출발점이라 말한다. 혁신의 속도만큼 혁신의 방향이 중요하고, 가치 창조와 가치 착취를 구분할 때 혁신의 방향에 대한 논쟁을 본격적으로 할 수 있기 때문이다. 이는 혁신 지원과 민간투자의 위험 제거, 불로소득 추구의 경계가 모호한 지점에서 전환을 위한 공적 투자나 보조금 지원이 정당성 논란에 휩싸이지 않기 위해 필요한 일이기도 하다.

한편 분산 전원의 증가와 전력 중개사업, P2P 전력 거래의 확대와 같은 변화 속에서 커먼즈와 불로소득 추출이 부딪치는 새로운 장이 만들어지고 있다. 이 지점에서 협력적 공유 사회와 분산형 스마트 전력 인프라에 대한 리프킨(2014; 2020)의 논의는 상당히 시사적이다. 리프킨은 분산 전원의 확산을 대중의 손에 전력과 권력을 넘겨주는 것으로 추켜세운다. 그는 전기 소비자가 분산형 스마트 전력 인프라에서 생산자로 통합되는 것을 넘어 전력망 관리자의 역할까지 수행할 수 있다는 점을 강조한다. 즉 실시간 정보 교환을 통해 생산-소비가 최적화될 뿐만 아니라 소비자의 능동적인 실시간 대응이 전력망의 안정적인 관리를 위한 필수 요소가 된다. 물론 리프킨이 대기업의 독점 가능성을 부인하는 것은 아니다. 다만 리프킨은 전력회사가 기존과 같은 방식으로 전력망과 전력 시스템을 통제하는 것은 갈수록 어려워질 것으로 전망한다. 그리고 에너지 협동조합이 분산 전원과 스마트 전력 인프라 시대를 이끌 것이라 말한다. 공동체 에너지가 시장 주도 에너지전환과의 관계를 우회하듯이, 이 지점에서 리프킨은 전력망 관리자로서 소규모 생산자와 소비자들의 기여가 누구에 의해 전유되고 누구에게 어떻게 배분될 것인지를 추적하기보다 낙관적 전망으로 대체한다. 전력 소비에 관한 데이터 수집과 분석이 늘어나는 것은 에너지 효율성을 높이고 에너지 소비 비용을 줄이도록 돕는 알고리즘을 만드는 과정으로 간주된다. 더불어 효율성 및 생산성 향상으로 얻는 이익은 전력회사와 고객이 공유하는 것으로 그려진다.

하지만 리프킨의 장밋빛 전망과 달리, 소규모 분산형 에너지 자원이 플랫폼 사업 모델로 통합되는 징후들이 곳곳에서 나타나고 있다.[6] 앞서 언급했듯이, 플랫폼은 유휴 자산이 될 수 있는 분산형 자원을 생산적 자산으로 변환시킬 수 있다. 그리고 각종 센서와 사물인터넷 기술을 활용하여 발전과 송배전, 전력 소비에 관한 데이터를 수집·분석하는 규모와 범위가 확대될수록 플랫폼의 효용성이 커진다.[7] 소규모 분산형 자원의 전력망 접속이 확대될수록 전력망 안정화에 기여할 수 있는 여지가 커지고 자산으로서의 가치가 높아지는 것이다. 동시에 플랫폼에서 창출된 가치에 대한 이용자의 기여와 이익 배분을 놓고 다툼이 일어날 소지가 커지고 있다. 따라서 실시간으로 거래해야 하는 제약이 있지만 전력 플랫폼은 플랫폼의 기본 특성을 공유한다고 볼 수 있다. 다시 말해, 분산과 집중이 통합된 플랫폼의 이중성(Sadowski, 2020)은 전력 플랫폼에서도 나타날 가능성이 크다. 플랫폼으로서의 전력망을 이해하는 출발점은 중앙집중형과 분산형의 이분법적 구도가 아니라 플랫폼의 이중성이다. 전력 플랫폼은 이용

---

6 형성 중인 전력·에너지 플랫폼의 모습을 엿볼 수 있는 사례로 옥토퍼스 에너지만 한 곳이 없을 듯하다. 영국의 자산운용사인 옥토퍼스의 자회사로 출발한 옥토퍼스 에너지는 가장 빠르게 성장하고 있는 에너지 공급업체 중 하나이다. 옥토퍼스 에너지의 성공 비결은 데이터 및 머신러닝 플랫폼 '크라켄(Kraken)'인데, 크라켄의 핵심 기능은 실시간 에너지 사용량을 모니터링해서 변동 요금제에 대응하는 것이다. 최근 옥토퍼스 에너지는 전기차 충전서비스, 해상풍력 투자 등 다양한 방면으로 투자와 협력 관계를 확대하고 있다. 송준호(2024)를 참고.
7 현재 소규모 분산형 자원의 대표적인 수익모델은 전기요금 상계거래(단순 전기요금 절감, 상계 후 판매 수익 정산 등), 분산 자원의 중개(도매시장 거래 대행과 판매 수익 배분), P2P 전력 거래 플랫폼(수수료, 이용료)이다(김현제, 2019; 이호근, 2023). 이와 같은 수익모델에서는 전력수요의 시간대 이전과 같이 자가 소비량을 조절하면서 전력 거래 시장의 변동에 민첩하게 반응하는 것이 중요하다.

자의 기여와 그에 대한 보상, 전력 플랫폼의 초과이윤의 정당성을 놓고 쟁투에 휘말릴 가능성이 크다.

4. 탄소중립·에너지전환 정책 다시 보기

1) 투자 참여형 이익공유와 공공 재생에너지

주민 참여형 이익공유제가 재생에너지 확대 방안으로 관심을 끌고 있다. 정부는 다양한 방식으로 이익공유제를 지원하고 있는데, 주민들이 협동조합을 만들어 재생에너지 발전사업에 참여할 경우, 신재생에너지 공급인증서(Renewable Energy Certificate, REC) 가중치를 부여하는 정책이 대표적이다. 하지만 대다수의 재생에너지 이익공유제는 문턱을 낮추더라도 자본투자를 전제로 하거나 주민 수용성을 높이기 위한 시혜적 조치를 크게 벗어나지 못하고 있다(한재각, 2023). 최근 주민 참여형 이익공유제의 성공 사례로 자주 언급되는 신안군의 재생에너지 사업 역시 투자 참여형 이익공유 모델을 따르고 있다. 신안군은 지역주민들이 재생에너지 사업을 위한 특수목적법인에 투자하도록 지원한 뒤, 참여한 주민들에게 발전사업의 수익을 배분하고 있다(우양호, 2023).[8]

반면 제주도 풍력자원 공유화 기금은 바람을 공동자원으로 간주하여 사용료를 징수하고 있다. 풍력자원 공유화 운동은 민간기업들이 바람을 독점적으로 이용하여 초과 이익을 얻고 있다고 비판하며 이를 환수하기 위한 조치로 풍력자원 공유화 기금의 설치를 요구했다(김동주, 2015; 2017). 풍력자원 공유화

---

[8] 신안군은 폐염전 부지, 농지, 양식장 등을 활용하여 주민 협동조합형 태양광발전 사업을 진행하고 있다. 지분 참여 권리는 거리에 따라 차등화되고, 연령, 전입신고 시점과 같은 기준이 추가로 적용되고 있다. 재생에너지 발전사업의 이익은 2021년 상반기부터 신안군 지역 상품권의 형태로 분기당 1인 10~60만 원가량 배당되고 있다. 해당 지역주민들의 주민협동조합 가입률은 75~93% 수준이다. 관련 사항은 우양호(2023: 180-182)를 참고.

운동의 요구가 제도화되면서 민간사업자는 당기 순이익의 17.5% 또는 매출액의 7%를 공유화 기금으로 납부하고 있다. 제주도 풍력자원 공유화 기금이 이익공유의 사례로 자주 언급되지만, 제도의 기본 원리는 투자 참여형 이익공유와 다르다.

〈표 1〉 국내 재생에너지 이익공유와 주민 참여 유형

구분			사례	개요
투자형 인근 지역 이익공유	간접 참여 (소유권 없음)	채권형	신안 안좌도 태양광	주민 협동조합을 결성하여 총사업비의 4%인 113억 원의 채권을 매입(사업자 보증을 통한 대출).
			해남 솔라시도 태양광	사업자가 총사업비의 4%인 160억 원의 채권 발행, 5개 주민법인이 매입(사업자가 대출).
		펀드형	태백 가덕산 육상풍력	주민참여 펀드로 17억 원 조달. 태백시민 256명 참여, 1인당 평균 600만 원 투자.
	직접 참여 (소유권 있음)	지분형	철원 두루미 태양광	지역주민이 지분의 20%(15억 원) 투자. 300가구 이상이 100~500만 원 투자.
		직접 사업형	제주 행원리, 월정리 풍력	마을회가 사업자가 되어 지분 출자, 나머지 사업비는 프로젝트 파이낸싱으로 조달. 전력 판매 수익은 마을기금으로 사용.
비투자형 인근 지역 이익공유	부지 임대형		제주 가시리 풍력·태양광	마을 공동 목장 부지를 사업자에게 임대. 사업자는 마을 목장회에 임대료를 지급.
	현물 편익형		영광 풍력	사업자의 이익공유금과 발주법 지원금을 이용, 주민 태양광발전소 설립.
보편 이익공유			제주 풍력자원 공유화 기금	풍력을 공동자원으로 규정, 사업자가 이익의 일부를 공유화 기금으로 납부. 공유화 기금은 제주도 재생에너지 보급과 에너지 취약계층 지원 등으로 사용.

자료: 한재각(2023: 24)을 축약

재생에너지 사업을 통해 공유되는 이익은 투자수익, 토지임대료, 자발적 이익공유, 재생에너지 독점적 이용에 대한 대가까지 다양한 요소를 포함하고 있다.[9] 이를 고려해 앞의 〈표 1〉과 같이 이익공유 모델을 투자 모델(채권·펀드, 지분·직접 사업), 비투자 모델(부지 임대, 현물 편익), 보편 이익공유로 구분할 수 있다(한재각, 2023: 24). 이에 비춰보면, 제주도 풍력자원 공유화의 특징이 분명해지는데, 풍력자원 공유화는 자본투자 여부와 무관하게 '바람'에서 연유하는 이익을 함께 향유하는 것을 지향한다. 여기에는 '바람은 우리 모두의 것'이기 때문에 특정 기업이나 집단이 이익을 독점하는 것은 부당하다는 인식이 깔려 있다.

이와 같은 논리가 다른 재생에너지에는 적용될 수 없을까? 전종익(2020)에 따르면, 헌법 제120조 제1항 "광물 기타 중요한 지하자원, 수산자원, 수력과 경제상 이용할 수 있는 자연력은 법률이 정하는 바에 의하여 일정한 기간 그 채취, 개발 또는 이용을 특허할 수 있다."라는 조항은 재생에너지에 적용된다. 자연자원을 공동체 전체의 존속과 번영을 위해 사용할 수 있도록 공동체 전체에 귀속시키는 것을 지향해 왔음을 고려할 때, 재생에너지 역시 이에 준하는 방식으로 소유·이용·관리하는 것이 합당하다는 뜻이다. 실제로 헌법 제120조 제1항은 제주도 풍력자원 공유화 운동, 공공 재생에너지 운동에서 이익공유를 주장하는 근거로 쓰이고 있다(김동주, 2017; 한재각, 2023).

이처럼 자연자원을 공동자원으로 규정할 경우, 공공 주도 개발의 문제가 뒤따라온다. 전종익(2020: 74, 83)은 자연자원을 공동체 전체에 귀속된 것으로 본다면, 국영 또는 공영으로 개발·이용 사업을 추진하는 것이 헌법의 취지에 부합한다고 말한다. 민간사업자에게 개발·이용을 허용하는 것이 차단되는 것은 아니지만, 채굴·개발·이용을 위한 기회와 그로부터 나오는 수익을 공정하게 배

---

[9] 여기에 피해보상까지 고려하면 훨씬 더 복잡하다. 권정임(2018)이 지적하듯이, 재생에너지 사업에서는 태양광·바람 등 재생에너지 자원, 발전·송배전 시설이 들어서는 토지, 시설 건설로 인한 자연적·사회적 피해와 관련한 문제가 동시에 제기된다. 이 중 바람과 태양, 땅은 선물처럼 받은 것으로 파생되는 이익을 다양한 방식으로 공유할 수 있다. 반면, 소음, 반사광, 경관 훼손 등 사회환경적 영향은 특정 지역에 집중되므로 환경권 침해의 측면에서 일정한 보상이 필요하다. 이와 같은 복잡성으로 인해 재생에너지의 소유 단위, 사용료, 피해보상 기준·범위 등은 지역의 구체적인 상황을 반영해서 결정해야 한다는 주장이 제기된다(Hughes, 2021).

분하는 데 국공유화 모델이 더 적절하다는 뜻이다. 실제로 제주도 풍력자원 공유화 운동은 민간자본 투자보다 공공자금을 기반으로 공공기관이 자원을 개발하는 것이 재생에너지 사업에 적합하다는 이유를 들어 제주에너지공사의 설립을 이끌어낸 바 있다(김동주, 2017: 127-128). 공공 재생에너지 운동 또한 민간자본의 초과 이익을 사전에 방지할 수 있는 방안으로 국공유화 모델을 제시한다(구준모 외, 2023; 한재각, 2023). 해외에서도 유사한 입장을 어렵지 않게 찾을 수 있다. 예컨대, 휴즈(Hughes, 2021)는 다층적인 공적 소유에 기초해서 재생에너지 사업을 추진하는 것을 원칙으로 하되, 그렇지 못할 경우 추가적인 로열티를 부과하는 방안을 제시한다. 이와 같은 공공 주도 재생에너지 전환은 자연력의 독점적 이용 억제, 공공 재정투자와 공공 협력을 통한 인프라 확충 등을 바람직한 전환 모델로 제시한다.

재생에너지 보급이 상당히 더디고 재생에너지 사업의 안정성이 보장되지 않는 상황에서 자연력의 독점적 이용을 비판하고 공공 주도 전환 모델을 이야기하는 것이 너무 앞서가는 것처럼 들릴 수 있다. 실제로 민간사업자들은 제주 풍력자원 공유화 기금이 이중 부담으로 작용하여 사업의 경제성을 떨어뜨리고 있다고 비판한다(한재각, 2023). 하지만 재생에너지의 소유권과 사업 모델은 피할 수 없는 쟁점이 되고 있다. 무엇보다 태양광발전과 풍력발전의 대규모화가 진행되면서 민간자본의 영향력이 갈수록 커지고 있다. 단적인 예로 2023년까지 발전사업 허가를 받은 77개 해상풍력사업 중 70개 사업이 해외자본과 대기업 주도로 추진되고 있다(한재각, 2024). 나아가 현재 상황에 비춰보면, 대규모 해상풍력사업은 대기업과 전력 구매 계약(Power Purchase Agreement, PPA)을 체결할 가능성이 높다. 별도의 조치가 없을 경우, 발전 단가가 낮은 재생에너지를 대기업이 집중적으로 이용하고, 해외자본과 대기업은 풍력자원을 독점적으로 사용할 수 있게 된다.[10] 바람과 햇빛을 이용한 발전에서 유래하는 이익을 누가

---

10 현재 산업용 전기요금보다 PPA 단가가 높은 편이라 PPA가 활성화되지 않고 있다. 하지만

어떻게 향유할 것인지가 결정되는 초기 단계라는 점을 고려한다면, 재생에너지의 소유권과 사업 모델이 쟁점으로 부상하고 있는 것은 우연이 아니다. 재생에너지를 공동자원으로 규정하고 재생에너지로부터 얻는 이익을 함께 향유할 수 있는 방안을 강구하라는 공공 재생에너지 운동의 요구는 쉽게 사그라지지 않을 것이다. 초과 이익을 사전에 방지하는 방법으로서 재생에너지의 공동자원화, 재생에너지 발전사업의 모델로서 공공 협력은 커먼즈를 대안적인 에너지전환의 경로를 상상하는 매개로 계속 끌어들일 것이다.

2) 탄소배출권거래제와 전력산업 구조 개편

탄소배출권거래제는 대기 중으로 온실가스를 배출할 수 있는 권리를 인위적으로 창출한 뒤 이를 (무상) 할당하고 느슨하게 규제하여 불로소득을 창출하는 통로가 되고 있다. 한국의 탄소배출권거래제 역시 예외가 아니다. 단적인 예로, 제1~2차 배출권거래제 기본계획 기간(2015~2020년)의 평균 배출권 가격을 적용할 경우, 배출권거래제의 적용 대상인 450여 개 기업이 2015~2021년 사이 배출권을 팔아서 얻은 수익은 5,600억 원이 넘는 것으로 추정된다(김규남, 2022). 이 기간 동안 해당 기업들은 2,620만 톤의 배출권을 남긴 것으로 보이며, 배출권 판매 수익은 대부분 철강·석유화학·반도체·디스플레이·시멘트 산업의 대기업에게 돌아갔다.

탄소배출권거래제가 대기업에게 이익을 가져다준 것은 해당 기업이 에너지 효율성을 높이고 온실가스 배출량을 줄였기 때문이 아니다. 이익이 발생한 결정적인 이유는 배출 허용 총량을 높게 설정하고 배출권을 무상 할당했기 때문

RE100 압력이 커지면서 수출 대기업을 중심으로 PPA 수요가 증가하고 있다. 이로 인해 SK E&S 등 대기업 계열사가 주도하는 PPA 계약 체결이 늘고 있다. 이처럼 PPA가 확대될 경우, 좋은 입지를 선점한 뒤 규모의 경제를 통해 발전 단가를 낮춘 재생에너지를 대기업이 독점적으로 이용하는 일이 잦아질 것이다.

이다. 한 예로, 포스코는 제1~2차 기간 중 2018년을 제외하고 배출권이 부족한 적이 없었다(권경락 외, 2022). 특히 산업 부문에서는 배출권의 99% 이상이 무상으로 할당되어 실질적인 감축 압력이 없었다. 배출권거래제에 대한 비판이 지속되고 있지만, 상황은 크게 개선되지 않아 제3차 계획기간에는 잉여 배출권이 더 많이 발생할 것으로 예상된다(권경락 외, 2023).

한편 1990년대 말부터 추진된 발전 공기업의 매각은 번번이 좌초되었다. 표면적으로 공기업 매각과 같은 종획은 일어나지 않았다. 대신 민간 대기업이 발전산업에 진출하는 방식으로 전력산업 구조개편이 진행되었다. 여기에 민간 발전사의 LNG 직수입이 늘면서 공기업 중심의 전력·가스 산업에 균열이 커졌다. 이 과정에서 민간 LNG 발전사에게는 전력거래제도와 전기요금제도를 활용해 초과 이익을 얻을 수 있는 기회가 주어졌다. 이로 인해 에너지 (수입) 가격이 급등할 때 민간 LNG 발전사가 얻는 초과 이익이 계속 논란이 되었다. 공공 인프라의 매각이나 민간위탁과 같은 방식은 아니지만 불로소득을 창출할 수 있는 제도적 기회가 제공된 것이다. 한 예로, 2022년 SK, GS 계열의 LNG 발전사들은 사상 최대 이익을 거두었는데, 발전 공기업이 적자를 본 것과 대비되어 눈길을 끌었다. 이처럼 상반된 결과가 나온 까닭은 무엇보다 정산조정계수가 적용되는 발전 공기업과 달리, 계통한계가격(System Marginal Price, SMP)이 급등할 때 민간 발전사들이 초과 이익을 취하는 것을 막을 장치가 없었기 때문이다(이용, 2023).

또한 LNG 직수입은 민자 발전사들이 이익을 극대화할 수 있는 제도적 혜택과 공백을 넓혀주었다. 평상시 민자 LNG 발전사는 직도입한 LNG로 연료비 부담을 줄여 상대적으로 큰 이익을 볼 수 있다. 하지만 LNG 가격이 급격히 오를 경우, 민간 LNG 발전사는 비축 의무가 없다는 이유를 들어 직수입을 포기하고 한국가스공사로부터 연료를 구매하는 기회주의적 행태를 보였다(구준모, 2023). 비축 의무가 없다는 점을 이용해 연료비 상승으로 인한 발전 단가 상승 부담을 줄인 것이다. 에너지 수입 가격과 전기·가스 소매 요금 사이의 격차는 한전과 가스공사가 떠안았는데, 해당 기관의 적자가 커지면서 민간 발전사업자의 초과이윤을 억제하기 위한 방안으로 SMP 상한제(긴급정산상한가격제도)가 일시적으로 시행되었다. 그러나 SMP 상한제가 시행되는 상황에서 민자 LNG 발전사들은 발전기 가동 순위를 조정하는 방식으로 SMP 상한제를 회피하며 수익의 극대화를 모색했다(구준모, 2023; 김철, 2023). 예컨대, 20MW 이상의 발전 시설은 급전 지시를 받는데, 비축 의무가 없는 민자 LNG 발전사는 재고 부족을 이유로 발전소의 가동을 조정하는 방식으로 급전 지시를 회피했다.[11]

한국에서 전력산업의 구조개편은 전면적인 사유화의 길을 밟지 않았다. 하지만 발전산업에 진출한 민간 LNG 발전사에게는 연료 도입, 전력 판매 등에서 발전 공기업보다 더 큰 이익을 얻을 수 있는 기회가 주어졌다. 탄소배출권거래제 역시 배출 허용 총량을 느슨하게 설정하고 배출권을 무상 할당하여 규제 대상인 기업들에게 오히려 불로소득을 안겨주고 있다. 에너지전환 정책의 실효성을 높이기 위해서는 온실가스 감축과 산업 전환 정책에 연루된 불로소득의 문제를 직시할 필요가 있다.

3) 분산 전원과 전력 플랫폼

재생에너지 설비가 늘면서 송배전망 구축과 함께 전력 계통 운영이 중요한 쟁점으로 떠오르고 있다. 분산 전원의 증가에 발맞춰 재생에너지의 변동성에 대응하기 위해 공급만큼 수요 대응을 강화해야 한다는 목소리가 커지고 있다. 소규모 분산 전원의 증가와 전력 중개사업, P2P 전력 거래의 확대와 같은 변화

---

11 2024년 1월, 「국가자원안보 특별법」이 제정되면서 민간 LNG 발전사는 비축 의무를 부여받았다. 하지만 동시에 LNG 직수입자의 제3자 판매(국내 재판매)가 공식화되었다. 제3자 판매는 2013년과 2016년 논란 끝에 폐기된 바 있는데, '민간 LNG 직수입 확대', 'LNG 직수입자 간 국내 재판매 허용'이 윤석열 정부의 국정 과제에 포함되면서 재추진되었다(김진철, 2024). 「국가자원안보 특별법」 제정을 통해 자원 안보 위기 시 판매가 최고액을 설정할 수 있게 되었지만, 여기에 대기업의 활로를 열어주는 조치가 포함되었다는 점을 눈여겨볼 필요가 있다.

를 예측하며 '공유 경제'에 기초한 에너지전환을 탐색하는 모습도 낯설지 않다(김현제, 2019).

하지만 국내에서 전력 '신산업 육성'은 산업계의 기대에 못 미치고 있다. 재생에너지로의 전환은 상당히 느리고, 전기요금제 및 전력거래제도 개편, 전력 판매 시장 개방 등 '신산업 육성'의 조건이 단기간 내에 갖춰질 가능성은 높지 않아 보인다. 하지만 전력 계통이 전환 경로를 둘러싼 경합의 주요 대상이 되는 것은 예고된 미래다. 민간자본의 대규모 재생에너지 개발과 함께 소규모 분산 자원의 증가는 전기의 생산, 판매, 소비의 재조직화를 추동할 것으로 예상된다. 이미 서서히 진행되고 있는 것도 적지 않다. 예컨대, 이상엽 외(2020)는 전력 판매 시장 개방이 대단히 갈등적인 사안이라는 점을 지적하며 지역 단위 전력시장부터 개편할 것을 제안한 바 있다. 이에 따르면, 민간기업의 진입을 허용하되 지방정부와 시민사회가 참여하는 방안을 결합할 때 신산업육성의 추진력을 높일 수 있다. 즉, 일종의 타협책으로 이들은 한전의 판매 부문을 유지하되, 소규모 전력 중개사업 활성화, 전력 계량 시스템(Advanced Metering Infrastructure, AMI) 활용 신사업 모델 개발, 전기차 충전과의 연계 등 지역 단위 사업 모델을 다각화하는 것을 문제해결의 열쇠로 제시한다. 최근 상황을 보면, 이와 같은 제안이 에너지 스타트업뿐만 아니라 (에너지) 공공기관과 지자체가 참여하는 에너지 플랫폼 사업을 통해 곳곳에서 구체화되고 있음을 알 수 있다. 앞으로 소규모 분산 자원의 거래·관리를 활성화하려는 시도가 확대될 것으로 예상되는 만큼 한전의 역할과 전력거래제도의 개편 방향을 둘러싼 논쟁은 피하기 힘들어 보인다.

이 지점에서 공공 주도 에너지전환의 경로는 다소 모호하다. 공공 주도 에너지전환이 수직통합된 전력 공기업으로의 회귀를 주장하는 것은 아니지만 소규모 분산형 자원의 연결 및 운영 방안은 명확하지 않다(구준모 외, 2023). 되돌아보면, 에너지의 협력적 생산과 이용은 에너지 운동의 주요 레퍼토리 중 하나였다. 에너지 자립 마을, 태양광 시민 발전소, 풍력 협동조합을 떠올려보라. 에너지 절약, 협력적 소비-생산으로서 절전소와 네가와트(negawatt) 역시 에너지 운동에서 쉽게 접할 수 있는 말이었다. 그런데 에너지 플랫폼의 부상에서 볼 수 있 듯이, 에너지의 협력적 생산·이용은 새로운 사업 모델로 포획되고 있다. '국민 DR(수요 반응, Demand Response)' 사업은 절전소 운동보다는 데이터를 축적하여 에너지 플랫폼을 활성화하기 위한 실증 사업에 더 가까워지고 있지 않은가. 분산 에너지의 미래를 낙관하던 이들의 기대와 달리, 현실에서는 플랫폼의 이중성이 강화되고 있다. 블록체인과 암호화폐 기술을 활용해서 에너지의 협력적 생산과 이용의 새로운 잠재성을 실험하는 해외 사례들이 있지만, 전반적인 흐름을 보면 플랫폼 사업 모델의 구심력이 강하게 작동하는 경우가 많다.

에너지전환은 사회기술적 혁신을 요구한다. 이때 '경쟁=혁신', '독점=정체'의 도식은 단면적일뿐더러 대안적인 정책을 모색하는 데 장애물이 된다(이병천, 2022). 관건은 개방적, 참여적 혁신을 구체화하는 것이다. 여기서 해법을 찾지 못하면, '공기업 독점'을 혁신의 장애물로 여기는 주장에 맞서기 어렵고, 에너지 프로슈머를 앞세운 산업 활성화에 적절히 대응하지 못할 가능성이 크다. "공공재생에너지 확대는 이들의 자기파괴적인 혁신과 기존 발전 자원의 조기 좌초 자산화, 전환을 위한 막대한 재정투자, 송전망 확충 등이 전제되어야 가능"한데 현실적으로 가능하겠냐는 회의적 질문은 시장 주도 에너지전환으로 가는 입구가 될 것이다(이상복, 2024). 현재 커먼즈론과 불로소득 자본주의론에 기초한 개방적 혁신전략은 불분명한데(이병천, 2022), 분산전원을 매개로 한 협력적 공동생산과 이용이 플랫폼 사업 모델로 귀결되는 것을 막기 위해서는 혁신전략을 구체화하는 것이 필수적이다.[12]

---

12 여기서 플랫폼은 사물과 정보의 순환을 촉진하는 기술과 함께 이용자들의 적극적인 참여를 유도하는 문화를 토대로 하고 있다는 점을 상기할 필요가 있다(Langley and Leyshon, 2017). 소비자의 이용을 유도하고 이용자의 참여를 활성화하는 것은 플랫폼 경제의 원동력과 같다. 이로 인해 소비자와 이용자는 플랫폼 기업의 소유자·투자자와 대립하지 않고 오히려 플랫폼 규제에 적대적인 모습을 보이기도 한다(Rahman and Thelen, 2019). 과거 독점기업에 대한 비판이 거셌던 것과 달리, 플랫폼 독점에 대한 저항이 상대적으로 약한 이유다.

5. 나가며

　에너지원을 넘어 전환 경로로 에너지전환을 둘러싼 쟁투가 확대되고 있다. 공공 재생에너지 운동이 조직되고 재생에너지의 소유권과 사업 모델이 쟁점으로 부상하고 있는 것이 단적인 예다. 아울러 전환 경로가 공방의 대상이 되면서 공동체 에너지와 공공 협력에서 햇빛과 바람의 독점적 이용까지 커먼즈의 시각에서 재조명할 수 있는 대상이 늘고 있다. 여기서 끝이 아니다. '자연의 선물'에서 유래하는 이익의 독점적 향유는 에너지전환 정책에 포함된 불로소득 추출의 문제를 제기한다. 더욱이 커먼즈의 강탈·포착을 매개로 한 불로소득 추출은 비단 재생에너지 정책에 국한된 것이 아니라 탄소배출권거래제, 전력산업 구조개편, 전력 플랫폼 등 여러 분야에서 나타나고 있다. 탄소중립·에너지전환은 커먼즈의 강탈과 포획, 독점적 지위를 이용한 초과 이익 추구, 생산적 투자·혁신이 뒤엉킨 형태로 진행되고 있다.

　불로소득 추출이 자본축적의 주요 수단으로 쓰이고 있는 만큼, 탄소중립과 에너지전환을 둘러싼 갈등이 커먼즈의 강탈·포획과 불로소득 추출을 매개로 하는 일이 늘고 있다. 따라서 탄소중립·에너지전환 정책을 진단할 때, 커먼즈의 강탈·포획을 통한 불로소득 추출을 평가의 중요한 잣대로 고려할 필요가 있다. 불로소득 추출을 고려하지 않을 경우, 탄소중립·에너지전환에 뛰어든 기업들이 거둔 이익은 전적으로 투자 리스크나 혁신에 대한 보상으로 정당화된다. 또한 재생에너지 이익공유제나 탄소배출권거래제가 시사하듯이, 제도 자체의 (비)합리성을 넘어 권력관계의 측면에서 접근할 때 전환 정책의 성격과 효과가 더 입체적으로 드러난다. 전환비용의 부담과 전가 그리고 전환 저항은 그 자체로 상당 부분 불로소득 문제와 연결되어 있다는 사실을 직시할 필요가 있다. 뒤집어 말하면, 녹색 혁신과 생태 전환을 촉진하기 위해서는 불로소득을 억제할 방안을 찾아야 한다(Sayer, 2023). 불로소득을 추구하는 투자 패턴을 바꾸지 않고 녹색 혁신을 위한 투자나 그린뉴딜을 체계적으로 추진할 수 있을지, 또 화석연료 기업의 불로소득 문제를 공략하지 않고 투자 철회 운동이 얼마나 성공을 거둘 수 있을지, 떠올려보라.

에너지 커먼즈에 대한 관심이 커지고 있지만 커먼즈에 기초한 대안적인 전환 경로가 아직 체계화된 것은 아니다. 다만 커먼즈로 포착되는 것들의 연결고리를 따라가며 그 방향을 짐작해 볼 수는 있다. 먼저 공동체 에너지와 공공 협력 모델은 에너지 자치·분권과 에너지 기본권 보장이 에너지 커먼즈를 구성하는 가치이자 힘임을 시사한다. 사회운동의 요구로서 '태양과 바람은 우리 모두의 것'은 재생에너지 자원의 배타적 소유와 독점적 이용이 언제든 논란에 휩싸일 수 있으며, 이익 향유가 수용성 확보나 피해보상을 넘어 권리 보장의 문제로 재규정되고 있음을 보여준다. 덧붙여 공공 재생에너지 운동은 특수목적법인 설립과 민간 금융자본에 의존하는 방식에서 벗어나 공공 협력을 우선하는 방향으로 재생에너지 사업 모델을 수정할 것을 요구하고 있다. 나아가 이익 향유를 공동자원에 대한 권리의 문제로 재정의하는 것은 지역적 차원에서 지구적 차원까지 편재해 있는 공동자원의 의의를 되물으며 시민 배당과 같은 대안적인 이익 공유 제도에 관한 논의를 촉발하고 있다. 또한 함께 향유할 수 있는 부가 독점적으로 전유되는 것에 대한 비판은 정부의 산업 지원 및 연구개발 정책으로 확장된다. 더불어 기술혁신으로 촉발되고 있는 전력 생산-소비의 재조직화와 전력망 관리의 성격 변화는 커먼즈가 불로소득 추출의 계기로 변환되는 것을 억제할 수 있는 혁신전략을 요구하고 있다. 향후 에너지 커먼즈의 잠재력은 분산전원에 대한 기대가 플랫폼 사업 모델로 편입되는 것을 막으며 다른 활력을 창출해낼 수 있느냐에 달려 있다고 해도 과언이 아니다. 이와 같은 움직임들 속에서 확인할 수 있듯이, 커먼즈는 다른 전환 경로를 상상하고 실천하는 출발점이 되고 있다. 이제 막 발을 내딛고 있는 커먼즈에 기초한 전환 경로는 앞으로 에너지 관련 자원과 함께 만들어낸 부의 배타적 소유와 독점적 이용을 억제하고 이를 에너지 자치·분권과 에너지 기본권 보장의 원칙 아래 재배치하는 시도들이 늘고 서로 연결되면서 구체화될 것이다.

금융자본의 지배가 강화되고 사회적 불평등이 확산하는 상황에서 지구 열대화가 가속화되고 있다. 기후 위기 시대를 헤쳐 나가기 위해 사회생태적 위기가 어떻게 연결되어 있는지, 그 연결고리를 찾을 필요성이 커지고 있다. 기후정의 운동이 주창하는 '체제 전환(system change)'에 동의하든 동의하지 않든, 사회경제적 전환을 포괄하는 방향으로 탄소중립·에너지전환 논의는 확장될 것이다. 달리 말하면, 탄소중립·에너지전환의 역사적 조건에 대한 이해를 바탕으로 정의로운 전환을 모색하는 것은 전환 연구와 전환 운동의 당면 과제가 되었다. 그리고 그 문제를 풀 수 있는 단서를 찾을 수 있는 곳 중 하나가 탄소중립·에너지전환과 커먼즈, 불로소득 자본주의가 마주치는 곳이다.

참고문헌

구준모. 2023. "전기·가스요금 폭등의 구조 진단과 대안: 기후정의와 에너지 공공성의 관점." 사회공공연구원 이슈페이퍼.

구준모·김종철·류민·류승민·이정필·이치선·전주희·정은아·한재각·홍석만. 2023. 『공공재생에너지 확대 전략』. 공공운수노조·한국발전산업노동조합·청소년기후행동·사회공공연구원.

권경락·박지혜·윤세종. 2022. "고장난 배출권거래제, 쟁점과 대안." Plan 1.5.

권경락·박지혜·윤세종·최창민. 2023. "1.5도로 가는 마지막 비상구 배출권거래제 제4차 계획기간 개편방안." Plan 1.5.

권범철. 2019. "신자유주의에서 도시 커먼즈의 흡수: 창조도시 전략과 예술 행동을 중심으로." 『공간과사회』 29(3): 13-61.

권정임. 2018. "에너지 전환과 공유사회." 『인문사회21』 9(5): 603-618.

김동주. 2015. "자연의 수탈과 풍력발전: 제주도 바람의 사유화, 상품화, 자본화." 『ECO』 19(1): 213-256.

_____. 2017. 『바람은 우리 모두의 것이다: 제주도 풍력발전의 개발과 풍력자원 공유화 운동사』. 제주대학교 탐라문화연구원.

김명수. 2023. "금융이 지배하는 전환? 경제의 디지털화를 향한 (한국) 국가 프로젝트와 금융." 『경제와사회』 140: 347-393.

김철. 2023. "에너지 요금 인상 논란 관련 쟁점 분석: 한전 적자 문제를 중심으로." 사회공공연구원 이슈페이퍼.

김현제. 2019. 『에너지부문의 공유경제 활성화 방안 사례 연구』. 에너지경제연구원.

네그리·안토니오·마이클 하트. 2014. 『공동체: 자본과 국가 너머의 세상』. 정남영·윤영광 역. 사월의책.

_____. 2020. 『어셈블리: 21세기 새로운 민주주의 질서에 대한 제언』. 이승준·정유진 역. 알렙.

데 안젤리스·맛시모. 2019. 『역사의 시작: 가치 투쟁과 전지구적 자본』. 권범철 역. 갈무리.

마추카토·마리아나. 2020. 『가치의 모든 것: 위기의 자본주의, 가치 논의로 다시 시작하는 경제학』. 안진환 역. 민음사.

라인보우, 피터. 2012. 『마그나카르타 선언: 모두를 위한 자유권들과 커먼즈』. 정남영 역. 갈무리.

리프킨, 제러미. 2014. 『한계비용 제로 사회』. 안진환 역. 민음사.

_____. 2020. 『글로벌 그린뉴딜』. 안진환 역. 민음사.

박서현. 2022. "공공성과 공동자원: 공공성의 새로운 구성을 위한 제주대학교 공동자원과 지속가능사회 연구센터의 모색." 『탐라문화』 69: 269-302.

_____. 2023. "커먼즈의 철학으로서의 공통주의: 자기 변화의 윤리를 중심으로." 『철학연구』 68: 175-203.

박태현·이병천. 2016. "커먼즈로서 기후시스템과 공공신탁법리: 기후변화소송을 소재로." 『법학논총』 40(2): 275-304.

서르닉, 닉. 2020. 『플랫폼 자본주의』. 심성보 역. 킹콩북.

스탠딩, 가이. 2021. 『공유지의 약탈: 새로운 공유 시대를 위한 선언』. 안효상 역. 창비.

우양호. 2023. "지역주민 공동체와 지속가능한 이익공유제는 가능한가?: 전남 신안군의 경험." 『지방정부연구』 27(2): 165-191.

윤여일·최현. 2023. "21세기 한국학계 공동자원 연구의 전개와 과제: 공동체 공동자원과 공중 공동자원 연구에 대한 분석을 중심으로." 『공동체문화와 민속 연구』 5: 45-77.

윤영광. 2022a. "네그리의 공통주의와 공통적인 것." 『범한철학』 104(1): 213-248.

_____. 2022b. "네오오페라이스모의 커먼즈론: 자본의 코뮤니즘이라는 역설의 문제화." 『시대와 철학』 33(3): 101-138.

이병천. 2018. "커먼즈론은 공동재산/권을 어떻게 보는가? 세가지 시선." 『시민과세계』 33: 239-262.

_____. 2022. "불로소득 자본주의, 어떻게 볼 것인가: 피케티에서 크리스토퍼스로." 『시민과세계』 40: 231-255.

이상엽 외. 2020. 『국가 지속가능발전을 위한 2050 저탄소사회 이행방안 연구』. 한국환경정책·평가연구원.

이정필·한재각. 2014. "영국 에너지전환에서의 공동체에너지와 에너지 시티즌십의 함의." 『ECO』 18(1): 73-112.

이호근. 2023. 『에너지 민주주의와 디지털 혁신』. 휴앤스토리.

장훈교. 2022. 『공동자원체제』. 부크크.

전종익. 2020. "헌법 제120조 제1항 천연자원 규정의 해석." 『서울대학교 법학』 61(2): 47-92.

정영신. 2016. "엘리너 오스트롬의 자원관리론을 넘어서: 커먼즈에 대한 정치생태학적 접근을 위하여." 『ECO』 20(1): 399-442.

_____. 2019. "커먼즈론에 입각한 사회변동 연구를 위한 개념적 접근." 최현 외. 『공동자원의 영역들』. 진인진.

_____. 2020. "한국의 커먼즈론의 쟁점과 커먼즈의 정치." 『아시아연구』 23(4): 237-260.

_____. 2022. "이탈리아의 민법개정운동과 커먼즈 규약 그리고 커먼즈의 정치." 『ECO』 26(1): 93-139.

지주형. 2022. "불로소득 자본주의와 현대 자본주의의 위기." 『경제와사회』 133: 39-107.

최현. 2019. "공동자원론으로 본 제주개발사." 최현 외 편저. 『공동자원의 영역들』. 진인진.

___. 2024. 『제주사회와 시민적 공동자원론』. 진인진.

한디디. 2024. 『커먼즈란 무엇인가: 자본주의를 넘어서 삶의 주권 탈환하기』. 빨간소금.

한재각. 2023. "재생에너지 분야 이익공유제의 현황과 과제." 재생에너지 이익공유제 현황과 과제 국회토론회 자료집.

_____. 2024. "불평등한 기후위기, 공공재생에너지로 대응하자." 2024년 총선 기후위기 대응 공공재생에너지 정책토론회 자료집.

홍덕화. 2019. "에너지 민주주의의 쟁점과 에너지 커먼즈의 가능성." 『ECO』 23(1): 75-105.

_____. 2021. "에너지 전환 경로로서 공공협력의 방향 탐색: 발전자회사의 재생에너지 사업을 중심으로." 『기억과전망』 44: 59-96.

_____. 2022. "커먼즈로 전환을 상상하기." 『ECO』 26(1): 179-219.

황진태. 2022. "기존 법제를 활용한 도시 커먼즈 생산의 가능성: 서울의 한 아파트 에너지 전환 실험을 사례로." 『사회적 가치 이슈브리프: 도시 커먼즈』. 한국법제연구원.

Christophers, B. 2020. Rentier Capitalism: Who Owns the Economy, and Who Pays for It?. Verso.

_____. 2024. The Price is Wrong: Why Capitalism Won't Save the Planet. Verso.

Dardot, P., C. Laval. Matthew Maclellan (translation). 2019. Commons on Revolution in the 21st Century. Bloomsbury.

De Angelis, M. 2017. Omnia Sunt Communia: On the Commons and the Transformation to Postcapitalism. Zed.

De Angelis, M., D. Harvie. 2014. "The Commons." M. Parker, G. Cheney, V. Forunier, C. Land (Eds). The Routledge Companion to Alternative Organizations. Routledge.

Federici, S. 2019. Re-enchanting the World: Feminism and the Politics of the Commons. PM Press.

Felli, R. 2014. "On Climate Rent." *Historical Materialism* 22(3-4): 251-280.

Hughes, D. M. 2021. Who Owns the Wind?: Climate Crisis and the Hope of Renewable Energy. Verso.

Karakilic, E. 2022. "Rentierism and the Commons: A Critical Contribution to Brett Christophers' Rentier Capitalism." *EPA: Economy and Space* 54(2): 422-429.

Langley, P., A. Leyshon. 2017. "Platform Capitalism: The Intermediation and Capitalisation of Digital Economic Circulation." *Finance and Society* 3(1): 11-31.

Mezzadra, S., B. Neilson. 2017. "On the Multiple Frontiers of Extraction: Excavating Contemporary Capitalism." *Cultural Studies* 31(2-3): 185-204.

Rahman, S., K. Thelen. 2019. "The Rise of the Platform Business Model and the Transformation of Twenty-First-Century Capitalism." *Politics & Society* 47(2): 177-204.

Sadowski, J. 2020. "The Internet of Landlords: Digital Platforms and New Mechanisms of Rentier Capitalism." *Antipode* 52(2): 562-580.

Sayer, A. 2023. "Rentiership, Improperty and Moral Economy." *Environment and Planning A: Economy and Space* 55(6): 1471-1484.

Wade, R., G. Ellis. 2022. "Reclaiming the Windy Commons: Landownership, Wind Rights, and the Assetization of Renewable Resources." *energies* 15(10): 3744. https://doi.org/10.3390/en15103744

송준호. 2024년 5월 13일. "옥토퍼스 에너지, 영국 최대 에너지 공급업체 등극… 3배 성장의 비결은?" Impact On.

에너지타임즈. 2024년 1월 10일. "김진철_자원안보 특별법 드디어 통과… LNG 3자 판매 쟁점."

이뉴스투데이. 2023년 7월 11일. "이용_LNG로 빨대 꽂은 민간 발전사… 전력시장 맹점 개선해야."

이투뉴스. 2024년 4월 6일. "이상복_공공재생에너지란 파랑새는 없다."

정의로운 전환을 위한 충남 노동자행진 보도자료. 2024년 3월 30일. "석탄발전은 멈춰도 우리 삶은 멈출 수 없다!"

한겨레신문. 2022년 10월 4일. "김규남_온실가스 뿜어 댄 기업들, 그 덕에 되레 5600억 벌었다."

7장

에너지전환과 에너지 커먼즈

김수진

이 글에서는 에너지 커먼즈 개념이 에너지전환 논의와 어떻게 접점을 형성하는지 검토하고 기존 논의에서 추상적 개념으로 정의된 에너지 커먼즈 개념을 보다 구체적 실체로 정의한다. 나는 시민들이 직접 참여하여 소유하고 운영하는 재생에너지 설비를 에너지 커먼즈로 정의하며 이러한 에너지 커먼즈는 시장을 적극적으로 활용할 때 실제로 잘 작동하고 에너지전환에 기여할 수 있음을 논증한다. 민간 영역에서 에너지 커먼즈가 구현되지만 에너지 커먼즈는 에너지 설비를 설치하는 데 직접 참여하는 시민의 소유('우리의 것')를 넘어 공공의 가치에 기여한다는 측면에서 '모두의 것'이라는 커먼즈 가치를 담지한다. 공공의 영역에서만 공공성이 구현된다는 협소한 공공성 개념을 넘어 시민적 공공성이 에너지 커먼즈를 통해 실현됨을 주장한다.

1. 시민참여와 에너지전환

기후 위기에 대응하는 핵심 거버넌스로 시민참여가 강조되고 있다. 유럽연합은 기후 위기에 대응하기 위해 정치적 행위자이자 생산자, 소비자, 사용자이며 건물이나 운송수단의 소유자로서 시민의 역할을 강조한다. 이는 기후변화 대응의 가장 큰 걸림돌은 기후 친화적인 스마트한 기술의 부족이 아니라 이를 구현하는 주체의 역량 부족이라는 문제의식에서 기인한다. 시민들이 참여함으로써 과학, 시장 및 사회 간의 격차를 줄일 수 있다고 본다. 기술혁신과 혁신적인 거버넌스 모델도 필요하지만 이와 더불어 시민들의 생활방식과 행동에 근본적 변화가 일어나야 하며 이러한 변화를 시민들이 자발적으로 수용해야 한다. 시민 참여는 공공정책 결정의 정당성을 강화하는 데도 기여하며 정책 결정의 질과 사회적 타당성을 향상시킨다. 무엇보다 시민들의 참여는 정책 문제를 해결하는 데도 기여할 수 있다(EC, 2020).

우리나라에서도 탄소중립정책은 새로운 국면을 맞이했다. 2050 탄소중립 선언과 파리협약에 따른 온실가스 감축의무를 달성하기 위한 국가의 임무는 「기후위기 대응을 위한 탄소중립·녹색성장 기본법」(이하 탄소중립기본법)으로 규정되었고 온실가스 감축의 책임 주체로 지방자치단체의 역할이 부각되었다. 탄소중립기본법에 따르면 국가 단위의 탄소중립·녹색성장 기본계획(이하 기본계획)이 수립된 이후 6개월 이내에 광역지방자치단체(광역지자체)가 기본계획을 수립해야 하고 광역지자체가 계획을 수립한 이후 6개월 이내에 기초지방자치단체(기초지자체)가 계획을 수립해야 한다. 이에 따라 기초지자체는 탄소중립기본법에 상응하는 기본조례를 제정하고 국가계획 달성에 부합하는 지자체의 온실가스 감축 목표를 수립하기 시작했다. 기초지자체에 감축 책임이 직접적으로 부여되면서 시민참여의 통한 상향식 감축 방식이 주목받고 있다. 국가 단위 계획이 거시적 차원에서 부문별 감축에 역점을 둔다면 기초지자체 계획에서는 시민이 직접 참여하는 거버넌스 모델과 시민의 직접적 행동 변화에 기초한 온실가스 감축 실천이 중요해졌다.

　기후 위기 대응 정책 중 시민참여가 가장 많이 요구되는 영역은 에너지전환 분야이다. 시민참여가 강조되는 주된 이유는 다음과 같이 정리할 수 있다. 첫째, 풍력, 태양광 등 재생에너지 설비는 중앙집중적인 화석연료 발전이나 원자력발전과 달리, 동일한 발전 용량을 실현하는 데 공간이 많이 필요하다. 공간 수요가 크기 때문에 한정된 공간을 둘러싼 갈등이 발생할 가능성도 그만큼 커진다. 따라서 재생에너지 설비 계획 과정에서의 시민참여는 재생에너지 설비를 둘러싼 갈등을 방지하거나 조정하고 해결하는 데 기여할 수 있다. 둘째, 시민참여는 재생에너지 확산에 기여한다. 2000년대 초반 독일에서 도입된 발전차액지원제도(FIT: Feed-in-tariff)는 재생에너지 설비에 투자한 비용을 상쇄할 수 있도록 일정 기간 재생에너지에서 생산한 전기의 높은 매입 단가를 보장했다. 이 제도에 힘입어 독일에서는 2016년 기준 재생에너지 설비의 약 42%를 시민들이 소유하며,[1] 2023년 기준 전체 전력 생산에서 재생에너지가 차지하는 비중은 50%를 넘어섰다.[2] 셋째, 시민들이 협동조합 등에 참여하여 재생에너지 설비를 소유하는 것은 경제적 이해관계를 넘어 기후변화 문제를 함께 논의하고 실천 방법을 자발적으로 모색하는 학습의 과정이기도 하다. 이런 과정을 통해 이른바 에너지시티즌십을 배양한 시민들은 기후 위기 대응의 다른 실천 영역에도 긍정적으로 기여할 가능성이 높다.

　〈그림 1〉은 재생에너지 등 소규모 분산 에너지에 의해 추동되는 에너지전환의 미래상을 보여준다. 2000년에는 원자력발전소와 화석연료 발전소에서 대부분의 전력을 생산했다면, 2018년 신재생에너지 발전 비중이 8.9%로 늘어난 시점에는 재생에너지를 포함한 분산에너지원이 상당히 많은 점으로 분포하고 있

1　Clean Energy Wire. 2018. 10. 25. "Citizens' participation in the Energiewende"(https://www.cleanenergywire.org/factsheets/citizens-participation-energiewende) (2024. 7. 21. 자료접근)
2　한겨레. 2023. 12. 21. "독일, 재생에너지 비중 50% 돌파… 시민들 지지로 이룬 기적"(https://www.hani.co.kr/arti/international/europe/1121253.html) (2024. 7. 21. 자료접근)

다. 이러한 점들은 향후 더 조밀하게 늘어날 전망이며 시민들이 참여하는 재생에너지 설비도 이 늘어나는 점들의 일부를 구성하게 될 것이다.

〈그림 1〉 분산 에너지 미래 전망

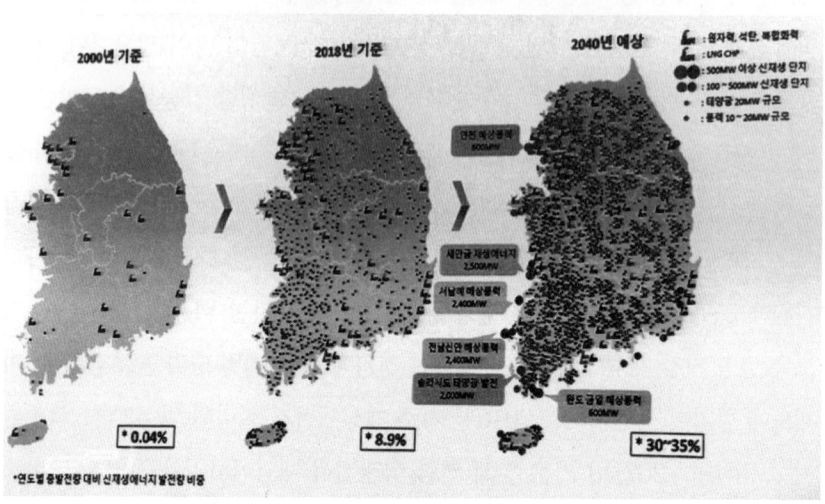

출처: 정부의 분산 에너지 활성화 로드맵 http://www.e2news.com/news/articleView.html?idxno=228188 재인용

〈그림 1〉의 무수한 점으로 구현되는, 시민들이 직접 참여해서 소유하고 관리, 운영하는 재생에너지 설비 등이 에너지 커먼즈이다. 논의 순서는 다음과 같다. 2장에서는 에너지전환 담론과 커먼즈가 어떻게 접목되는지 살펴보고, 3장에서는 커먼즈의 이론적 개념을 검토한 뒤 커먼즈를 이용 기반 커먼즈와 소유 기반 커먼즈로 분류하고 에너지 커먼즈의 위상을 분석한다. 4장에서는 에너지전환의 기술적 조건을 살펴보고 시장 없는 에너지전환이 가능하지 않음을 주장하며, 5장에서는 소유권에 기초하여 사적 영역에서 형성된 에너지 커먼즈가 어떻게 '우리 모두의 것'이라는 커먼즈를 가치를 구현하는지 설명한다.

2. 에너지전환 담론과 커먼즈는 어떻게 만나는가?

1980년대 독일의 대안 생태연구소에서 주장한 에너지전환(Energiewende)은 2011년 후쿠시마 원전 사고 이후 독일 연방정부가 공식적으로 채택한 정책 언어가 되었으며 이후 글로벌 표준 정책으로 자리 잡았다. 화석연료에서 탈피하고 재생에너지로 전환해야 한다는 에너지전환의 당위성은 더 이상 이론의 여지가 없다. 이제 관건은 어떻게 에너지전환을 달성하느냐이다. 1970년대 오일쇼크는 석유 시대의 종말을 상상하게 했으며, 당시 에너지전환은 에너지원의 전환에 집중했다. 아모리 로빈스(Lovins, 1977)가 제시한 연성 에너지 경로(soft energy path)가 대표적이다.

로빈스는 중앙집중적인 대규모 발전원인 화석연료발전 및 원자력발전을 소규모 설비로 분산 설치가 가능한 태양광, 풍력 등과 여러 측면에서 대비시킨다. 전자가 고갈성 에너지원이라면, 후자는 재생 가능한 에너지원이다. 시장의 구조도 대규모 발전시스템에서는 소수 발전업체의 독과점이 지배적이라면, 소규모 재생에너지 발전시스템에서는 많은 중소 규모 에너지 생산자가 참여하게 된다. 화력발전과 원자력발전 등 이른바 재래식 발전원에서 전기는 언제나 거대 발전소에서 전기 소비자에게 단방향으로 송배전된다. 이에 반해 분산된 소규모 발전설비에서는 기존에 전기를 소비하던 소비자도 이제 전기를 생산하는 주체가 된다는 점에서 양방향 네트워크 구조가 확대된다. 재래식 발전원에서는 관료와 전문가에 의한 하향식(top-down) 의사결정 구조가 지배적이라면, 재생에너지 시스템에서는 시민들과 에너지 프로슈머 등이 참여하는 상향식(bottom-up) 방식이 우세하다. 즉, 의사결정 측면에서도 권위주의적 방식과 민주적 방식이 대비된다. 더 나아가 대규모 발전설비, 특히 원자력발전의 경우, 고도의 과학기술을 사용하며 실패에 따른 비용과 그 시공간적 영향이 큰 반면, 소규모 발전원에서는 위험도 분산되며 실패에 따른 비용과 영향도 적다. 로빈스는 대규모 발전시스템의 경직성을 부각하며 화력발전과 원자력발전을 경성 에너지

(hard energy)로, 분산된 중소 규모 에너지 시스템의 유연성을 부각하며 태양광, 풍력 등의 재생에너지 발전원을 연성 에너지(soft energy)로 명명한다. 로빈스는 에너지 경로의 이러한 이분법적 대비를 통해 연성 에너지와 경성 에너지 경로는 상호배타적이라고 말한다.

재생에너지에 기반하는 로빈스의 연성 에너지 경로는 이후 에너지 민주주의, 에너지 커먼즈, 지역에너지, 시민 에너지, 공동체 에너지 등의 논의로 이어진다. 에너지 커먼즈는 시민, 지역주민 또는 조합원 등이 참여하여 재생에너지 설비를 공유하고 이 과정에 민주적인 의사결정 거버넌스 구조를 지향하고 에너지 자립을 추구한다. 에너지 커먼즈라는 개념을 명시적으로 사용하지는 않지만, 지역사회가 주도하는 공동체 에너지에 대한 많은 논의도 이러한 공동체, 신뢰, 협동, 생태 사회적 전환 등 에너지 커먼즈의 가치지향을 공유한다(Acosta et al., 2018; Bauwens et al., 2016; Kalbrenner & Roosen, 2016; Koirala et al., 2016; Seyfang et al., 2013; Viardot, 2013; Walker, 2008; Walker et al., 2010; Wirth, 2014).

2000년대 초 전력산업 구조개편이 시도되었을 때, 이필렬은 한국전력공사를 6개 발전사업자가 아닌 '지역공동체가 운영하는 수백 개의 작은 지역 공영회사'로 나누는 방안을 제안했다(유정민, 2011 재인용). 이후 제3의 길을 모색하는 학계 논의의 기본 틀은 여기에서 크게 벗어나지 않는다. 유정민(2011)은 전력산업의 민영화와 공영화를 넘어서는 제3의 패러다임으로 에너지 커먼즈를 제시한다. 유정민(2011: 99)에 따르면 에너지 커먼즈 패러다임은 "민간이나 정부의 에너지 독점을 통해 성장과 이윤을 추구하는 방식을 벗어나 지역사회 공동의 노력을 통해 에너지의 생산과 소비를 '공공의 재산(common wealth)'화 하는 방향으로의 전환을 의미한다." 이를 위해 '에너지 생산과 운영에 있어 시민적, 지역적 권한을 회복'하고 '지역사회의 민주적 거버넌스 체계 강화'를 강조한다. 홍덕화(2019)는 '지역화·분산화, 자유화, 공유화·사회화' 등이 중첩되고 '투자자·소비자, 노동자, 에너지 시민 사이에서 흔들리고' 있는 에너지 민주주의 담론의 긴장을 해소하는 방안으로 '자본주의에 저항하는' 에너지 커먼즈 개념을 사용한다. 이렇게 에너지 커먼즈 개념을 사용함으로써 홍덕화(2019)는 '자본축적을 강화하거나 경제성장을 촉진하는 것이 아니라 개개인의 필요를 충족시키고 생태적으로 지속 가능한 사회를 모색하는' 에너지 민주주의의 비판적 담론 성격이 보다 분명해진다고 말한다. 여기에서 홍덕화(2019)는 시장화를 의미하는 자유화를 제외하고 지역화·분산화, 사회화·공유화의 가치를 결합한 것으로서 에너지 커먼즈의 가능성을 구상한다. 홍덕화(2017: 169, 179)는 시장을 활용할 경우, '에너지전환의 주체, 조직 형식의 측면에서 공공성은 크게 고려되지 않기' 때문에 "에너지협동조합이나 지역에너지 공사와 같은 지역화된 비시장적 영역을 확장하는 것을 에너지전환의 핵심 수단으로 본다."

유정민과 홍덕화 모두 한국의 수직독점화된 중앙집중적 전력 공기업 독점 상황을 염두에 두고 전력산업의 소유 구조까지 변화시킬 수 있는 에너지 커먼즈를 상상한다. 그 결과, 국가와 시장의 대안으로서 지역화·분산화와 공유화·사회화를 결합하는 에너지 커먼즈의 실체는 지역 주도형 에너지 시스템이나 지역에너지 공사의 형태로 나타난다. 홍덕화는 시장화를 배제하지만 여전히 일정 정도 시장 개방에 의해 등장하게 되는 에너지협동조합도 에너지 커먼즈의 범주로 간주한다. 이 경우, 시민들의 참여를 배제하지 않기 위해 시장 활용의 필요성을 어느 정도 인정하면서도 여전히 공공성을 훼손하지 않는 방안으로 시장 활용을 배제해야 한다고 주장함으로써 논리적 모순이 불가피하다. 유정민과 홍덕화 모두 이러한 에너지 커먼즈에 대한 구상이 실천적 측면에서 여전히 한계가 있음을 인정한다. 유정민(2011: 104)은 "지역 주도형 에너지 시스템 건설을 위한 구체적 정책 방안의 제시라는 측면에서 여전히 부족"하다고 말하고 홍덕화(2017: 177, 182)도 "지역에너지 공사와 에너지협동조합이 전력산업에서 규모 있는 행위자의 역할을 할 준비가 되어 있는지 다소 불투명"하며 "에너지 공공성의 재구성 시도와 에너지전환의 현실적 추동력 사이에 간극이 존재"한다고 언급한다.

홍덕화(2021)는 최근의 재생에너지 확대가 시장화를 추동하고 더 나아가 대규모 재생에너지 설비가 민간자본에 의해 독점화되는 것을 경계하며, 이를 막기 위해 대규모 공적 투자를 통해 발전 공기업에서 재생에너지 사업을 수행하는 것이 '공공성'의 실현과 '탈시장적 전환'에 부합한다고 말한다. 이러한 공공협력에 기초한 에너지 커먼즈 구상은 정영신이 주장하는 '우리 모두의 것'으로서의 커먼즈와 '협력적 생산과 공유적 이용'이라는 커먼즈 가치를 구현하고자 하는 데서 출발한다. 공동체 에너지의 '우리의 것'이라는 폐쇄성을 보완하기 위해, 공공부문과의 협력을 통해 에너지 공공성을 확보함으로써 에너지 기본권 등 '모두의 것'의 가치를 살리고자 하는 것이다.

번 등(Byrne et al., 2009)은 로빈스의 연성 에너지에 관한 규범적 논의를 커먼즈 개념으로 재정립한다. 번 등은 '에너지 상품'에 대비되는 개념으로 '에너지 커먼즈'를 사용하며, 공동체 경제(commonwealth economy)와 공동체 신뢰(community trust)라는 커먼즈 도구(commons tool)를 사용하여 지속 가능한 에너지 설비를 구축해야 한다고 주장한다. 이 주장에 따르면, 공동체(community)가 재생에너지 설비를 집단적으로 소유하고 공동체를 위한 에너지 설비 통치가 이루어진다는 차원에서 에너지 커먼즈 정치가 발현된다. 즉, 지속 가능한 에너지 설비란 단순히 재생에너지 설비를 의미하는 것이 아니라, 공동체의 가치나 이익에 기여하는 에너지 설비이다. 이 논의에서는 대규모 풍력단지와 같은 재생에너지 설비에 대해 비판적인데, 이러한 대규모 설비는 기존의 '풍요를 지향하는 경제'에서 '에너지 비만'을 정당화시키는 구조를 그대로 재생에너지 시스템에서도 답습하기 때문이다. 초대형 재생에너지 프로젝트는 오히려 산길, 목초지, 해상 등 전통적인 공유지를 파괴한다. 여기에서 커먼즈는 공동체, 신뢰, 탈상품화 등을 상징하는 하나의 기표로 기능한다고 볼 수 있다. 공동체의 집단적인 소유 형태는 구체적이지 않다.

이상과 같이 에너지 커먼즈에 대한 기존 논의(유정민, 2011; 홍덕화, 2019; 2021; Byrne et al., 2009)는 바람직한 대안에 관한 규범적 담론을 구성한다.

커먼즈 개념이 정부의 실패와 시장의 실패를 모두 극복하는 제3의 대안으로서 등장했기 때문에, 기존의 에너지 커먼즈 담론에서는 시장화를 배제하거나 경계하며(홍덕화, 2019; 2021) 더 나아가 공동체 경제라는 다소 모호한 표현으로 자본주의나 성장주의를 비판한다(Byrne et al., 2009). 특히 에너지 공공성을 확보하고 재구성하는 기표로 에너지 커먼즈를 사용하기도 한다. 유정민(2011)은 한국전력공사의 독점에 대한 대안으로서 지역 공사화를 에너지 커먼즈의 모습으로 구상하며, 홍덕화(2021)는 에너지 커먼즈를 시민들이 소유한 에너지 설비라는 물리적 자원으로 한정하지 않고 발전 공기업과의 협력 가능성을 모색하며 에너지 공기업과 공동체 에너지의 '상호구성적 결합 가능성'으로 에너지 커먼즈를 제안한다.

  이에 반해 나는 현재 실천되고 있는, 시민들이 집합적으로 소유하는 재생에너지 설비 등을 에너지 커먼즈라고 정의하고 에너지 커먼즈의 특성을 커먼즈 이론의 검토를 통해 구체적으로 규정하고자 한다. 나는 에너지전환의 물리적 기반인 기술적 조건을 탐색함으로써, 에너지전환의 부분집합으로서의 에너지 커먼즈와 전력산업의 시장화가 상호배타적이지 않음을 논증할 것이다. 시민 또는 지역주민 들의 참여로 만들어지는 에너지 커먼즈를 확산하려면 가상발전소(VPP: Virtual Power Plant)처럼 디지털 기술과 접목한 다양한 전력사업 모델이 필요하며 더 나아가 재생에너지에 기반한 에너지전환을 실현하려면 현재의 국가의 '계획'에 종속된 불완전하고 왜곡된 전력시장이 아니라 시공간적으로 세분화된 전력요금이 가격 신호로 기능하는 전력시장이 활성화되어야 한다. 나는 4절과 5절에서 '시장 없는' 에너지전환이 가능하지 않으며 '공공성'이 반드시 공기업 등 공공기관에 의해서 실현되는 가치가 아님을 주장할 것이다. 시민참여에 기반한 에너지 커먼즈에서 '모두의 것'의 가치는 '에너지 공기업이 지배적 위상을 유지'(홍덕화, 2021)해야 달성되거나 재생에너지가 설치되는 지역의 지역민과 경제적 이익을 공유하는 모델로 달성되는 것이 아니라, 재생에너지가 구현하는 공익적 가치에 의해 달성된다. 우선 3절에서 에너지 커먼즈의 구체적 위상에 대해 살펴보자.

3. 에너지 커먼즈의 위상

에너지 커먼즈는 커먼즈를 정의하는 범주에서 어디에 위치하는가? 우선 커먼즈 논의는 하딘(G. Hardin)의 '공유지의 비극(tragedy of commons)'에 대한 오스트롬(E. Ostrom)의 비판적 연구에서 본격화되었다. 오스트롬의 연구 이후 소유권을 다수가 공유하는 공동재산, 공유재산(common property resources)이라는 개념에서 소유권과 관계없이 다수가 관리 및 이용하는 공동자원(common pool resources: CPRs)이 커먼즈의 개념으로 자리 잡았다. 오스트롬은 재화 이용 측면에서 배제 가능성과 경합 가능성 유무로 재화를 구분한 뒤, 배제하는 것이 가능하고 경합하는 사유재와 배제하는 것이 불가능하고 경합하지 않는 공공재 사이에, 배제하는 것이 불가능하지만 경합하는 재화를 공동자원(CPRs)의 영역으로 정의했다. 오스트롬이 소유관계의 물리적 속성에서 재화의 비배제성을 규정했다면, 최현(2016: 31-32)은 사회적 정당성이나 윤리적 속성에서 비배제성을 도출하고 "잠재적인 사용자를 배제하는 것이 사회적으로 용인되지 않고 한 주체의 사용량이 증가함에 따라 다른 사용자들이 사용할 수 있는 양이 감소하는 자연적 자원이나 인공 시설"로 커먼즈를 정의한다. 비배제성의 속성은 커먼즈의 특성이 소유 차원보다 이용 차원과 더 밀접하게 연관되어 있음을 나타낸다. 최현(2016)이 지적하듯 커먼즈(commons)라는 용어는 영어권에서 사용될 때 소유권이 분명하지 않은 상태에서 관리 주체나 경합성 여부에 상관없이 '많은 사람이 함께 이용했던 자원'을 의미한다. 거의 모든 재화의 소유권이 국유 또는 사유로 규정된 현대사회에서 공유의 개념은 낯설다. 이런 이유로 최현·따이싱성(2016)은 경합성이 있는 공동자원을 이용하는 집단 또는 공동체에 주목하여, 공동자원이란 아무나 이용할 수 있는 것이 아니라 관리 책임에 대한 부담을

지는 사람들이 명시적으로나 암묵적으로 관리, 이용 규칙을 마련하고 이를 지킴으로써 자원 이용의 지속성을 보장한다고 말한다. 공동 목장, 산림, 어장, 지하수 등의 이용이 여기에 해당한다.

정영신(2016)은 오스트롬식의 공동자원 논의가 자원 이용과 관리를 둘러싼 갈등해결 방법론에 집중하며 주로 전통적인 공동자원의 소멸을 다룬다고 비판하고 현대사회에서 커먼즈 개념은 오히려 새로운 커먼즈가 창출되는 과정에 주목해야 한다고 말한다. 정영신(2016)은 커먼즈 관리의 어려움이 재화의 속성(비배제성과 경합성)에서 도출되는 것이 아니라 오히려 공동체 자체가 파괴되는 사회변동에 있다고 본다. 정영신(2016)은 비배제성과 경합성을 지니고 특정 시점에 객관화할 수 있는 공동자원(CPRs)과 커먼즈를 구분한다. 그는 커먼즈를 "자원에 내재된 객관적 특성이 아니라 특정한 자원이나 공간 등이 '우리 모두의 것'이라는 인식과 실천을 통해 계속해서 생산, 재생산되는 것"으로 구성주의적으로 파악한다(정영신, 2016: 108). 정영신은 커먼즈를 공동의 것을 생산하는 과정과 실천으로 바라본다. 나는 과정과 실천으로서의 커먼즈도 중요하지만 우선 커먼즈를 정의하기 위해 공동의 자원이나 공간이라는 물리적 기반이 전제되어야 한다는 점에 주목한다. 즉, 물리적 기반이 전혀 없이 공동의 목표를 추구하는 가치만을 지칭하여 커먼즈라고 개념화할 수 없다. 정영신은 전통적인 공동소유 자원이나 공동관리 자원을 찾아보기 힘든 현대사회에서 커먼즈는 공(公)적 소유와 사(私)적 소유가 다양한 형태로 결합될 수 있다고 말한다. 국내외 커먼즈 연구에서 커먼즈에 대한 정의는 여전히 논쟁적이지만, 커먼즈 논의에서 공통적으로 발견되는 것은 공동으로 이용하거나 공동으로 창출하고자 하는 물리적 기반(자원, 공간 등), 해당 자원을 공동으로 소유 및/또는 이용하는 공동체/집단 그리고 자원관리를 위한 공동의 협력, 자치 등과 같은 가치이다.

에너지 커먼즈도 공동으로 소유 및/또는 이용하는 에너지자원 또는 에너지 설비라는 물리적 기반과 이를 집합적으로 소유하고 이용하는 공동체/집단 그리고 공동의 협력과 자치라는 가치가 결합되어 형성된다. 그렇다면 에너지 커먼즈는 재화의 범주에서 어떤 위상을 지닐까? 정영신이 표현한 '우리 모두의 것'으로서의 커먼즈는 커먼즈 이용의 폐쇄성 여부에 따라 〈표 1〉과 같이 분류될 수 있다. 이용하는 자가 소유권을 지니고 있지 않으며 공동으로 이용하는 재화는 비경합성과 비배제성이 특징인 공공재이다. 여기에 해당하는 커먼즈는 대기, 해양 등의 글로벌 커먼즈와 숲, 제주 용천수 등이다. 이용하는 자가 소유권을 지니고 있지 않으면서 폐쇄적으로 이용하는 커먼즈는 현대사회에서는 찾기 힘들지만 오스트롬이 연구한 공동자원(CPRs) 사례가 여기에 해당한다. 소유권을 지닌 집단이 폐쇄적으로 이용하는 커먼즈는 재화의 특성 측면에서는 배제성과 경합성을 특성으로 하는 사적 재화와 차이가 없다.

〈표 1〉 사적 소유권과 이용 구분에 따른 커먼즈 구분

구분	사적 소유권 있음	사적 소유권 없음
공동 이용 ('모두의 것')		• 글로벌 커먼즈(대기, 해양) • 숲, 제주 용천수
폐쇄적 이용 ('우리의 것')	• 제주도 마을 공동 목장 • 에너지협동조합의 재생에너지 설비	• 오스트롬의 공동자원(CPRs) 사례: 마을 어장 등

출처: 저자 작성

최현(2016)도 강조하듯 일반적으로 커먼즈의 특성은 소유관계보다는 공동 이용에서 도출된다. 〈그림 2〉는 이용 기반 커먼즈 사례를 나타낸다. 이용 기반 커먼즈는 전통적으로 물려받은 자원과 생산한 자원으로 다시 구분된다(Niaros, 2017: 3 재인용). 공공의 이용을 위해 생산한 물질 자원은 사회적 커먼즈로 분류되는데 여기에는 송배전망과 같은 기반 시설이 포함된다.

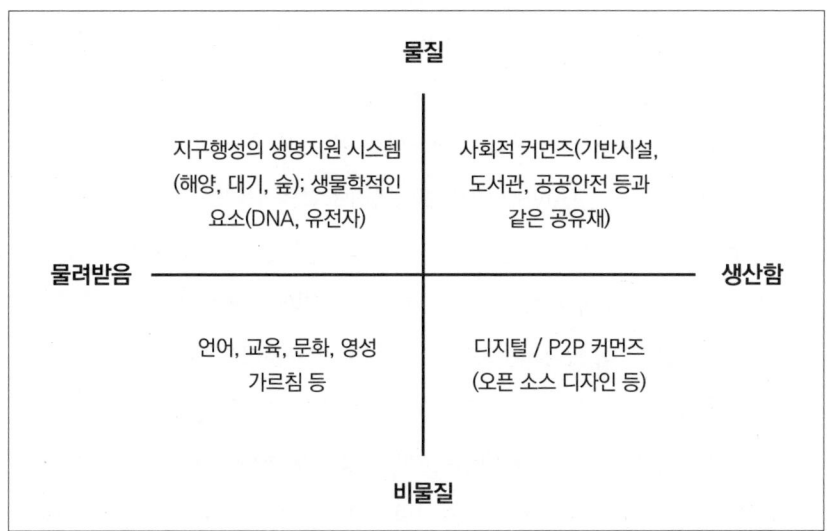

〈그림 2〉 이용 기반 커먼즈 사례

출처: Niaros, 2017: 3 재인용

　송배전망과 같은 사회기반시설을 제외하면 재생에너지 설비와 관련된 에너지 커먼즈는 이용 기반 커먼즈와 구분하여 소유 기반 커먼즈라고 말할 수 있다. 이용 기반 커먼즈는 공동체의 자치적 관리가 관건이 된다. 이용 기반 커먼즈는 공적 소유와 사적 소유로 환원되지 않는, 오스트롬의 연구 사례와 같은 제3의 영역이 포함된다. 물론 공적 소유인 공공재의 경우에도 공적(public) 소유나 통제에 대한 도전 또는 사적으로 전환되는 것에 대한 저항운동으로 다시 커머닝의 정치가 발현되기도 한다. 이용 기반 커먼즈에 반해 사적 소유권에 기초해서 형성되는 소유 기반 커먼즈는 재화의 성격 면에서 사적 재화와 구분되지 않는다는 사실이 암시하듯 소유권이라는 경제적 이해관계에서 자유롭지 못하다. 즉, 경제적 이해관계에 부합하지 않으면 존속되기 어려운 측면이 있다.

　〈표 1〉에 제시되어 있듯이 소유 기반 커먼즈의 사례로 제주도 마을 공동 목장과 에너지협동조합이 소유한 재생에너지 설비를 들 수 있다. 제주도 마을 공

동 목장[3]은 1961년 군사정권에 의해 강제적으로 소유권이 이전(마을 소유로 등록된 자산이 강제로 지방자치단체 소유로 이전됨)되고, 이후에 외지 기업이 목장을 매입하여 관광, 골프장 등 개발사업을 진행하면서 해체가 가속화되었다(윤순진, 2016). 제주도의 마을 공동 목장은 애초에는 주로 마을이 소유하고 이용하는 전통적 커먼즈였으나 1970년대 이후에는 목장조합의 형태로 주로 관리되었다. 목장조합이라는 분명한 소유권의 경계가 만들어졌지만, 여전히 마을 공동체가 목장을 생태적으로 지속 가능하게 관리한다는 측면에서 커먼즈의 가치를 구현하고 있다. 조합원들이 소유하고 공동으로 이용하는 에너지협동조합도 이 커먼즈 모델에 가깝다. 제주도 마을 공동 목장이 개발사업과 축산업의 변화 등으로 점차 사라지고 있는 반면, 에너지협동조합이 설치한 재생에너지 설비는 에너지 전환을 위한 정책과 제도적 여건이 조성되면서 새롭게 생성되는 커먼즈에 해당한다.

오스트롬의 CPRs가 공공 소유와 사적 소유가 아닌 제3의 영역에서 커먼즈를 구현한다면, 거의 모든 공간과 재화에서 제3의 영역이 남아 있지 않은 현대사회에서 사적 소유에 기반한 커먼즈란 어떤 모습일까? 정영신은 공동체가 공간이나 자원을 공동의 것으로 만드는 과정으로서 커먼즈를 정의하며 여기에 협력과 자치의 가치를 커먼즈를 구현하는 중요한 요소로 덧붙인다. 그렇다면 협력과 자치를 통해 폐쇄적인 '우리의 것'이 아닌 '모두의 것'을 만들어내는 커먼즈의 가치는 어디에서 비롯되는가? '모두의 것'이라는 커먼즈 가치는 공익에 기여하는 공공의 가치에서 비롯된다고 볼 수 있다. 어떤 공동체가 협력과 자치에 기반해 공간이나 자원을 '우리 모두의 것'으로 만들어가는 실천은 해당 공동체의

---

3 제주도 마을 공동 목장 형성 과정에 대해서는 윤순진(2016) 참고. 조선시대 정조 때부터 토박이들에게 초지에 대한 소유권이 주어져 마을 공동 목장이 생겨났으며 일제 강점기에 목장의 마을 소유 관계가 문서로 정리되었다. 당시 마을 목장의 토지는 마을 주민으로부터 임대하거나, 기부받거나 매입하는 방식으로 확보되었다. 마을 토박이들이 목야지의 소유권을 지닌 시기에도 마을 주민들이 소유권에 구애받지 않고 방목을 했으나, 1970년대 이후에는 목장조합에 기초해 공동 방목이 이루어졌다.

사적 이익의 실현을 넘어서는 공공의 가치를 암묵적으로 전제한다. 일례로 목장조합이 소유한 제주도 마을 공동 목장에서 윤여일(2022)이 발견한 커먼즈 가치는 탄소를 격리하고 지하수를 보존하며 토양침식을 방지하는 초지의 생태적 가치, 국가중요농업유산으로서의 가치, 경관 보호, 토지 비축 및 산지 생태 축산에 기여하는 가치 등이다. 즉, 제주도 마을 공동 목장을 커먼즈로 명명하고 이를 보존해야 하는 이유는 목장조합의 경제적 이해관계를 실현하는 협력과 자치의 가치보다는 공익에 기여하는 공공의 가치에서 비롯된다. 그렇다면 에너지 커먼즈에서 공공의 가치는 어떻게 실현될까? 에너지 커먼즈는 기후 위기에 대응하기 위한 지속 가능한 에너지 시스템 구축과 지역에너지 자립에 기여하고, 기후 위기 및 에너지 문제에 대해 시민들에게 학습의 장을 제공한다. 더 나아가 에너지 커먼즈는 지역 공동체 육성에 긍정적으로 기여하고 공동체의 자치와 참여 민주주의의 실현에도 기여한다.

나는 에너지 커먼즈에 부합하는 '공동체'를 보다 명확하게 규정하고자 한다. 공동체에 의한 에너지 설비의 '공유'와 운영 및 관리의 '자치'가 형성된다는 의미에서 에너지 커먼즈를 정의한다면, '공동체'를 정의하는 규모에 따라 에너지 협동조합, 지역에너지 공사, 더 나아가 국가 수준에서의 발전 공기업까지 에너지 커먼즈로 간주될 수 있다. 지역사회에서 재생에너지 설비를 공공 재산화하는 지역에너지 공사를 지역공동체에 의한 에너지 커먼즈의 실천이라고 말한다면, 동일한 논리로 공동체의 경계를 국가까지 확장하여 발전 공기업도 한국 사회라는 공동체의 이익을 위해 에너지를 생산하는 에너지 커먼즈를 실천한다고 볼 수 있다. 홍덕화(2021)는 공공 협력의 규모를 국가 스케일까지 확대하는 에너지 커먼즈를 상상할 수 있다고 언급하기도 한다. 이렇게 될 경우, 커먼즈를 만드는 주체로서 시민은 직접적으로 커먼즈의 형성에 관여하기보다 공동체의 일원으로 간접적인 참여자 또는 수혜자가 되며 커먼즈의 의미는 희석된다. 따라서 나는 에너지 커먼즈를 시민들의 자발적 참여에 기초해 재생에너지 설비 등을 공동으로 소유하고 운영하는 것으로 한정한다. 시민들이 집합적으로 재생에너지 발전설비를 소유하는 것(에너지협동조합)과 공공이 소유하는 것(발전 공기업, 지역공사)은 민간 영역과 공공 영역이라는 차원에서 구분된다. 이런 이유로 〈그림 3〉에서 에너지 커먼즈는 공공재의 영역과 중첩되지 않으며 사적 소유의 영역 안에 포함된다.

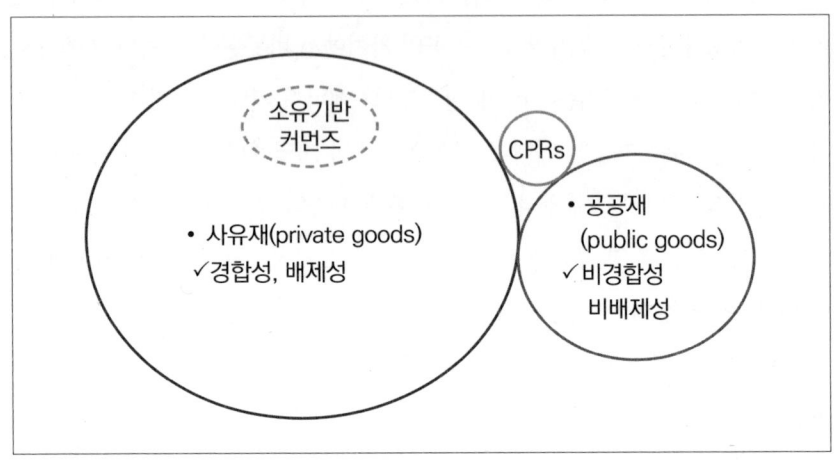

〈그림 3〉 소유 기반 커먼즈의 위상

출처: 저자 작성

이상과 같은 논의에 기초하여 나는 구체적 실체로서 에너지 커먼즈를 시민들이 직접 참여하여 재생에너지 설비 등을 집합적으로 소유하고 운영, 관리하는 것으로 정의한다. 경제적 가치에 따라 발언권이 정해지는 1원 1표의 일반 주식회사의 형태가 아니라, 1인 1표의 민주적 의사결정에 기초한 협동조합 모델이나 경제적 이해관계보다 사회적 목적을 우선적으로 추구하는 사회적 기업 모델 등이 에너지 커먼즈에 부합한다. 물론 현실에서 이러한 정의가 항상 모순 없이 매끄럽게 실천된다고 보기는 어렵다. 협동조합이든 사회적 기업의 모델이든 경제적 이해관계로부터 완전히 자유로울 수 없기 때문이다. 이것은 소유 기반 커먼즈의 태생적 한계일 수도 있다. 그럼에도 불구하고 이렇게 정의된 에너지 커먼즈는 앞서 언급한 공공의 가치를 실현하는 데 기여하기 때문에 '우리 것'에서 확대된 '모두의 것'으로서의 실천을 담고 있다.

4. 에너지 커먼즈와 시장

에너지 커먼즈는 시장과 어떤 관계가 있는가? 결과적으로 말하자면, 시민들의 참여로 만들어지는 에너지 커먼즈는 기존의 일방향 전력 판매 구조가 아닌 쌍방향의 전력 생산 및 소비 네트워크가 활성화될 때 더욱 촉진된다. 그리고 이를 가능하게 하는 기술적 전망은 다양한 비즈니스 모델과 시장 설계를 필요로 한다. 따라서 에너지 커먼즈는 시장을 적극적으로 활용할 때 실제로 잘 작동하고 그 존재가치도 실현할 수 있다. 소수의 전력 공급원만 있던 시기에 작동하던 중앙집중적인 계획은 다양한 분산에너지원이 확산되는 시스템에서는 제대로 작동할 수 없다. 시장은 다양한 자원을 배분하는 데 효율적이다. 그렇다고 시장이 완벽한 제도는 아니다. 제품을 사고파는 시장에서 광고를 통해 제품의 진부화가 일어나고 과잉생산이 발생하는 등 자원 낭비가 초래되기도 한다. 나는 오로지 시장만이 경제, 더 나아가 사회 문제까지 효율적으로 해결한다고 믿는 '시장주의'(홍훈, 2023)를 주장하지 않는다. 시장도 불완전한 제도이기 때문에 규제가 필요하다. 그런 점에서 재생에너지 등 분산 에너지원의 확대는 그동안 존재하지 않았던 전력 거래의 다양성을 구현할 전력시장과 이를 규제할 독립적 규제 기관을 필요로 한다.

전력산업은 현재 탈탄소화, 분산화, 전력화, 디지털화의 변화를 겪고 있다. 분산된 변동성 재생에너지의 전력 시스템 통합은 디지털 기술과 이를 촉진하는 다양한 사업 및 시장 모델 등에서 전력산업 혁신을 강제하고 있다. 시장화를 배제하는 에너지 커먼즈 구상은 지금의 전력산업 변화 경향성을 반영하지 못하며 분산된 변동성 재생에너지의 전력 시스템 통합이라는 기술적, 물리적 조건을 간과하고 있다. 한국에서는 불완전하지만 전력 도매시장이 존재한다. 2001

년부터 전력거래소를 통해 전력 거래가 이루어졌다. 전력거래소 초창기에는 전력거래소 회원이 발전 공기업 중심으로 소수에 불과했다면, 2022년 기준 전력거래소에 등록된 회원 수는 5,445개에 달하며 2021년 4,822개에서 약 12% 증가했다. 이 가운데 태양광 사업자만 5,000개 이상에 달한다(전력거래소, 2023). 2022년 수요관리사업자는 53개이며 소규모 중개사업자는 73개이다. 이렇게 전력시장에는 중소 규모 분산 에너지 자원 사업자들이 다수 참여하고 있으며 이러한 추세는 더욱 강화될 것이다. 여기에는 물론 시민들이 직접 참여해서 소유하고 운영하는 재생에너지 설비도 포함된다. 이렇게 다수의 에너지 사업자가 등장하는 것은 분산된 에너지 자원의 물리적 특성에서 비롯된다. 이는 분산된 다양한 에너지 자원을 전력 시스템에 성공적으로 통합하기 위해서는 과거와 같은 중앙집중적 '계획'이 더 이상 유효하지 않으며 디지털 기술 및 다양한 사업모델 등에 기초한 시장의 자원배분 기능이 필요함을 의미한다.

〈표 2〉 기존의 에너지 시스템과 분산 에너지 시스템 비교

	기존의 에너지 시스템	미래의 분산 에너지 시스템
기본 방향	• 대규모 발전소 기반의 집중형 발전 • 원거리 해안가 발전 → 수도권 내 소비	• 소규모 발전소 중심의 분산형 발전 • 지역 내에서 에너지 생산·소비 가능
인프라 (전력망)	• 선형 위주의 전국적 네트워크 • 일방향적 전력 계통 체계 • 발전사업자 → 송·배전사업자 → 소비자	• 면적 위주의 마이크로그리드 • 프로슈머형 전력 플랫폼 기반의 양방향 계통 체계
전력 거래	• 규모의 경제에 기반한 효율성 위주의 전력시장 • 변동성 재생에너지 급전 어려움	• 자가소비, 수요지 인근 거래가 중심 • 재생에너지 입찰제도, 실시간 시장 등으로 재생에너지 관리 강화
에너지 분권	• 중앙정부 주도의 중앙집중형 전력 체계 구축	• 중앙정부와 지방정부 간 협업 + 적극적인 주민참여 체계

출처: 산업자원통상부(2021: 3)

다양한 분산 에너지 자원 이용을 활성화하기 위해 2023년 「분산에너지 활성화 특별법」이 제정되었다. 기존의 에너지 시스템과 달리, 분산 에너지 시스템에서는 지역 내의 소규모 발전소 중심으로 에너지를 생산하고 생산한 에너지를 지역 내에서 소비할 수 있는 시스템을 구축한다. 이러한 분산 에너지 시스템에서는 프로슈머형 양방향 전력 계통 체계와 마이크로 그리드, 스마트 메터링, 통합 가상발전소, 이웃 간 전력 거래 등이 가능한 전력 플랫폼 신사업, 실시간 전력시장 등이 활성화될 전망이다.

전력산업에서 시장 활용에 대한 문제는 공기업 체제에 대한 논쟁과 이와 연계된 공공성 논쟁과 맞닿아 있다. 2000년대 초 전력산업의 구조 개편 이후 공기업인 한국전력공사의 발전 부문이 6개 발전자회사로 분리되고 가스 발전과 집단에너지 부문에 민간 발전 사업자가 본격적으로 진입했으며 일종의 규제 기관으로 전기위원회 및 전력거래소가 설립되었다. 발전 부문에 경쟁시장이 형성되었지만 전력 판매는 한국전력공사 독점체제를 유지하고 있다. 가스 민자발전 부문이 전력 생산의 28.5%(2020년 기준)를 담당하고 있는 가운데[4] 민자발전사의 시장 이윤 독점이 전기요금이나 가스요금 인상을 초래하기 때문에 민자발전사를 재공영화해야 한다는 주장이 제기된다(구준모, 2023). 노동운동 진영에서는 6개 자회사로 분할된 발전 공기업의 비효율성을 극복하고 전력공급 안정성을 강화하기 위해 발전 부문의 재통합을 대안으로 거론하기도 한다(홍덕화, 2017: 165). 최근에는 발전 공기업을 중심으로 공공 주도로 재생에너지를 공급해야 한다는 주장이 제기되고 있다(구준모 외, 2023). 이와 반대로 석광훈(2024)은 한국의 국가독점 공기업의 발전, 송배전 및 판매에 이르는 수직 독점 구조가 오히려 에너지전환을 지연시키고 있다는 주장한다. 그에 따르면, 송배전망을 운영하는 한국전력공사가 자회사로서 발전회사도 소유하고 있기 때문에 전력망 접속의 중립성이 훼손된다. 또 한국전력공사가 전력 판매를 독점하는 현재와

---

[4] https://www.electimes.com/news/articleView.html?idxno=304939

같은 공기업 체제가 오히려 정치권과 정부의 전기요금에 대한 기회주의적 간섭에 취약한 구조를 만들어내고 이로 인해 전기요금이 정상화되지 못하고 있다.

지난 20년 이상 전력산업 구조개편 문제는 공기업 민영화와 결부된 공공성 논쟁으로 점철되고 있다. 최근에는 민간자본의 재생에너지 사업 참여가 증가하면서 이른바 '우회적 민영화'라는 말도 나오고 있다. 이렇게 전력산업 민영화를 우려하는 사람들은 필수재인 전력부문이 민간자본의 이윤 논리에 매몰되지 않아야 한다고 주장한다. 홍성태(2016)에 따르면, 전력산업의 공공성을 확보하기 위해 발전 공기업이 재생에너지를 공급해야 한다는 논리는 공공성을 지키는 주체를 공공기관, 공기업 등 공공 영역과 등치시킨 데서 비롯된다. 그 결과 공공성을 지키는 것은 곧 공공 영역의 민영화나 시장화에 반대하는 것과 동일한 의미가 되었다(홍성태, 2016). 홍성태(2016)는 공공성의 주체가 국가나 계급으로 선험적으로 결정되지 않으며 공공부문도 공공성을 해칠 수 있고 개인이나 기업도 공공성을 구현하는 주체가 될 수 있다고 말한다. 중요한 것은 '공공성의 대상, 주체 그리고 크기를 구분하고 그 내용을 실증적으로 파악'하는 것이다(홍성태, 2016: 35). 나는 우리 시대의 시대적 요구로서 등장하는 '에너지전환'이라는 공공성을 구현하는 방법도 에너지전환의 기술적 내용을 실증적으로 파악하는 데서 출발해야 한다고 본다. 아래에서 에너지전환의 기술적 조건을 살펴본다.

에너지는 전기, 열 및 연료의 형태로 소비된다. 현재 전 세계적으로 볼 때 최종에너지소비에서 전기는 약 20%를 차지한다. 우리나라도 20% 정도이다. 국제에너지기구(IEA), 국제재생에너지기구(IRENA) 등에서 공통적으로 전망하는 에너지전환의 모습은 향후 전력화(electrification)가 더욱 증대하고 이 전기 에너지의 대부분을 풍력과 태양광으로 충당한다(IEA 2021; IRENA, 2023)는 것이다. 전력화가 증대하는 이유는, 기존에 연료와 열의 형태로 사용하던 에너지를 점점 전기로 대체하기 때문이다. 내연기관차가 전기차로 전환되고 냉난방 열에너지는 히트펌프 등을 통해 전기화된다. 이와 더불어 4차 산업혁명에 따른 디지털화의 진전으로 전력 소비량은 더욱 증가할 것으로 전망된다.

로빈스(Lovins, 1977)는 중앙집중적인 대규모 발전원의 경직성을 강조하며 '경성 에너지(hard energy)'라고 명명하고 이와 대비시켜 재생에너지를 '연성 에너지(soft energy)'로 기술했다. 그렇다면 '연성(soft)'이라는 용어가 의미하는 것처럼 태양광이나 풍력은 '부드러운' 에너지원일까? 전력 시스템의 목적은 실시간 전력수요에 부응하면서 전력을 안정적으로 공급하는 데 있다. 전력수요에 따라 조절할 수 있는 발전원을 급전 가능한(dispatchable) 발전원이라 부르고 화력발전, 수력발전 등이 여기에 해당한다. 핵분열 에너지로 전력을 생산하는 원자력발전의 경우, 핵연료봉을 임의로 꺼내서 출력을 조절할 수는 있지만 안전의 문제로 이런 식의 감발 조치를 취하는 경우는 드물다. 즉, 원자력발전은 급전 가능성이 떨어지는 경직된 발전원이다. 풍력과 태양광은 어떨까? 이들 에너지원은 날씨에 따라 변동하기 때문에 전력공급을 자유롭게 통제하기 어렵다. 간헐성 또는 변동성 재생에너지라고 부르는 이유다. 중앙집중적 발전원인 원자력과 분산형 발전원인 풍력과 태양광은 모두 급전 가능성이라는 측면에서 취약한 발전원이다. 태양광과 풍력은 '연성' 에너지라는 상징적 표현과 달리, '부드럽지' 않다. 앞서 살펴본 대로 에너지전환의 관건은 태양광, 풍력이 주된 발전원으로 기능하는 전력 시스템을 성공적으로 구축하는 데 있다. 태양광, 풍력이 주된 발전원이 된다는 것은 변동성 발전원에 대응하여 전력 시스템의 유연성을 확대해야 한다는 것을 의미한다. 따라서 전력 시스템의 유연성을 확대하는 다양한 기술적 방안과 이를 작동시키는 제도가 에너지전환을 위한 중요한 기술적 요소가 된다.

변동성 재생에너지가 늘어나는 가운데 전력 시스템의 유연성이 떨어지면 어떻게 될까? 2023년 기준 우리나라의 재생에너지 발전량 비중은 약 10%로 OECD 국가들 중 최하위이지만, 전력수요가 상대적으로 적은 봄철에 재생에너지 설비의 출력을 제한하는 횟수가 점점 많아지고 있다. 제주도는 지난 5년 동안 재생에너지 발전설비가 2배 정도 늘어나면서 출력제한 횟수도 2021년 65회, 2022년 132회에서 2023년 181회로 증가했다(강재병, 2024). 올해 봄철에는 출력제한이 불가능한 경직된 전원이 3.4GW 증가했으며 이에 한국에너지공단은 교육청을 통해 유치원, 초·중·고등학교에 설치된 20kW 초과 태양광 설비에 대해 일정 기간까지 매주 토요일과 일요일에 인버터를 수동 정지하여 설비 운영을 중지하도록 조치했다(2024, 이상복). 햇빛이 좋거나 바람이 좋은 날에는 태양광과 풍력으로 생산된 전력이 전력수요보다 더 많은 공급과잉이 발생한다. 하지만 잉여 전력을 저장하거나 다른 형태의 에너지로 변환하는 기술적 여건이 아직 갖추어지지 않아 재생에너지 설비의 출력을 제한하게 되는 것이다. 이것은 비단 전력망이 다른 국가와 연계되지 않은 우리나라만의 일이 아니다. 전력망이 연결된 유럽의 많은 국가도 재생에너지 발전 비중이 늘어나면서 재생에너지 전력의 공급과잉 문제에 직면하고 있으며 이를 해결하기 위해 다양한 기술적, 제도적 해결 방안을 모색하고 있다. 아래에서는 이러한 해결 방안에 대해 간략히 살펴본다(아래 논의는 IRENA(2019) 참고).

변동성 재생에너지의 비중이 점차 증가하고 있는 전력 시스템에서 유연성이란 다름 아닌 전력 시스템이 변동성 발전원을 수용할 수 있는 능력으로 정의할 수 있다. 즉, 전력 시스템의 유연성은 재생에너지의 변동성과 불확실성에 대응하여 재생에너지원의 출력제한을 최소화하면서 전기 수요를 충족시킬 수 있도록 전기를 안정적으로 공급하는 전력 시스템의 능력이다. 중앙집중적인 대규모 발전원이 중심이 되는 전통적인 발전시스템에서는 주로 공급 측면에서(발전소에서) 전력수요에 대응하는 유연성을 제공했다. 이에 반해 지역적으로 분산된 변동성 재생에너지를 전력망에 통합해야 하는 전력 시스템에서는 공급 측면뿐만 아니라 수요 측면, 그리드(송배전망), 저장시스템 등에서 다양한 유연성 옵션(대안)을 구축할 때 비용 효과적으로 전력 시스템의 유연성을 강화할 수 있다.

첫째, 공급 측면에서는 전통적인 발전원을 점차 유연한 백업(back-up) 발전원으로 기능할 수 있도록 조정함으로써 전력 시스템의 유연성을 증대시킬 수 있다. 2017년 기준 변동성 재생에너지 발전 비중이 53%에 달하는 덴마크에서 석탄화력발전의 최소 부하를 50%에서 20%로 줄인 사례가 여기에 해당한다. 무엇보다 기존의 화력발전소가 백업 발전원으로 기능하려면 발전소를 가동하지 않고 대기하는 상태에서 예비력에 대해 충분한 보상이 이루어질 수 있는 전력 시장 설계가 수반되어야 한다. 둘째, 그리드 유연성을 높이기 위해서는 특정 지역에 집중된 재생에너지 전력을 수요처로 연계할 수 있는 송전망을 확대하거나, 지역 내의 전력수급 균형과 자립을 달성할 수 있는 마이크로 그리드를 구축하거나, 배전시스템을 스마트하게 관리하는 방안 등이 있다. 셋째, 수요 측면에서는 전기 소비자가 전기요금의 가격 신호에 적극적으로 반응할 수 있는 기술 체계를 구축하거나, 전기 소비자가 다양한 분산에너지원을 제공하는 에너지 프로슈머가 됨으로써 그리드의 유연성에 기여할 수 있다. 이 경우, 전력수요자는 일방적으로 전기를 공급받는 소비자가 아니라 건물 지붕에 설치된 태양광, 소규모 배터리 저장시스템, 전기자동차, 수요 반응 프로그램 등 다양한 분산 에너지 자원의 공급자로서 역할을 수행하게 된다. 마지막으로 전체 전력 시스템의 저장 옵션을 확대하여 전력 시스템의 유연성을 높일 수 있다. 공급 측면에서는 유틸리티(발전소) 규모의 배터리를 설치하거나 재생에너지로 생산된 잉여전력을 이른바 섹터커플링(P2H, P2G)을 통해 열이나 수소로 변환하여 저장할 수 있다.[5] 수요 측면에서는 전기자동차에 충전된 전기를 저장 수단으로 활용하여 필요시 그리드에 전기를 제공할 수 있다(V2G: 전기자동차(Vehicle: V)의 배터리에 저장된 전기를 전력망(Grid: G)으로 보냄). 최적의 유연성 전략은 각 국가 또는 각 지역이 처한 전력산업의 구조, 자연환경, 전력 소비 증가율, 전력망 상황 등에 따라 달라질 것이다. 〈그림 4〉는 분산 에너지 시스템을 구성하는 다양한 분산 에너지 자원과 전력 부문과 비전력 부문의 연계를 보여준다.

---

5 P2H는 재생에너지 잉여 전력(Power:P)을 열(Heat:H)로 전환하는 것이며, P2G는 재생에너지 잉여 전력(P)을 가스(수소)(Gas: G)로 전환하는 것임

<그림 4> 분산 에너지 시스템

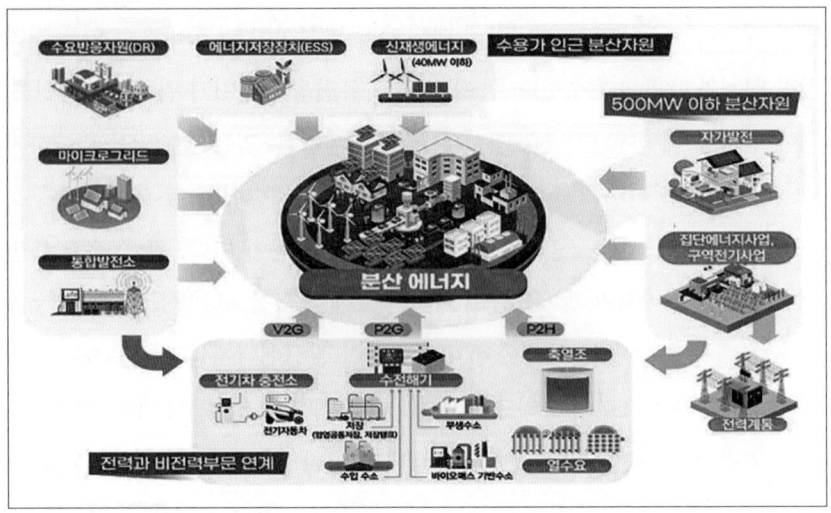

출처: 산업자원통상부(2021: 5)

전력 시스템의 유연성을 확대하는 많은 조치는 전력 시스템의 디지털화가 강화되는 추세와 밀접하게 관련된다. 인공지능, 빅데이터, 사물인터넷, 5G, 클라우드, 블록체인, 디지털 트윈 등 이른바 4차 산업혁명을 이끄는 주요 기술은 전력산업의 혁신에 직접 관여한다. 전력산업은 발전 및 송전 영역에서는 이미 디지털 모니터링 및 제어 기술을 적용하고 있는데 이러한 디지털화 추세가 다양한 분산 에너지원을 결합하면서 더욱 강화된다. 스마트 계량기와 스마트 센서의 광범위한 사용, 인공지능과 빅데이터 기술을 활용한 기상 예측과 계절별, 날씨별, 지역별, 발전원별 전력 생산 및 소비 데이터에 기초한 새로운 전력 서비스 제공, 보다 정교한 전력망 운영 및 실시간 제어, 클라우드 기반 소프트웨어를 활용한 가상발전소(VPP: Virtual Power Plant) 운영, 블록체인 기술을 활용한 P2P 전력 비즈니스 모델, 디지털 트윈 기술을 활용한 재생에너지 시스템의 사전 모델링 및 운영 등 디지털 기술은 에너지전환의 '핵심 증폭기(a key amplifier)'가 될 것으로 전망된다. 즉, 이러한 디지털 기술이 분산된 변동성 재생에너지의 전력 시스템 통합의 유연성을 높이는 핵심 기제로 기능하게 된다.

이렇게 분산 에너지원과 디지털 기술 그리고 최종 에너지 소비 분야의 전력화 추세는 밀접하게 연관되어 있으며 상호 강화한다. 50여 년 전 로빈스가 '연성 에너지 시스템'으로의 전환을 주장할 때 재생에너지로의 전환이 강조되었다면, 변동성 재생에너지의 전력 생산이 늘어나고 있는 지금 에너지전환은 더 이상 당위의 문제가 아니라 이를 실현할 수 있는 구체적인 기술과 제도의 문제가 되었다. 분산화, 디지털화, 전력화의 상호 결합을 통해 전력 시스템의 유연성을 확보하려면 다양한 분산 에너지 자원을 결합할 수 있는 가상발전소와 같이 기존에 없었던 새로운 플랫폼 등 다양한 비즈니스 모델이 창출되어야 한다. 발전 공급자 측면에서 발전설비의 유연성을 확보하는 인센티브를 부여하기 위해서는 보조시장, 예비력 시장 등이 형성되어야 하며, 전력수요 측면에서는 전력 소비자에서 에너지 프로슈머로의 전환이 일어나야 한다. 에너지 프로슈머는, 기존에 전기를 수동적으로 소비하던 행위자가 전기를 생산하고 판매하고 저장하는 등 다양한 분산 에너지 자원을 활용하여 그리드에 전기 서비스를 제공하는 적극적인 행위자로 전환되는 것을 의미한다. 이렇게 에너지 프로슈머가 자신들의 다양한 에너지 자산을 적극적으로 활용하려면 이를 보상하는 시장 설계가 필수적이다. 즉, 전력수요와 공급에 따라 전기요금이 형성되는 시장이 존재해야 한다. 이러한 시장에서 다양한 분산 에너지 자원의 공급자와 소비자가 전력시장의 변화하는 가격 신호에 대응하여 행동하게 된다. 가격 신호를 통해 전력수급의 유연성을 최적화하려면 전력시장에서 시간과 공간을 세분화하여 차별화된 가격이 형성될 필요가 있다. 에너지전환에 시장 설계가 중요한 요소가 되는 이유다. 2023년 제정된 「분산에너지 활성화 특별법」에 따라 송전망 요금 등의 차이를 반영하여 지역별 전기요금을 차등화할 수 있는 법적 근거가 마련된 것도 수도권과 지역의 전력 수급 불균형을 해소하면서 전력 시스템 유연성을 개선하려는 방안 중 하나다.

〈그림 5〉는 국제재생에너지기구(IRENA)에서 제시한 변동성 재생에너지의 전력 시스템 통합을 위한 다양한 혁신 모델을 열거하고 있다. 이는 에너지전환이

단순히 재생에너지원의 확대를 통해 이루어지는 것이 아니라, 새로운 에너지원 기술, 디지털 기술, 다양한 사업 모델, 시공간을 세분화한 시장, 투영하고 공정하게 운영되는 전력망 등이 성공적으로 결합하여 완수되는 사회적, 기술적, 경제적 프로젝트임을 보여준다.

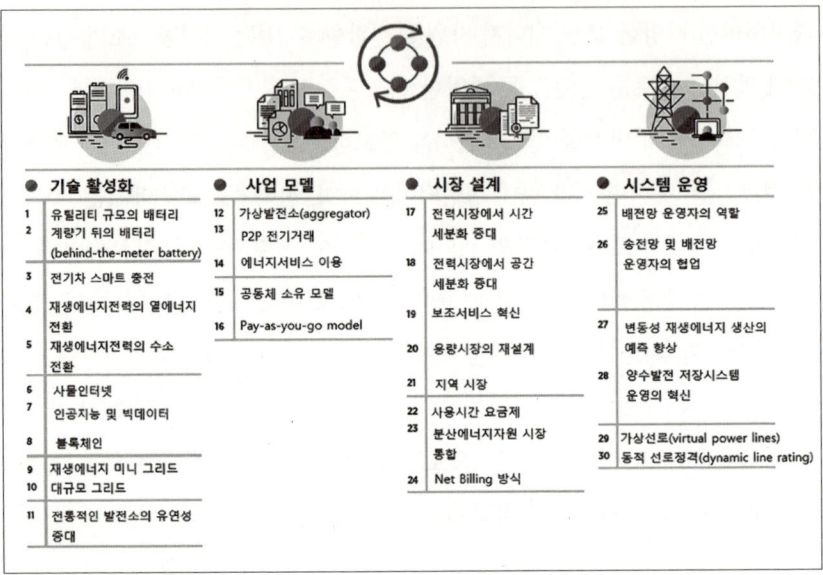

〈그림 5〉 전력 시스템 유연성 확대를 위한 혁신 모델

출처: IRENA(2019: 39)

5. 에너지 커먼즈에서 '우리 모두의 것'은 어떻게 구현되는가?

시민이나 지역주민이 참여하는 재생에너지 사례로는 공동체 에너지와 에너지협동조합 모델 등이 많이 거론된다. 공동체 에너지(community energy)는 지역공동체가 지역주민의 참여로 지역 내부에 재생에너지 자원을 이용하고 공동의 성과를 지역 내부에서 공유하는 에너지 이용 방식으로 지방자치단체, 사회적 기업, 에너지협동조합, 지역에너지 공사나 기업, 지역 공동체 주도로 생산하는 에너지다(박성문 외, 2017). 워커와 드바인-라이트(Walker & Devine-Write, 2008)는 재생에너지 사업을 개발 과정과 개발 이익의 공유라는 두 가지 차원으로 구분하는데, 아래 〈그림 6〉의 1사분면에 공동체 에너지가 분포한다. 워커와 드바인-라이트에 따르면, 1사분면의 A에서 수행되는 공동체 에너지 프로젝트에 지역주민들의 참여가 가장 많고, 해당 프로젝트 참여 동기도 규범적인 이유에서 추동된다. A와 비교할 때 B에서는 프로젝트에 누가 참여하는지는 덜 중요하며 개발 수익이 지역에 분배된다는 사실에 초점이 맞추어진다. C는 공동체 수준에서 일어나는 다양한 형태의 프로젝트를 모두 포괄하는데, 여기에서는 '공동체'에 정확히 부합하는 프로젝트라는 특성이 중요한 것이 아니라 생산적이고 유익한 방향으로 공동체 에너지 프로젝트가 일어난다는 사실이 중요하다.

〈그림 6〉 사업 방식 재생에너지 프로젝트의 과정과 결과에 따른 공동체 에너지

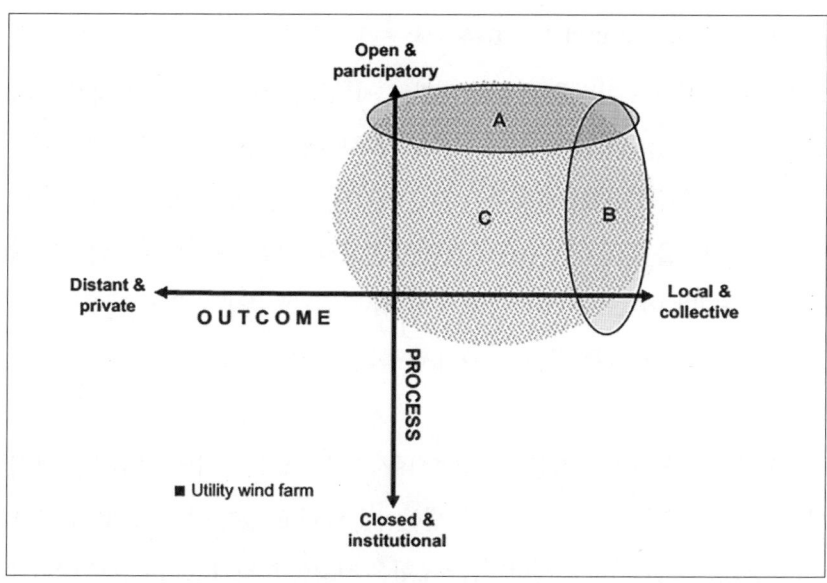

출처: Walker & Devine-Write(2008: 498)

이러한 공동체 에너지는 시민들이 기후 위기의 심각성과 에너지전환의 필요성을 자각하고 그에 적합한 행동을 하게 하는 에너지시티즌십을 형성하는 데 기여한다. 그리고 에너지시티즌십은 다시 공동체 에너지를 강화하는 데 기여하게 된다. 워커와 드바인-라이트의 재생에너지 사업 분류는 영국의 민영화된 전력산업을 염두에 둔 것으로 한국처럼 전국의 몇 개 권역으로 구분된 중앙집중적인 발전 공기업이 존재하는 경우, 여기에 정확히 부합하지 않는다. 〈그림 6〉에서 보듯 민간 발전 사업체는 지역과 거리가 멀고 지역주민 참여에 닫혀 있는 3사분면에 위치하는데, 한국의 발전 공기업은 온전히 지역(local)으로 보기도 힘들고 그렇다고 사적영역(private)도 아니기 때문이다. 결과적으로 공동체 에너지는 지역에서 재생에너지를 생산하고 이익을 공유하는 매우 다양한 사업 방식을 포괄하는 것으로 시민들의 직접 참여와 소유에 기반한 에너지 커먼즈를 포함하는 개념으로 볼 수 있다. 공동체 에너지를 온전하게 에너지 커먼즈 개념으로 소환하지 않는 이유는, 그림 C에 해당하는 다양한 사업 방식의 규정이 다소 모호하기 때문이다. 가령, 제주도의 풍력 민간사업자는 제주도에 지역 기여금을 낸다. 제주도 바람을 이용한다는 측면에서 '공풍(公風)'이라는 개념이 만들어졌으나 실제로 바람을 이용한 대가로 지불하는 것이 아니라 풍력자원 개발 이익의 일부를 지역 기여금의 형태로 제주도에 납입한다. 이렇게 재생에너지 사업의 이익을 지역과 공유하는 것은 재생에너지를 개발하는 데 있어 지역주민과의 갈등을 완화하는 수단으로 많이 활용되고 있다. 이 경우 지역에서 재생에너지 개발 이익을 지역주민과 공유하지만, 지역주민이 직접 재생에너지 프로젝트에 참여하지는 않는다. 따라서 공동체 에너지 개념을 에너지 커먼즈와 등치할 수 없다.

공동체 에너지의 대표적인 조직은 에너지협동조합으로 미국, 유럽 등지에서 에너지협동조합을 통한 재생에너지 생산이 늘어나고 있다(이경진, 2015; 고재경·김성욱, 2019). 이러한 에너지협동조합은 시민들이 직접 조합원으로 참여하여 재생에너지 설비 등을 소유하고 운영한다는 차원에서 에너지 커먼즈를 구현하는 주된 실체이다. 우리나라에서는 2012년 1월에 「협동조합 기본법」이 제정되어 기존의 협동조합 이외의 사업 분야인 재생에너지 분야에서 협동조합을 설립할 수 있는 법적 근거가 마련되었다. 협동조합은 주식회사와 달리, 출자 규모와 무관하게 1인 1표의 의결권과 선거권을 행사함으로써 공동으로 소유하고 민주적으로 운영된다. 협동조합은 배당이 가능한 일반협동조합과 배당이 금지된 사회적협동조합으로 구분된다(최종민, 2023). 최종민(2023)에 따르면 에너지협동조합이 지속 가능하게 유지되기 위해서는 에너지전환이라는 사회적 가치를 조합원에게 제공하는 것과 더불어 경제적 이익을 창출하는 장치가 중요한 요소가 된다. 에너지협동조합의 형태가 사회적협동조합보다는 일반협동조합의 형태가 지배적인 이유다. 이용에 기반한 전통적인 커먼즈와 달리, 사적 소유에 기반한 에너지 커먼즈는 조합에 가입된 시민들이 경제적 이익을 공유한다는 차원에서 '우리의 것'이라는 폐쇄적인 빗장 커먼즈의 특성을 지닌다. 이러한 에너지 커먼즈에서는 '모두'가 구체적인 경제적 이익을 '공유'하거나 '모두'가 자원이나 인공 설비를 공동으로 '이용'한다는 차원에서 '모두의 것'이라는 커먼즈의 가치를 도출할 수 없다. 그럼에도 불구하고 에너지협동조합을 에너지 커먼즈가 실현된 실체로 보는 이유는 에너지협동조합과 관련된 많은 연구에서 에너지협동조합을 에너지시티즌십이 구현되는 장으로 평가하기 때문이다(고재경·김성욱, 2019; 박성문 외, 2017; 이정필·한재각, 2014; 최종민, 2023; Bauwens et al., 2016; Seyfang et al., 2013; Viardot, 2013). 따라서 '모두의 것'으로서 에너지 커먼즈 가치는 에너지시티즌십이 발현하는 사회적 가치와 재생에너지가 실현하는 공공의 가치(3절)에서 비롯된다고 할 수 있다. 나는 홍성태(2016)의 논의에 따라, 공공성을 구현하는 주체를 공적 기관으로 한정하지 않는다. 시민들이 생태 위기와 에너지 위기에 대한 문제의식에서 출발하여 자발적으로 재생에너지 설비를 소유하고 운영함으로써 에너지 자립과 기후 위기 대응이라는 에너지시티즌십을 구현한다는 것은 그 자체로 공익적 가치를 만들어내며 일종의 시민적 공공성을 구현한다고 말할 수 있다.

마지막으로 시민사회에서 구현되는 에너지 커먼즈와 시장 그리고 공공부문이 결합된 에너지전환 모델에 대한 도식을 〈그림 7〉과 같이 제안한다.

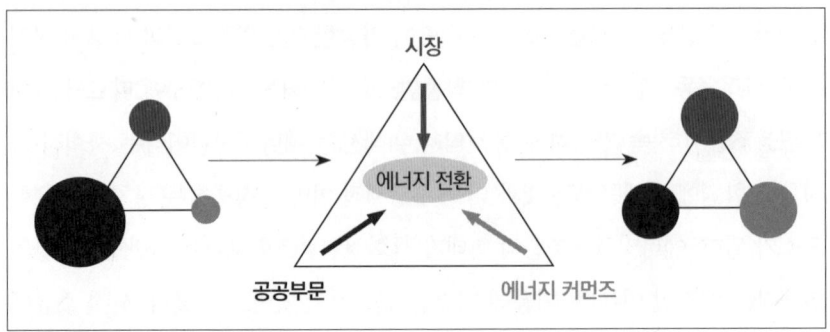

〈그림 7〉 에너지전환의 모델

출처: Foxen(2013:16)을 응용하여 저자 재구성

이 도식은 폭슨(Foxen, 2013)이 제시한 세 가지 에너지전환 경로 모델에서 착안했으나 한국적 상황에 맞게 재구성했다. 폭슨은 시장, 시민사회, 공공부문이 각각 주도적인 역할을 수행하는 세 가지 에너지전환 경로 모델을 제시한다. 시장 주도 모델과 공공부문 주도 모델에서 핵심이 되는 에너지기술은 원자력이며, 시민사회 주도 모델에서는 재생에너지다. 폭슨은 여전히 에너지원을 주된 기술 선택 요인으로 보고 세 가지 에너지전환 경로 모델을 서로 경쟁하는 모델로 그렸다. 이에 반해 나는 폭슨이 제시한 세 가지 개념, 즉 시장, 시민사회, 공공부문이 조화롭게 결합되어야 에너지전환을 이룰 수 있다고 본다.

우리나라에서는 여전히 한국전력공사가 송배전망뿐만 아니라 전력 판매를 독점하고 한국전력공사의 자회사인 발전 공기업이 원자력발전소와 화석연료 발전소 등 중앙집중적 발전회사를 운영한다는 점에서 공공부문의 비중이 상대적으로 크다. 전력 소매시장이 존재하지 않고 한국전력공사가 전력 판매를 독점한다는 의미에서 시장의 기능은 축소되어 있다. 그리고 소규모 분산 전원으로서 재생에너지의 비중은 여전히 작고 따라서 시민사회의 참여에 의해 구현되는 에너지 커먼즈의 비중도 작다(그림 7의 좌측의 삼각형 도식). 향후 공공부문에서는 화력발전과 원자력발전의 비중이 현격하게 줄어들어야 하며, 대신 송배전망의 망중립성을 규제하고 전력시장의 독과점을 규제하는 공적 기능이 효과적으로 보완되어야 한다. 시장영역에서는 4절에서 강조했듯이 전력계통 유연성을 확대할 수 있도록 디지털 기술과 결합한 다양한 비즈니스 모델이 활성화되고 시공간적으로 세분화된 전기요금이 가격 신호로 기능할 수 있어야 한다. 아울러 시민사회 영역에서는 분산 에너지 자원을 공급하는 에너지 프로슈머와 시민들의 적극적인 참여를 통해 구현되는 에너지 커먼즈가 확산되어야 한다. 결과적으로 에너지전환은 공공부문-시장-시민사회 부문이 에너지원 기술을 두고 상호 경쟁하는 구도가 아니라, 각 영역의 고유한 기능이 효과적으로 발휘될 때 가능하게 될 것이다.

참고문헌

고재경·김성욱. 2019. "공동체 에너지 시민참여와 확산은 어떻게 이루어지는가?: 재생에너지 협동조합을 중심으로." 『한국지역개발학회지』 31(5): 73-98.

구준모. 2023. "전기·가스요금 폭등과 에너지공공성: 천연가스 직수입과 민자발전 문제를 중심으로." https://www.peoplepower21.org/welfarenow/1944152

구준모·김종철·류민·류승민·이정필·이치선·전주희·정은아·한재각·홍석만. 2023. "공공재생에너지 확대 전략." 공공운수노조·한국발전산업노동조합·청소년기후행동·공공사회연구원. 연구보고서. 2023-05.

박성문·이성재·윤순진. 2017. "공동체에너지 개념을 통해서 본 에너지협동조합의 설립과정과 역할: 서울시 소재 에너지협동조합 운영 사례를 중심으로." 『사회과학연구소』 28(4): 67-96.

산업통상자원부. 2021. 「분산에너지 활성화 추진전략」.

이경진. 2015. "국내외 에너지협동조합 확대사례와 시사점" 『Energy Focus』 2015 여름호: 105-123. Korea Energy Economics Institute.

이정필·한재각. 2014. "영국 에너지전환에서의 공동체에너지와 에너지시티즌십의 함의." 『ECO』 18(1): 73-112.

윤순진. 2016. "제주 마을공동목장 해체의 원인과 사회·생태적 귀결." 최현 외. 『공동자원의 섬 제주 1』. 진인진.

윤여일. 2022. "커먼즈의 복합적 속성에 따른 공적 지원의 쟁점들: 공동목장 활용과 초지 보호 사이에서." 『ECO』 26(1): 7-51.

유정민. 2011. "전력산업구조개편 담론의 재구성: 환경적 지속가능성과 에너지 거버넌스 측면에서의 분석." 『환경정책』 19(1): 83-107.

전력거래소. 2023. 「2022년도 전력시장 통계」.

정영신. 2016. "엘리너 오스트롬의 공동자원론을 넘어서: 자원관리 패러다임에서 커먼즈에 대한 정치생태학적 접근으로." 최현 외. 『공동자원의 섬 제주 1』. 진인진. 80-126.

최종민. 2023. "서울·경기 지역 에너지협동조합의 호혜 인식과 실천에 관한 연구." 『ECO』

27(1): 313-349.

최현. 2016. "공동자원이란 무엇인가?" 최현 외. 『공동자원의 섬 제주 1』. 진인진. 23-40.

최현·따이싱성. 2016. "공동자원의 쟁점과 한국 공동자원 연구의 관계." 최현 외. 『공동자원의 섬 제주 1』. 진인진. 41-79.

홍덕화. 2017. "에너지 전환 전략의 분화와 에너지 공공성의 재구성." 『ECO』 21 (1): 147-187.

_____. 2019. "에너지 민주주의의 쟁점과 에너지 커먼즈의 가능성." 『ECO』 23 (1): 75-105.

_____. 2021. "에너지 전환 경로로서 공공 협력의 방향 탐색: 발전자회사의 재생에너지 사업을 중심으로." 『기억과전망』 59-96.

홍성태. 2016. "시민적 공공성과 생태적 공공성." 최현 외. 『공동자원의 섬 제주 2. 지역 공공성의 새로운 지평』. 진인진. 23-51.

홍훈. 2023. 『시장주의란 무엇인가』. 태학사.

Acosta, Cristina, Mariana Ortega, Till Bunsen, Binod Prasad Koirala, Amineh Ghorbani. 2018. "Facilitating Energy Transition through Energy Commons: An Application of Socio-Ecological Systems Framework for Integrated Community Energy Systems." *Sustainability* 10: 1-15.

Bauwens, Thomas, Boris Gotchev, Lars Holstenkamp. 2016. "What drives the development of community energy in Europe? The case of wind power cooperatives." *Energy Research & Social Science* 13: 136-147.

Byrne, John, Cecilia Martinez, Colin Ruggero. 2009. "Relocating Energy in the Social Commons. Bulletin of Science." *Technology & Society* 29 (2): 81-94.

EC(European Commission). 2020. 「The impact of the EU's changing electricity market design on the development of smart and sustainable cities and energy communities」.

Foxen, Timothy J. 2013. "Transition pathways for a UK low carbon electricity future." *Energy Policy* 52: 10-24.

IEA. 2021. 「Net Zero by 2050. A Roadmap for the Global Energy Sector」.

IRENA. 2019. 「Innovation landscape for a renewable-powered future: Solutions to integrate variable renewables.」

IRENA. 2023. 「World Energy Transition Outlook 2023.」

Kalbrenner, Bernhard J., Jutta Roosen. 2016. "Citizens' willingness to participate in local renewable energy projects: The role of community and trust in Germany." *Energy Research & Social Science* 13: 60-70.

Koirala, Binod Prasad., Elta Koliou., Jonas Friege., Rudi A. Hakvoort. 2016. "Energetic communities for community energy: A review of key issues and trends shaping integrated community energy systems." *Renewable and Sustainable Energy Reviews* 56: 722-744.

Lovins, Amory B. 1977. "Soft energy paths: Toward a durable peace." San Francisco: HarperCollins.

Niaros, Vasilis. 2017. 「Towards a Common-oriented City: An overview of development in Europe.」 P2P Foundation.

Seyfang, Gill., Jung Jin Park., Adrian Smith. 2013. "A thousand flowers blooming? An examination of community energy in the UK." *Energy Policy* 61: 977-989.

Viardot, Eric. 2013. "The role of cooperatives in overcoming the barriers to adoption of renewable energy." *Energy Policy* 63: 756-764.

Walker, Gordon., Patric Devine-Write. 2008. "Community renewable energy. What should it mean?" *Energy Policy* 36: 497-500.

Walker, Gordon. 2008. "What are barriers and incentives for community-owned means of energy production and use?" *Energy Policy* 36: 4401-4405.

Walker, Gordon., Patric Devine-Wright., Sue Hunter., Helen High., Bob Evans. 2010. "Trust and community: Exploring the meanings, contexts and dynamics of community renewable energy." *Energy Policy* 38: 2655-2663.

Wirth, Steffen. 2014." Communities matter: Institutional preconditions for community renewable energy." *Energy Policy* 70: 236-246.

석광훈. 2024년 5월 22일. "위기의 전력시장 어떻게 할 것인가?" 「제5회 사회적 합의를 위한 에너지정의포럼. 에너지전환을 위한 전력산업구조 모색」. 발표자료.

이투뉴스. 2024년 4월 22일. "이상복_원전 버티기에 봄철 출력제한 위태위태"
　　http://www.e2news.com/news/articleView.html?idxno=307908

제주일보. 2024년 2월 15일. "강재병_제주 신재생에너지 설비용량 5년새 2배 급증...해결 과제도 산적." https://www.jejunews.com/news/articleView.html?idxno=2208857

제4부

커먼즈와 개념의 전환

제4부 커먼즈와 개념의 전환

8장　커먼즈(논의)는 현대사회에 얼마나 정합적인가?　박순열, 안새롬
9장　사이 지대로서 커먼즈: 커먼즈의 시공간성과 비재현성　김지혜
10장　커먼즈 개념 논쟁과 커먼즈에 대한 관계론적 접근　정영신

8장

커먼즈(논의)는 현대사회에 얼마나 정합적인가?

박순열, 안새롬

이 글에서 커먼즈는 '어떤 사태가 서로 다른 사회적 체계들의 공통 작동에 개방되어 있어야 하고, 그래서 어떤 사회적 체계도 해당 사태를 배타적으로 다루어서는 안 된다'라는 가치·주장으로 규정한다. 이런 규정은 공동체, 자원, 제도의 결합을 중심으로 한 커먼즈 논의가 기능분화가 주도적인 현대사회에 부합하지 않기 때문에 필요하다. 우리가 이 글에서 제시하는 새로운 규정은 커먼즈와 관련된 사회적 체계들과 사람들의 서로 다른 코드, 이해관계, 가치를 보다 민주적이고 유연하게 조정해 갈 수 있는 가능성을 제시한다.

1. 커먼즈, 어디에서 출발할 것인가?

커먼즈(commons)는 신자유주의적 사유화와 투기적 도시화 등이 야기한 사회적, 생태적 위기의 대안의 하나로서 폭넓게 논의되고 있다. 커먼즈 논의가 여러 유형의 가치, 이해관계, 대상, 사람들을 포함하고 있어, 커먼즈에 대한 규정 역시 매우 다양하다. 그럼에도 최근 국내외의 이론적, 실천적 흐름은 커먼즈를 공동체, 자원, 제도의 결합으로 규정하는 경향이 강하다.

이 글은 최근의 커먼즈 논의들을 평가할 수 있는 새로운 이론적, 개념적 구별을 제안하고자 한다. 우리의 핵심 질문은 커먼즈 운동을 비롯한 국내외의 커먼즈 논의들이 과연 현대사회에 얼마나 정합적인가이다. 여기에서의 정합성(coherence)은 사용되는 개념과 이론이 일관되고 모순적이지 않을 뿐 아니라 그것이 다루려는 사회적 사태에도 부합하다는 것을 의미한다. 이러한 정합성 개념은 장하석(2013; 2014)의 논의를 빌린 것이다. 그는 실천적 지식체계로서 어떤 과학이 명제들 사이에 모순이 없고, 여러 인식적 행위들과도 잘 맞아서 사태의 진상을 파악하게 해주고 과학의 목적을 잘 달성하게 해주는 상태를 정합적이라고 규정한다. 이러한 의미의 정합성 검토를 통해, 우리는 그간의 논의들이 이뤄온 성과물 위에서 커먼즈 논의를 이론적으로 보다 일관되고 그것이 다루는 사회적 사태에 부합하게 만드는 데 기여하고자 한다. 만약 커먼즈 논의들이 비일관적이거나 모순적이라면, 혹은 그런 논의들이 포착하고 변화시키고자 하는 상황이 해당 논의와 어긋나서 현대사회에 부합하지 않는다면 커먼즈 이론이나 운동의 어려움은 가중될 수밖에 없다.

이 글은 먼저 현대사회에서 커먼즈를 논의하기 위한 전제조건을 살펴본다(2절). 대부분의 커먼즈 논의들이 특정한 (사회)이론과 방법론에 입각하여 논지를 전개함에도 그런 논의를 가능하게 하는 이론적, 방법론적 전제에 대해서 충분한 주의를 기울이지 않는다. 그 때문에 커먼즈 논의에서 커먼즈가 어떻게 작동하거나 변동하는지 등을 그것의 조건인 사회 그리고 사람들과의 관계에 있어서 일관되게 설명하지 못하는 것으로 보인다. 이 글은 사회적 체계들, 즉 커뮤니케이션 체계들의 연쇄적 작동으로서의 '사회'라는 관점에서 커먼즈를 바라볼 때 현대사회에 정합적인 이해를 도모할 수 있다고 본다. 이는 사회를 사람들로 구성되거나 그들 사이의 관계로 파악해서는 현대사회의 변화나 복잡성을 파악할 수 없기에, 사회를 사회적 체계들로서, 그리고 사람(행위자)은 사회적 체계들에 접속한 인격체로서 접근해야 함을 의미한다. 이를 토대로 그동안 분명하지 않게 사용된 커먼즈의 핵심 개념인 '공동(성)'과 '공통(성)'을 새로운 방식으로 개념화한다. 즉, 동일한 조건의 사람들 사이의 '공동(성)'과 기능분화된 현대사회에서 서로 다른 사회적 체계들 사이의 '공통(성)'을 구별하고, 현대사회의 커먼즈는 사회적 체계들의 공통 작동과 관련된다는 점을 밝힌다.

사회와 공통(성)에 대한 새로운 이해를 바탕으로, 현재 국내외에서 폭넓게 사용되는 커먼즈의 개념화 방식을 비판적으로 검토한다(3절). 공동체, 자원, 제도의 결합으로서의 커먼즈, 또는 이런 결합을 실현하는 커머닝(commoning)으로서 커먼즈를 규정하는 것과 그런 규정의 이론적 전제가 되는 현대사회에 대한 (암묵적) 가정을 다시 검토한다. 그래서 커먼즈를 공동체, 자원, 제도를 포함하는 어떤 실체, 또는 그것들의 결합으로 이해해서는 안 된다고 주장한다. 또한 커먼즈가 기존의 어떤 사회조직이나 사회체계 등이 할 수 없는 새로운 사회적 기능이나 역할을 하는지, 그리고 그것이 현대사회에서 실현될 수 있는지를 검토한다. 우리는 커먼즈가 경제체계와 같은 사회적 체계, 기업과 같은 사회조직, 또는 사회운동과는 다르게 어떤 고유한 사회적 체계로서 작동하기 어렵다고 본다.

다음으로 한국에서 커먼즈 논의의 상징으로 여겨지는 '경의선공유지'를 사례로, 커먼즈에 대한 이해를 재검토한다(4절). '경의선공유지'는 서울 도심을 가로지르는 약 6.3km의 경의선 폐선 부지를 둘러싼 커먼즈 논의로, 2016년, 몇몇 시민 단체들과 재개발사업으로 내몰린 사람들이 폐선 부지의 한 구간을 점유하면서 시작되었다. 경의선공유지에 모인 이들은 국·공유지의 이윤 중심 재개발, 비민주적인 의사결정 등에 반대하면서 경의선공유지와 같은 국·공유지가 '시민의 공간', '우리 모두의 커먼즈'가 되어야 한다고 주장했다. 우리는 경의선공유지에서 명시적, 묵시적으로 드러난 커먼즈에 대한 이해들이 사람들로 구성된 사회, 사회 외부에 존재하는 자원, 자원이나 제도와 분리된 공동체 그리고 공동체에 외삽적인 제도 등을 가정하는 매우 제한적인 이해라는 것을 드러낼 것이다. 그리고 경의선공유지는 여러 사회적 체계들에 의해 서로 다르게 포착되는 어떤 것, 서로 다른 사람들과 사회적 체계들의 관여가 일시적이고 느슨한 겹침으로 나타나는 불확실하고 모호한 대상임을 강조할 것이다.

마지막으로 커먼즈 논의의 이론적, 개념적 긴장을 해소할 수 있는 대안으로서, 기능분화된 현대사회에 정합적인 커먼즈를 개념화하는 방식을 제안한다(5절). 우리는 커먼즈가 경제, 법, 종교, 예술 등 다른 사회체계들의 기능을 대체하는 새로운 기능체계로 작동하는 것은 불가능하지만, 사회체계들에서 작동하는 프로그램을 어느 정도 조정할 수 있는 가치·주장으로서 기능할 수 있다고 본다. 이 글에서는 커먼즈를 '어떤 사태가 서로 다른 사회적 체계들의 공통 작동에 개방되어 있어야 하고, 그래서 어떤 하나의 사회적 체계가 해당 사태를 배타적으로 다루어서는 안 된다'는 가치·주장으로 파악한다. 커먼즈에 대한 이 같은 규정은 서로 다른 코드로 작동하는 사회적 체계들, 그런 사회적 체계들과 연결되어 상이한 가치와 이해관계를 가진 다양한 사람들이 차이들을 보다 민주적이고 유연하게 조정해 가는 새로운 대안의 가능성을 열어줄 수 있을 것이다.

2. 현대사회에서 커먼즈를 논의하기 위한 조건

1) 커먼즈의 작동을 규제하는 사회구조

커먼즈 논의에서는 특정한 물리적 경계 내에 살고 있는 사람들 또는 공동체가 빈번하게 등장한다. 그런데 많은 경우 커먼즈에 대한 관찰이나 진술은 공동체나 사람들의 경계, 그들이 사물이나 자원과 맺는 관계가 시공간에 따라 극적으로 다르다는 것을 충분히 드러내지 못한다. 그 경계들과 관계들은 인류 역사를 관통해서 일반화될 수 없으며, 여기에서 불변하는 온전한 이념형 같은 것도 찾을 수 없다. 경계와 관계의 다양성은 커먼즈와 관련하여 빈번하게 예시되는 바다·어장에서 잘 드러난다. 바다를 어장으로 공동 이용·관리하는 작은 마을을 상상해보자. 마을 사람들 대부분은 바다에 인접하여 어업으로 생계를 꾸리기에, 그들에게 바다는 주로 어업과 관련되고, 바다가 종교나 여가의 대상이 되는 경우에도 어업과 명료하게 분리하기 쉽지 않을 것이다. 마을 안팎의 사람들은 바다를 이용하는 방식에서 쉽게 구분될 수 있고, 그 구분은 마을 사람들의 사회적 관계에도 반영되었을 것이다. 그렇다고 하여 이런 바다와 마을의 관계가 어디에서나 통용될 수 있는 것은 아니다. 만약 어떤 바다와 인접한 마을에 어업, 관광 등의 다양한 기능이 중첩되어 있는데도 우리가 여전히 어업을 중심으로 사회적, 공간적 경계를 짓고 그러한 경계로 마을 안팎의 사람들의 삶을 구별하고자 한다면, 그것은 매우 제한된 의미만을 드러낼 것이다. 그래서 어떤 마을의 앞바다가 어업을 중심으로 관리되어야 하고, 관리의 중심에 마을이 있어야 한다는 주장은 정당화되기 어렵다. 그 바다는 서로 다른 층위의 사회적 관계들에, 그리고 병렬적으로 작동하는 다른 사회적 기능들에 연결되어 있기 때문이다. 따라서 커먼즈(논의)에서 제기되는 경계, 공동체, 사람들과 사물의 관계는 언제나 그것이 놓인 시공간과 사회구조, 특히 계층적이거나 기능적인 사회분화와 함께 다루어져야 한다.

 기능적인 사회분화의 주도성은 현대사회에서 곳곳에서 확인된다. 예컨대 서울의 행정적 경계는 경계 안쪽의 사람들(서울시민)의 선거, 취학, 세금 등과 같은 행정체계의 작동을 서울의 행정체계에서 처리해야 한다는 것을 알려주지만, 그 사람들의 직업, 종교, 정치적, 문화적 지향 등에 대해서 알려주는 바는 거의 없다. 마찬가지로 한 사람이 어떤 기업의 직원이라는 것은 그가 어떻게 경제체계에 연결되는지, 경제활동과 관련된 선택의 범위가 어떠한지를 알려줄 뿐이지 그의 거주지역, 가족구성, 정치적 지향, 종교적 관여 등은 거의 알려주지 않는다. 특정한 국적으로 경계 지어진 집단이 있을 때, 이는 집단 구성원이 어떤 정치체계에 귀속된다는 것을 알려주지만, 그 정치체계에 귀속된다는 사실이 사람들의 경제활동, 학문활동, 종교활동 등 비정치적인 활동 양상을 일방적으로 결정할 수 있는 것은 아니다. 물론 전통사회에서는 특정한 지역에 산다는 것이 사람들의 경제활동, 정치활동, 종교활동, 여가활동의 범위를 강력하게 결정하였다. 커먼즈(논의)에서 빈번하게 언급되는 작은 마을이나 공동체와 관련된 커먼즈는 바로 그런 전통사회라는 사회구조와 연결되어서 작동한 것으로 이해되어야 한다. 그러나 현대사회의 기능적 사회분화는 마을 사람들이나 공동체와 같은 경계를 중심으로 한 커먼즈(논의)를 그대로 적용하기 어렵게 만든다.

현대사회에서 커먼즈(논의)의 정합성을 논의할 때, 무엇보다도 어떤 사람들이 해당 사태에서 어떤 이해관계나 가치를 가지게 될 것인지를 미리 알 수 없는, 즉 사람들이 어떤 사회적 체계들에 접속되어 있는지, 그것들 가운데 어떤 것이 더 우선성을 갖는지를 사전에 확정할 수 없는 사회에 살고 있다는 점을 고려해야 한다. 의제가 되는 사태나 사물이 어떻게 작동하는지를 사람 개인의 본질적인 속성이나 그가 속한 공간적, 정치적 경계에 의해 사전에 온전히 파악하는 것은 불가능하다. 한 사람이 바다를 어떻게 바라보는지, 어떤 이해관계를 가지는지, 어떤 가치를 지향하는지는 그가 어떤 사회적 체계에 연결되어 있느냐에 따라 달라진다. 바다를 하나의 온전한 관점으로 바라보고 이용하는 공동체란 존재하지 않는다. 반대로, 모든 것에 연결된 사람들이란 것도 불가능하다. 지금 우리는 언제나 상이한 사회적 체계들에 연결되는 특정한 사람, 즉 어부, 해녀, 해안 민박집 주인, 관광객, 낚시꾼, 산보객 등으로서 바다와 관계 맺는다. 그래서 바다에 대한 여러 이해관계나 가치 가운데서 어떤 이해관계나 가치를 우선할 것인지, 나머지 다른 이해관계와 가치를 어떻게 잠정적으로 배제하거나 수용할 것인지가 논쟁적인 것이다.

이런 이질성과 불일치를 애써 간과하고 바다가 '어장'으로 관리되어야 한다고 주장, 결정한다면 그것은 그 바다에 대한 주도적인 사회적 작동을 어업으로 규정하거나, 어업을 중심으로 사회체계의 작동을 재구성하려는 것이다. 이처럼 어떤 대상에 대한 주도적인 사회적 작동이나 사람들의 주도적인 이해관계 및 가치를 사전에 제한하거나, 대상의 본질적 속성으로부터 도출하려는 것은 현대사회의 작동에 어긋날 뿐 아니라 대단히 비민주적일 수 있다. 현대사회에서 바다가 무엇인지, 누구에게 어떤 의미나 이해관계가 있는지는 언제나 사후적으로, 서로 다른 사회적 체계들의 작동을 통해서 파악될 수 있는 것이다. 다시 말해, 대상에 대한 서로 다른 이해관계와 관심의 차이, 그것들 간의 조정은 관련된 사람들이나 대상의 어떤 본질적인 속성에서 도출할 수 있는 것이 아니다. 관련된 사회적 체계들의 작동과 그 체계들에 연결된 사람들의 우연적 접촉으로서 드러날 뿐이다.

현대사회가 기능분화를 주도로 작동하고 있다는 점을 커먼즈 논의가 충분히 반영하지 못하고 있는 것은 사회에 대한 "인식론적 장애물(루만, 2012a: 38-52)"을 넘어서지 못하고 있기 때문인 것으로 보인다. 그 장애물은 "ⓐ 사회는 구체적인 인간들 그리고 그들의 관계로 이루어진다, ⓑ 사회는 인간들 사이의 합의를 통해, 의견일치와 목적들의 상보성을 통해 구성된다, ⓒ 사회는 지역적, 영토적으로 제한된 단위이다, ⓓ 사회는 인간 집단들이나 영토들처럼 외부로부터 관찰될 수 있다" 등이다. 이러한 인식론적 장애물은 현대사회에서 적절한 학문적 분석을 방해하고 충족될 수 없는 기대를 산출하지만, 그 약점에도 불구하고 오랜 전통을 쉽게 포기하지 못하는 관행 때문에 대체되지 않고 있다. 이런 전제들을 고수하고 있는 커먼즈 논의는 이런 전제들에 부합하지 않는 현대사회에서 이론적, 실천적 성과를 제시하는 데 취약할 수밖에 없다.

이에 대한 대안으로 이 글에서는 사회를 외부에서 관찰할 수 있는 영토적 경계 내부의 사람들의 모임이나 사람들의 관계가 아니라, 의미에 기반한 커뮤니케이션의 연쇄적 작동으로 본다(루만, 2012a; 2012b). 이때 커뮤니케이션이란 어떤 타자(他者)가 어떤 것에 대해서 말, 문자, 전자 매체 등을 활용하여 통보하고 있음을 자아가 이해하고, 자아가 이해한 내용 또는 형식에 대해 말, 문자, 전자매체 등을 활용해 긍정/부정 등으로 다시 반응하는 일련의 연속되는 사건이다(베르크하우스, 2012: 101-137). 그러면 사회는 커뮤니케이션과 관련된 모든 형태의 사회적 체계들을 포괄한다고 볼 수 있다. 즉, 사회는 참석자들 사이에서 이루어지는 커뮤니케이션들의 연쇄인 상호작용 체계들, 구성원 자격을 조건으로 하는 커뮤니케이션들의 연쇄인 조직(체계)들, 특정 기능과 연관된 커뮤니케이션 연쇄인 기능체계들 모두를 포괄한다(루만, 2012a: 11-12, 101-116; 박순열, 2022: 136-137). 이러한 사회적 체계들은 물질과 같은 어떤 실체라기보다는 끊임없이 스스로를 다른 것과 구별하는 커뮤니케이션 체계이다. 사회적 체계는 무수한 커뮤니케이션의 연쇄에서 스스로의 고유한 코드의 작동을 통해, 그 코드로 포착되지 않는 것들과 스스로를 구별함으로써 작동한다. 가령 법체계는 합법/불법을, 경제체계는 화폐의 지불/비지불을 코드로 작동한다. 이런 커뮤니케이션 또는 사회적 체계들이 합의나 조화로운 상태에 도달하는 것은 거의 불가능하다. 만약 어떤 커뮤니케이션이나 사회적 체계들이 '합의'나 '조화'에 이르렀다고 이야기한다면 그것은 어떤 시점에서, 어떤 관찰자가, 어떤 사회의 작동에 대해 수행한 하나의 관찰일 뿐이다. 어느 누구도 커뮤니케이션에 연결된 다른 사람의 의식을 들여다볼 수 없을 뿐 아니라 자신의 의식 또한 투명하게 알 수 없기 때문이다. 그래서 어떤 커뮤니케이션이나 사회적 체계들이 객관적인 합의 상태에 도달해야 한다거나 조화를 이루어야 한다는 주장은 사회의 실제 작동의 결과라기보다는 그런 상태가 되기를 바라는 관찰자들의 소망을 담은 일종의 규범적 진술인 것이다.

2) 사람들의 공동성, 체계들의 공통성

커먼즈의 번역어로는 공유, 공동, 공통 등의 용어들이 각기 다른 이유로 사용되고 있다. 서로 다른 용어들의 경쟁적 사용에도 불구하고 그 용어들은 우리가 주목하고자 하는, 기능분화가 주도적인 현대사회의 고유한 특성을 충분히 반영하고 있지 못한 것으로 보인다. 따라서 커먼즈와 관련된 용어들을 사회의 (분화)구조에 적합하게 재정의할 필요가 있다. 우리는 공동과 공통 각각을 동질적이거나 유사한 조건의 사람들의 활동과, 상이한 사회적 체계들의 작동을 의미하는 것으로 사용하고자 한다. 공동(共同)의 사전적 의미는 '둘 이상의 사람이나 단체가 함께 일을 하거나 같은 자격으로 관계를 가짐', 공통(共通)은 '둘 또는 그 이상의 여럿 사이에 두루 통하고 관계됨'이다(국립국어원 표준국어사전). 두 용어의 결정적 차이는 같음을 의미하는 '동(同)'과 다른 것들을 가로지르는 '통(通)'에서 비롯된다. 즉, 공동과 공통은 어떤 것들의 같음과 다름 또는 동일성과 차이를 드러낸다. 이를 토대로 어떤 대상과 관련된 공동과 공통의 의미를 재설정해 보면, 공동은 어떤 대상을 이용하는 사람들이나 어떤 공동체의 사회인구학적 동일성 및 동질성을, 공통은 여러 사회적 체계들이 어떤 대상에 대해 서로 다른 방식으로 그렇지만 함께 작동함을 드러낼 수 있다. 다시 말해, 공동은 어떤 대상에 대한 '사람들'의 공동의(communal) 활동, 이용, 효과 등에 관한 것, 공통은 어떤 대상에 대한 '사회적 체계들'의 공통(common) 작동에 관한 것으로 구분해 볼 수 있다. 그렇게 하면 '공동'은 주로 사회적 체계들이 충분히 분화되어 있지 않은 전통사회에서 비슷하거나 같은 조건의 사람들이 어떤 대상과 함께 맺는 관계를(〈그림 1〉), '공통'은 기능체계를 중심으로 분화된 현대사회에서 서로 다른 사회적 체계들이 어떤 대상이나 사태를 함께, 하지만 상이한 방식으로(기능체계의 고유한 코드나 프로그램) 다루는 사회적 체계들 간의 관계를 일컬을 수 있다(〈그림 2〉). 전자는 특정한 경계 내에서 몇 가지 동일하거나 유사한 속성을 공유한 사람들 간의 관계를, 후자는 서로 다른 사회적 체계들 간의 관계를 지시한다.

〈그림 1〉 대상에 대한 사람들의 공동 관계

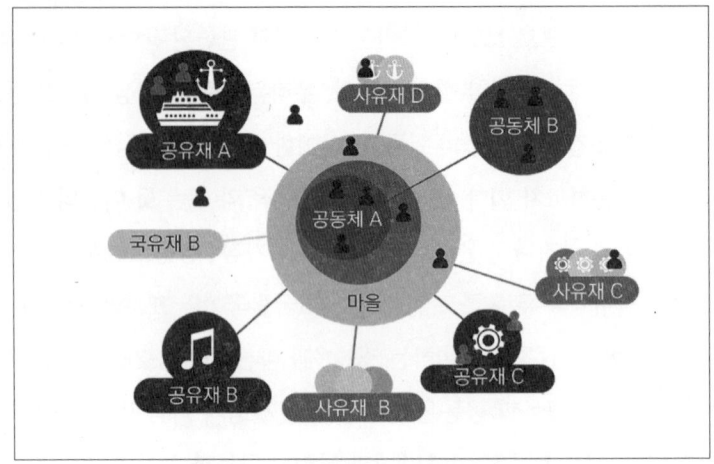

〈그림 2〉 대상에 대한 체계들의 공통 관계

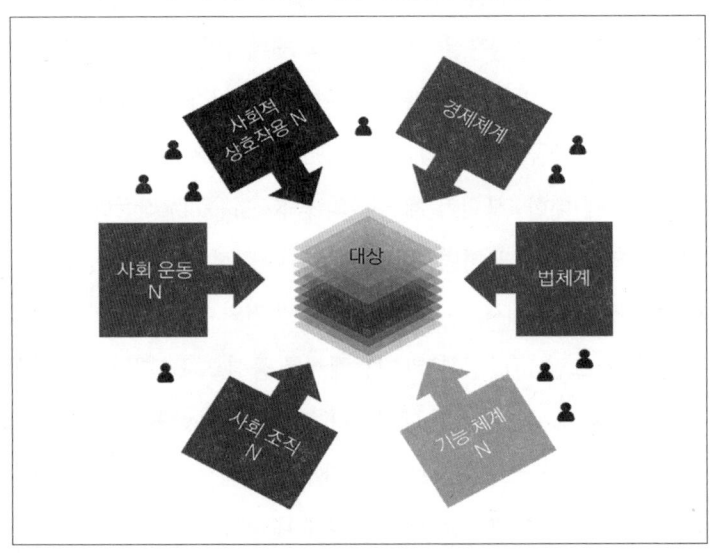

예를 들어 어장과 같은 대상에 대한 '공동'의 관계 혹은 공동성은 그 어장에 대한 유사한 이해관계나 가치를 가지고 함께 이용하고자 하는 사람들에게서 발견될 수 있다. 그 사람들은 〈그림 1〉에서 공동체 A, 어장과 같은 대상은 공유재가 된다. 공동체는 사람들로 구성된 것으로 이해되며 공동체가 속한 마을에

는 다양한 유형의 자원들(공유재, 사유재, 국유재)이 있고, 공동체 A와 직접적인 연결고리가 없는 공동체 B도 존재한다. 공동체들은 어떤 자원에 대해 협력적이거나 갈등적인 관계를 맺을 수도 있다.

반면, 어떤 바다를 경제체계에서는 어장, 정치체계에서는 영토, 종교체계는 신성스러운 상징공간, 친밀성 체계에서는 놀이공간 등으로 함께, 하지만 서로 다르게 개입하여 작동하는 경우, 사회적 체계들이 그 바다에 대해 '공통'의 관계 혹은 공통성(commonality)을 가진다고 이야기할 수 있다. 〈그림 2〉에서처럼 어떤 대상에 대하여 각각의 사회 체계들이 자신만의 고유한 관점에서 각각 접근하고, 사람은 그러한 사회 체계들(사회운동, 사회적 상호작용, 기능체계 등)의 외부에 속하는 것으로 이해된다.

〈그림 1〉과 같은 도식은 작은 마을이나 전통적인 공동체에 대한 상식적인 이해에 부합하지만 그러한 이해 틀이 기능분화된 현대사회에서 어떤 대상의 작동을 이해하는 데에 적합한지 검토되어야 한다. 문제가 되는 대상은 선험적으로 결정된 정치적 단위나 공동체의 경계에 따라 그 접근 방식이 결정되는 것이 아니다. 대상에 대한 각각의 사회체계들의 고유한 관점에 따라 접근되며, 그 관점은 다른 사회적 체계들에게는 불투명하거나 확정되지 않을 수도 있다. 그래서 언제든 어떤 체계들이나 사람들이 그 대상에 대하여 이전과는 다른 관점에서 접근할 가능성도 열려있다.

〈그림 1〉과 〈그림 2〉와 같은 도식은 전통사회와 현대사회에서 특정한 대상과 맺는 관계의 차이를 사람들 간의 (공동의) 관계와 사회적 체계들 간의 (공통의) 관계의 차이로 구분함으로써 커먼즈 논의를 이론적, 개념적으로 보완하는 실마리를 제공할 수 있다. 동시에 지금까지 커먼즈를 통해서 포착하고자 했지만 분명하지 않았던, 현대사회에서 특정 대상이나 사태에 대해 사람들이나 사회적 체계들이 어떻게 동시에, 그렇지만 서로 다르게 관여하는지를 더 분명하게 파악하게 해준다.

3. 커먼즈 논의에 대한 비판적 검토

1) 공동(성) 중심의 커먼즈 논의의 한계

국내외 많은 커먼즈 연구들이 자원(resources), 공동체(community), 공동 관리 제도나 활동(institutions 또는 commoning)이라는 세 요소(차원)를 중심으로 커먼즈를 정의한다(Kip et al. 2015; 박인권 외, 2019; 정영신, 2022). 그래서 커먼즈는 "일정한 경계를 지닌 이용자 집단이 자치와 협력을 통해 공동으로 이용하는 자원 및 그 관리 제도의 역동적 체계"(정영신, 2022: 96) 혹은 그러한 체계를 형성하는 과정인 커머닝으로서 이해된다. 이는 커먼즈를 공동자원(common-pool resource)으로 개념화한 오스트롬 학파에 대한 비판에 근거해서(최현, 2013; 정영신, 2016), 커먼즈를 공동자원만을 가리키는 것이 아니라 이용자 집단, 자원의 관리 및 이용에 관한 규칙, 자원에 대한 집합적 활동 등을 아우르는 개념으로 확장한 것이다(라인보우, 2012).

그러나 현대사회에서 어떤 사람들(공동체), 그들이 이용하는 자원, 그들의 실천과 제도 등을 중심으로 커먼즈를 규정하고 그러한 결합을 만들어내려는 실천(혹은 커머닝이나 커먼즈 정치 및 운동)을 추구한다면 상당한 이론적, 실천적 어려움에 봉착할 수밖에 없다. 어떤 공동체가 특정한 자원과 제도를 결합하여, 다른 공동체, 다른 이해관계와 가치, 다른 수준의 제도들에 맞서서 커먼즈를 만들어가려는 활동, 정치, 사회운동은 그들이 만들고자 하는 자원-공동체-제도의 조합, 그들의 이해관계와 가치, 그들이 결합하고자 하는 제도들이 다른 것들에 비해 더 특별하거나 유익하다고 주장해야 한다. 그러나 다른 사람들(혹은 설득의 대상이 되는 사람들)은 그 자원에 서로 다른 방식으로 사회체계들에 연결되어 있을 것이다. 그들은 다른 이해관계를 가지거나 다른 가치를 지향하기에 그런 주장이나 사회운동은 대부분 그들에게 설득력을 갖지 못하거나, 심지어 그 주장과 운동이 자신을 향하고 있다는 것조차 알지 못한다. 해당 자원은 언제라도 다른 방식으로 포착되고, 사람들의 다른 삶과 다른 방식으로 연결될 수 있다. 그런 것들 가운데 하나인 특정한 자원-공동체-제도의 결합, 또는 그 결합을 정당화하는 이해관계나 가치를 어떻게 정당화할 수 있는가는 언제나 우연적이다. 또한 이러한 논의들이 강조하는 이용자 공동체 또는 커머너는 어떤 자원에 대한 사람들의 '공동' 관여, 다시 말해, 주로 거주나 생활 형태의 동질성에 따른 것이다. 그래서 사람들이 서로 다른 사회적 체계들에 인격체로 접속함으로써 드러내는 사회적 체계들 사이의 '공통'성과의 차이는 제대로 포착되지 않는다.

커먼즈의 논의 범주를 확장하기 위해 이용자 공동체를 일부 집단이 아니라 상대적으로 더 많은 사람으로 확장한 논의도 있다. 하지만 이 역시 어떤 대상에 공동으로 관여하는 사람들의 양적인 확장을 나타낼 뿐, 그 대상에 대하여 사람들이 갖는 관계들의 질적인 차이와 그 차이를 만들어내는 사회적 체계들의 변동은 고려되지 않는다. 일부 이용자 집단의 공동자원을 일컫는 공동체 커먼즈(community commons)와 전체 시민을 포괄하는 퍼블릭 커먼즈(public commons)에 대한 논의가 그 예이다. 퍼블릭 커먼즈는 공동체 커먼즈와 달리, 모든 이의 기본적 필요에 따라 평등한 접근권이 보장되는 공동자원으로 규정된다(윤여일, 2022). 이때 공동체, 퍼블릭, 커먼즈 각각의 개념들에서는 그것들이 지시하는 대상에 대하여 유사하거나 동질적인 조건에 처해있는 사람들과 그 공동성 그리고 그 대상과 관련하여 서로 다른 사회적 체계들에 연결된 인격체로서의 사람들과 그 공통성이 구별되지 않는다. 시민 또는 퍼블릭은 어떤 대상에 대해 '공동'의 관계로 연결된 (거의 모든 사회적 관계들을 포함하는) 공동체에 속하는가 아니면 다른 사회적 체계들과 기능적으로 구별되는 어떤 사회적 체계(가령 정치체계로서 국가)에 접속된 인격체인가? 공동체와 공동체가 아닌 것을 나누는 기준은 무엇인가? 공동체 커먼즈 및 퍼블릭 커먼즈에 대한 논의들 대부분은 동질적이거나 유사한 사회적 조건에 처한 사람들인 '공동체'와, 현대사회에서만 유의미한 시민, 공/사(public/private)를 정교하게 구별하는 논의를 선행하지 않는다. 그래서 서로 다른 사회구조에서, 다른 것과의 관계 속에서 고유한 의미를 갖는 개념들인 공동체, 퍼블릭 등이 커먼즈와 함께 사용될 때 그것이 무엇을 의미하는지 분명치 않게 된다. 필요한 논의는 각각의 개념들을 동질적이거나 유사한 사회적 조건에 있는 사람들의 관계인 공동성과, 그와 다르게 기능적으로 분화된 상이한 사회적 체계들의 공통 작동에 접속된 사람들의 관계에서의 공통성을 구별하고, 그 차이가 어떤 새로운 의미를 제공하는지를 보다 분명하게 살피는 것이다.

'모든' 사람들의 기본적인 필요를 충족시키는 자원에 대한 기본권과 접근권을 중심으로 커먼즈를 논의할 때에도 이와 유사한 난점이 발견된다. 복지 커먼즈(백영경, 2017), 에너지 커먼즈(홍덕화, 2019) 등이 그 예이다. 사실 새롭게 부상하는 복지나 에너지 관련 사안은 해당 사안에 대해 전혀 다른 코드로 접속하는 상이한 체계들, 즉 경제체계, 복지체계, 정치체계, 행정체계 등의 분화나 그 체계들 간의 마찰 때문에 사회적 의제로 등장한다. 그러나 기본권 및 접근권을 강조하는 논의들 대부분은 체계들의 작동 방식의 차이와 마찰을 살피는 대신 해당 사안의 해결책 내지 대안으로서 모종의 통합적 사회적 체계와 그에 접속된 '모든' 사람들, 또는 보편적 시민으로 되돌아가는 논의를 전개한다. 그런데 모든 사람들이나 보편적 시민이 지시하고자 하는 사람들의 모든 것과 관련된 사회적 체계는 존재하지 않는다. 그 모든 것들을 하나로 포착할 수 있는 사회적인 것도 존재하지 않는다. 이러한 논의들의 이론적 어려움은 무엇보다도 현대사회에서 서로 다른 사회적 체계들의 작동과 관련된 '공통(성)'을 고려하지 못하는 데서 비롯한다. 모든 사람들에게 작동하는 초월적인 사회적 체계나 그런 사회에서 통용될 수 있을 듯한 보편적인 가치로서 커먼즈를 규정하고 그러한 커먼즈(의 복원이나 형성)에 호소하지만, 이는 현대사회의 작동에 부합하지 않는다.

같은 맥락에서 커먼즈를 하나의 특정한 가치로 규정하는 논의도 비슷한 어려움에 처한다는 점을 언급할 필요가 있다. 커먼즈를 대안적 가치로서 규정하려는 논의들은 많은 경우 (약탈적 혹은 신자유주의적) 자본주의에 대항할 수 있는 개념으로 커먼즈를 규정한다. 커먼즈는 자본주의에 대항하는 여러 대안들의 응집체로서, 다양한 사회운동들이 비판하고 넘어서고자 하는 부정적인 것들의 대립항 또는 그것들을 표현하는 긍정적인 가치들의 모음으로서 이해된다(Eidelman & Safransky, 2021: 796). 나아가 커먼즈를 반자본주의 가치를 구현하는 사회적 체계로 바라보기도 한다(데 안젤리스, 2019). 이러한 논의의 밑바탕에는 어떤 대상이나 사물을 함께 향유하던 명시적, 암묵적 제도나 활동이 자본주의의 작동을 통해, 구체적으로는 인클로저 흐름 속에서 철회되거나 와해되었다는 해석이 깔려 있다. 그래서 자본주의에서 추구되는 가치인 이윤추구 및 축적과는 다른 대안 가치로서 커먼즈를 자리매김하는 것이다. 그러나 이러한 논의에서 이야기되는, 대안적 가치를 담지한 커먼즈 체계(commons system)는 여전히 공동의 자원, 공동체(또는 '커머너(commoner)'로 일컬어지는 사람들), 제도 및 활동으로 구성된다고 여겨지기 때문에(De Angelis, 2017: 90) 이 논의들은 '자원으로서 커먼즈'라는 틀은 탈피하였더라도 자원-공동체-제도의 조합으로서의 커먼즈 규정이 갖는 한계를 반복한다.

무엇보다도 특정한 대안 가치로서 커먼즈 혹은 그러한 가치를 구현한 커먼즈 체계라는 개념에서는 특정한 공동체(이러한 논의에서는 주로 커머닝을 하는 주체로서 커머너 집단)가 함께 그 가치를 추구하는 것이 가능하다는 전제가 필요하다. 예컨대 자치, 자율, 협력과 같은 가치이다. 그러나 가치가 작동하는 곳에 체계가 아닌 사람(공동체)을 놓는 것은 현대의 기능분화된 사회와 정합적이지 않다. 이 글에서 반복하여 강조한 바와 같이, 현대사회에서 사람들은 다양한 체계에 접속하며 살아가고, 특정한 체계에 접속하는 순간 그 체계의 가치와 코드에 연결되고 또 다른 체계와 연결되면 그에 맞추어 또 다른 가치와 코드를 따라 작동한다. 그래서 기능분화가 주도적인 현대사회에서 어떤 사람의 삶의 전 영역을 가로지르는 가치, 그러한 가치를 공유하는 공동의 경계를 가진 공동체는 불가능한 것이다.

비교적 최근의 논의라고 할 수 있는, 그리고 이후 살펴볼 경의선공유지 사례의 이론적 바탕이 되는 도시 커먼즈 논의에서도 비슷한 이론적, 개념적 혼란이 확인된다. 도시 커먼즈는 "배제적 메커니즘이 작동하는 현대 자본주의 도시에서 시장적 사회관계에 대항해 자원을 사용자 공동체 모두의 것으로 만들기 위한 실천의 산물"로 파악된다(박인권 외, 2019: 149). 그러나 이러한 논의는 사람, 도시, 시장, 국가, 시민사회, 커먼즈 등이 서로 다른 사회구조에서 다르게 존재하고, 서로 다른 역사와 시간의 흐름에 있음을 명료하게 드러내지 못한다. 그래서 사람들은 공동체, 시민사회, 도시, 국가 등에 속하기도 하고 속하지 않기도 한다. 시민사회는 도시와 공동체의 외부에 있기도 하고, 내부에 있기도 하다. 커먼즈는 그렇게 모호하게 규정된 시민사회의 지지와 공동체의 성공적 자원관리에 의존한다. 또, 커먼즈를 성공적으로 관리한다는 것이 누구의 기준에서 성공적인 관리인지, 얼마나 긴 기간 동안 무엇을 대가로 한 관리인지 등에 대한 논의, 즉 서로 다른 이해관계와 가치로 움직이는 체계들을 고려하는 논의도 정교하지 못하여 커먼즈 논의가 구체화되기보다는 규범적인 주장으로 이어진다.

이렇게 볼 때, 커먼즈 논의 대부분은 서로 다른 사회적 체계들이 작동하는 '공통'의 관계에서 발생하는 문제를 충분하게 고려하지 못하고 있으며, 그래서 모든 사람들에게 작동하는 어떤 초월적인 사회적 체계나 그런 사회에서 통용될 수 있을 듯한 보편적인 가치로서 커먼즈를 규정하고 그러한 커먼즈에 호소하는 방식으로 논의가 진행되고 있는 것으로 보인다. 또한 기능분화된 현대사회가 아니라 전통사회와 같은 응집된 혹은 미분화된 사회를 이론적, 개념적으로 전제하고 있어, 커먼즈 논의가 포착하고자 하거나 변화시키고자 하는 사회적 상태를 논의하기에는 개념적 적합성이 낮은 것으로 보인다. 커먼즈 논의들은 계속적으로 기능분화된 현대사회에서 무엇인가를 가로지르지만, 여기서 제기하는 공동체, 사회, 도시 등의 불문명한 경계로 인해 현대사회에서 커먼즈가 어떻게 작동하는 것인지는 모호해진다.

2) 관찰(자)에 의존하는 커먼즈

커먼즈를 자원(대상), 공동체(사람), 제도 또는 그것들을 묶는 실천의 결합으로 보는 것의 또 다른 난점은 그것들 각각이 관찰(자)에 의존하여 구성된다는 점이다. 어떤 사회체계가 외부의 영향에도 불구하고 고유한 내적 메커니즘으로 작동하는 경우 '작동상 폐쇄되어 있다' 혹은 '내적인 자율성을 갖는다'고 할 수 있는데(루만, 2012b), 커먼즈 논의에서 자원, 공동체, 제도 등은 작동상 폐쇄되어 있지 않다. 그것들은 언제나 외부 관찰(자)의 규정이나 관찰에 의존한다.

먼저 자원을 살펴보면, 공동자원으로서 숲을 상정할 경우 숲은 토양, 지하수, 대기 중 공기의 흐름, 수목, 동물과 곤충, 곰팡이, 부패한 생물 사체, 버섯, 돌 등 온갖 생물과 미생물이 존재하거나 가로지르는 어떤 것이다. 물론 커먼즈에서 관건이 되는 숲은 그 대부분을 포함하지 않고 어떤 관찰자가 일부만을 선택하여 관찰한 공동자원으로서의 숲을 가리키게 된다. 이렇게 논의되는 자원은 언제나 외부(의 관찰)에 의존하여 임의적으로 규정된다.

사실 숲을 '자원'으로 규정하는 것 자체가 특정한 접근 방식을 가정하는데, 이는 숲의 모든 것이 아니라 '자원'으로서 숲에 접근한다는 것을 의미한다. 그것은 사람들의 삶에서 숲을 '자원'으로 보는 특정한 유형의 삶이나 사회적 관계가 우선성을 갖는다는 것을 의미한다. 커먼즈 논의에서 흔히 '자원'으로 지칭되는 것은 많은 생명체들에게는 서식지면서, 어떤 종교에서는 특별한 의미를 갖는 찬미의 대상일 수 있다. 그러나 '자원'으로의 규정은 어떤 대상을 인간의 (경제적) 목적을 실현하기 위한 수단으로서 접근하고 있음을, 인간의 목적-수단 도식 내에서 대상을 파악하고 있음을 보여준다.

공동체를 사람들 또는 행위자들의 집합으로 보는 경우에도 비슷한 어려움이 발생한다. 공동체나 집단을 살아있는 사람들의 집합체로 접근하면, 필연적으로 사람들의 서로 다른 심리상태, 영양상태, 교육수준, 여가생활, 종교생활, 경제수준, 신념, 가치관, 사람들 간의 친밀하거나 적대적인 관계 등 무수히 많은 사회적 상황과 사건 들이 그 집합체를 가로지르고 있음을 발견하게 된다. 공동체나 집단을 어떤 경계로 나눈다 하더라도 언제나 그 경계의 안쪽은 이것들의 우연적인 접합 상태임이 드러난다. 이런 우연적인 접합 상태는 공동체의 사람들뿐 아니라 그 사람들과 관련된 외부 자연환경을 포함한다. 공동체를 가능하게 하고, 공동체를 가로지르는 사회적인 것과 환경적인 것들 가운데, 어떤 것들을 무슨 기준에 의해서 공동체-자원 관계에 귀속시킬 수 있고, 그 귀속은 다른 귀속보다 더 바람직하거나 적절하다고 할 수 있을까? 문제는 커먼즈 논의에는 공동체의 이런 특성을 규정할 이론적 장치나 개념 들이 충분히 개발되어 있지 않다는 것이다.

제도와 실천의 측면에서도 마찬가지의 이론적 난점이 발견된다. 특정한 자원, 그 자원과 우연히 접합된 공동체를 규제하는 제도는 언제나 더 넓은 제도, 보다 넓은 사회적 관계에서 존재한다. 이 사회적 관계는 시공간적으로 대단히 중층적이다. 그렇다면 어떤 시공간적 범위에서 작용하는 사회적 관계를 선별 또는 구별하여, 동시에 수많은 사회적 관계들 가운데서(가령 예술, 종교, 가족, 과학 등과 관련된 사회적 관계들 가운데에서) 어떤 관계들을 선별하여, 쟁점이 되는 자원-공동체-제도를 설명할 수 있는가? 그 선별과 구별에 대한 평가는 언제나 그런 논의를 하는 사람들이나 그들이 속한 사회체계로부터 벗어날 수 없다. 선택의 적합성에 대한 판단이 학문 체계에서 이루어진다 하더라도 쉽지 않다. 가령 사회학은 정치학이나 경제학과 비교해서 다른 것을 보여주는 것이지 절대로 옳은 것을 보여주는 것은 아니기에 그 적합성은 분과 학문의 경계를 쉽게 넘어서기 힘들다.

커먼즈 논의에서 자원, 공동체, 제도가 함축하고 있는 이 같은 이론적, 개념적 불명료함은 결과적으로 커먼즈 사례 연구들이 자원-공동체-제도의 결합을 엄밀하지 않는 방식으로 이해하고, 그런 결합을 구현한 공동체를 단순하고 낭만적으로 표상하는 경향으로 이끈다. 공동체를 구성하는 사람들의 삶의 복잡다단한 요인들을 모두 포착할 수 없는 상태에서 공동체라는 용어를 사용할 때

필연적으로 공동체, 또는 사람들의 삶의 단면을 임의적인 선택과 배제를 통해서 재현하게 된다. 가령 조선시대 산림이나 지하수를 공동으로 이용하는 공동체의 삶은 남자와 여자의 가부장적 관계, 가장(남편)과 비가장(아내, 어린이)의 관계, 주인과 노비의 관계, 계급 관계(양반, 중인, 상민, 천민) 등에서 직조된 것이다. 그래서 전통사회에서의 '공동의 삶'은 수많은 사회적 관계를 배경으로 자원의 이용이나 자원관리 제도의 우연한 접합물로 보아야 한다. 이는 커먼즈 논의에서 공동자원 또는 공유지 제도 해체의 기작(mechanism)으로서 빈번하게 언급되는 영국의 인클로저(enclosure)에도 해당된다. 인클로저 이전의 공동체란 지주(귀족이나 영주)와 자영농이나 소농, 차지농, 임노동자 등 계층적으로 분할된 사회였고, 그래서 신분이 삶의 거의 모든 기회를 결정하던 사회였다.[1] 인클로저는 공동의 경작지나 공동자원이 근대적 사적 소유권으로 대체되면서 상당수의 농촌인구가 궁핍해지고 임노동자화 되는 (고통스러운) 과정이었지만 다른 한편으로는 신분, 종교, 정치, 경제, 학문 체계가 각각의 고유한 코드로 분화되어 작동하는 근대사회로의 이행 과정이기도 했다. 따라서 커먼즈의 논의에서 빈번하게 등장하는 인클로저는 그것이 해체한 공동자원, 공유지 제도 또는 공동체가 무엇인지 그것이 어떤 사회적 관계를 함축하고 있으며 그것의 해체가 어떤 조건에서 어떤 대가로 가능했는지 등에 대한 보다 정교한 논의를 필요로 한다.

과거에 존재했던 '공동체' 또는 커먼즈로 표현될 수 있는 공동의 삶을 희구하기 위해서는 현재의 기준에서 보았을 때 대단히 억압적이고 위계적인 사회적 관계들이 당시 공동체나 공동자원 제도의 작동과 무관했거나, 공동자원 제도의 작동에서는 부재했던 것으로 가정해야 한다. 그러나 지금 우리의 관점에서 긍정적인 것으로 포착되는 공동자원의 이용과 관리는 현시점에서는 쉽게

---

1 인클로저의 진행은 교구(parish)의 토지 소유 구조, 경제구조, 주거 형태, 국교도 여부나 정치적 이념에 따라 매우 다른 양상으로 진행되었다. 그리고 공유지의 이용, 처분에 대한 이해관계는 피지배층 사이에서도 교구의 정주권을 가진 사람들 사이에서도 매우 상이하였다(송병건, 2000; 2010). 1780년대 영국을 포함한 유럽에서 진행된 토지·농지 제도, 농민을 포함한 거대한 사회변동과 그 지역별 차이 및 공통점에 대한 자세한 논의는 홉스봄(1998: 329-366) 참조.

받아들이기 힘든 부정적인 사회적 관계나 이념의 작동과 연계되어 있다. 그럼에도 커먼즈 논의에서 빈번하게 인용되는 전형적인 자원-공동체-제도의 조합 사례들은 공동체를 둘러싼, 공동의 자원관리를 가능하게 했던, 다층적이고 다중적인 사회적 관계 가운데서 긍정적으로 판단되는 일부를 취사선택하여 재현한 것이다. 이러한 재현물, 즉 긍정적인 혹은 도덕적으로 타당한 과거의 커먼즈에 대한 상상을 가지고 현재 세계를 재구조화하려는 시도들은 하비(Harvey, 2017)가 우려한, "옛날 옛적의, 이른바 공동 행동의 도덕경제에 대한 노스탤지어가 농후하게 가미"된 시도인 것이다. 그런 시도는 과거의 특정 단면만을 보여주어 배경이 되는 넓은 사회적 관계에 대한 탐색을 가로막고, 실현될 수 없는 미래를 기획한다는 점에서 사회적 변화의 가능성을 제약한다. 그럼에도 커먼즈 논의에서 여전히 공동체의 규범적 함축은 대개 긍정적이다. 많은 경우 공동체는 현대성에 의해 억압되고 해체되고 저해되거나 추방된 요소로 재현되고, 그 공동체의 생활양식은 근대의 사회병리적 현상들에 대한 유토피아적 대항 양식으로서 제시된다. 하지만 그 반대편에는 잠재적으로 위험한, 전체주의적이며 폭력적인 것과 같은 불길한 함축을 담고 있다. 그래서 공동체를 중심으로 한 대안 논의에서는 공동체에 대한 개념적, 시대진단적, 분석적, 정치윤리적 재고찰이 요구된다(로자 외, 2010: 10-16).

　현대사회에서의 공동체들 그리고 현실을 살아가는 사람들의 삶은 다층적이고 다중적이다. 이는 무엇보다도 사람들의 삶이 사회적, 공간적 경계를 따라서 일괄적으로 결정되는 것이 아니라, 여러 사회적 (기능)체계들에 동시에 그리고 또한 이질적으로 접속함으로써 지속되기 때문이다. 사람들이 접속하는 사회는 수많은 커뮤니케이션 작동의 연쇄이고, 그런 커뮤니케이션에 의해 사회는 작동한다. 이렇게 작동하는 사회에서는 공동자원과 이를 이용 및 관리하기 위한 제도 및 활동이 서로 다른 기능체계에서 완전히 다른 방식으로 포착될 수밖에 없다. 예컨대 바다는 경제체계, 종교체계, 예술체계에서 각각 자원, 신성함, 아름다움 등으로 포착될 것이다. 바다에서 물질을 하거나 고기를 잡는다면 그

때의 바다는 자원이지만, 바다에 제를 지내면 그때의 바다는 신격화된다. 부동산 개발을 위해 바다를 이용할 때 바다는 또 다른 의미의 자원(부동산)이며, 바다를 예술 행위나 관광 행위로 이용한다면 바다는 예술 또는 관광의 대상이다. 이렇게 바다를 이용하며 살아가는 사람들을 바다 공동체라고 한다면, 이 바다 공동체에 속하는 모든 사람들이 바다에 대해 동일한 이해관계나 가치를 갖는다고 보기는 어렵다. 동일한(그들이 보거나 상상하는 대상이 '동일한 바다'라고 주장할 수는 있지만, 과연 그것이 어떤 의미에서 동일한 것인지는 대단히 의심스러운) 바다를 이용하는 서로 다른 활동들이 서로 다른 사회적 체계들에 다층적으로 접속하고 있는 상황에서, 이를 하나의 공동체, 하나의 커먼즈로 묶어내기는 더욱 어려워진다. 그럼에도 바다를 어떤 단일한 이해관계나 가치를 중심으로 관리하고 이용하고자 한다면, 다른 이해관계나 가치를 부차적인 것으로 배제하거나, 다른 이해관계나 가치로 작동하는 다른 사회적 체계들이 바다를 대상으로 작동하지 못하도록 해야 한다.

3) 자원, 공동체, 제도의 결합 혹은 커먼즈 정치

자원, 공동체, 제도의 결합으로서 커먼즈를 규정하는 경우에 제기되는 또 다른 이론적, 개념적 어려움은 자원, 공동체, 제도의 결합에서 그 '결합'이 무엇인가이다. 그 결합은 세 요소의 우발적인 마주침을 의미하는가, 공동체가 특정 자원을 이용하기 위해 제도를 만들거나 적용했다는 것을 의미하는가? 전자와 후자 모두 문제적인데, 전자의 경우에는 세 요소가 우연적으로 만나는 상황 자체가 성립되는 것이 불가능하기 때문이다. 자원과 제도 없이 공동체가 독립적으로 존재할 수 없고, 마찬가지로 자원과 공동체 없는 제도, 공동체와 제도 없는 자원은 모두 존재할 수 없다. 후자의 경우는 공동체는 모종의 의도를 실현하기 위해 자원과 제도를 동원하는 '합리적 행위자'가 된다. 그래서 이때 자원, 공동체, 제도의 결합이라는 것은 '공동체에 의한' 자원과 제도의 결합으로 이해된다. 하지만 이 경우 공동체의 다양한 사람들과 이해관계를 단일한 것으로 묶어 낼 수 있는 이론적 문제를 먼저 해결해야만 설득력을 갖게 된다. 공동체가 상이한 이해관계와 가치를 지닌 사람들로 구성된 것이거나, 상이한 유형의 사회적 관계들이라면, 자원과 제도를 결합하거나 구성할 의도를 지닌 공동체에서는 그들 간의 이해관계나 가치를 조정해야 하는 문제를 해명해야 한다. 어떤 자원이든 단일한 이해관계나 가치로 포착될 수 없기에 어떤 자원에 대한 이해관계와 가치를 조정하는 것, 그들이 함께 사용하는 제도들을 전제로 하는데, 여기서 또다시 제도들 가운데 어떤 제도를, 누가, 어떤 조건에서 그 자원과 관련된 것으로 사용할 수 있는가 하는 문제를 해명해야 한다.

이 같은 문제는 커먼즈 논의에서 발전시킨 자원, 공동체, 제도의 결합으로 일관되게 설명되지 못한다. 그래서 최근 '커먼즈의 정치' 논의가 부상한 것으로 보인다(정영신, 2020; 안새롬, 2022). 하지만 커먼즈의 정치에서 '정치'의 특이성을, 타자와 구별되는 우리의 형성, 적과 동지의 구별, 또는 구속력을 갖는 집합적 결정과 같이 다른 사회적인 것과의 뚜렷한 구별 없이 '상이한 이해관계나 가치에 대한 표명' 정도로 사용하게 되면, 굳이 '커먼즈의' 정치라고 표현할 필요가 없다. 거의 모든 커뮤니케이션은 커뮤니케이션을 구성하는, 또는 전달하고자 하는 정보의 차이 때문에 발생하고, 커뮤니케이션에도 불구하고 그런 차이가 해소되지 않고 언제나 새롭게 (재)발견되기 때문에 지속된다. 이 글의 이론적 전제처럼 커뮤니케이션의 연쇄를 사회라고 한다면, 사회는 이해관계와 가치를 포함한 서로 다른 이견들의 표명과 조정 때문에 가능한 것이다. 구속력 있는 결정이라는 정치의 고유한 속성을 확장하여 이견을 다루는 논의 전체를 정치라고 하게 되면, 즉 모든 사회적 상호작용을 정치화하면 '정치의 과잉'으로 이어지고, 정작 정치적인 결정의 고유한 대상을 파악하지 못하게 한다.

'커먼즈의 정치'를 다른 사회적인 것과 구별하여 사용하기 위해서는 커먼즈의 정치가 자원, 공동체, 제도 등과 관련된 어떤 특수한 결정, 특히 관련된 인격체들 모두에게 구속력을 갖는 결정을 하는 상황에서만 대두된다고 보는 것이 적절하다. 그 결정이 얼마나 정당하거나 사태에 적합한 것인가는 언제나 논의될 수 있지만, 그런 논의가 또 다른 구속력 있는 집합적 결정과 연결되는 경우에만 그것들은 정치적 논의가 될 것이다. 그리고 이런 구속력 있는 결정이 이루어지면, 결정에 대한 순응/거부가 관건이 된다. 즉, 커먼즈의 정치는 집합적 결정, 결정에 대한 순응/거부의 경로와 연결된다.

그러나 이 경우에도 공동체에는 단일하지 않은 이해관계나 가치가 관련되고, 문제시되는 자원과 관련된 공동체들 또한 상이하며, 그에 적합한 제도의 활용이나 창출, 관련된 제도가 중층적이라는 것을 인정해야 한다. 결국 정치는 그런 상이함, 다름 속에서도 관련 인격체들에게 유효한 구속력 있는 결정을 내리는 것이다. 그래서 우리는 커먼즈의 정치를, 서로 다른 체계에 접속해서 다른 방식으로 대상을 바라보고 이용하는 인격체들이 우발적인 마주침 속에서 차이를 조정하고 잠정적이고 일시적이지만 구속력 있는 결정을 통해 잠시 함께하는 과정으로 파악할 필요가 있다. 그러한 마주침은 우발적이고, 서로 다른 사회적 체계에 접속된 인격체들이 서로 다른 코드 또는 가치, 이해관계를 가지고 있어 특정한 이해관계나 가치를 통해 일방적으로 조정될 수 없으며, 조정의 결과 또한 전혀 보장되지 않지만, 그 때문에 파열음 속에서 새로운 흐름을 만드는 것도 가능하다.

4) 폐쇄된 조직의 '우리'와 개방된 사회체계들의 '모두'

최근 커먼즈 논의에서는 커먼즈의 생산, 유지, 활용과 관련된 사람들의 경계를 다루는 '우리'와 '모두'에 관한 논의가 부상했다(정영신, 2020). 이는 커먼즈가 일정한 경계 내의 공동체가 생계 자원을 자치적으로 관리해 온 차원('우리')과 모두의 자원에 대한 보편적 권리를 보장해 온 차원('모두')을 동시에 가지고 있다는 논의이다. 이때 '우리'와 '모두'는 어떤 사회적 관계를 지시하는 것일까?

사실 '우리', 우리가 아닌 '그들', 우리와 그들을 포함하는 '모두'나 '전체로서의 우리'는 구별 또는 경계의 다차원성과 그것들 간의 차이 때문에 대단히 논쟁적이다. 예를 들어 '정치적' 우리는 '문화적', '인종적', '경제적' 우리와 다를 뿐만 아니라 어느 것으로 환원시킬 수도 없다. 또한 '우리', '그들', '모두'라는 것이 그 차이들을 넘어서는 묶음이나 어떤 동질적인 전체의 부분들이 아니라면 그것들을 묶어내는 공통, 전체, 통일, 대표 등의 쟁점들을 해명할 수 있어야 설명력을 가질 것이다. 만약 '모두'를 '우리'와 우리가 아닌 '그들'의 합을 의미하는 것으로 파악한다면, 이는 '모두'가 어떤 이유로 '우리'와 우리가 아닌 '그들'로 분할될 수 있다고 가정하는 '전체-부분 도식'(루만, 2012b: 1045-1067)이 될 가능성이 크다. 혹은 '우리'가 '우리'를 넘어서 '모두'가 될 수 있다거나 아니면 더 큰 '우리'로서 '모두'를 만들어가야 한다는 규범적인 도식처럼 이해될 가능성도 있다.

'우리'와 '모두'의 구별은 상이한 사회의 작동, 즉 기능분화된 사회체계의 작동과, 사회가 충분히 기능적으로 분화되어 있지 않아 몇 가지의 기능이 중첩되어 특정 활동이 다른 사회적 삶에 연속적으로 영향을 미치는 사회의 작동을 구별할 수 있을 때 그 구별이 가치가 있다. 그러나 많은 경우 커먼즈 논의에서는 '우리'와 '모두'는 작은 마을, 국민국가, EU와 같은 국가연합체 등 주로 지리적 경계의 확장이나 축소와 연결되어 있다. '우리'와 '모두'가 마을, 국가 등의 경계 안팎의 사람들을 지칭하게 되면 상식적인 이해에는 부합하지만, 그 경계가 서로 다른 유형의 사회적 작동이라는 점은 놓치게 된다. 즉, 국가나 국가연합체의 경우에는 정치체계의 작동의 경계와 관련되지만, 마을은 시, 군, 구와 같은 정치체계의 단위가 아니라 다른 유형의 상호작용들의 경계이다. 따라서 '우리'와 '모두'에 대한 논의를 마을, 국가, 국가연합, 지구 행성 등의 경계 확장으로 이해하고 그 경계 내부의 사람들을 지시하려는 것은 논리적으로 연속될 수 없는, 서로 다르게 작동하는, 서로 다른 범주들이 마치 동질적인 연속선상에 놓인 것처럼 단순화하는 것이다. 특히나 사람이나 영토를 중심으로 정치적 경계를 짓는 것은 상당한 이론적 곤란함을 초래한다. 사회인구학적 차이들, 정치적,

경제적, 문화적 참여에서의 차이들, 과거, 현재, 미래라는 시간적 차이들, 방대한 생물학적, 신경학적, 심리적 연결망의 차이들을 구별하면서, 어떤 사람을 특정한 경계 안팎에 매끄럽게 배치할 수 있는 이론이나 개념을 충분히 발전시킬 수 있는지는 매우 불확실하기 때문이다. 이런 어려움은 무엇보다도 커먼즈 논의 대부분이 사람을 (끊임없이 외부 세계와 상호작용해야만 살 수 있는 살아있는 유기체임에도 이를 충분히 고려하지 않고) 합리적 의도와 지향을 담지한 행위자로, 그리고 그런 행위자들로 구성된 공동체 또는 사회라는 이론적 가정을 유지한 채 사람들의 의도나 지향을 선별하고, 그것을 다시 자원, 제도, 공동체의 조합으로 연결시키기 때문에 발생한다.

대안은 '우리'와 '모두'를 합리적 행위자나 살아있는 사람들의 경계로 보는 것이 아니라 각각을 사회의 (분화)구조에 맞게 개념화하는 것이다. 앞서 논의한, 공동성과 공통성의 관점에서 '우리'와 '모두'를 다시 개념화하면, '우리'는 사람들로 구성된 공동체의 경계 안쪽 면을, '모두'는 현대사회의 기능체계들이 작동할 때 사회체계 바깥면의 사람들로서, 누구라도 기능체계의 코드와 연결될 수 있다는 무제한적 개방성을 지칭한다고 볼 수 있다(〈표 1〉). '우리'는 공동체 경계의 바깥 면에 있는 '그들'을 전제로 한 구별이고, '모두'는 그 반대 면에 어떤 유형의 사람들이 있는 것이 아니라 어떤 사회적 체계들이 있음을 전제로 한다. 이렇게 볼 때, '우리'와 '모두'는 서로 다른 유형의 사회의 작동과 연결되는 서로 다른 차원의 범주이다. 따라서 '우리'와 '모두'는 하나가 다른 하나를 아우를 수 있거나 하나에서 다른 하나로 확장할 수 있는 종류의 것이 아니다.

〈표 1〉 우리-모두의 유효성 조건과 의미

구분	우리	모두
유효성의 조건	조직의 폐쇄	사회체계의 개방
의미	우리] 그들	사회체계] 모두(모든 사람)
예시	어촌계] 어촌계가 아닌 그들	시장] 경제활동을 할 수 있는 모든 사람

예를 들어 경제체계의 특수한 형태인 시장의 경우에, 시장의 논리에 따라 상품을 사거나 팔고자 하는 사람은 누구라도 시장에 진입할 수 있다는 의미에서 시장은 '모두'에게 개방되어 있다. 시장은 모두에게 개방되어 있지만 언제나 시장의 작동에 부합하게, 즉 시장이 허용하는 소유, 지불, 상품거래 등을 따를 때 시장에 참여할 수 있다. 모두가 무엇인가를 사거나 팔 수 있지만, 특정 시점에는 제한된 사람들만이 시장과 연결되는데, 그렇게 연결될 수 있는 조건, 즉 시장에의 참여 조건은 언제나 시장의 작동에 부합하는가의 여부이다. 이와 다르게 어떤 갯벌을 관리, 이용하고자 하는 어촌계의 경우, 경계 안쪽에만 구성원 자격을 갖춘 '우리'가 존재한다. 그 경계를 모두에게 확장하면 어촌계가 더 이상 어촌계일 수 없게 된다. 현대사회에서 시장은 언제나 모두에게 개방되어 있을 때 그 체계가 유지되고 활성화되지만, 어촌계는 어떤 형태로든 폐쇄되어 있을 때에만 스스로 존립할 수 있다. 즉, '모두'는 시장과 같은 어떤 사회적 체계의 작동에 접속될 수 있는 사람들의 개방성과 불특정성으로, '우리'는 어촌계처럼 폐쇄성과 특정성을 지닌 조직의 구성원으로 이해할 수 있다. 어촌계는 구성원 자격과 관련된 '우리'가 관건이고, 시장에는 원하는 사람은 누구라도 접속할 수 있는 '모두'가 관건이다. 만약 어촌계의 우리, 갯벌을 함께 관리, 이용하는 우리를, 우리가 아닌 그들을 포함한다는 의미에서 모두로 확장하고자 하는 것은 우리를 가능하게 하는 고유한 사회적 관계에 부합하지 않는 것이다.

특정한 사회체계의 커뮤니케이션에 관심이 있다면 누구라도 참여할 수 있지만('모두'), 조직에는 그 조직의 작동을 수용할 것인가 거부할 것인가에 따라 구성원 자격의 유지나 포기가 작동한다('우리'). 만약 폐쇄성을 특징으로 하는 조직과 개방성을 특징으로 하는 사회체계를 구분하지 않고, 조직을 누구에게나 개방된 것으로 이해하거나 누구에게라도 개방된 것으로 만들고자 한다면 그러한 조직은 조직으로 존재할 수 없을 것이다. 지금까지의 많은 커먼즈 논의에서 등장한 '우리', '모두'와 관련된 논의는 현대사회에서 사회체계의 개방성과 사회조직의 폐쇄성을 충분히 담아내는 방식으로 전개되지 못한 것으로 보인다.

기능분화가 주도적인 현대사회에 정합적인 커먼즈 논의를 위해서는 사회적 체계들의 작동에서는 개방성이('모두'), 그리고 그런 작동에 특화된 사회조직에서는 폐쇄성이('우리') 동시에 작동한다는 점이 고려될 필요가 있다.

5) 사회적 체계로서의 커먼즈의 가능성

기존의 커먼즈 논의를 공동과 공통의 관점에서 바라볼 때, 관건은 커먼즈가 고유한 사회적 체계로 작동할 수 있는지가 된다. 즉, 공동이나 공통의 긍정/부정이나 확대/축소라는 코드를 중심으로 한, 기능적으로 분화되면서 자기준거적으로 재생산되는 사회체계로서 작동할 수 있는지, 혹은 그러한 커뮤니케이션에 특화된 사회조직이 가능한지이다.

진리/허위를 코드로 하여 작동하는 학문체계를 생각해 보자. 학문체계는 유럽의 경우, 근대의 시작과 함께 종교체계나 정치체계로부터 분화되었다. 근대 이전에도 진리/허위는 중요한 사회적 커뮤니케이션의 주제였지만, 그러한 커뮤니케이션을 전담하는 대학과 같은 전문 연구기관은 온전히 진리/허위에 특화되지 못한 채 끊임없이 종교체계의 신성함이나 권력에 종속되어 있었다. 그러나 현대사회에서 학문체계는 대학이나 전문 연구기관과 같은 조직을 중심으로 하여, 권력, 화폐, 신성함 등으로부터 (형식적으로는) 독립적으로 진리/허위라는 고유한 기준에 입각하여 자기준거적으로 작동한다. 즉, 무엇이 진리/허위인지, 어떻게 그것이 진리/허위인지를 판단하는 것은 온전히 학문체계가 스스로 결정한다. 그리고 진리/허위에 특화된 조직으로서 대학이나 연구기관이 있고, 그러한 조직에서는 언제나 가입/탈퇴가 관건이다.

다시, 사회적 체계로서 커먼즈가 가능한지 질문해 보자. 커먼즈는 공동이나 공통의 코드를 이용하여 학문체계처럼 고유한 기능을 수행하는 것이 가능한가? 그 기능에 특화된 조직이 가능한가? 그 고유한 기능의 수행은 커먼즈 체계 내부에서 스스로에 의해서 결정되는가? 이것이 모두 가능한 경우에만 커먼즈는 하나의 사회체계나 사회조직으로 기능할 수 있다고 말할 수 있을 것이다.

커먼즈를 다른 사회적 체계들과 구별되는 자기준거적으로 작동하는 하나의 사회적 체계로 규정하는 경우, 커먼즈는 〈그림 1〉처럼 사람들이 어떤 대상에 대한 동일한 이해관계를 가지면서 함께 하는지(공동의 긍/부정), 그렇게 함께 하는 범위가 확장되거나 축소되는지(공동의 확장/축소), 아니면 〈그림 2〉처럼 어떤 대상에 대해 여러 사회적 체계들이 함께 관여하는지(공통의 긍/부정), 관여하는 사회적 체계들을 더 늘리거나 줄이는지(공통의 확장/축소) 등에 대한 일련의 커뮤니케이션의 연쇄라고 할 수 있다. 이때의 커먼즈는 정치체계나 경제체계와 등가적인 하나의 사회적 체계로서의 커먼즈 또는 커먼즈 체계라고 부를 수 있을 것이다. 이러한 사회적 체계로서의 커먼즈는 화폐의 유/무나 권력의 유/무로 인해 해당 대상에 대한 접근이 제한되거나 대상의 이용에서 배제되는 것이 문제시되는 상황에서 대안이나 저항으로 출현한다. 즉, 화폐의 유무와 권력의 유무를 중심으로 작동하는 경제체계와 정치체계의 '정상적'인 작동의 결과, 공동이나 공통의 긍정/부정 또는 확장/축소와 관련된 주장들이 등장한다. 그러나 커먼즈가 사회적 체계의 하나로서 작동하려면, 종교체계에서 신(神), 경제체계에서 부족(희소성), 법체계에서는 정의(正義)와 같이 해당 체계가 작동할 수 있는 제한된 조건을 규정할 수 있어야 한다. 그렇다면 사회적 체계로서 커먼즈가 의미 있게 작동할 수 있는 체계 경계를 규정하는 것이 관건이 된다. 이 경계를 확정하지 못하면 신성함을 다루기 위한 종교체계의 코드인 성스러움/세속적임을 법체계나 학문체계에 적용하려고 하거나, 공공성을 다루기 위한 정치체계의 권력 유/무의 코드를 종교체계나 학문체계에서 사용하려는 것과 유사한 상황에 직면하게 된다. 즉, 사회적 체계로서 커먼즈가 적용될 수 있는 사회적 조건을 한정하지 않으면 학문체계, 가족, 연인관계 등에서도 커먼즈의 코드인 공동이나 공통을 적용하려는 우스꽝스러운 상황에 이를 수도 있다. 이는 커먼즈의 고유성 상실이나 다른 사회적 체계들의 고유성 상실로 이끌 것이다.

커먼즈에 대한 그동안의 논의에서 고유한 기능체계로서 커먼즈 작동의 조건이 분명하지 않다는 것을 고려한다면 커먼즈가 시장이나 국가를 대체할 수 있는 고유한 사회적 체계로 작동할 수 있는가라는 질문에 긍정적으로 답하기는 어려워 보인다. 커먼즈 논의들은 커먼즈를 통해 (부정적으로 판단되는) 특정한 사태를 야기한 체계들의 작동을 비판 내지 부정하는 듯하지만 그렇다고 그 체계들을 완전히 폐기하고, 사회 전체를 관통하는 새로운 대안 체계를 만들려고 하는 것은 아니기 때문이다. 커먼즈의 고유한 작동 조건이나 그 작동의 한계에 대한 불분명한 상황은 커먼즈가 고유한 사회적 체계로서, 즉 경제체계나 정치체계를 대체하는 새로운 유형의 사회적 체계로 작동하기 어렵다는 것을 보여준다. 그래서 커먼즈를 고유한 기능을 가진 사회적 체계가 아니라 여러 사회체계에서 사용되는 다른 무언가로 규정해야 함을 시사한다.

4. 경의선공유지 논의에 대한 검토

앞의 논의를 바탕으로 경의선공유지에 대한 논의에서 어떤 방식으로 커먼즈가 제기되었는지를 검토해 보자. 경의선공유지 논의, 즉 경의선공유지 운동과 그 평가에서 커먼즈란 용어가 사용되기 시작한 것은 2018년이다. 경의선공유지 논의가 커먼즈를 중심으로 진행된 것은 크게 두 가지 이유에서인데, 하나는 민간기업 중심으로 국유지 및 도시개발을 추진하는 정부 또는 자본의 이익을 극대화하는 신자유주의적 자본-국가 연합에 대항한다는 점에서, 다른 하나는 이에 대한 대안으로 시민의 자율적 참여를 통한 공간의 자치(관리)를 추구한다는 점에서였다.

1) '모두의 공간'으로서 경의선공유지

국유지 및 도시 개발을 민간기업 중심으로 추진하는 정부에 대한 비판은 경의선공유지의 출발점이었다. 서울 경의선공유지 부지의 법적 소유자인 국토교통부 산하 철도시설공단과 부지의 행정 관리를 담당하고 있는 마포구가 해당 부지를 임시로 사용하고 있던 '늘장협동조합'에 계약 종료를 통보하고 기존에 계획되어 있던 기업 위탁형 개발사업을 진행하려 하자, 이에 대해 경의선공유지 운동은 정부가 "대기업 중심의 국·공유지 개발을 위해 시민의 공간을 밀어내려 한다."고 주장했다. 그리고 경의선공유지가 독점이나 배제의 공간이 아닌 '모두의 공간'이 되어야 한다고 주장했다. 이러한 주장은 경의선공유지 부지에 경제체계만이 배타적으로 작동해서는 안 된다는 주장으로 이해될 수 있다. 화폐의 소유 여부에 따라 작동하는 경제체계에 의해서만 경의선공유지 부지가 포착될 때 사회적, 생태적 비용과 무관하게 수익만을 극대화하는 도시개발 관행이 유지, 재생산될 수 있기 때문이다. 경의선공유지 운동이 스스로를 "경의선공유지를 대자본에 팔아넘기는 행위에 반대하는 공유지 시민 자산화 운동"이라 지칭한 것을 보면(경의선공유지시민행동, 2016) 경의선공유지 운동은 결국 자본이익 추구를 중심으로 한 경제체계의 배타적 작동을 우려하고 비판했다고 볼 수 있다.

이처럼 특정한 사회체계의 배타적 작동을 비판할 수 있는 주요한 근거는 해당 사태에 이질적인 코드를 가진 다른 사회적 체계들이 동시적으로 작동한다는 점이다. 하지만 바로 그 이유 때문에 경의선공유지 운동의 주장만이 인정되고 반영된 공간을 만드는 것도 불가능하다. 경의선공유지 운동은 국유지가 시민의 공간으로서 구현해야 할 공공성을 달성하고 있지 못하다고 주장하면서 시민이 공간에 대해 의사결정을 하고 시민이 직접 활용하는 공간을 만들고자 했다. 그런데 이런 주장은 고유한 개별 코드로 작동하는 사회체계에서 포착되기 어렵고, 그러한 주장으로 각 체계를 바꿔내는 것도 불가능하다. 경의선공유지 부지에 대해서 「국유재산법」에 대한 합/불법으로 작동하는 법체계는 그것을 기업, 단체, 개인 등 누가 사용하든 국유재산법에 적법한지를 기준으로만 움직이기 때문에 기업이 아닌 시민단체 또는 시민들이 국유지 활용을 계획하고 활용하는 것이 더 유익하다는 경의선공유지 운동의 주장은 유의하게 포착되지 않는다. 경의선공유지 운동의 비합법 점거 행동만이 법체계에 포착되어, 법적 소유자인 국토교통부를 원고로, 경의선공유지 운동 단체와 공간을 점유한 개인들을 피고로 하여, 국유지를 사용료 없이 사용한다는 소송이 제기되었을 뿐이다. 행정체계에서는 행정규칙에 따라 국유지의 사용, 관리 계획을 수립하고 집행한다. 경의선공유지 부지를 담당하는 행정조직으로서 마포구청은 해당 부지를 기업이 개발하여 사용할 때 점용료와 세금 수입이 발생하여 공익을 실현할 수 있다고 보았고, 절차에 따라 부지 개발 기업을 선정하고 개발을 허가하였다. 경의선공유지 운동은 정부가 경의선공유지를 기업에게 30년간, 즉 장기간 사용을 허가했다는 점에서, 그리고 국유지인 경의선공유지의 사용자가 시민이 아니라 기업이라는 점에서 경의선공유지 사용 계획이 공익적이지도, 공적이지도 않다고 주장하지만(김상철, 2021) 이는 행정체계를 향하여 '행정체계에서 인용되는 공익보다 사회운동 혹은 다른 체계에서 용인되는 공익이 더 정당하다'고 하는 주장이기에 행정체계에 잘 받아들여지지 않는다.

또 다른 난점은 경의선공유지 운동이 기업과 시민을 구분하고 (기업 대신) 시민의 공간을 주장한다는 데에서 발생한다. 기업은 경제체계의 기능을 수행하는 경제조직인 반면, 시민은 무수한 사회체계들과 접속하는 이질적인 존재다. 경의선공유지에서 시민은 기업가, 판매자, 소비자, 투자자 등으로서 경제체계에 접속할 수 있고, 산보객, 예술가, 연구자 등으로서 여가, 예술, 학술 체계에 접속하기도 한다. 그래서 기업 대신 시민의 공간을 주장하는 것은 (기업 중심 국유지 개발을 반대한다는 점에서) 경제체계의 작동에 대항하는 듯이 보이면서도 (경제활동을 포함한 시민의 공간을 주장한다는 점에서) 경제체계의 작동을 부정하지 않는다. 실제로 경의선공유지에서는 시민 시장, 플리마켓, 식당, 카페, 공방 등이 상시적 또는 일시적으로 열려 활발하게 경제활동이 이뤄졌다. 물론 이러한 경제활동은 분명히 기업이 주상복합 건물을 시공하여 수행하는 경제활동과는 차이가 있다. 가장 큰 차이는 자본 이익을 추구하는 활동인지, 더 정확하게는 사회적, 생태적 비용과 무관하게 기업의 이익만을 극대화하는 신자유주의적 관행인지의 여부일 것이다. 그럼에도 기업과 시민에 대한 구분이 결국 신자유주의적 자본주의와 그 외 모든 활동에 대한 구분이라는 사실은 어떤 기업의 활동은 신자유주의적인 것으로, 시민의 활동은 그것이 아닌 다른 활동으로 구분하는 구별 자체가 현대사회의 주도적인 기능분화에 적합한지에 대한 질문을 남긴다. 뿐만 아니라 신자유주의적 자본주의의 작동을 제외한 모든 활동이 경의선공유지를 커먼즈로 만드는 데 어떻게 기여할 수 있는지 분명하지 않다. 다시 말해, 신자유주의적 자본주의의 작동을 배제하면 어떤 대상이 커먼즈가 되거나 어떤 대상이 커먼즈가 될 수 있는 조건이 마련될까? 자본의 작동을 가능하게 하는 법체계, 정치체계, 교육체계의 작동은 여전히 커먼즈를 위한 조건일까? 아니면 그것들 대부분은 여전히 커먼즈에 대립하는 것일까?

'모두'의 공간으로서의 경의선공유지에 관련된 이런 이론적 난점은 경의선공유지 운동이 다양한 사회적 체계들에 접속될 수 있는 불특정한 사람들 '모두' 사이에서 어떤 새로운 대안적 가치를 포착하려고 하지만, 그 불특정한 사람들인 '모두'는 언제나 어떤 사회적 체계들에 접속되어 있어서 '모두'로서는 어떤 것도 지시할 수 없기 때문이다. 사람들은 언제나 특정 순간에는 경합적인 사회적 체계들 가운데 어떤 하나의 체계에 접속하고 다음 순간에 다른 사회적 체계에 관여한다. 어떤 사람이 모든 사회적 체계들에 동시에 관여하거나, 체계들의 공통 작동 그 자체에 관여하는 것은 불가능하다. 그것은 어떤 형태로도 분화되지 않은 사회에 연결되거나 분화된 사회를 한꺼번에 볼 수 있는 초월적 관찰자에게만 가능한 것이다. 이는 경의선공유지를 비롯한 커먼즈 논의만의 난점이 아니라, 전체 사회를 볼 수 있고 전체 사회를 위한 총체적인 대안을 제시할 수 있다고 주장하는 현재의 많은 사회(항의)운동들의 난점이기도 하다.

2) '자율과 자치의 공간'으로서 경의선공유지

경의선공유지 운동의 비합법 점거 이후 인근에서 재개발로 철거된 상점의 상인들이 해당 부지로 임시 이주하게 되면서 자율과 자치의 공간으로서 경의선공유지가 주장되었다. 경의선공유지에 대한 논의들은 경의선공유지를 "추방당한 사람들을 위한 공간", "도시에서 내몰리고 소외된 이들을 포용하는 거점 공간", "서울의 26번째 자치구" 등으로 지칭하였고, 공간 점유·이용자가 되기 위한 입회 규칙을 만들고 입회자들이 스스로 공간을 관리, 운영하도록 했다. 경의선공유지 운동이 상상한 "서울의 26번째 자치구"는 내부적으로 쫓겨난 사람들(IDP, internally displaced people), 즉 "서울에서 축출된 이들" 혹은 도시 난민이 "스스로의 문제해결을 위해 공동의 플랫폼"으로 사용하는 공간이라는 의미로 사용되었다(김상철, 2021: 136). 이후 해당 공간의 점유 및 이용을 희망하는 사람들, 가령 '경의선공유지시민행동'의 활동가 일부, 지인의 소개를 받아 입회하게 된 예술가, 장애 인권 단체, 공간 문의를 통해 입회하게 된 공방 운영자, 일시적으로 공간을 대여하는 사람이나 단체들 등도 함께 공간을 이용하게 되었다. 이런 과정을 볼 때 경의선공유지 논의에서 커먼즈는 시민의 자율적, 자치적 공간을 의미한 것으로 보인다.

하지만 '자율과 자치의 공간'으로서 커먼즈를 대안적 삶으로 바라보고 만들려는 시도는 기능적으로 분화된 현대사회가 아니라 분화되지 않은 어떤 동질적인 공동체를 호출한다. 기능적으로 분화되지 않은 공동체, 가령 전통적인 어촌 공동체가 대표적이다. 거기에서 사람들은 유사한 생계수단을 가지고 유사한 삶의 방식을 영위하기 때문에 공동의 규율을 만들어 공간뿐만 아니라 삶의 방식 또한 함께 추구하는 것이 가능했다. 그런데 경의선공유지는 이와는 전혀 다른 사회적 상황 속에 놓여 있다. 상인, 예술가, 동호회 회원, 연구자, 운동가 등은 서로 다른 사회체계에 접속하여 서로 다른 코드로 작동하는 상태로 경의선공유지에 모인다. 여기에서 공동성을 찾으려는 시도 혹은 공동의 무언가를 달성해나가는 자치 공동체로 묶어내려는 시도는 늘 실패할 수밖에 없다.

실제로 경의선공유지는 해당 사안에 대해 서로 다른 가치와 이해관계를 발신하는 사람들의 접속, 해당 사태에 대한 사회체계들의 작동을 보여주었다. 2013~2015년 '늘장협동조합'은 마포구와의 일시적 이용 계약하에 개발 예정지이자 유휴부지였던 경의선공유지 부지를 플리마켓, 공연장 등으로 이용했다. 그러나 이 부지는 국토교통부·철도시설공단에게 법적 소유물, 해당 부지의 사용·관리 계획 수립, 허가, 집행하는 마포구청에게는 행정 대상이었고, 2016년 초 마포구와 철도시설공단은 법적 행정적 절차에 따라 '늘장협동조합'에 퇴거를 요청했다. 이때 "대기업 중심의 국·공유지 개발을 위해 '시민의 공간'을 밀어내려 한다."며 반발한 사람들이 경의선공유지 운동을 형성하여 비합법 점거를 시작했다. 이후 재개발로 철거된 상점이 유입되면서 경의선공유지 운동은 경의선공유지를 '추방당한 사람들을 위한 공간', '서울의 26번째 자치구', '도시에서 내몰리고 소외된 이들을 포용하는 거점 공간' 등으로 의미화했다. 이들에게 경의선공유지는 사회적 실천이 응축된 의미 있는 사회적 장소였다. 2018년부터는 커먼즈 연구자 집단이 경의선공유지에 접근하여 (도시)커먼즈로 의미화했다. 이 연구자 집단을 비롯한 사회운동단체, 연대 단체 등에게 경의선공유지는 자본주의나 신자유주의(적 도시화)에 대항하는 새로운 대안 가치의 상징이다. 동시에 경의선공유지는 예술가, 장애 인권 단체, 공방, 쫓겨난 세입자, 노숙인, 일시적인 공간대여자, 행사참여자, 관람자, 산보객 등을 수용하였다. 그래서 경의선공유지는 물건을 사고파는 장소이거나, 공방, 포차, 카페, 시민 시장, 맘카페, 중고 옷·도서 마켓 등이 열리는 경제적 활동의 장이기도 하며, 행사와 각종 모임과 동호회(러닝, 요가, 명상 등), 놀이 등의 기획자와 참여자에게 그곳은 친밀성의 교류와 확장이 이루어진 곳이자, 그런 친밀성을 상징하는 의미 체계이다(김지혜·최희진, 2021). 한편, 경의선공유지 부지의 부동산 가치 상승을 기대하거나, 새로운 개발사업을 계획, 시행하는 인근 부동산 소유자, 투자자, 사업 수행 기업, 마포구-철도시설공단에게는 그것은 특수한 경제적 수단이다. 그리고 또 다른 사람들에게는 불순한 사람들이 모여 도시경관을 저해하는 시끄럽고 지저분한 공간이다. 사실 위에 언급된 소수의 관여자들을 제외한 대다수 한국인들에게, 그리고 대부분의 사회적 체계들에게 경의선공유지는 보이지 않는, 그래서 그들에게는 존재하지 않은 곳이기도 하다.

현대 한국 사회가 정점도 중앙도 없는 기능적으로 분화된 사회적 체계들을 중심으로 작동한다고 볼 때, 그러한 사회에서는 특정한 방향의 변화를 지시하고 인도할 초월적, 보편적인 규범 또한 존재하지 않는다. 그래서 무수한 기능체계를 가로지르는 총체적이고 공동의 무언가를 찾으려는 시도는 현대사회의 작동을 오인하게 만들거나, 사회 문제에 대한 해결책이 현실에 적합한 방식으로 제시되는 것을 어렵게 만들 수 있는 것이다.

3) 포착할 수 없는 객체(object)로서 경의선공유지

경의선공유지는 서로 다른 사회체계, 사회조직들에 의해서 다양한 방식으로 관찰되고 논의된다. 이 같은 사실은 경의선공유지에 대한 온전한 확정, 접근, 포착이 불가능하고, 얼핏 보기에는 동일한 대상으로 보이는 경의선공유지에 서로 다른 이해와 가치를 주장하는 무수한 접근이 존재함을 보여준다. 경의선공유지라는 동일한 표현을 사용한다 하더라도 그것이 지시하는 바는 모두 다를 것이다. 예를 들어 법체계가 포착한 경의선공유지는 분명한 대상, 즉 합/불법으로 판단되는 고유한 대상이지만 다른 방식으로 경의선공유지를 포착하고 활용하는 다른 사회적 체계들, 가령 정치체계나 예술체계와 같은 기능체계들, 도시 난민, 사회운동, 개발 연합으로 나타나는 사회적 상호작용 체계들에서는 다르게 존재하는 것이다. 각각이 경의선공유지를 포착할 때의 주된 관심과 코드가 다르기 때문에 어느 하나가 다른 것을 대체할 수 없고, 어느 하나를 확장한다고 해서 나머지를 포섭할 수도 없다. 경의선공유지는 여러 사회적 체계들에 의해 서로 다르게, 그렇지만 각각의 체계에서는 분명하게 포착된다. 서로 다른 관심과 코드들의 일시적이고 느슨한 겹침으로 인해 불확실하고 모호한 객체(blurred object)로 존재하는 것이다. 그래서 이렇게 사회적 체계별로 다르게 설정되는 대상에 대한 서로 다른 이해와 가치의 겹침 혹은 중첩(overlapping), 즉 체계들의 공통성을 어떻게 파악할 것인지가 경의선공유지 논의를 비롯한 커먼즈 논의의 핵심에 있다. 이를 위해서는 기능분화를 중심으로 작동하는 (현대)사회와, 기능분화가 아닌 계층분화를 중심으로 작동하는 응집된 (전통)사회의 작동의 차이에 민감하지 못한, 사회에 대한 인식론적 장애를 극복하는 것이 필수적이다.

〈그림 3〉는 경의선공유지와 사회체계들의 공통 작동을 보여준다. 그러나 경의선공유지 논의는 〈그림 3〉의 왼쪽처럼, 경의선공유지에 모인 사람들을 혹은 경의선공유지 운동을 어떤 경계 내부에 존재하는 사람들의 모임이나, 공동성을 지닌 '우리'나 '모두'로 지칭하고자 했다. 경의선공유지는 사람들의 공동성으로 포착되는 한편 경의선공유지에 대한 체계들의 공통성은 잘 포착되지 않았다. 그러나 무수한 사회적 체계들을 관통하며 공동성을 달성하려는 것은 불가능하다. 경의선공유지 운동은 최선의 경우에, 〈그림 3〉의 오른쪽처럼, 고유한 코드를 가지고 작동하는 다른 사회적 체계들과 함께 작동하는 것이 가능하다. 경의선공유지에서 어떤 사람들은 마포구청 직원, 철도공단 직원, 경의선공유지의 예술가, 소송담당 판사, 연구자, 인근 건물 소유자, 우연히 지나가는 산보객, 취객 등일 수 있다. 물론 마포구청 직원은 퇴근하고나서 산보객으로 경의선공유지에 나타날 수 있지만, 그때의 그는 산보객이지, 정치체계와 접속되어 권력의 작동이나 정책의 이행을 구청 직원으로 나타난 것이 아니다. 사람들은 복수의 사회적 체계들 가운데 어떤 것에 보다 긴밀하게 접속하여 어떤 인격체로 작동할 것인지 결정할 수 있다. 그리고 바로 그 결정을 통해서만 사람들은 현대사회의 다양한 사회적 체계들과 접속할 수 있다. 그래서 사람들이 어떤 사회체계에도 접속하지 않거나 모든 사회체계에 동시에 접속하는 것은 불가능하다.

〈그림 3〉 경의선공유지와 사회체계들의 공통 작동

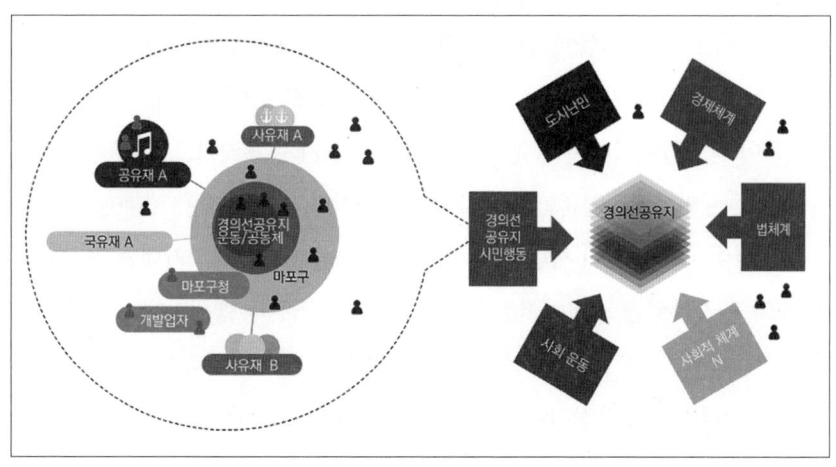

〈그림 3〉의 오른쪽처럼, 상이한 사회적 체계들은 경의선공유지를 각각의 고유한 코드로 접근한다. 사회적 체계들이 정상적으로 작동한다는 것은 자신의 코드를 제외한 다른 코드들을 가장 우선적인 코드로 사용하지 않는다는 것을 의미한다. 합법/불법을 다루는 법체계는 예술체계의 핵심 코드인 아름다움을 중심으로 작동하지 않는다. 법체계에서는 예술체계의 아름다움이 합/불법의 판단 대상으로만 다루어지는 것이지, 아름다움이 합법/불법의 판단을 대신할 수는 없다. 서로 다른 사회적 체계들이 서로 다른 코드에 의해서만 작동한다는 것은 특정한 사회적 체계가 자신의 코드를 다른 체계에 투입해 넣을 수 없음을 의미한다.

이때 응집된 사회를 전제한 공동성과 기능분화된 사회적 체계들을 전제한 공통성을 동시에 포착할 수는 없다. 경의선공유지를 가로지르는 무수한 사회체계들의 공통성을 고려하면서 경의선공유지를 특정한 가치를 중심으로 한 공동체의 공동성의 공간으로 만들려는 시도는 불가능한 것이다. 결국 현대사회가 충분히 기능분화된 사회이며, 기능분화되지 않은 사회와는 상이한 조건에서 커먼즈를 논의한다는 점을 인정한다면, 서로 다른 사회적 체계에 접속된 인격체들이 서로 다른 코드 또는 가치, 이해관계를 가지고 경의선공유지에 연결된다는 것을 받아들일 수밖에 없다. 이는 경의선공유지에서 마주치거나 경의선공유지에 모인 사람들이 언제나 다른 가치나 이해관계에 지향되어 있다는 것이 근본적인 조건임을 의미한다. 특정 체계의 코드나 이해관계, 가치를 다른 체계들이 받아들여서 모두가 동일한 이해관계와 가치를 지니고 있거나 지녀야 한다는 것은 비현실적일뿐만 아니라 비민주적이다.

하지만 이러한 조건이 사람들 간의 행위를 조정하거나 행위기대를 안정화하는 것의 불가능성을 의미하지는 않는다. 행위의 조정과 행위기대의 안정화는 체계들의 상이한 코드들, 상이한 이해관계와 가치들의 경합과 마찰 때문에 필요하고, 일시적이고 잠정적이긴 하지만 가능하다. 그 다름과 그들 간의 차이가 사람들을 함께하게 만들고 커뮤니케이션을 촉발한다. 사람들과 사회가 어떤 개인이나 단일한 체계에 의해서 일방적으로 조정, 통제될 수 없기에 상이한 또는 동일한 대상-인식-관찰자(주체) 간의 조정이 언제나 중요한 것이다. 그리고 앞에서 살펴보았듯이 이런 차이의 조정이 집합적 구속력을 가질 때 이를 '커먼즈의 정치'라고 부를 수 있을 것이다.

5. 가치·주장으로서 커먼즈

이 글은 한국의 커먼즈 논의에서 커먼즈가 현대사회에 정합적으로 제시되고 있는지 확인하고자 했다. 논의의 결과, 현재 논의되고 있는 커먼즈는 현대사회의 작동에 온전히 정합적이라고 하기 어렵다. 그러나 이런 비정합성이 커먼즈(논의 또는 운동)가 현대사회에서 어떤 고유한 의미나 기능이 없다는 것을 의미하지 않는다. 그래서 커먼즈 논의에서는 커먼즈(논의 또는 운동)가 현대사회에서 갖는 그 고유함이 무엇인지를 현대사회에 정합적인 방식으로 규명하는 것이 중요하다.

커먼즈의 고유함을 확인하는 한 가지 방법은 커먼즈가 사회체계나 사회조직처럼 기능적으로 분화된 사회적 체계로 기능할 수 있는지 검토해 보는 것이다. 현대사회에서 커먼즈는 경제(지불/비지불), 법(합법/불법), 종교(신성/세속)체계 등과 구별되어 고유하게 작동하는 사회체계, 즉 공동 또는 공통을 주된 코드로 사용하는 사회체계일 수 있을까? 공동이나 공통의 긍정/부정, 확장/축소라는 코드는 경제체계의 코드인 지불/비지불, 법체계의 코드인 합법/불법, 학문체계의 코드인 진리/허위와 유비하여 논의할 수 있을까? 그러나 경의선공유지 사례에서 살펴본 것처럼, 커먼즈가 경제, 법, 종교, 예술 등 다른 사회체계들의 기능을 대체하는 새로운 체계로 작동하거나 혹은 그것들과 독립되어 고유한 기능을 수행하는 어떤 사회조직으로 작동하는 것은 어려워 보인다. 경의선공유지 논의는 경제체계가 정상적으로 작동하여 산출한 어떤 결과, 즉 경의선공유지에 대하여 화폐 소유나 지불의 유무가 주도적인 코드로 작동하여 발생한 결과를 부정적이거나 바람직하지 않다고 비판한다. 그리고 경의선공유지에 경제체계만이 배타적으로 작동해서는 안 된다고 보면서, 사회운동 또는 도덕체계와 같은 다른 체계의 작동을 주장한다. 이때 커먼즈는 경제체계를 대체하거나 완전히 새로운 기능을 하는 고유한 사회체계로서 제시되지 않는다. 특히 경의선공유지와 관련된 어떤 특정한 정치적 결정(구청이나 시의 정책결정 등)이나 경제적 작동(해당 토지를 소유한 공단과 개발업체와의 특정한 개발 방식)을 부정하지만, 그렇다고 해서 그런 개별적인 정책적 결정이나 경제활동을 가능하게 하는 한국의 정치체계, 경제체계의 작동을 전면적으로 폐기하거나, 현존하는 모든 형태의 경제체계나 정치체계를 '커먼즈'로 대체하고자 하는 것은 아니다.

커먼즈(논의)의 고유함을 확인하는 또 다른 방법은 커먼즈가 사회적 체계들에서 작동하는 프로그램을 조정, 규제하는 일종의 가치·주장으로서 작동할 수 있는지 확인하는 것이다. 경제체계는 화폐 지불 유무라는 코드로 작동하지만 그 작동의 강도나 범위는 특정한 프로그램에 의해 결정된다. 예컨대 이윤극대화 프로그램이 선택, 작동될 수 있다. 이러한 프로그램을 조정, 규제할 수 있는 것이 가치이다. 만약 생태적 가치가 경제체계의 이윤극대화 프로그램을 조정, 규제할 수 있게 된다면, 경제체계는 단기적인 이윤극대화의 방향으로만 작동할 수 없고, 장기적인 생태계 보전 등을 고려하기 위해 이윤극대화 프로그램은 조정, 규제된다. 그렇다면 정치체계에서 권력을 집행할 때, 또는 경제체계에서 화폐 지불이 이루어질 때, 커먼즈는 일종의 가치로서, 권력 집행이나 화폐 지불 프로그램을 조정, 규제하는 기능을 할 수 있을까?

현대사회는 기능분화된 수많은 체계들과 가치들 사이에 갈등이 생기면 갈등을 해결할 규칙이 없는, 가령 순차적 질서나 위계적 질서가 없는 이상한 고리들(strange loops)(호프스태터, 1999)로 가득 차 있다. 경의선공유지 사례가 보여주듯이, 어떤 대상의 활용, 이용 등에 대한 상이한 가치들이 등장하고 그것들의 우열을 정하거나 우선순위를 정하는 것은 쉽지 않다. 경의선공유지에 사회운동단체, 도시 난민, 예술가, 연구자 집단, 개발 찬/반 세력 등이 나타났지만 그 중 어느 하나에 소속된다는 것이 다른 것에 소속되어야 할 근거가 되지는 않으며, 또 그것들 간의 공동성을 담아내는 포괄적 기반도 찾기 어렵다. 그리고 경의선공유지의 상황을 해결할 수 있는 초월적 가치나 주체는 존재하지 않고, 상황과 맥락에 따른 결정이 이루어진다. 경의선공유지는 언제나 다른 사회체계의 작동과 연결되고 서로 다른 사회적 이해관계와 가치에 열려있으며, 경의선공유지에 대한 결정은 지속적으로 변경된다. 모든 상황에서 우선성을 갖는 가치는 있을 수 없고, 가치들의 수가 많을수록 그로부터 결정을 끌어내기는 더 어려워진다(루만, 2012b, 913-916). 그래서 커먼즈 논의는 이상한 고리들로 가득한 사회, 우발적 결정과 그 결정의 변경 가능성을 수용하면서, 커먼즈를 다른 사회적 체계들의 프로그램 작동을 규제하는 가치·주장으로서 재개념화할 가능성을 가진다. 우리는 현대사회에 정합적인 커먼즈란 '어떤 사태가 서로 다른 사회적 체계들의 공통 작동에 개방되어 있어야 하고, 그래서 어떤 하나의 사회적 체계가 해당 사태를 배타적으로 다루어서는 안 된다'는, 체계들의 공통(성)에 대한 가치·주장으로 파악할 수 있다고 본다. 체계들의 공통(성)에 대한 가치·주장으로 커먼즈를 정의하면, 경의선공유지에서 커먼즈란 경의선공유지가 구청의 행정 결정이나 시장의 이윤 논리만이 아니라 사람들 간의 친밀함, 예술적 체험, 민주적 의사결정과 같은 다른 가치들에 개방되어 있어야 한다는 가치·주장이 된다.

이렇게 커먼즈를 규정한다면, 어떤 사회조직이나 운동에서 주장하는 자율, 자치 등의 가치에 의해 주도적인 결정이 일어나는 상황에서 시장의 이윤 논리, 행정기관의 행정 결정, 법체계의 합법/불법의 결정도 고려해야 한다는 주장 또한 커먼즈로 파악될 수 있는가? 체계들의 공통(성)에 대한 가치·주장으로서 커먼즈는 어떤 대상에 작동하고 있는 다양한 가치들과 그런 가치들을 실현하고자 하는 사람들과의 우연적인 마주침에 개방적일 수 있게 그리고 그 다양성을 포착할 수 있게 해주는 것이지, 특정한 조직이나 체계의 가치를 우월하게 만들어주는 것이 아니다. 그래서 체계들의 공통(성)에 대한 가치·주장으로서 커먼즈는 공동체의 자율, 자치 등 특정한 가치를 우선시하지도, (신자유주의적 또는 약탈적) 자본주의에 대항할 수 있다고 여겨지는 여러 대안 가치들의 묶음이나 총합을 의미하지도 않는다. 커먼즈 개념을 통해 특정한 가치, 이를테면 자율이나 자치와 같은 가치를 추구할 수 있고 이를 통해 더 나은 세계를 만들 수 있다고 믿는 커먼즈 논자들에게 체계들의 공통(성)에 대한 가치·주장으로서 커먼즈라는 규정은 커먼즈를 무한한 개방성 위에 놓음으로써 결과적으로 커먼즈의 동력을 상실케 하는 시도로 보일 수 있다. 하지만 우리는 현대사회에 대한 왜곡을 감행하지 않으면서도 어떻게 커먼즈가 개념적 힘을 발휘할 수 있을지를 탐구하고 있는 것이다. 그 가능성은 어떤 대상에 대한 체계들의 무수한 관여들 가운데 초월적이고 가장 우선적인 관여가 존재하지 않는다는 점을 인정한 다음에야 찾을 수 있다.

체계들의 공통(성)에 대한 가치·주장으로서 커먼즈는 특정한 체계의 코드나 프로그램의 가장 우선적인 관여를 옹호하지 않기에, 그것들이 언제나 임시적으로 조정되어야 한다는 점을 시사한다. 여기에서 '커먼즈 정치'의 핵심적인 과제가 나타나는데, 그것은 어떤 사회체계의 코드나 가치, 이해관계를 그 시점에서 얼마나 우선적인 것으로 조정할 것인가에 관한 결정이다. 사람들은 각자 자신이 더 중요하다고 생각하는 가치를 제안하고, 그것이 왜 더 좋은지에 대해서 주장하는데, 이것을 사회체계들의 작동 관점에서 보면 체계들 간의 코드나 프로그램의 경합으로 현상한다. 예컨대 코로나19의 상황에서 안전, 자유, 연대 등의 가치 중 무엇을 더 우선시할 것인지에 따라 사람들의 행위가 달라지고, 사람들의 행위를 통해서 다시 그들의 가치나 관련된 사회적 체계들의 작동을 확인할 수 있다. 이처럼 어떤 사태에서 제기된 가치들은 우리가 그 가치들을 전제로 한 행위가 나타나야 관찰할 수 있고, 그것도 언제나 이 가치보다 저 가치를 더 우선시하는 '가치형량(價値衡量)'(현윤경, 2022)을 통해서 드러난다.

체계들의 공통(성)에 대한 가치·주장으로서 커먼즈는 무수한 관여들 가운데 초월적이고 가장 우선적인 관여가 존재하지 않고, 언제나 임시적으로 조정되어야 한다는 점을 시사하지만, 그러한 조정을 통해 일시적이나마 함께할 수 있는 가능성도 여전히 열려있다는 것을 의미하기도 한다. 그러면 우리는 합의 가능한 초월적 토대, 다른 사회적 체계들을 모두 조종할 수 있는 어떤 주도적인 사회적 체계, 사회적 문제를 미리 온전히 확정하고 대안을 제시하는 커먼즈를 찾는 것이 아니라, 상호 환원될 수 없는 여러 사회적 체계들의 각축을 직시할 수 있게 된다. 그리고 (사람들 사이에) 공동성의 기반은 거의 찾을 수 없지만 (체계들 사이의) 공통성을 인정하며 수행되는 커먼즈 정치를 통해, 즉 잠정적이고 우발적이며 제한적일 수밖에 없지만 그럼에도 일시적으로 함께하기 위해 차이를 조정하고 집합적 구속력을 갖는 결정을 만듦으로써 변화와 소통의 가능성을 모색해 갈 수 있을 것이다. 그렇게 할 때 보다 민주적이고 유연하며 현대사회에 정합적인 커먼즈(논의)가 가능할 것이다.[2]

---

[2] 김지혜의 글(이 책의 9장)과 이 글은 확정될 수 없고 투명하게 포착될 수도 없는 현대사회에서의 커먼즈(논의)에 대한 문제의식을 상당 부분 공유한다. 하지만 차이는 김지혜의 글이 각자가 생각하는 좋은 삶을 추구하는 사람들의 시선에서 관련된 사람들과 사태를 관찰한다면, 이 글은 사회체계들의 작동이란 관점에서 그 사람들과 사태를 관찰하는 데 있다. 이러한 차이는 커먼즈와 사회를 논의하는 관찰 위치와 이론 선택에서 기인한다. 그가 제시하는 사이 지대(in-between zone)는 이 글

의 관점에서 세 가지로 이해될 수 있는데, ① 사이 지대를 개별 사회체계들의 작동에서 보자면, 그것은 일시적으로만 나타나지만 지속될 수 없는 사건이다. 가령 법체계에서는 합법도 불법도 아닌 사이 지대는 일시적으로만 나타날 수 있다. 만약 체계가 스스로 결정할 수 없는 사이 지대가 점점 많아지면 체계의 작동범위가 점차 축소되거나 체계 자체가 해체될 수 있다. ② 개별 체계가 아니라 여러 체계들이 공통으로 작동하여 어느 하나의 체계로 귀속될 수 없는 사태를 의미하는 사이 지대이다. 그때 포착된 '사이'는 투명하게 누구나 알 수 있는 어떤 것이 아니라 그것을 관찰하는 관찰자에 의존한다. ③ 사회체계들의 작동과 관련된 사람들의 관찰을 (2차) 관찰하는 사람들에 의해서 포착된 사이 지대이다. 우리의 논의에서 보자면 이렇게 사이 지대를 포착하는 사람들 또한 어떤 사회적 체계들에 접속된 사람들, 예컨대 사회운동, 종교체계, 또는 정치체계에 접속될 가능성이 크다. 김지혜의 논의는 ③의 의미에서 포착한 사이 지대에 대한 것으로 보인다. 그의 글은 커먼즈의 또 다른 가능성을 가늠하는 사람들을 중심으로 커먼즈를 논의하고 있고, 이 글은 그런 사람들의 시도가 안정화되거나 좌절되는 것과 관련된 사회적 체계들의 관점에서 커먼즈를 설명하고 있다.

참고문헌

경의선공유지시민행동. 2016. 『서울의 쫓겨나는 사람들의 망명지, 제1회 26번째 자치구 컨퍼런스』.

김상철. 2021. "26번째 자치구와 공유지 운동" 박배균 외 편저. 『커먼즈의 도전』 빨간소금.

김지혜·최희진. 2021. "커먼즈 아상블랑주와 일상생활의 정치" 『커먼즈의 도전』 빨간소금.

데 안젤리스, 맛시모(M. De Angelis). 2019. 『역사의 시작: 가치 투쟁과 전 지구적 자본』 권범철 역. 갈무리.

박배균·이승원·김상철·정기황. 2021. 『커먼즈의 도전: 경의선공유지 운동의 탄생, 전환, 상상』 빨간소금.

박순열. 2022. "'기후변화가 아닌 체계변화'의 가능성: 모자이크 탐험대의 북극탐험을 사례로." 『ECO』 26(2): 131-178.

박인권·김진언·신지연. 2019. "도시 커먼즈 관리의 내재적 모순과 도전들: '경의선공유지' 사례를 중심으로." 『공간과사회』 29(3): 62-113.

백영경. 2017. "커먼즈와 복지: 사회재생산 위기에 대한 통합적 접근을 위한 시론." 『ECO』 21(1): 111-143.

베르크하우스, 마르고트(M. Berghaus). 2011. 『쉽게 읽는 루만』 한울아카데미.

라인보우, 피터(P. Linebaugh). 2012. 『마그나카르타 선언』 갈무리.

로자, 하르트무트(H. Rosa) 외. 2010. 『공동체의 이론들』 라움.

루만, 니클라스(N. Luhmann). 2012a. 『사회의 사회』 새물결.

_____. 2012b. 『사회의 사회 2』 새물결.

송병건. 2000. "19세기 초 영국 농촌사회의 근대화과정; 열린교구 - 닫힌교구 체제." 『경제사학』 29: 145-170.

_____. 2010. "농업혁명, 의회 인클로저와 농촌사회의 변화, 1750-1850." 『영국연구』 23: 91-124.

안새롬. 2022. 『한국의 대기 기후 보전 실천과 커먼즈 정치』 서울대학교 박사학위논문.

윤여일. 2022. "도시 속 공터는 어떻게 공유지가 될 수 있는가 경의선공유지, 배다리공유지, 솔방울커먼즈를 상호비교하여." 『공간과사회』 82: 45-89.

장하석. 2013. 『온도계의 철학: 측정 그리고 진보』 동아시아.

_____. 2014. 『장하석의 과학, 철학을 만나다』 지식플러스.

정영신. 2016. "엘리너 오스트롬의 자원관리론을 넘어서: 커먼즈에 대한 정치생태학적 접근을 위하여." 『ECO』 20(1): 399-442.

_____. 2020. "한국의 커먼즈론의 쟁점과 커먼즈의 정치." 『아시아연구』 23(4): 237-259.

_____. 2022. "도시커먼즈는 제도적 장벽을 어떻게 넘어설 수 있는가?" 『전환의 정치, 열개의 시선』 도서출판 풀씨.

최현. 2013. "공동자원 개념과 제주의 공동목장: 공동자원으로서의 특징." 『경제와사회』 98: 12-39.

하비, 데이비드(D. Harvey). 2017. "커먼즈의 미래-사유재산권을 다시 생각한다." 『창작과비평』 177.

현윤경. 2022. "코로나19 팬데믹 상황에서 연대 논의에 대한 체계이론적 고찰." 『사회사상과 문화』 25(4): 249-277.

호프스태터, 더글러스(D. R. Hofstadter). 1999. 『괴델, 에셔, 바흐: 영원한 황금노끈』 까치.

홉스봄, 에릭(E. Hobsbawm). 1998. 『혁명의 시대』 한길사.

홍덕화. 2019. "에너지 민주주의의 쟁점과 에너지 커먼즈의 가능성." 『ECO』 23(1): 75-105.

De Angelis, M. 2017. Omnia Sunt Communia: On the Commons and the Transformation to Postcapitalism. Zed Books.

Kip, Markus., et al. 2015. "Seizing the (Every)Day: Welcome to the Urban Commons!" Urban Commons: Moving Beyond State and Market. Birkhäuser.

Eidelman, T. A., Safransky, S. 2021. "The urban commons: a keyword essay" *Urban Geography* 42(6): 792-811.

사이 지대로서 커먼즈:
커먼즈의 시공간성과 비재현성

김지혜

> 이 글은 커먼즈를 행위나 자원, 가치로 바라보는 논의를 비판하면서, 커먼즈가 장소라는 점에 주목하여 커먼즈를 다시 바라볼 필요가 있다고 주장한다. 여기에서 장소는 그 자체로 물질성과 이야기성을 지닌 몸된(bodily) 공간으로 일반적인 사물과 달리 뿌리 박혀 있으면서도 구성된다. 뿌리 박혀 있으면서도 구성된다는 점에서 장소는 역사성으로부터 결코 자유롭지 않다는 것을 의미하지만, 한편으로 장소를 만드는 여러 이질적인 요소들에 의해 장소가 생산됨을 의미한다. 특히 이 논의에서는 사이 지대로서 커먼즈를 사유하고 그 의의를 살펴보고자 한다. 후반부에서는 사례로서 '솔방울커먼즈'를 검토하며, 커먼즈라는 사이 지대의 비재현적 특징을 숙고한다.

이제 우리는 근대주의의 이상향주의(utopianism)와 탈근대주의의 반이상향주의(distopianism)를 넘어, 역사의 산물인 인간이 의식적으로든 무의식적으로든 장소를 창조한다는 점을 인식하는 장소주의(topianism)로 이동할 때가 온 것 같다(Olwig, 2002: 52).

1. 난해한 커먼즈

한국의 학술장과 사회운동의 장에서 '커먼즈'는 그 단어를 사용하고자 할 때부터 난관에 부딪힌다. '과연 그것이 무엇을 지시하는가?'라는 질문에 맞닥뜨리기 때문이다. 커먼즈 연구자들은 혹은 스스로를 '커머너(commoner)'로 칭하는 사람들은 커먼즈를 표현할 적확한 번역어와 정의를 요구받는다. 이들은 각자 나름의 방식으로 자신의 논의와 실천을 전개해나가지만, 어느 순간에 다시금 '그래서 커먼즈가 무엇인가'라는 질문에 답변해야 하는 상황 속에 반복적으로 노출된다. 어떤 때에는 커먼즈가 명확해 보여서 아주 손쉽게 포착할 수 있는 존재처럼 보여서 사회를 바꿀 중요한 실천적 도구로 여겨진다. 그러나 어떤 때에는 커먼즈가 도무지 무엇을 지시하는지 알기 어려워 커먼즈의 유용성 역시 빈약해 보인다. 이때 커먼즈는 어디에도 있거나 어디에도 없는 것 같다. 이 논의를 쓰는 연구자 스스로가 전자와 후자를 반복하며 길을 잃어버리곤 했음을 고백하며, 아마 커먼즈에 애정을 느끼는 적지 않은 이가 이러한 괴로움을 겪고 있으리라 생각한다.

커먼즈라는 용어가 제시하는 새로운 비전에도 불구하고, 왜 연구자는 커먼즈의 '수렁'에 빠져버린 것일까? 우선 이 문제는 커먼즈가 외래어이기 때문만은 아니다. 기본적으로 커먼즈 그 자체가 난해함을 지니고 있다(볼리어, 2015; Berlant, 2016). 커먼즈 활동가인 데이비드 볼리어가 우연히 만난 사람에게 커먼즈를 소개할 때에도 한국의 경우와 마찬가지로 커먼즈가 무엇인지 설명해 주어야 하는 상황에 부딪혔다는 일화를 통해서도 알 수 있다(볼리어, 2015). 볼리어는 이 이후 매우 명확하고 확신을 주는 방식으로 질문자를 설득하지만 우리의 어려움을 해결하기 위해서는 다시 난해함으로 돌아가야 한다. 난해함은 충분하게 설명될 수 없을 때 느끼는 기분으로 포착된 의미가 현실의 실재와 같지 않음으로 인해 생기는 간극을 인지하는 것이다. 이 연구는 난해함이야말로 커먼즈가 지닌 중요한 특성이라는 점을 인정하면서, 커먼즈가 지니고 있는 아주 기본적인 속성으로부터 커먼즈를 다시 살펴보아야 할 필요가 있음을 역설하고자 한다.

여기에서 커먼즈의 기본적인 속성이란 커먼즈가 '장소'라는 점이다. 물론 많은 연구들이 이미 커먼즈와 공동 재화(communal good, common resource, common goods)를 구별하고 커먼즈가 일종의 '장'으로서 기능한다는 점을 논의해 왔다(권범철, 2024). 따라서 장소로서 커먼즈를 사고하는 것은 아주 독특한 관점은 아니다. 그럼에도 커먼즈가 어떤 장소인지에 대한 논의는 상대적으로 드물었다. 이 연구에서 장소는 단순히 물적인 토대일 뿐만 아니라 이질적인 것들의 배치와 경험, 이야기에서 분리될 수 없는 관계론적 의미를 지닌다(말파스, 2014; 바슐라르, 2023). 또한 장소는 고정되어 있지 않으며, 이질적인 것들이 다른 장소에서 또 다른 장소로 이동하는 과정 중에 발생한다(잉골드, 2024). 장소를 만드는 것은 정치적인 행위이며, 동시에 인간을 넘는 것들(more-than-human things)이 비/자발적으로 동원된다(Robertson, 2018). 커먼즈를 장소로 볼 때 기본적으로 전제하는 것은 커먼즈가 자원이 아니라는 점이다. 커먼즈는 공동자원으로 번역하곤 하지만 공동자원이 이동할 수 있는 사물을 암시하고 있다면, 커먼즈의 원형으로 대표되는 목초지를 비롯한 장소는 이동 가능한 사물이 아니다. 더 나아가 장소는 사회적 행위나 도덕적 원칙·작동 상의 자기 폐쇄성이나 자율성만으로도 설명될 수 없기 때문에 이 논의는 커먼즈를 자원이나 행위, 가치, 체계로 환원하는 입장을 모두 비판한다.

그렇다면 왜 장소인가? 일반적으로 커먼즈는 역사적으로 '과거'의 커먼즈와 '현대'의 커먼즈를 분리하고, 과거와 현대의 시간적 차이로 인하여 커먼즈를 이해하는 방식이 바뀌어야 한다고 논의한다(박순열·안새롬, 2023; 한경애, 2022). 이때 과거의 커먼즈는 현대의 커먼즈보다 장소적으로 이해된다. 즉, '공유지(commons)'라는 장소는 경제와 생태의 분리 불가능한 활동의 지대로서, 소규모 공동체를 지탱하던 삶의 토대들, 즉 숲이나 천, 앞바다를 뜻한다. 하지만 현대의 커먼즈는 탈장소적 혹은 무장소적인 것으로 여겨지기 쉽다. 대표적인 예시는 지식 커먼즈나 정보 커먼즈와 같이 무형의 자원과 관련된 커먼즈이다. 특히 이러한 종류의 커먼즈는 디지털 세계와 결합되어 커먼즈의 장소성이 부정되곤 한다. 하지만 지식과 정보 커먼즈의 주요한 쟁점이 바로 '플랫폼'이라는 장소임을 상기한다면(박서현, 2020), 커먼즈는 여전히 장소를 지시한다. 지식이 도서관을 매개해 유통될 때와 디지털을 통해 유통될 때의 경관은 분명히 차이가 있지만, 현재에도 지식은 특정한 배치와 위치, 즉 장소 속에 있다. 디지털 세계의 플랫폼은 더 넓은 공간의 동시적 접근을 허용하는 것 같지만 분명히 유한한 종류의 장소이며, 디지털계뿐만 아니라 물리계에도 영향을 받는 피지털(phygital)적인 요소가 있다(이광석, 2021).

한편으로 커먼즈를 바라보는 비판지리학적인 입장에서는 커먼즈가 너무 당연하게 공간적 논의로 연결되기 때문에 커먼즈가 장소라는 점은 오히려 크게 주목받지 못한 측면이 있다. 특히 전지구가 도시권의 자장 안에 있다는 행성적 도시화론을 수용하는 도시 커먼즈 논의에서 장소는 형해화되어 일종의 관계로서만 남아 있는 것처럼 보인다. 비판지리학의 논의들에서 강조하는 것은 오히려 주체(어떤 주체인가에 대한 논란의 여지가 있기는 하지만)의 행위론이나 운동론에 가깝다(한경애, 2022; 박배균 외, 2021). 이 논의들은 이미 도시라는 공간성을 내포함에도 불구하고, 커먼즈가 어떤 '장소'로 자리매김하고 있는지 묻는 경우는 거의 없었다.

반면에 장소는 그 자체로 물질성과 이야기성을 지닌 몸된(bodily) 공간으로 일반적인 사물과 달리, 뿌리 박혀 있으면서도 구성된다. 뿌리 박혀 있으면서도 구성된다는 것은 장소가 역사성으로부터 결코 자유롭지 않다는 것을 의미하지만, 한편으로 장소를 만드는 여러 이질적인 요소들에 의해 장소가 생산됨을 의미한다.[1] 장소는 특이성을 지니고 있는데, 이 특이성은 장소가 가진 내재적이고 본질적인 특성이 아니라 여러 관계들의 교차하면서 형성된 일시적인 특성이다. 따라서 각각의 커먼즈는 장소로서 특이성을 지니고 있다.

특히 이 연구는 커먼즈를 언어적인 것으로 명확하게 재현될 수 없는 장소로서 사유하면서 커먼즈에 대한 이해를 넓히고자 한다. 즉, 비재현적 커먼즈를 사유하고, 그럼에도 우리가 어떤 의의를 얻을 수 있는지 살펴보고자 한다. 비재현적이라는 개념은 재현을 부정하는 것이 아니라, 우리가 어떻게 재현의 한계 속에서 그 한계의 경계를 넘어 사유할 수 있는지에 대한 도전적인 과업을 남기는 작업이다(바니니 외, 2023). 김현철과 최하니(2023)는 "구조화된 음역대 너머의 공간, 몸과 몸짓, 분위기"를 탐구하면서 다층적 정동을 논의하기 위해 이 용어를 사용한다. 구체적으로 이 연구에서는 이쪽과 저쪽, 과거와 미래, 존재와 존재 사이에 커먼즈가 있다는 의미에서 커먼즈를 '사이 지대(in-between zone)'로 여기고 이 사이 지대로서의 커먼즈가 지닌 의미를 탐구하고자 한다. 또한 솔방울커먼즈라는 사례를 통해 커먼즈의 장소적 의미가 어떻게 구체적으로 경험되는지 논의할 것이다.

2. 시간의 양쪽으로 열려있는 사이 지대

사이라는 것은 늘 무엇과 무엇의 사이에 있다는 점에서 관계적이다. 사이의 이미지는 통로나 복도, 해안가로 특정한 장소에서 장소로 넘어가는 이행기적인

---

[1] 내가 생각하기에 장소를 구성하는 것들은 여러 이질적인 존재들로서 사회적인 것을 초과한다. 따라서 이 연구는 사회구성주의의 관점에서 벗어나 있다는 점을 언급한다.

과정을 암시한다(박규택, 2016). 사이 공간은 "이질적인 두 공간 사이의 빈 공간이자 균열"로 규정할 수 있는데(전우형, 2020), 박규택(2016)은 사이 공간의 특징을 수행적 관계성, 미결정성, 관계적 스케일로 설명하기도 하였다. 풀어 말하자면 사이 공간은 미리 결정된 의미를 재생산하는 방식이 아니라 매번 수행적으로 채워진다. 이 연구가 사이 공간이란 개념을 그대로 차용하지 않고 '지대(zone)'로 커먼즈 장소를 규정하는 것은 커먼즈가 정치경제적 배치로 인하여 일시적으로 형성된 장소로서 영토적인 의미를 함의하고 있기 때문이다. 그렇다면 커먼즈는 무엇과 무엇의 사이에 있는 지대일까?

우선 커먼즈는 과거라는 시간과 현재라는 시간 '사이'에서 그 두 시간을 동시에 산출하는 역할을 한다. 이때 장소는 서사와 불가분의 관계를 가지고 있으며, 시간과 무관한 것이 아니라 시간이 축적된 결과물이자 시간을 산출한다(매시, 2015). 흥미로운 점은 커먼즈가 과거와 미래를 동시에 산출하는 신화적 공간을 암시한다는 점이다. 레비-스트로스는 신화에 관하여 다음과 같이 설명한다.

> "신화는 사회적 질서와 세계라는 개념을 정당화하고, 무언가를 그것이 과거에 어떠한 것이었는지를 통해 설명하려고 합니다. 현재의 상태를 합리화하기 위해 과거의 상태를 돌아보는 것입니다. 동시에 미래를 이러한 현재의 과거에 비추어 상상해보는 것이기도 합니다(레비-스트로스, 2018: 101)."

과거와 미래를 산출하는 커먼즈는 주로 네 가지 이야기 구조 속에 있다. 이 연구는 커먼즈 논의를 정리하는 연구가 아니므로 가능한 한 간단하게 커먼즈 이야기를 논의하고, 과거와 미래를 산출한다는 것이 무슨 의미인지 살펴본다.

우선 커먼즈가 특정한 우화에서 출발한다는 점에 주목해 보자. 이 우화는 생태학자 하딘이 설계한 '비극'으로 근대적 합리성을 정당화하기 위해서 활용된다(Hardin, 1968). 하딘의 이야기가 분야를 막론하고 통용되는 이유는 그 이야기가 매우 단순하며 근대의 대서사에 적합하기 때문이다. 합리적 이성 혹은 근대의 눈에서 보자면, 필멸하는 커먼즈를 유지하기 위해서는 땅을 포함한 자원이 반드시 규제 및 관리되어야 한다. 그러나 이 이야기는 어딘가 빈곤하다. 하딘이 특정한 (경제적) 합리주의를 보편적 합리주의로 오인하고, 그의 합리주의의 시각에서 세계를 해석한 것이기 때문이다. 그 시각이 통용되지 않는 세계에서 커먼즈는 생존할 가능성이 언제든지 있다.

두 번째 이야기는 조금 더 복잡하지만, 근대성을 침해하지 않으면서 교훈을 주는 소규모 사례들로 가득하다. 오스트롬과 그의 동료들이 주로 그러한 이야기를 생성하였다(오스트롬, 2010). 그들은 세계 곳곳에 여전히 '유지'되고 있는 커먼즈를 보았고, 그 방식을 근대의 방식으로 정리하였다. 비공식적이거나 공식적인 제도에 의존하는 커먼즈는 적절한 감시와 자치를 통해 성공적으로 관리되거나 관리에 실패한다. 커먼즈는 하딘의 이야기 속 무주지(terra nullius; 주인 없는 땅)가 아니라 사람들이 적극적으로 이용하고 관리하며 재생산해 나가는 장소이다. 커먼즈를 재생하는 사람들은 하딘의 커먼즈를 이용하는 이용자와 달리 정보를 공유할 수 있기 때문에, 커먼즈는 지속적으로 재생될 수 있다. 이 이야기에서는 근대적 합리주의의 시각이 유지되면서도, 커먼즈를 둘러싼 관계가 복잡해져서 비극과 희극이 모두 가능한 드라마가 된다(Ostrom et al., 2002).

세 번째 이야기는 '잊혀진 역사'나 '주변부'를 현재와 연결한다. 이때 커먼즈는 영국의 대헌장이나 식민지 경험과 관련한 이야기뿐만 아니라, 비서구권에서도 발견될 수 있는 '보편적'인 삶의 방식으로 이해된다(라인보우, 2012). 평범한 사람들이 일상적인 생계를 위하여 자원을 활용해 왔던 과거와 주변부의 사례들이 복원되고 재발명되는 것이다. 장훈교는 커먼즈의 보편적 사례로 알려진 '비서구권'의 커먼즈를 정리한 바 있는데, 그가 적절하게 지적하듯이 이 이야기에서는 "인류 역사의 보편적 경험 차원에서" 사례들이 발굴되고 커먼즈로 재정의된다(장훈교, 2022: 97).[2] 주변부의 사례들은 어떤 의미에서 과거의 것과 동치

---

2 장훈교(2022)는 커먼즈를 '공동 자원 체제'로 번역한다.

되는 경향이 있는데, 아직 훼손되지 않은 무언가로 소개되기 때문이다. 과거의 경우이든, 현재의 주변부의 경우이든 커먼즈는 삶의 모범적인 토대로 이야기된다. 이는 현재의 눈으로 과거를 투사하여, 과거를 새롭게 재규정하는 것과 관련이 있다. 이러한 시도는 커먼즈를 보편적 역사 속에 편입시키지만, 한편으로 커먼즈를 전근대적인 것 혹은 저개발된 것으로 규정할 위험을 안고 있다.

네 번째 이야기는 미래를 산출해 내는 이야기이다. 이것은 세 번째 이야기와 주로 함께 나오는데, 역사가 된 커먼즈는 다시 한번 현재로 투사되어 현재 상황의 판단 근거가 된다. 특히 인클로저라는 상황 속에서 '빼앗긴 것'에 대한 수복은 커먼즈 이야기에 중요한 실천적 근거가 된다(라인보우, 2021). 커머닝으로 불리는 커먼즈를 생산하고 유지하는 실천들은 현재 속에 포획된/종획된 미래를 개방하는 역할을 하며, 다른 미래를 상상하게 한다. 사실 현재 상황의 부조리함에 주목하는 많은 사람들이 커먼즈에 주목하는 '진짜' 욕망은 대부분 이 미래적인 것에 있다. 정치경제학자 데 안젤리스는 "모두를 위한 사회적 정의, 지속 가능성, 행복한 삶을 증진하는 데에 필요한 조건들을 욕망하면서" 커먼즈에 흥미를 갖게 되었다고 말한다(An Architektur, 2010). 이 미래적인 상상은 여러 방향으로 가능한데, 홍덕화(2019; 2022), 백영경(2017), 이승원(2020) 등의 논의가 그 예시라고 할 수 있다. 커먼즈는 일종의 정치 기획으로서 인클로저를 개방할 수 있는 제도와 협상, 정치를 상상하게 만든다. 이러한 희망과 기대는 신제도주의, 협치주의, 자율주의 등 서로 다른 계보 속에 있는 연구자들과 활동가들에게 공통적으로 발견된다.

이 네 가지 이야기 구조가 변주되면서 우리는 천 개의 얼굴을 지닌 커먼즈를 만난다. 커먼즈는 오직 이러한 이야깃거리/장소(topic)들의 배치 속에서 존재하는 것이다. 커먼즈가 세계관의 전환을 동반하는 작업(Bollier and Helfrich, 2012)인 이유가 여기에 있다. 이야기를 따르기 전에는 커먼즈가 없지만, 이야기를 따르고 나면 세계의 모든 존재들이 커먼즈로 보이기 시작하며, 정말로 커먼즈가 존재한다. 다시 말해서 커먼즈는 이야깃거리의 배치 속에서 존재하고, 이것은 카렌 바라드의 용어로 존재-인식적(onto-epistemic)이다(Barad, 2007). 이야기를 따라가고 이야기 속에 머무르며, 다시 이야기를 만들어낼 때, 커먼즈는 존재하고 의미 있다.

이야기 속 커먼즈는 서로 다른 뿌리로부터 뻗어 나오며, 그 뿌리들을 알지 못하면 커먼즈가 의미하는 바가 무엇인지 알기 어려워진다. 커먼즈는 뻗어 나가는 이야기를 통해서 과거와 현재를 잇고, 현재와 다른 미래를 산출한다. 앞서 언급한 레비-스트로스의 말처럼, 커먼즈는 과거를 설명하고, 현재를 합리화하며, 미래를 이러한 과거에 비추어 상상하게 만든다(레비-스트로스, 2018). 레비-스트로스는 이에 덧붙여 '우리 문명'에도 그러한 기능을 하는 것이 있는데, 그것이 바로 역사라고 설명한다. 다만 신화는 여러 개가 있지만 역사는 단 하나의 역사가 있다고 기꺼이 믿는 '믿음'에 의해서 그 둘 사이에 차이가 생긴다고 말한다. 이 점에서 레비-스트로스는 역사와 신화를 대칭적으로 바라보았는데, 이 대칭성은 신화를 허구적인 것으로, 역사를 실재적인 것으로 두는 비대칭성에 대한 반기이다. 사고 구조 안에서 신화와 역사는 기능적으로 동일하다. 신화와 역사는 산발적이고 무차별적이며 혼란스러운 노이즈들 속에서 질서를 부여하는 역할을 하기 때문이다. 이를 통해 우리는 과거와 현재와 미래를 '이해'하는 것이다. 이러한 의미에서 커먼즈는 신화(=역사)라는 이야기로서 기능한다. 이때의 역사는 정말로 과거에 그렇게 유일하게 존재하기 때문이 아니라, 오직 현재적인 발명으로서 역사가 된다. 보편적인 것으로서의 커먼즈는 발명되고 그 속에서 미래를 창출할 힘을 얻는 것이다.

더 나아가 커먼즈는 근대라는 현재의 시간을 성찰하는 다른 시간들을 불러온다. 전근대, 비근대, 탈근대의 시간성이 커먼즈 이야기 속에서 호명된다.[3] 여기

---

[3] 이승원(2020)은 커먼즈 운동을 탈근대적 실천이라고 규정한 바 있다. 하지만 연구자는 여러 논의에서 제기된 바와 같이 탈근대는 근대성의 극단을 통해 실현된다는 점에서 커먼즈 운동을 탈근대적 실천이라고 간주하지 않고 오히려 비근대적 실천이라고 생각한다. 그럼에도 근대성으로부터의 탈주라는 의미에서 탈근대 논의와 궤를 같이한다.

에서 근대성과 비/전/탈근대성을 하나의 분할선으로 절개하는 것은 온전치 않을 것이고, 근대라는 시간에 비/전/탈근대성이 존재하지 않는 것도 아닐 것이다. 그럼에도 '지금 여기' 세계의 지배적인 질서와 규칙의 특성을 부정하기란 힘들다. 가령 라투르는 근대성을 이질적인 것들의 집합체를 자연과 사회로 분할하고, 그 둘을 순수한 것으로 정화하는 작업을 수반하는 것이라고 정리한 바 있다(라투르, 2009). 물론 근대성에 대한 해명과 근대성에 대한 가치판단은 사회학과 인류학이라는 분과 학문의 근간에 있어왔다는 점에서, 결코 라투르의 해석이 근대성에 대한 유일한 해석은 아니다. 파슨스(1999)는 근대성을 기능분화로 설명하는 반면, 인류학자 폴 코너턴(Connerton, 2009)은 공간 기억과 관련된 '문화적 기억상실'을 그것으로 설명한다. 폴 코너턴과 비슷하지만 다른 방식으로 인류학자 팀 잉골드(2024) 역시 근대성을 특정한 방식으로 설명하려고 한다. 짧게 설명하자면 팀 잉골드는 움직임을 통해서 형성된 선(line)이 더 이상 움직임을 따라가지 않고 물화되어 분리된 점(point)으로, 그리하여 선이 더 이상 움직이는 것이 아니라 점들이 연결된 직선으로 지각되는 것과 관련이 있다. 이 근대성을 적극적으로 해석하는 것은 이 논의의 범위를 벗어난다. 다만 이 연구는 이러저러한 방식으로 커먼즈가 근대와 비근대, 이쪽과 저쪽의 기묘한 통로로서 의미화된다는 점에 주목한다.

이러한 논의에 따르면 커먼즈는 어느 한 곳에 잘 정립되어 가만히 있는 것이 아니라 시간의 양방향으로 움직인다. 과거를 기억한다는 것은 흔적을 따라간다는 의미이며 그러한 의미에서 새로운 발자국을 남기는 행위이다(잉골드, 2024). 과거로의 움직임이 창조적인 과정 속에 있다면, 미래로의 움직임도 마찬가지로 흔적을 복기하는 과정 속에서 산출된다. 물화된 커먼즈가 무기력한 이유는 바로 이러한 이유 때문이다. 사이 지대는 그 자체로 의미가 완결되어 있는 장소가 아니며 오직 수행을 통해서 의미가 형성된다. 그에 반해 물화된 커먼즈는 움직임이 지워지기에 더 이상 시간 사이를 연결하는 사이 지대가 아니게 된다. 커먼즈에서 커머닝이라는 수행성이 대단히 중요하게 여겨지는 까닭은 커먼즈가 단순히 무주지이거나 누구나 가져다 쓸 수 있는 자원이기 때문이 아니라, 커먼즈가 수행으로 채워지는 사이 지대이기 때문이다. 그러나 커머닝만으로 커먼즈를 결정할 수는 없다. 커먼즈는 사이 지대로서 이질적인 것들의 만남과 얽힘이 이루어지는 이야기-장소이기 때문이다.

3. 이질적인 몸들이 접촉하는 사이 지대

2절의 주요 내용이 과거와 미래라는 시간의 사이 지대로서 커먼즈를 이야기한 것이라면, 이 절에서는 몸들 사이의 지대로서 커먼즈를 이야기하고자 한다. 몸은 단순히 생물리학적 대상이 아니라 기호적이고 정치적인 물질로, 몸을 둘러싼 다양한 규정과 저항의 사례들은 오랜 시간 연구의 주제가 되어왔다(Butler, 1993; Nast and Pile, 1998; 그로스, 2019). 또한 몸들은 끊임없이 물질을 교환하면서 서로의 몸을 횡단하고 구성한다(앨러이모, 2018). 세속적 세계에 존재하는 모든 존재들은 몸을 지니고 있기 때문에 몸의 연구는 꼭 인간에 국한되어 있을 필요가 없으며, 몸은 그 자체로 장소로 여겨지기도 한다. 실제로 인간의 몸은 무수한 미생물들의 거주 장소이기도 하다(Ironstone, 2019). 이러한 지각 속에서 이 연구는 커먼즈가 이질적인 몸들의 접촉과 번역이 이루어지는 사이 지대라는 점에 주목한다.

이질적인 몸을 지닌 존재는 인간에 한정되어 있지 않다. 한경애(2024)는 중동태(middle voice)의 개념을 빌려 주체와 객체의 이분법을 뛰어넘어 함께 재/생산을 하는 행위를 커머닝으로 설명한 바 있는데, 이러한 논의에서는 인간과 비인간이라는 구별이 그다지 중요하지 않음을 암시한다. 더 나아가 브레스니한(Bresnihan, 2015), 매츠거(Metzger, 2015), 최명애(이 책, 4장) 등은 보다 적극적으로 커먼즈를 함께 생산하는 비인간 존재를 본격적으로 탐구하기도 하였다. 커먼즈는 이러한 온갖 이질적인 존재들이 함께 얽혀서 특정한 장소를 형성한다. '함께'의 상황에서 미리 설정된 주체와 객체는 의미가 없다. 다시 하던의 우화로 돌아가자면 목동과 소와 풀은 무슨 관계였는가? 그들은 무엇보다 서로를 특정한 방식으로 존재하게 만든다. 서로를 존재하게 만든다는 점에서 커먼즈는 그 이질적인 존재들의 생산이자 얽힘 상태의 결과물이자 그 얽힘을 가능하게 해주는 사이 지대이다. 이러한 해석은 해러웨이가 이야기한 함께 되기(becoming-with)나 공동생산(sympoiesis)과 공명한다(해러웨이, 2021).[4] 이 연구는 공동생산의 '장소'로서 커먼즈가 존재한다고 주장한다.

커먼즈가 장소이기 때문에, 커먼즈에서 공통으로 산출한 산물(공통 재화)은 생산자 자신이 아니라 그들에게 결코 귀속되지 않는 것, 즉 커먼즈를 계속해서 생산한다. 이를테면 해러웨이와 해러웨이의 반려견 카옌이 서로를 새롭게 생산할 때(공동생산), 그들이 산책로를 형성한다면, 해러웨이도 카옌도 아닌 산책로야말로 커먼즈이다. 여기에서 커먼즈를 자원, 공동체, 제도의 집합(볼리어, 2015)으로 보는 것은 상당히 문제적인데, 그것은 만들어진 것을 만들기 재료의 합으로 치환하기 때문이다. 재료들의 합과 만들어진 것은 질적으로 다르다. 여기에서 커먼즈는 만들기에 참여하는 존재들과 만들어진 장소 사이에 위상 차이가 발생한다. 즉, 존재들(A)이 장소(B)를 생산하면, 다시 장소(B)가 존재들(A)을 생산하는 순환적 관계에서 발생하는 환원불가능한 차이가 나타난다. 이 차이 때문에 A를 주체로, B를 다시 객체로 환원시키고자 하는 유혹에 빠질 수도 있겠지만 커먼즈의 이야기의 매력은 생산된 장소가 복수의 생산자들을 생산한다는 점이다. 생산된 커먼즈는 커먼즈의 생산자(=재료)들의 삶을 가능하게 만든다. 목초지가 목동과 소와 풀의 존재를 가능하게 만들었던 것처럼 말이다. 이 구조 속에서 이용은 또 다른 방식의 생산이라는 점도 주목할만하다.

이 연구는 A를 커머너로, B를 커먼즈로 부르고, 생산과정을 커머닝으로 부른다. 커먼즈는 커머너의 커머닝과 독립되어 존재하는 것이 아니라 오직 커머닝

---

4 이영배(2022)는 커먼즈로서 두레를 바라보면서 해러웨이 논의를 차용한다.

의 역사적 사건으로서 존재한다고 간주한다. 그런데 이 커먼즈 생산의 구조는 순환이라는 측면에서 증여의 순환구조와 유사하게 보인다. 증여는 받은 것을 돌려주어야 하는 순환의 구조인데, 증여의 순환에서는 증여자와 수증자를 매개하는 선물(증여되는 것)이 순환되면서 순환의 구조를 만든다(모스, 2002). 그러나 커먼즈는 선물처럼 '이동 가능한 사물'이 아니다. 커먼즈는 나무가 있는 '숲', 풀이 있는 '목초지', 물고기가 있는 '바다', 지식, 정보, 이미지 등이 있는 '도서관,' '갤러리' 혹은 '플랫폼'이다. 즉, 커먼즈는 이동과 비이동을 가능케 하는 삶의 기반으로서, 삶을 생산해내는 인프라스트럭처(infrastructure)에 가깝다(Berlant, 2016). 또한 증여의 순환구조(〈자기-선물-타자-선물-자기〉의 순환)에서 타자는 기본 구조의 독립 항으로 존재하는 반면에 커먼즈의 순환구조(〈커머너-커먼즈-커머너〉의 순환)에서는 오히려 타자가 커머너 안에 잠재적으로 존재한다. 커머너는 언제나 복수이기에 타자와 자기는 뒤섞여서 함께 존재하기 때문이다. 즉, 타자는 커머너로서 공동생산의 동료/방해나 억압하는 자/무심한 자일텐데, 방해/억압/무관심 등은 커머너의 행동 방식 중 한 형태일 수 있기 때문에 커머너의 내적 유형들로 볼 수 있다.[5] 다시 말해서 커머너 자체가 이질적인 타자를 포함한다. 커먼즈를 빼앗겼다면, 그것은 커머너가 더 이상 이질적이라고 할만큼 다양하지 않거나, 커먼즈가 소수의 삶의 형태만을 지지하기 때문이다. 전통적으로 이러한 현상은 인클로저라고 이야기된다. 즉, 커머너는 충분히 이질적이어야 하기 때문에 동질적 구성원들이 소유한 소위 클럽재 땅이나 바다는 커먼즈로서 인정받기 어려운 측면이 있다.

또한 커먼즈는 이질적인 것들의 사이에서 그들의 '접촉'을 가능케 한다는 점에서 사이 지대이다. 김지혜(2015)는 철학자 이리가레의 논의를 빌려 사이에 존

---

[5] 그런데 이 커머너는 인식된 커머너보다 언제나 더 많다. 그러므로 언제나 누락된 커머너를 찾아낼 수 있다. 심지어 우리는 논리적으로 커먼즈가 '모두'의 기여물이라는, 대단히 추상적이고 현실-초월적인 논리에 도달할 수 있다. 정영신(2020)이 제시하는 '커먼즈의 정치'는 그러한 추상적 커머너(모두)의 과대함과 인지된 커머너(우리)의 과소함 사이에 일어나는 긴장 속에서 나타나는 정치를 보여준다고 할 수 있다.

재한다는 것의 의미에 대해 논하는데, 이 논의에 따르면 사이란 "양극을 연결하여 그 개념적 경계를 흐리는 통로"일 뿐 아니라 "한 항이 다른 항으로 변환되는 공간"이며, "둘 사이를 연결해 주는 동시에 분리하여 서로의 타자성을 지속적으로 보호"해 주는 공간이다(김지혜, 2015). 김지혜(2015)가 주목하는 것은 이 만남에서 중요한 감각이 촉각이라는 점이다. 시각이 주체와 객체의 원거리를 가능케 한다면, 접촉은 서로 다른 양극이 사이에서 만나야 이루어질 수 있으며, 누가 객체이고 누가 주체인지 알 수 없는 상호주체성을 경험하게 된다.[6] 접촉은 서로 간의 경계를 흐트러뜨림과 동시에 재구축한다. 여기에서 접촉의 공간은 마주침의 공간으로서 "완전히 점유된 공간도 아니고 완전히 비어 있는 공간도 아닌 to의 공간, 타자와의 만남에 있어 타자를 허용하는 공간"으로 여겨진다(김지혜, 2015: 244). 흥미롭게도 이러한 해석은 커먼즈의 논의와 맞닿아 있다. 즉, 사이 지대는 또 다른 표현으로는 접촉 지대(contact zone)인 것이다. 소와 목동과 풀이 목초지에서 만나듯, 기층민의 도덕경제(스콧, 2004)와 성문법인 대헌장(라인보우, 2012)이 만나서 변용되는 곳이 바로 커먼즈이다.

비교문학자인 매리 루이스 프랫은 일반적인 의미의 접촉 지대를 "극도로 비대칭적인 관계가 초래한 결과 속에서 이종문화들이 만나고 부딪히고 서로 맞붙어 싸우는 사회적 공간"이라고 말한다(박지훈, 2021: 160에서 재인용). 접촉은 분명 불균등한 권력의 배치 속에서 수행되지만, 일방향적이지는 않다. 주고받는 과정, 즉 상호성을 전제한다. 이질적인 것이 접촉하기 때문에 이들이 어떻게 변용될지 결정되어 있지 않으며 우발적이다.

이 지점에서 커먼즈의 난해함 중 하나는 누가 사이 지대를 구성하고 있는가에 대한 논의와 연결되어 있다. 장소를 생산하는 온갖 이질적인 것들은 인식의 영역을 초과하지만, 그렇다고 그 존재들이 '모두'가 될 수는 없다. 여기에서 커

---

[6] 김지혜(2015)는 이리가레의 논의를 따라 궁극적으로 시각 역시 빛의 촉감에 영향을 받는다는 점에서 시각의 촉각화로 나아간다.

먼즈를 이상향으로 삼아 선언되곤 하는 '모두'를 위한 커먼즈는 허구적이다. 모든 것이 모든 것에 동시적으로 접촉될 수는 없기 때문이다. 달리 말하면 커먼즈는 독점과 완전 개방의 사이 지대이기 때문에 접촉을 통해 이루어지는 정치적인 투쟁의 장이다.

4. '솔방울커먼즈'의 사이 지대

지금까지 커먼즈를 사이 지대로 보는 것의 의미에 대해 톺아보았다면, 이제 커먼즈의 사례로서 솔방울커먼즈 운동 사례를 살펴보고자 한다. '솔방울커먼즈'는 2019년부터 2021년까지 집중적으로 활동한 커먼즈 운동 모임으로, 서울시 종로구 송현동의 '나대지'를 둘러싼 활동을 해왔다. 연구자는 이 그룹의 기획과 활동에 참여하였기 때문에, 이 연구는 실행연구(action research)나 자기기술지(autoethnography)에 가깝다. 솔방울커먼즈의 시작과 활동에 대한 자기기술은 김지혜와 최희진(2021)의 논의에서 확인할 수 있으며, 비교연구의 측면에서 솔방울커먼즈를 논의한 윤여일(2022)의 연구도 있다. 특히 윤여일(2022)은 솔방울커먼즈, 경의선공유지, 배다리공유지 사례가 모두 '공터'에 대한 운동이었다는 공통점으로부터 출발하면서 사이 지대로서의 커먼즈의 특성을 예증하였다. 사이 지대는 얼핏 빈 곳, 유휴 공간으로 보이지만 윤여일(2022)이 지적한 바대로 비어 있는 장소는 바로 그 점 때문에 다양한 수행으로 채워질 수 있다. 하지만 윤여일(2022)은 운동의 차원에서 공공성이나 공익성을 재전유하는 의의를 발견하는 데 집중하여 커먼즈(공유지)를 다소간 외부에 대한 대항이나 저항으로 평가하고 있다. 장소 만들기가 정치적인 행위라는 점은 간과되어서는 안 되지만, 만들기는 기본적으로 창조적인 행위이다. 선행연구와의 중복성을 피하기 위하여 이 연구는 솔방울커먼즈가 어떤 정당성을 구축해 왔고, 그에 대한 어떤 활동을 해왔으며 무엇이 한계였는지에 대해 논하지는 않는다. 다만 이 연구는

'사이 지대'로서 커먼즈를 바라보는 관점 속에서 솔방울커먼즈를 논의하고, 솔방울커먼즈가 왜 빠르게 동력을 잃어갔는지에 주목하여 설명하려고 한다.

송현동은 행정동이 아니라 조선시대 때부터 사용되어 인정받은 법정동으로 송현동의 대부분은 현재 '송현근린공원'으로 개방되어 있다. 송현근린공원 부지에 해당하는 땅의 면적은 3만 6,642㎡로 1만 1,000평이 조금 넘는데, 경복궁과 창경궁 사이에 있었기 때문에 궁의 배후지로서 소나무 숲이 조성되어 송현(松峴)이라는 이름을 얻게 되었다. 임진왜란 이후에는 세도가의 주거지였다가 일제강점기 식산은행의 사택으로 쓰였다. 해방 후에는 미국령이 되어 미국 대사관의 사택으로 사용되었다. 이후 미국이 한국에 땅을 반환하면서 2000년 삼성생명이 1,400억 원에 땅을 불하받았고, 삼성생명은 이곳에 미술관을 짓고 싶어 했으나 건립에 실패했다. 개발 가능성이 사라지자 삼성생명은 2008년 대한항공에게 이 땅을 두 배 넘은 가격에 매각하였다. 삼성생명이 땅을 소유한 지 8년 만이었다. 대한항공은 호텔을 포함하는 복합문화단지를 계획하였으나, 교육환경 보호구역 심의 및 여론 악화로 인하여 역시 계획을 허가받지 못하고 있다가 감염병 대유행 시기 항공사의 재정 악화 등으로 매각 의사가 강해졌고, 이 공간을 공원으로 조성하고 싶어 했던 서울시와 협의 끝에 2021년 5,578억 원에 거래하였다. 당시 이건희 전 삼성그룹 총수가 사망하면서 유가족들이 이건희가 소장했던 미술품을 국가에 기증하였기 때문에 이 미술품을 모아두는 '이건희 기증관'이 필요하다는 의견도 송현동 매입의 정당성을 강화하였다. 흥미롭게도 2000년대에 삼성생명의 미술관 건립 계획은 송현공원에 이건희 전 삼성그룹 총수의 미술품을 전시하는 '이건희 기증관'이 설립되면서 공공 재원을 통해 이루어질 예정이다(2028년 완공 예정).

솔방울커먼즈는 이 땅이 서울시에 매각되어 공원으로 개방되기 전, 대한항공 소유지였을 때 주로 활동했다. 짚고 넘어가야 할 점 중 하나는 솔방울커먼즈가 활동하기 이전부터 이 공간은 여러 시민단체가 공공에게 개방된 공원으로 만들기 위해 노력한 공간이었다는 점이다(홍성태, 2014). 특히 대한항공이 이 공간에 호텔을 건립하려 하였기 때문에 주변 학교의 학부모 중심으로 개발 계획에 대한 적극적인 저항이 이루어진 공간이었다. 이 공간은 이미 여러 행위자들에게 중요한 땅으로 여겨졌고, 부동산계의 '금싸라기' 땅으로 불릴 정도로 도시개발의 적지로 여겨진 공간이었다. 그러나 제도와 시민단체, 지방자치제와 기업 사이에 형성된 힘의 팽팽한 균형 때문에 역설적이게도 송현동은 일시적으로 나대지, 즉 다른 공간들 '사이'에 낀 유휴부지로 존재할 수 있었다.

솔방울커먼즈는 그 사이 지대에서 이루어지는 '계획'들이 어떤 상상력에 의해 추동되는지에 주목했다. 계획이란 미래에 대한 사변적/투자적(speculative) 행위로 부재한 존재를 존재하게 만드는 기술이라고 할 수 있다. 그것은 합리성으로 설명할 수 없는 기대와 욕망, 상상력을 전제로 한다. 솔방울커먼즈는 송현동을 둘러싼 도시계획의 상상력이 특정한 누군가(기업과 정부, 주변 지대의 건물주)의 관점으로 제한되어 있다는 점에 문제를 제기하며 등장하였다(김지혜와 최희진, 2021). 요컨대 이들의 주장은 '상상할 권리'라는 다소 희한한 권리 주장이라고 할 수 있다. 솔방울커먼즈의 핵심 구성원은 6~8명 정도였으나 시기에 따라서 인원은 유동적이었고, 주로 예술과 활동, 연구의 영역을 넘나들며 활동하였다. 이들은 송현동과 관련하여 글과 작품, 전시나 세미나 등을 기획하고 발표하면서 송현동을 둘러싼 공간의 역학을 탐구하였다.

솔방울커먼즈의 활동은 그들이 조어한 '솔방울하다'를 통해 드러나는데, 커먼즈라는 말이 아무래도 너무 어렵다는 의견 때문에 대체할 다른 단어들을 고심하다가 아예 신조어를 만들었다. 솔방울하다는 "① 공동이 만들어낸 것의 가치를 역사적으로 추적하는 행위, ② 공동이 만들어낸 것을 특정한 이들이 독점하지 않도록 부대끼는 행위, ③ 공동이 만들어낸 것을 공유하기 위해 치대는 행위, ④ 공동이 위아래 없이 무언가를 만들어내는 행위"로 이야기되었으며, 스스로를 솔방울러(Pineconer)로 일컬었다(솔방울커먼즈 홈페이지). 이들은 솔방울하다의 의미 그대로 역사를 추적하고, 독점하지 않는 미래를 상상하면서 도시계획에 개입하려고 시도하였다. 그 과정에서 송현동에 관한 인간의 역사뿐만 아니라 비인간들의 역사를 추적하기도 하였는데, 송현동 나대지를 둘러싸고 있는 돌담 안에 우뚝 서 있던 오동나무는 빈 공간이 전혀 빈 공간이 아니라 가득 찬 공간임을 일깨워 준 계기가 되기도 하였다. 이러한 점들을 통해 미루어볼 때 솔방울커먼즈가 한 활동들은 시간의 양방향으로 열려있는 장소, 이질적인 몸들이 접촉하는 장소, 즉 사이 지대를 인식하고 만드는 행위였다.

솔방울커먼즈가 주최한 〈송현동 리-얼 자치동 만들기: 송현동은 벌어진다〉라는 행사 설명은 사이 지대가 틈새라는 점을 보여준다. 틈새는 창조의 가능성이고, 틈새에 주목하고, 탐구하며, 새로운 틈새를 내는 작업은 사이 지대의 수행성을 나타낸다.

"송현동은 틈이 난다. 송현동은 갈라지고, 일어나고, 파열된다. 송현동은 열린다. 닫혀 있는 곳이야말로, 모든 상상이 열려있는 곳이다. 벽이 단단할수록, 안이 보이지 않을수록, 그곳은 우리의 움직이는 무대가 된다. 이곳에서 송현동은 이미 벌어져 있고, 우리는 그 안에 있다. 송현동 주민센터는 주민 없는 동의 주민센터다. 이 지역에 법적 주민은 없다. 그래서 역설적으로 모두가 주민이 될 수 있는 공간. 우리는 이 공간에 주민센터를 개관하면서, 우연히 당신과 만난다. 당신과 주민센터 프로그램을 개설하고, 송현계를 만들고, 춤을 춘다(솔방울커먼즈 전시 자료, 2020)."

이 행사에서 솔방울커먼즈는 법적 주민이 없는 송현동에서 주민을 발굴하는 작업을 시도하였는데, 오동나무, 가회동 주민, 세입자, 서울, 수어와 같은 다른 언어를 쓰는 자들, 탑골공원 앞에서 비둘기를 바라보고 있던 노인, 2070년 송현동을 지나는 사람, 지역의 발전을 열망하는 사람이 여기에 포함되었다. 이 행사는 더 많은 인간과 비인간적 존재들이 이 장소와 접촉해서 장소를 만들고 있다는 점을 보여주었다. 이 프로젝트의 마지막 행사는 '송현 계모임 만들기'로 불리었는데, 스무 명 정도가 참석한 프로그램에서 나온 이야기 중 하나는 솔방울커먼즈가 송현동에 초대하는 것이 아니라 이미 송현동을 만들어온 존재들에게 초대를 구해야 한다는 의견이 나왔다. 그리고 그 뜻에 공감하는 분위기가 형성되었다(송현 계모임 현장 자료, 2020.10.31.). 이러한 활동들 속에서 솔방울커먼즈는 근대의 준법적인 시민 되기의 자장 속에서 벗어나 기존의 질서에 균열을 가하고자 하였다.

하지만 솔방울커먼즈는 이 행사 이후 뚜렷하게 활동하지 못하였다. 다만 구성원들이 간헐적으로 여러 장소에서 자신들의 작업을 알리고 새로운 연결점을 만들기 위해 시도하였다(최희진, 2024). 가령 이들은 다른 예술 작업이나 커먼즈 활동에 개입하기도 하고, 지역사회에 직접적으로 참여하는 활동을 이어갔다. 하지만 이들은 송현동을 커머닝하는 활동으로부터는 점점 멀어졌다. 결정적인 이유는 이 시점 이후로 대한항공이 전염병 대유행의 여파로 인한 재정적 자를 타계할 구실로 송현동 매각을 서두르게 되었고, 2021년 초 이건희 미술품이 기증되자 미술관 후보지로 송현동이 유력하게 부상했기 때문이었다. 결과적으로 2021년 겨울, 현금 유동성이 있는 한국토지주택공사가 송현동을 매입하고, 한국토지주택공사는 다시 서울시의 시유지인 서울의료원 남측 부지와 송현동을 교환하는 '맞교환' 형태로 송현동은 서울시의 시유지가 되었다(서울경제, 2021.12.23.). 시유지는 '녹지광장'의 형식으로 개방되었고 나대지를 감싸고 있던 담장은 갑작스레 사라졌다. 솔방울커먼즈는 도시 공간을 둘러싼 계획과 욕망에 개입하여 틈을 열고자 했지만 송현동 땅이 서울시에 매입되어 미술관이 있는 공원으로 공간계획이 수렴됨에 따라 솔방울커먼즈의 동력이 빠르게 사라졌다. 사이 지대가 지닌 수행적 의미도 무화되었기 때문이다. 송현근린공원의 별칭은 '열린송현녹지광장'인데도 불구하고, 이들에게는 오히려 '닫힌' 공간으로 인식되었다. 이 과정에서 정치적인 목소리를 더 직접적으로 낼지, 아닐지에 대해서 솔방울커먼즈 내부에서는 이견이 있었지만 결론적으로 솔방울커먼즈는 송현근린공원이 개방되는 것을 지켜보기만 하였다. '충분한 논의를 한 뒤 담장을 천천히 열자'는 솔방울커먼즈의 목소리는 소수의견으로 남았다. 정리하자면 솔방울커먼즈가 와해된 것은 그들이 수행의지, 즉 커머너로서 커머닝을 하겠다는 열망이 아니라 그들이 수행을 펼칠 사이 지대를 잃어버렸기 때문이다.

솔방울커먼즈 사례가 커먼즈가 사이 지대라는 논의에 정당성을 실어주지 못할 수도 있다. 다른 많은 커먼즈 사례들은 이 주장을 적용할 수 없다고 반론을 제기할 수 있기 때문이다. 하지만 현재 논의되고 있는 지식 커먼즈나 돌봄 커먼즈, 심지어 에너지 커먼즈 역시 어떤 사이 지대를 인식하고, 사이 지대를 만들기 위한 노력이라는 점을 살펴볼 필요가 있다. 그러한 논의들 대부분은 완전히 사적이지도, 그렇다고 완전히 전체적이지도 않는 중간 지대가 필요하다는 논의들이다. 물질적이고 기호적인 의미에서 '지대'는 결코 체계나 가치, 행위가 아니다. 커먼즈가 단순히 공공성 회복의 다른 용어가 아니라, 정말로 '장소'이기 때문에 공공성이나 민주주의로는 포착할 수 없는 이질적인 것들이 커먼즈 안에 존재하며, 수행된다. 상황이 이렇기 때문에 커먼즈는 뚜렷하게 정의될 수 없는 미지의 지대를 남긴다. 따라서 커먼즈를 적확하게 포착하려고 하는 시도들은 혼란스러움을 줄이기는커녕 가중시킨다. 사실 그 혼란스러움은 장소의 비재현성의 또 다른 이름이며, 비재현성은 현재를 확정할 수 없는 미결정성과 연결되어 있다.

5. 제안: 비재현적인 커먼즈

이 글을 통해 연구자는 커먼즈의 의미가 미결정적이고, 여러 이질적인 존재들의 사이에서 일시적으로 구성된다고 주장하였다. 이러한 커먼즈 해석은 세계의 부조리함을 전복할 기획으로 커먼즈를 바라보는 것과 공통점과 차이점이 있다. 그러나 현실에 존재하거나, 잠복하고 있는(latent) 커먼즈(칭, 2023)들은 총체적 수준의 전복과는 거리가 멀다. 그러한 기획에는 그에 걸맞은 또 다른 개념이 필요할 수 있다.

커먼즈가 적절하게 구별되는 존재들의 사이에 공통의 지대를 형성하는 것에 의미가 있다는 점에서 박순열과 안새롬(이 책 8장)의 글은 흥미롭다. 이들의 논의에서 커먼즈는 체계들 '사이'의 가치를 암시하기 때문이다. 이들은 커먼즈를 "'어떤 사태가 서로 다른 사회적 체계들의 공통 작동에 개방되어 있어야 하고, 그래서 어떤 하나의 사회적 체계가 해당 사태를 배타적으로 다루어서는 안 된다'는 일종의 가치·주장(박순열·안새롬, 이 책 8장: 256쪽)"으로 규정한다. 이 논의는 사회적 체계라는 서로 구분될 수 있으며 같은 수준에 있는 존재들이 서로 다른 이질적인 관점을 취하고 있을 때, 그 이질적인 관점 중 어느 하나가 우월하거나 우위에 있지 않기 때문에 적절하게 타협하며 사태를 다룰 필요가 있다는 판단을 함의한다. 다시 말해서 결코 서로를 포함하지 않는 이질적인 사회적 체계들이 서로 다르게 판단하고 있는 사태의 공통 지대를 인식하는 것이다. 그런데 이들의 연구는 바로 그 사회적 체계들의 수준에서만 커먼즈를 다루고 있기 때문에 커먼즈의 열망과 다양한 차원의 커먼즈를 논외로 다룬다. 연구자는 그것이 커먼즈가 시간과 시간, 몸과 몸을 매개하는 사이 지대로서 역할한다는 점을 논의하지 않았기 때문이라고 생각한다.

이 연구는 커먼즈에 어떤 도덕적 가치가 내재해 있다는 점에 대해 부정하지만 커먼즈에게 어떤 '미덕'이 있다고 본다. 그것은 커먼즈가 특정한 현실과 정합하는 개념이기 때문이 아니라, 어긋난 개념, 즉 사이에 있는 개념이기 때문에, 어떤 종류의 새로운 시공간을 열어줄 수 있다는 점이다. 연구자는 커먼즈의 스토리텔링을 되살림으로써, 세계를 짓는(worlding) 위험천만한 일에 커먼즈를 놓아두려고 한다(해러웨이, 2021). 이때의 커먼즈는 근대의 문제해결을 위해 발견되길 기다리는 해결책이나 만병통치약도 아니고, '진보적인' 노선의 동력도 아니다. 그것은 주어진 재료를 가지고 질적으로 다른 것을 만들어내는 만들기 과정에 가깝다(Ingold, 2010). 이러한 과정 속에서 이 연구는 커먼즈를 포획하려는 시도라기보다는 커먼즈의 비재현적인 속성을 주시하고 그곳에서 가능성을 발견하고자 하였다. 포착되지 않는 노이즈 속에 있는 비재현적인 커먼즈는 해석의 인클로저에 포획되지 않고 경관을 넘나든다.

  커먼즈는 '이미 과거의 것'이라거나, '너무 이상적인 것'이라고 여겨지곤 한다. 연구자는 그러한 논의가 커먼즈를 어떤 시공간 축에 고정시켜 놓고, 그것이 움직이지 않는 것처럼 생각하는 근대적 시선에 우리가 자주 포획되곤 하기 때문이라고 생각한다. 현재에서 시작하여, 과거와 미래라는 양방향으로 나아가는 길을 만들어가는 실천, 즉 현재적인 실천 속에서 커먼즈를 의미화할 수 있다면, 커먼즈가 전근대와 탈근대라는 아주 양극단에 존재하는 것이라는 오명을 벗을 수 있을 것이다. 커먼즈는 세계를 다른 방식으로 보여주지만, 커먼즈가 놓여있는 이야기의 배치와 관찰자의 관점에 따라 그 커먼즈가 이야기해줄 수 있는 것들은 아주 다르다. 어떤 이야기를 따라가며, 그 이야기에 어떤 흔적을 남길 것인지는 여행자가 경관과 어떻게 접촉하여 조응(correspondence)할지에 달려있다(Ingold, 2017; 2024).

  또한 사이 지대로서 장소는 온갖 이질적인 것들이 접촉하고 서로를 오/이해하면서 변화가 이루어지는 마주침의 장소이다. 커먼즈가 장소적(topian)이기 때문에 이 글의 서두에 있는 올위그의 장소주의적 전망과 커먼즈는 맞닿아있다. 이때 커먼즈는 공통의 존재들을 위한 폐쇄적인 장소이거나 아무런 공통점도 없는 모든 존재들에게 열려있는 무주지가 아니라, 움직이는 존재들의 경로가 겹치고, 마주치고, 얽히는 과정에서 만들어지는 장소이다. 사이 지대로서 커먼즈는 '여지'를 남기는 것에서부터 시작한다.

참고문헌

권범철. 2024. 『예술과 공통장: 창조도시 전략 대 커먼즈로서의 예술』. 갈무리.
그로스, 엘리자베스. 2019. 『몸 페미니즘을 향해: 무한히 변화하는 몸』. 꿈꾸문고.
김지혜. 2015. "사이에 존재하기." 『미술사학』 29: 231-261.
김지혜·최희진. 2021. "커먼즈 아상블라주와 일상생활의 정치." 『커먼즈의 도전』. 빨간소금.
김현철·최하니. 2023. "정동과 비재현적 사유로부터 연구자와 연구 현장, 연구방법론 탐구하기." 『공간과사회』 33(2): 4-6. DOI: 10.19097/kaser.2023.33.2.4
라인보우, 피터. 2021. 『도둑이야!: 공통장, 인클로저 그리고 저항』. 갈무리.
라투르, 브뤼노. 2009. 『우리는 결코 근대인이었던 적이 없다』. 갈무리.
레비 스트로스, 클로드. 2018. 『레비-스트로스의 인류학 강의』. 문예출판사.
말파스, 제프. 2014. 『장소와 경험: 철학적 지형학』. 에코리브르.
매시, 도린. 2015. 『공간, 장소, 젠더』. 서울대학교출판문화원.
모스, 마르셀. 2002. 『증여론』. 한길사.
바니니, 필립. 2023. 『비재현적 방법론: 연구를 재상상하기』. 전남대학교출판문화원.
바슐라르, 가스통. 2023. 『공간의 시학』. 동문선.
박규택. 2016. "사이공간으로서 로컬리티: 수행적 관계성, 미결정성, 관계적 스케일의 정치." 『한국도시지리학회지』 19(3): 1-12.
박배균·이승원·김상철·정기황. 2021. 『커먼즈의 도전: 경의선공유지 운동의 탄생, 전환, 상상』. 빨간소금.
박서현. 2020. "한국 학계에서 지식 커먼즈의 대안적 공유에 대하여: 인문사회계 분야를 중심으로." 『한국사회』 21(2): 3-40.
박순열·안새롬. 2023. "현대사회에서 커먼즈 논의의 정합성에 대한 검토: 경의선공유지를 사례로." 『환경사회학연구 ECO』 27(2): 135~191. DOI: 10.22734/ECO.27.2.202312.004
박지훈. 2021. "매리 루이스 프랫과 접경 혹은 접촉지대 연구-비판적 평가와 대안적 전망." 『역사비평』 136: 155-196.
백영경. 2017. "커먼즈와 복지: 사회재생산 위기에 대한 통합적 접근을 위한 시론." 『환경사회학연구 ECO』 21(1): 111-143.

볼리어, 데이비드. 2015. 『공유인으로 사고하라: 새로운 공유의 시대를 살아가는 공유인을 위한 안내서』. 갈무리.

스콧, 제임스. 2004. 『농민의 도덕경제』. 아카넷.

앨러이모, 스테이시. 2018. 『말, 살, 흙: 페미니즘과 환경정의』. 그린비.

오스트롬, 엘리너. 2010. 『공유의 비극을 넘어: 공유자원 관리를 위한 제도의 진화』. 알에이치코리아.

윤여일. 2022. "도시 속 공터는 어떻게 공유지가 될 수 있는가: 경의선공유지, 배다리공유지, 솔방울커먼즈를 상호비교하여." 『공간과 사회』 32(4): 45-89.

이광석. 2021. 『피지털 커먼즈』. 갈무리.

이승원. 2020. "포퓰리즘 시대, 도시 커먼즈 운동과 정치의 재구성." 『문화과학』 101: 79-97.

잉골드, 팀. 2024. 『라인스: 선의 인류학』. 포도밭출판사.

장훈교. 2022. 『공동자원체제』. 북크크.

전우형. 2020. "사이공간과 반영웅들의 재현 정치—2019 뮤지컬-오페라의 독립운동." 『역사비평』 130: 133-160. DOI: 10.38080/crh.2020.02.130.133

정영신. 2020. "한국의 커먼즈론의 쟁점과 커먼즈의 정치." 『아시아연구』 23(4): 237-259. DOI: 10.21740/jas.2020.11.23.4.237

최희진. 2024. "커먼즈의 미로: 울타리 너머 거위와 커머너." 『옵드라데크: 출몰과 커먼즈 예술론』. 히스테리안.

칭, 안나. 2023. 『세계 끝의 버섯: 자본주의의 폐허에서 삶의 가능성에 대하여』. 현실문화연구.

파슨스, 탈콧트. 1999. 『현대 사회들의 체계』. 새물결.

한경애. 2022. "마을 공동체에서 도시적 커먼즈로: 동아시아의 시선으로 보는 도시적 커먼즈." 『공간과 사회』 32(4): 11-44. DOI: 10.19097/kaser.2022.32.4.11

한디디. 2024. 『커먼즈란 무엇인가: 자본주의를 넘어서 삶의 주권 탈환하기』. 빨간소금.

해러웨이, 도나. 2021. 『트러블과 함께하기』. 마농지.

홍덕화. 2019. "에너지 민주주의의 쟁점과 에너지 커먼즈의 가능성." 『환경사회학연구 ECO』 23(1): 75-105. DOI: 10.22734/ECO.23.1.201906.003

_____. 2022. "커먼즈로 전환을 상상하기." 『환경사회학연구 ECO』 26(1): 179-219. DOI: 10.22734/ECO.26.1.202206.005

홍성태. 2014. 『경복궁 옆 송현동 살리기』. 진인진.

An Architektur. 2010. On the Commons: A Public Interview with Massimo De Angelis and Stavros Stavrides. e-flux j, 17. https://www.e-flux.com/journal/17/67351/on-the-commons-a-public-interview-with-massimo-de-angelis-and-stavros-stavrides/

Barad, K. 2007. Meeting the universe halfway: Quantum physics and the entanglement of matter and meaning. Durham: Duke University Press.

Berlant, L. 2016. "The commons: Infrastructures for troubling times." *Environment and Planning D: Society and space* 34(3): 393~419.

Bollier, D., Helfrich, S. 2012. The wealth of the commons: A world beyond market and state. Massachusett: Levellers Press.

Bresnihan, P. 2015. "The more-than-human commons: From commons to commoning." *Space, power and the commons* 93-112.

Butler, J. 1993. Bodies that matter: On the discursive limits of sex. London: Routledge.

Connerton, P. 2009. How modernity forgets. Cambridge: Cambridge University Press.

Hardin, G. 1968. "The tragedy of the commons: the population problem has no technical solution; it requires a fundamental extension in morality." *Science* 162(3859): 1243-1248.

Ingold, T. 2010. "The textility of making." *Cambridge journal of economics* 34(1): 91-102.

Ingold, T. 2017. "On human correspondence." *Journal of the Royal Anthropological Institute* 23(1): 9-27.

Ironstone, P. 2019. "Me, my self, and the multitude: Microbiopolitics of the human microbiome." *European Journal of Social Theory* 22(3): 325-341.

Metzger, J. 2015. "Expanding the subject of planning: Enacting the relational complexities of more-than-human urban common(er)s." *Space, power and the commons* 133-149.

Nast, H. J. and Pile, S. 1998. Places through the body. London: Routledge.

Olwig, K. 2002. "Landscape, place, and the state of progress." *Progress: Geographical Essays* 50-75.

Ostrom, E. E., Dietz, T. E., Dolak, N. E., Stern, P. C., Stonich, S. E., Weber, E. U. 2002. The drama of the commons. Washington: National Academy Press.

Robertson, S. A. 2018. "Rethinking relational ideas of place in more-than-human cities." *Geography compass* 12(4): e12367.

서울경제. 2021년 12월 23일 "송현동 부지, 시민 품으로…서울시-대한항공-LH 3자 교환 계약 체결."

솔방울커먼즈 홈페이지 https://pineconecommons.wixsite.com/pinecone [2024.06.01]

커먼즈 개념 논쟁과 커먼즈에 대한 관계론적 접근

정영신

> 커먼즈론은 학계나 시민사회에서 자주 언급되는 용어 가운데 하나가 되었다. 특히 최근에는 현대사회의 복합적인 위기를 해결하려는 대안 담론과 결합되거나 커먼즈가 지닌 실천적 잠재력을 강조하는 연구들도 나오고 있다. 하지만 각각의 커먼즈 연구들은 자신들의 이론적 입장에 따라 각개약진하는 경향을 보일 뿐 논쟁 속에서 이론적 발전을 거두지 못하고 있다. 이 글은 최근에 기존의 커먼즈 개념과 커먼즈의 정치론에 가해진 비판을 검토하고, 대안적인 커먼즈 이론을 발전시키려는 목적을 가지고 있다. 이 글은 커먼즈가 어떤 사물이나 공간에 대한 이용자 공동의 의사결정과 실천을 통해 구성되며, 자치와 협력의 사회적 관계 속에 놓인 사물이나 공간을 지칭한다는 점을 강조하고자 한다.

1. 현대사회에서 커먼즈는 가능한가?

커먼즈는 현대사회의 복합적인 위기를 극복하는 데 쓸모 있는 개념인가? 일단 양적인 측면에서 보자면, 그렇게 생각하는 사람들이 늘고 있는 듯하다. 한국에서 커먼즈에 관한 본격적인 연구는 2000년대 이후에 진행되어, 서구나 일본보다 연구사가 매우 짧다고 할 수 있다. 그러나 2020년대 이후에는 커먼즈(commons)를 키워드로 한 논문이 매년 30~40편 정도 출간되고 있다(윤여일. 2023). 시민사회 운동 진영 내에서도 전환 마을 운동, 의료사협과 생협을 비롯한 협동조합 운동, 공동체 운동, 빈집 운동, 마을살리기 운동 등 작은 커뮤니티 규모에서 진행되는 시민사회 운동뿐만 아니라 에너지전환 운동, 대안 금융 운동, 도시 전환 운동, 기후정의 운동 등 거시적·지구적 규모의 사회운동에서도 전환 논의와 커먼즈론이 점차 접목되고 있다.

커먼즈에 관한 이론과 실천이 현대사회의 복합적 위기를 해결하는 데 도움이 되기 위해서는 다양한 사례 연구를 축적하는 것과 더불어, 커먼즈 개념을 둘러싼 논쟁을 진전시키고 보다 과학적인 연구방법론을 정립할 필요가 있다. 최근에 나온 몇몇 커먼즈 연구들은 경험적 사례를 참조하면서도 커먼즈 개념을 보다 정밀하게 규정하려 시도하고 있다. 박인권·김진언·신지연(2019)은 도시 커먼즈의 '도시적' 특성은 전통적 커먼즈에서 정립된 커먼즈의 효율적 관리 조건과 상충되어, 도시 커먼즈 관리에 있어서 내재적 모순을 일으킨다고 주장한다. 안명희·이태화(2024)는 전통적 커먼즈와 도시적 커먼즈를 명시적으로 구분하는 논의에 반대하면서, 커먼즈의 보편적 원리를 제시하겠다는 원대한 계획을 자원, 제도, 공동체라는 세 영역을 중심으로 풀어내고 있다. 박순열·안새롬(2023)은 동일성을 가진 사람들 사이의 '공동성'과 기능분화된 현대사회에서 서로 다른 체계들 사이의 '공통성'을 구별하면서, 현대사회에서 커먼즈는 사회적 체계들의 공통 작동과 관련된다고 주장한다(논문은 이 책의 8장에 수록되어 있으며, 이 글은 해당 논문을 참조점으로 하여 작성되었다).

이 세 연구는 물고 물리는 관계처럼 복잡한 논점들을 가지고 있지만, 이들 연구의 논점을 다음과 같은 두 측면에서 정리해 볼 수 있다. 첫째, 전통과 현대의 이분법을 커먼즈론과 어떻게 접목시킬 것인가의 문제가 있다. 많은 커먼즈 연구들이 전통적 커먼즈와 현대적 커먼즈, 또는 전통적 커먼즈와 도시 커먼즈를 구분해서 사용하고 있는데, 과연 전통적 커먼즈와 현대(도시) 커먼즈는 그렇게 명확하게 구분되며, 전통적 커먼즈와 공동체적 커먼즈는 동일한 것인가? 둘째, 커먼즈의 개념을 자원-제도-공동체의 복합체로 제시하는 근거는 무엇이며, 그것은 어떻게 비판될 수 있는가? 더 나아가 대안적인 커먼즈 개념은 어떻게 제시될 수 있는가? 특히 사회체계론의 입장에서 가해지는 비판에 어떻게 응답할 것인지 그 논점을 정리할 필요가 있다.

이 글은 위와 같은 두 가지 논점을 정리하면서, 필자가 이전의 연구를 통해 제시했던 커먼즈의 정치론(정영신, 2016; 2020)이 대안적인 관점과 방법론이 될 수 있을 것인지에 대해 검토해 보고자 하는 목적도 가지고 있다. 보다 직접적으로, 커먼즈 개념에 대한 이해와 관련해서는 관계론적 커먼즈 개념을 제시하고자 한다. 이를 위해 우선 커먼즈 개념의 현실 적합성과 관련하여 커먼즈가 대안적인 패러다임으로 제시되는 맥락들을 고찰해 보고, 커먼즈 개념의 정의를 둘러싼 논쟁의 윤곽을 그려보고자 한다. 그리고 기존의 커먼즈 개념 및 현대사회의 본질적 특징에 관한 논의들의 타당성을 검토해 보고, 관계론적 커먼즈 개념을 제시한다. 마지막으로 이러한 논의들을 종합하여 커먼즈의 정치론에 대한 재고찰을 진행한다.

2. 근대성과 커먼즈론

1) 전통과 현대의 이분법과 커먼즈론

커먼즈의 역사를 다루는 연구자들은 커먼즈가 인류의 오랜 역사시대 동안 존재해 왔다고 주장한다(라인보우, 2012; 스탠딩, 2021; 한디디, 2024). 인류학과 역사학에서의 연구에 토대를 둔 이러한 주장은 커먼즈가 인간사회를 구성하는 보편적인 원리에 토대를 두고 있다는 점에 주목한다. 인류학자 그레이버(David Graeber)는 모든 인간사회에는 등가교환, 위계, 공산주의라는 세 가지 도덕원리가 언제나 혼재해 있었다고 주장하며, 커먼즈의 원리와 연결되는 공산주의 또는 코뮌주의의 원리는 각자의 손익을 계산하지 않고 능력에 따라 일하며 필요에 따라 나누는 원리라고 본다. 이러한 논의에 기반하여, 커먼즈를 코뮌주의 또는 공산주의의 원리에 기반을 둔 살림살이의 양식으로 규정하기도 한다(한디디, 2024: 51-52). 가라타니 고진(柄谷行人) 역시 지금까지의 사회구성체들이 세 가지의 교환양식, 즉 증여와 답례로 구성되는 호수성(교환양식 A), 지배와 복종을 가능케 하는 약탈과 재분배(교환양식 B), 화폐와 상품의 등가교환에 근거한 상품교환(교환양식 C)의 결합에 의해 구성되었다고 본다. 그리고 근대의 사회구성체는 각각의 교환양식의 근대적 형태인 자본주의-민족-국가라는 결합으로 나타나며, 그 가운데 자본주의가 지배하는 사회라는 것이다(가라타니, 2012). 가라타니의 논의에 기반하여 커먼즈를 자유롭고 평등한 교환양식 D에 근거한 사회구성 원리로 설명하는 연구도 존재한다(정영신, 2021).

역사적으로 보면, 근대 이전의 시대에 민중들의 살림살이를 구성했던 '커먼즈의 생태계'는 근대화의 과정 속에서 해체되거나 축소되었다. 이 과정은 역사학에서 '인클로저' 과정으로 연구되어 왔고, 커먼즈론에서는 탈커먼즈화 과정으로 개념화되고 있다. 탈커먼즈화(de-commonization)는 이용자들의 자치적인 규약에 의해 관리되던 자원이나 공간이 국가의 통제하에 놓이거나 사적 소유권이 부여되어 상품 거래의 대상이 되는 사회적 과정을 의미한다(정영신, 2019). 인클로저(enclosure)와 원시적 축적(primitive accumulation) 개념은 현대사회가 형성되는 과정과 커먼즈 사이의 관계를 설명하는 핵심 개념 가운데 하나였다. 마르크스(Karl Marx)는 『자본론』 1권 제8편 「원시적 축적」에서 이 역사적 과정을 다루고 있다. 마르크스는 근대적인 자본 관계를 창조하는 과정을 곧 노동자를 자기의 노동조건으로부터 분리하는 과정으로 파악했고, 이 과정의 핵심을 평민(commoner)들로부터의 폭력적인 토지 수탈 과정이라고 보았다. 마르크스는 "무자비한 폭력 아래에서 수행된 교회 재산의 약탈, 국유지의 사기적 양도, 공유지(共有地)의 횡령, 봉건적 및 씨족적 소유의 약탈과 그것의 근대적인 사적 소유로의 전환 등 이 모든 것들이 원시적 축적의 목가적 방법이었다. … 그리고 이 수탈의 역사는 피와 불의 문자로 인류의 연대기에 기록되어 있다."고 비판한다(Marx, 1976: 874-875). 폴라니(Karl Polanyi) 역시 『거대한 전환』에서 인클로저를 통해 토지로부터 축출된 인민들이 시장에서 상품화되어 가는 과정과 그 결과를 다루고 있다. 폴라니는 시장경제가 확장되면서 토지·노동·화폐가 '허구적 상품'으로 시장에 포섭된 것이 대공황을 비롯한 파괴적 결과를 가져왔지만, 이러한 파괴적 결과에 맞서서 사회를 보호하기 위한 운동이 발생하는 과정을 '이중운동'으로 개념화한다(Polanyi, 1957). 폴라니의 '이중운동' 논의는 자본주의 사회 내에서 인클로저와 상품화를 통해 자본 관계를 형성하는 힘과 반인클로저(counter enclosure)를 통해 자본 관계의 형성에 저항하는 힘의 충돌을 이론화한 것이라고 볼 수 있다. 이러한 역사적 연구들은 소유공화국으로서 근대국가와 '끊임없는 축적'의 논리에 의해 규정되는 자본주의가 폭력과 수탈을 통해 커먼즈의 생태계를 파괴함으로써 현대사회의 토대를 구축할 수 있었음을 보여준다. 따라서 라인보우는 "과거의 커머닝, 즉 우리의 선조들의 노동은 자본의 형식 속에 유산으로 남아있으며 이 또한 우리의 구성체의 일부로서 되찾아져야 한다."고 말한다(라인보우, 2012: 321).

근대국가 및 자본주의와 커먼즈 사이의 관계는 기본적으로 적대적이거나 갈등적이었다. 그러나 폴라니의 연구가 보여주는 것처럼, 현대사회의 지배적 제도이자 권력인 근대국가와 자본주의가 사회에 파괴적인 영향력을 행사할 때, 이에 저항하는 사회의 자기 보호 운동이 등장하게 된다. 정보통신 혁명과 신자유주의적 세계화라는 구조 변동 속에서 커먼즈 패러다임이 다시 부상하게 된 것은 우연이 아니다. 커먼즈에 관한 이론과 실천이 확대된 배경과 관련하여 다음과 같은 세 가지 중요한 변동을 지적할 수 있다(정영신, 2020). 첫째, 정보통신 혁명이라는 기술적 변화로 인해 1990년대 이후 전 세계 개인들이 인터넷에 접속할 수 있게 되었고, 디지털 형태의 지식과 정보가 폭발하는 시대로 접어들었다는 점이다. 이 새로운 지식과 정보에 대한 이용과 관리, 통제의 방식을 놓고 벌어진 논쟁의 과정에서 지식과 정보의 사유화와 독점에 반대하면서 지식 커먼즈, 정보 커먼즈에 대한 관심과 이론이 발전했다(Ostrom and Hess eds., 2007; Lessig, 2008). 이런 흐름 속에서 커먼즈는 대중적인 언어로 정착되었고, 오픈액세스 운동과 오픈소스 운동 등 지식과 정보에 대한 공유 운동이 확산되었다. 둘째, 신자유주의적 세계화의 진전은 유럽과 북미 지역에서 부동산의 독점과 공공공간의 사유화를 야기했고, 기존의 도시전환운동이 커먼즈에 기반한 도시전환 모델을 발전시킨 배경이 되었다. 특히 이탈리아의 볼로냐와 나폴리, 스페인의 바르셀로나 등에서는 도시의 자치법규로서 커먼즈 규약을 제정하고 도시의 오래된 유산이나 공공재에 대한 시민적 참여의 권한을 확산시켰다(정영신, 2022). 셋째, 신자유주의적 세계화는 남반구 국가들에서 파괴적인 영향을 미쳤고 토지와 자연자원의 수탈에 저항하는 커먼즈 운동의 배경이 되었다. 1980년대 이후 중남미와 아프리카의 정치경제적 변화 속에서 일군의 학자들은 IMF와 세계은행의 구조조정 프로그램을 제3세계 민중들의 삶의 기반인 커먼즈와 공동체적 생활양식을 파괴하는 '뉴-인클로저'로 규정했다(Federici, 1990; Midnight Notes Collective, 1990). 즉, 현대사회 속에서도 민중들이 여전히 무언가를 빼앗기고 있으며, 공동의 부(common wealth)와 커먼즈에 대한 인클로저가 진행되고 있다는 것이다. 또한 급진적 사회운동과 연결된 커먼즈 연구자들은 사파티스타(Zapatistas) 봉기와 같은 제3세계의 사회운동뿐만 아니라, 북반구에서 진행된 점령 운동을 비롯한 반신자유주의·반자본주의 운동들을 뉴-인클로저에 반대하고 커먼즈를 새롭게 창출하려는 대안적 운동으로 해석했다(De Marcellus, 2003; Federici, 2011; Caffentzis and Federici, 2014; De Angelis and Havie, 2014).

전 지구적 규모에서 진행된 정치경제적 구조 변동과 대안적 사회운동의 흐름은 한국에서도 커먼즈 패러다임이 부상하는 데 결정적인 영향력을 미쳤다. 따라서 커먼즈 이론이 현실적 정합성을 가지는가에 대한 판단에는 이러한 측면들이 고려되어야 한다. 하지만 커먼즈와 커먼즈 운동에 비판적인 논의들에는 최근에 일어난 현실 변화의 특징들이 고려되지 않고 있다. 예컨대, 경의선공유지 운동에 대한 연구들을 보면, 농촌이나 자연을 배경으로 하던 전통적 커먼즈의 특성과 현대 도시를 배경으로 하는 커먼즈 또는 도시적인 것(the urban)은 완전히 상반되는데, 이러한 현대 도시 커먼즈 내부의 모순이 경의선공유지 운동을 '실패'로 이끌었다거나(박인권·김진언·신지연, 2019), 기존의 커먼즈론이나 커먼즈 운동이 동일성을 지닌 인간들의 공동체를 전제로 하고 있지만 기능분화된 현대사회는 공통성에 기반하고 있기 때문에 커먼즈 운동이 실패할 수밖에 없다(박순열·안새롬, 2023)는 논의에서 이를 찾아볼 수 있다. 이들은 현대사회의 구조변동 속에서 커먼즈에 대한 관심과 운동이 확산되는 현실은 설명하지 못한 채, 하나의 '실패' 사례로부터 '커먼즈의 비극'이라는 결론을 이끌어낸다. 실제 현실의 도시 속에 존재하는 수많은 커먼즈의 사례들(박윤혜·백일순, 2021; 박서현·김자경, 2022; 윤여일, 2022)을 시대착오적이라고 간단히 치부할 수는 없다. 그것들이 작동하는 현실 역시 도시성이나 공통성을 통해 설명되어야 한다. 더 나아가 후자의 도시적·현대적 특성들은 고정적이며 불변하는 특징들처럼 묘사된다. 오히려 도시 공간은 양자의 속성들이 혼재하면서 경쟁, 갈등, 협력하고 그 속에서 현실이 재구성된다고 보아야 하지 않을까.

그렇다면 커먼즈의 세계 안에서 전통적인 것과 현대적인 것을 명확하게 이분법적으로 구분하는 것이 가능할까? 그리고 현대사회에서 '전통적인 커먼즈'는 유지될 수 없거나 심각한 모순에 처하게 될까? 많은 연구자들이 '전통적인 커먼즈'라는 말을 사용하면서도 엄밀한 개념 규정을 하지 않고 있는데, 천연자원과 같은 전통적 자원을 대상으로 하는 커먼즈를 '전통적 커먼즈'로 부르는 것(안명희·이태화: 2024: 151)이 대표적이다. 전통사회에서 주로 이용하던 자원을 이용한다고 해서 그것을 전통적인 것이라 부를 수는 없다. 전통사회와 현대사회, 전통적인 것과 도시적인 것, 공동의 것과 공통적인 것을 구분하는 것이 현실의 여러 현상들을 분석하고 명료하게 하는 데 도움이 되는 것은 사실이다. 그러나 이런 구분을 막스 베버가 제안한 하나의 이념형(ideal type)으로 생각하지 않고 그대로 현실을 재단하는 잣대로 사용하면, 실제 현실과 맞지 않는 심각한 오류가 발생할 수 있다. 근대화 이전과 이후에 존재한 커먼즈들이 이분법적으로 명확하게 구분되지 않기 때문이다.

일본의 민속학자인 스가 유타카(菅豊)는 일본과 중국의 전통적 커먼즈에 대한 연구를 통해 그 각각을 공동체형 커먼즈와 네트워크형 커먼즈로 구분하고 있다(스가, 2023). 그의 연구에 따르면, 일본의 대표적인 커먼즈인 이리아이(入会)는 전통적인 공동체인 마을(村)을 기반으로 다양한 생계자원을 공동으로 이용하고 관리하던 사회적 제도로서 '공동체형 커먼즈'라고 할 수 있다. 일본에서 공동체 기반의 자원관리가 강했던 이유는 촌락이 일본 근세의 통치체제에서 통치의 기본 단위였기 때문이다. 반면 중국, 특히 한족의 집단 거주지였던 화베이(華北)와 화둥(華東) 지역에 존재했던 농업과 임업 생산방식을 보면, 자원 및 이용자 공동체의 경계가 모호했으며, 작물 수확기에 도난을 방지하기 위해 집단적으로 방어하고 감시하는 관행(看靑)이 존재했다고 한다. 농민들의 단체는 농작물 수확기에 임시적으로만 조직되고, 일본과 같은 지속적인 공동체는 희박했다. 공동체를 대체하는 커먼즈의 모체는 '개인' 및 '관계'에 근거한 집합체였는데, 이때 '관계'에 근거한 집합체는 동업자 조합인 행업·행회나 문중의 자산을 지탱하는 종족(宗族) 등이다. 그리고 이 '관계'는 가변적, 유동적 그리고 중층적으로 네트워크화된 집합체였다는 것이다. 따라서 스가는 중국 한족들의 커먼즈를 '네트워크형 커먼즈(또는 비공동체형 커먼즈)'로 명명하고, 이를 일본의 '공동체형 커먼즈'와 대비하고 있다(스가, 2023). 스가의 연구는 전통시대에도 현대의 도시적 특성과 유사한 비공동체형 커먼즈가 존재했으며, 공동체의 조직화 방식이 매우 다양했음을 말해준다. 따라서 전통시대에 존속했거나 그것이 근대 이후에도 지속되고 있는 '전통적 커먼즈'와 공유된 규범과 직접적인 상호작용을 통해 유지되는 '공동체적 커먼즈'를 구분할 필요가 있다.

근대세계를 들여다보면 상황은 더 복잡해진다. 근대세계의 핵심적인 형성·작동 원리인 근대성을 어떻게 파악하는가에 따라서 사회이론은 여러 방향으로 구성되어 왔고, 당연히 커먼즈론에 미치는 함의도 달라지게 된다. 로자 등은 기존 사회이론이 근대성의 핵심 원리를 4가지 방향으로 이론화해 왔다고 주장하면서, 그 각각을 '길들이기', '합리화', '분화', '개인화'로 명명한다(로자·슈트렉커·콧트만, 2024). '길들이기'는 칼 마르크스에서부터 시작하여 비판이론적 전통 속에서 근대성의 핵심으로 파악한 것으로, 근대사회에서 자연력과 자연 요소들에 대한 지배와 활용이 증가하고, 그 결과 생산력이 끊임없이 발전하며 도구적 이성이 확산된다고 본다. '합리화'는 막스 베버에서부터 위르겐 하버마스로 이어지는 지적 전통에서 근대성의 핵심으로 거론되며, 근대세계가 모든 차원에서 예측 가능하고 지배될 수 있으며, 효율성의 관점에서 새롭게 규정된다고 본다. '분화'는 에밀 뒤르켐에서부터 탈코트 파슨스와 니클라스 루만에 이르는 이론적 흐름 속에서 근대성의 핵심으로 거론되며, 사회의 가치 영역과 기능 영역이 분리되어 진·선·미가 더 이상 하나의 가치로 통합되지 않으며, 학문·경제·예술·종교 등 사회의 하위 영역들이 각각 고유한 법칙을 따른다고 본다. '개인화'는 게오르그 짐멜에서부터 시작되어 노베르트 엘리아스와 울리히 벡에 이르는 이론적 흐름에서 근대성의 핵심으로 거론되며, 개인들이 강제와 지배의 명분에 대한 최종적인 심판자가 되고 따라서 개인들에게는 직업, 가족, 정치적·종교적 지향, 주거지 등 그들의 생활양식을 결정할 자유와 책임이 부여된다는 점에 주목한다. 이 같은 네 개의 개념은 근대세계가 보여주는 복합적인 면모를 서로 다르게 관찰한 결과로서 도출된 것이다. 이 개념들 가운데 어느 것이 옳다거나 다른 경향들을 포괄한다고 단순하게 말할 수 없다. 따라서 현대사회에서 커먼즈(론)의 정합성은 이런 여러 시각에서 종합적으로 검토되어야 한다.

또한 근대의 이론적 흐름들은 이른바 '탈근대'의 시대로 오면서 심각한 도전에 직면하고 있다(로자·슈트렉커·콧트만, 2024). '길들이기'의 측면에서는 기후위기와 생태적 재앙이 만연하고 인간 유전자 연구의 진전에 따라 '자연의 회귀'라는 현상에 직면하고 있고, '합리화' 경향은 종교 근본주의의 득세와 대의정치의 위기 등 근대적 합리성과는 다른 경향에 직면하고 있으며, '분화'의 측면에서도 학문·경제·정치·문화 영역들이 공간, 전문 영역, 인적 자원의 측면에서 탈분화되는 양상을 보이며, '개인화'의 측면에서도 개인들이 자신의 삶에 대한 통제력을 가지기보다는 예측 불가능한 위험이 지배하는 양상을 보여준다. 요컨대, 커먼즈 패러다임의 부상은 신자유주의적 세계화와 결합된 탈근대적 경향 속에서 이루어진 것이므로, 커먼즈(론)의 정합성 문제는 전근대, 근대, 탈근대라는 세 가지 좌표를 통해 검토되어야 한다.

근대성의 핵심 원리와 그것을 구현하는 제도와 장치들이 커먼즈의 논리와 친화적이지 않았음은 분명하다. 근대 초기에 진행되었던 인클로저 과정이 이를 잘 보여주며, 이 과정에서 여성 커머너(commoner)들에 대한 '마녀사냥' 공격이 이루어진 것 역시 여러 연구들에서 보여준 바 있다(라이니보우, 2012; 2021; 페데리치, 2011; 2013; 한디디, 2024). 이 때문에 커먼즈는 '전근대'이거나 '반근대'적인 것으로 여겨지기도 한다. 그러나 인클로저 개념이 암시하는 일방적인 억압과 해체의 이미지에도 불구하고, 근대세계에서 커먼즈는 살아남았으며 새롭게 생성되고 있다. 따라서 문제는 전근대 사회에서 커먼즈가 어떤 조건에서 번창했으며, 그런 조건들이 근대화 과정에서 어떻게 변동했고, 탈근대라는 현재 시점에서 어떻게 변형되고 있는가를 이해하는 데 있다. 필자는 이전의 연구에서 전근대 사회에서 커먼즈의 생태계가 두 가지 차원의 결합을 통해 존재했다고 지적한 바 있다(정영신, 2020). 우선, 커먼즈는 왕국이나 제국의 통치 이념, 법적 규정, 헌장 등의 형태로 '모두의 것을 모두에게' 보장하는 원리로서 존재해 왔다. 조선시대에 생계의 자원이 되는 산림과 저수지 등을 모든 백성들이 함께 이용하도록 하라는 '산림천택 여민공지(山林川澤 與民共之)'의 건국 이념이 대표적이다. 둘째, 커먼즈는 일정한 규모의 공동체가 생계에 필수적인 자연자원을 자치적인 규약 아래 '우리의 것'으로서 공동으로 이용하고 관리하던 관행 속에서 존재해 왔다. 조선시대 후기에 국정의 문란과 양반의 토지 수탈, 인구 증가 등을 배경으로 산림천택 여민공지의 이념이 훼손되자, 산림을 공동으로 관리하는 송계(松契)라는 조직이 등장하게 된 것이 대표적인 사례라고 할 수 있다. 근대화 과정에서 전자의 통치 이념이나 헌장은 폐지되어 사적 소유권에 기반한 근대법 체계로 대체된 반면, '우리의 것'에 대한 자치적인 관리 방식은 때로는 축소되거나 해체되기도 했지만, 근대적인 법을 수용하면서 제도화된 형태로 전환된다. 제도화의 정도와 특징은 국가마다 다르지만, 관습에 근거한 공동이용권이 완전히 사라진 것은 아니었다. 이처럼 근대적인 법체계하에서 제도화된 형태를 띤 커먼즈를 '근대화된 커먼즈'라고 할 수 있다(정영신, 2020: 247-249). 보통 연구자들이 전통적인 커먼즈라고 부르는 것은 바로 이 '근대화된 커먼즈'를 지칭한다. 그것을 '전통'이라고 지칭하지만, 실상은 재발견·재발명되거나 제도화된 형태로 지속되는 '근대적인 것'이라고 보아야 한다. 또한 현대의 도시적 환경 속에서도 작은 규모의 공동체형 커먼즈들은 끊임없이 생성되고 있다. 요컨대, 전통과 현대의 이분법에 근거한 커먼즈의 구분은 그것이 무엇을 지칭하는지 뚜렷하지 않을 뿐만 아니라, 그것을 이념형적 도구가 아니라 실제 현실을 재단하는 기준으로 삼게 되면 복합적으로 존재하는 현실의 사례들과 정합적이지 않게 된다.

이런 곤란에서 벗어나는 손쉬운 방법은 예외적이면서 특수한 사례를 가지고 일반화하는 것이다. 위 연구들이 보여주는 다른 하나의 공통점은 그런 판단을 내리는 데 경의선공유지(운동)의 사례를 선택적으로 사용하고 있다는 점이다. 따라서 이 주장들의 타당성을 따져보기 위해서는 경의선공유지(운동)의 사례에 대해 살펴볼 필요가 있다.

2) 현대적이고 도시적인 사례로서 경의선공유지 운동

2000년대 이후 한국사회에서 진행된 투기적 도시화 과정은 도시공간이 누구의 것이며 어떻게 이용·관리되어야 하는가에 대한 의문과 대안적 실험들을 불러왔다. 그리고 이러한 흐름의 결절점에 존재하는 것이 경의선공유지 운동이었다. 경의선공유지 운동은 투기적 도시화의 흐름에 의해 도시 난민의 처지로 내몰린 빈민과 철거민 등의 도시빈민 운동과 빈집 운동, 대안적인 실험과 새로운 삶의 양식을 고민하던 청년문화 운동, 대안적 학술 운동 등 다양한 계급·계층이 연결되어 경의선공유지 광장을 점거하고 그곳이 커먼즈임을 선언한 운동으로서, 한국 시민사회운동사에서도 매우 특이한 사례였다(박배균·이승원·김상철·정기황 편, 2012). 공공재로서 국가기관이 소유한 국유지를 점거하고 그 공간에 대한 시민적 권리를 요구한다는 발상은 매우 논쟁적이었고, 경의선공유지 운동은 진보적 학술 운동에 종사한 일부 연구자들에 의해서도 외면받았다. 동시에 이 사례는 스스로를 명시적으로 '커먼즈 운동'으로 표명한 최초의 운동이었고, 그런 이유 때문에 경의선공유지의 '실패'는 한국사회, 현대사회에서 커먼즈(운동)의 어려움 또는 불가능성을 보여주는 사례로 종종 연구되거나 인용되었다(박순열·안새롬, 2023; 박인권·김진언·신지연, 2019).

박인권 등의 연구는 커먼즈의 효율적인 관리 조건이 농촌이나 자연을 배경으로 하는 전통적 커먼즈의 특성에서 나왔으나, 현대의 도시 커먼즈는 이와는 다른 특성을 가지는 도시(성) 또는 도시적인 것(the urban)을 배경으로 출현했다고 본다(박인권·김진언·신지연, 2019). 커먼즈의 구성 요소인 공동체, 제도, 자원의 각 측면에서 양자는 상반된 특징을 보인다는 것이다. '공동체'의 측면에서 오스트롬이 연구했던 전통적 커먼즈가 동질성, 고정성, 배타성을 갖는다면, 도시성은 이질성, 유동성, 개방성이라는 특성을 가진다. '제도'의 측면에서는 전자가 공유, 자치, 규칙 준수라는 특성을 보인다면 후자는 사유, 통제, 저항이라는 특성을 보인다. 토지를 비롯한 '자원'의 측면에서 전자가 저가치, 대규모, 안정성의 특성을 보이는 반면, 후자는 고가치, 소규모, 가변성의 특성을 보인다. 따라서 현대의 도시 커먼즈들은 효율적인 관리 조건들과 충돌하는 후자의 도시적인 특성들에 대처할 수 있어야 한다는 것이다.

박순열·안새롬은 경의선공유지 운동을 자본이익 추구를 중심으로 한 경제체계의 배타적 작동을 비판한 운동으로 규정한다. 이때 특정한 사회체계의 배타적 작동을 비판할 수 있는 주요한 근거는 해당 사태에 이질적인 코드를 가진 다른 사회적 체계들이 동시적으로 작동한다는 점이다. 여기에서 핵심은 바로 그 이유 때문에 경의선공유지 운동의 주장만이 인정되고 반영된 공간을 만드는 것도 불가능하다고 판단을 내린다는 점이다(박순열·안새롬, 2023: 170-171). 이들은 경의선공유지 운동이 기업과 시민을 구분하고 기업 대신에 시민의 공간을 주장했지만, 경의선공유지에서도 시민 시장, 플리마켓, 식당, 카페, 공방 등의 경제활동이 이뤄졌다는 점에서 커먼즈 운동의 주장이 더 정당하다는 주장을 논증하기 힘들다고 본다. 기업의 경제활동과 시민들의 경제활동의 차이는, 기업의 활동은 신자유주의적인 것이라는 점에서 그 이외의 활동과 차이가 있지만, 후자는 현대사회의 주도적인 기능분화에 적합하지 않다고 본다. 그러면서 "신자유주의적 자본주의의 작동을 배제하면 어떤 대상이 커먼즈가 되거나 어떤 대상이 커먼즈가 될 수 있는 조건이 마련되는가?"라고 질문한다(박순열·안새롬, 2023: 169-172). 기능분화된 현대사회에서 불특정한 사람들인 '모두'는 언제나 어떤 사회적 체계들에 접속되어 있어서 '모두'로서는 어떤 것도 지시할 수 없기 때문이다. 이들에 따르면,

> '자율과 자치의 공간'으로서 커먼즈를 총체적인 대안적 삶으로 바라보고 만들려는 시도는 기능적으로 분화된 현대사회 대신 기능적으로 분화되지 않은 보다 동질적인 어떤 전통적인 공동체를 호출한다. 기능적으로 분화되지 않은 공동체, 가령 전통적인 어촌 공동체를 생각해 보면, 이들은 유사한 생계수단을 가지고 유사한 삶의 방식을 영위하기 때문에 공동의 규율을 만들어 공간뿐만 아니

라 삶의 방식 또한 함께 추구하는 것이 가능했다. 그런데 경의선공유지에 모인 사람들은 이와는 전혀 다른 사회적 상황 속에 놓여 있다. 상인, 예술가, 동호회 회원, 연구자, 운동가 등은 서로 다른 사회체계에 접속하여 서로 다른 코드로 작동하는 상태로 경의선 공유지에 모인다. 이 같은 사람들로부터 공동성을 찾으려는 시도는 늘 실패할 수밖에 없다. 무수한 기능체계를 가로지르는 공동의 무언가를 찾으려 하면 할수록 그러한 시도는 현대사회의 작동을 오인하게 만들고, 현대의 사회 문제나 도시 문제에 대한 해결책이 현실에 적합한 방식으로 제시되는 것을 어렵게 만들 수 있다.

그러나 이러한 주장은 '이론적 난점'이 아니라, 커먼즈에 대한 오해와 사실의 왜곡일 뿐이다. 먼저, 커먼즈는 어떤 사람이 특정한 사회적 체계에 접속되어 있다는 사실에 관계없이, 공동의 필요에 의해 구성된다. 법체계, 행정체계, 교육체계 등에 접속해 있는 여러 사람이 특정한 공동의 필요, 예컨대 육아의 필요성 때문에 마을이나 아파트에서 공동의 육아 공간을 만들거나 동네 사랑방, 도서관 등을 만드는 데는 어떤 특별한 이론적 통찰이 필요하지 않다. 여기에는 어떤 본질적 동일성을 가정할 필요도 전혀 없다. 삶의 여러 시간대와 장소 들에서 우리는 이런 종류의 공간과 자원을 함께 이용하기도 하고 일정 시간이나 조건이 변하면 그것을 해체하기도 한다. 이러한 자치와 협력의 관계가 장기적으로 지속되거나 이용자들 사이의 상호작용과 협력적 활동이 활성화되면 공동체와 유사한 신뢰와 유대의 관계가 구축될 수도 있다.

경의선공유지 운동은 거기에 모인 사람들이 서로 다른 사회체계에 접속해 있어서, 그리하여 서로 다른 코드로 작동하는 상태였기 때문에 '실패'했는가? 전혀 그렇지 않다. 이 부분에서 저자들은 현실을 오도하고 있다. 물론 경의선공유지 이용자들 사이에서 어떠한 문제도 없었던 것은 아니다. 외부에 완전히 개방되어 있는 경의선공유지 광장을 유지하는 것이 쉬운 일이 아니었다. 불시에 찾아오는 불청객들을 상대하는 일, 이용자들 사이에서 규칙을 만들어가는 일,

그 과정에 참여하도록 독려하는 일, 공간을 정리하고 청소하는 일, 공간지기 일부에게 과중한 부담이 지워지는 일 등은 여러 가지 소란 속에서 진행되었고 단기간에 해결하기 힘든 문제이기도 했다. 이 사례들은 박인권·김진언·신지연(2019)의 연구에서 인터뷰한 활동가들의 이야기를 참조할 수도 있고, 사회운동으로서 경의선공유지 운동이 지니고 있던 한계로는 『커먼즈의 도전』 제3부에 나왔던 활동가들의 대담을 참조할 수도 있다(이승원 편, 2021). 하지만 이런 이용자들 내부의 문제들로 인해 경의선공유지 운동이 중단된 것이 아니다. 해당 부지의 소유주인 철도시설공단이 20억 원에 달하는 거액의 구상권 청구 소송을 제기한 것이 결정적인 계기였고, 법인기업에게만 국공유지의 장기 사용을 보장하는 법·제도적 장벽을 넘어서지 못한 점이 컸다(김상철, 2021).

특히 체계론에 근거한 커먼즈(론) 비판은 서로 다른 사회적 체계에 접속된 인격체들이 서로 다른 코드 또는 가치, 이해관계를 가지고 경의선공유지에 연결된다는 것을 받아들일 수밖에 없다고 주장한다(박순열·안새롬, 2023: 178-179). 그러나 이런 주장은 경의선공유지를 함께 이용하고 지키는 데 동의한 사람들과 그 외부에서 경의선공유지를 공격하거나 퇴거를 요청했던 수많은 행위자들 사이의 차이를 없애버리고 있다. 또한 이들 모두가 분화된 체계에 접속된 원자적 개인으로 그려지며, 어떠한 형태의 집합행동이나 공동감각의 형성 가능성도 부정된다. 요컨대, 이들에게는 집합행동의 가능성에 관한 질문뿐만 아니라, '경계'의 문제나 커머닝의 실천을 통한 주체성 형성이라는 문제 설정이 존재하지 않는다.

현실에 실재로 존재했던 차이들이 없었던 것처럼 되어버린 이유는 행위(자)론을 비판하고 그것을 체계론으로 대체하면서 각각의 행위자들이 지니는 가치 지향을 개인 단위로 분해해 버렸다는 데 있다. 이들은 기능분화된 현대사회가 지니는 복잡성으로 인해 하나의 사태는 각각에게 서로 다르게 관찰될 수밖에 없다고 본다. 그 결과, 경의선공유지는 '포착할 수 없는 객체'가 된다는 것이다. 경의선공유지에서 실험했던 다양한 문화행사나 놀이의 기획자들에게 그곳은 친밀성의 교류와 확장이 이루어지는 곳이며, 사회운동 단체나 연대 단체, 연구자 그룹 등에게 그곳은 자본주의나 신자유주의(적 도시화)에 대항하는 새로운 대안 가치의 상징으로 표상된다. 이들이 서로 다르게 경의선공유지를 관찰하는 것은 사실이다. 하지만 그렇다고 해서 경의선공유지가 '포착할 수 없는 객체'가 되고, 내부 이용자들의 관찰과 외부 사회체계의 관찰이 동등한 지평 위에 놓이는 것은 아니다. 서로 다른 가치지향을 가진 이용자들은 해당 공간을 함께 이용한다는 점, 누군가를 일방적으로 배제하거나 누군가 일방적으로 독점해서는 안 된다는 것을 공유한다는 점에서 경의선 광장을 '커먼즈'로 포착한다. 물론 이것만으로 경의선공유지를 커먼즈로 함께 이용하는 집합적 행동의 지속성이나 안정성이 보장되는 것은 아니다. 그것은 공동이용에 동의하는 이들 사이의 협력적 관계의 구축 가능성, 외부에서 관찰하는 행정, 사법, 정치, 경제 등의 체계와의 관계에서 협력적 거버넌스 구축의 가능성 등 여러 요인에 의해 결정될, 열린 문제이다. 그리고 커먼즈의 이런 열린 가능성은 경의선공유지가 여러 사회적 체계들과 연결되어 있지만, 이용자들이 그 체계들의 관심이나 코드를 일방적으로 주장하지 않는다는 점을 이해할 때 보장될 수 있다. 판사는 법복을 입고 합법/불법 여부만을 따지겠지만, 그도 법복을 벗고 공동 이용자가 될 수 있으며 근대법 체계 속에서 커먼즈가 어떻게 가능한가에 관한 커뮤니케이션에 참여할 수 있다. 기능분화된 현대사회 속에서 각각은 관찰자로서 서로 다르게 사태를 파악할 가능성을 지니지만, 그 관찰은 '죄수의 딜레마'에 나오는 수인들처럼 원자적으로 고립된 개인들의 관찰이 아니다. 그들은 서로 상호작용하고 정보를 나누며, 사태에 대한 커뮤니케이션을 통해 '집합적 관찰'로 나아가며 역사적 시공간 안에서 커먼즈를 형성한다. 거기에서 새로운 집합적 주체(성) 형성의 가능성이 시작된다.

3. 커먼즈 개념의 역사와 논쟁

1) 커먼즈에 대한 요소론적 접근들

한국의 커먼즈 연구 문헌들, 특히 비주류 연구에서 보이는 공통의 경향을 꼽아보자면, 무엇보다도 '커먼즈란 무엇인가?'라는 질문을 회피하지 못한다는 점이다. 커먼즈 개념에 대한 이해를 중심으로 연구가 회전하는 현상에 대해서는 세 가지 정도의 이유를 꼽아볼 수 있다. 첫 번째 이유는 커먼즈가 사회문제를 해결하는 하나의 패러다임으로 부상한 학술적·사회적 맥락이 매우 다양하기 때문이다. 하딘에서 오스트롬으로 이어지면서 집합행동(또는 사회적 딜레마의 해결)을 목표로 이론적 구성에 집중하는 흐름이 한편에 존재한다면, 인류학과 역사학, 사회학 등을 중심으로 개별 커먼즈의 역사와 이를 둘러싼 계급투쟁과 사회적 갈등에 주목하는 개별 기술적 흐름 역시 존재한다. 또한 1990년대 인터넷 기술의 발달에 따른 산물로서 급작스럽게 부상한 디지털 커먼즈, 도시 전환과 사회 혁신의 흐름 속에서 도시 문제의 해결을 위한 방안으로 제기된 도시 커먼즈 연구, 자본주의의 역사적 발전 과정에서 신자유주의적 구조조정에 저항하는 과정에서 발견된 제3세계의 반자본주의적 커먼즈 운동, 근대의 지배적 제도 형태인 소유공화국과 세계시장의 전환 과정에서 공통적인 것(the common)의 형성을 다루는 자율주의 흐름 등 커먼즈 논의는 서로 다른 사회적·정치적·경제적·문화적·기술적 배경 속에서 작동하고 있으며, 커먼즈 개념의 이해나 그 중요성에 대해 서로 다르게 판단하고 있다(정영신, 2020). 두 번째 이유로, 한국에서는 일본의 이리아이(入會)나 대만의 원주민 커먼즈처럼 커먼즈의 지배적인 형태가 역사 속에서 소실되었고, 그를 지칭하는 언어 역시 소멸했다는 점이다. 따라서 커먼즈 개념의 이해는 번역의 문제와도 결부되어 있고, 번역서의 원전이 채택하고 있는 사상적 스펙트럼에 따라 상당한 차이를 보인다(정영신, 2020: 242-245). 세 번째 이유는 한국에서 오스트롬학파의 이론을 따르는 연구자들이 커먼즈를 주로 공유재나 공유자원으로 번역하는 데 반해, 비-오스트롬학파의 다양한 연구자들은 주로 '커먼즈'라는 용어를 그대로 사용한다는 점과 관련이 있다. 비-오스트롬학파 연구자나 활동가들은 커먼즈를 특정한 종류의 재화나 자원으로 취급하기보다는, 커먼즈를 다양한 방식으로 해석하면서 그 잠재력을 강조하는 데 중점을 두고 있다. 그래서 커먼즈 패러다임이 요청되는 사회적·정치경제적 맥락을 강조하고, 기존의 구조나 체제를 전환하는 문제와 커먼즈를 연결한다. 이런 경향은 커먼즈의 특징 가운데 일부를 강조하거나 그것의 의미를 지나치게 이상화할 위험이 있으며, 커먼즈 해석의 자유를 추구하는 대가로 그 개념적 엄밀성을 포기할 가능성이 있다.

그렇다면 다양한 여러 용어가 혼재하는 현실 속에서 커먼즈 개념을 어떻게 이해하는 것이 좋을까? 이를 위해서 커먼즈를 이해하는 기존의 방식들을 비판적으로 독해해 볼 필요가 있다. 커먼즈를 이해하는 기존 연구들의 방식은 크게 보면 요소론적 접근과 기능론적 접근으로 구분해 볼 수 있다. 요소론적 접근은 커먼즈를 구성하는 핵심 사물이나 그것과 연결된 구성 요소들을 통해 커먼즈를 정의하는 방식이며, 기능론적 접근은 사회 속에서 커먼즈가 수행하는 역할 또는 기능을 중심으로 커먼즈를 정의하는 방식이다.

커먼즈를 정의하는 가장 간단한 방식은 커먼즈를 목초지, 공동 목장, 공동 우물, 마을 어장, 마을 숲 등의 특정한 자원이나 재화로 정의하는 것이다. 가렛 하딘으로부터 시작된 이러한 개념 정의는 국내에서도 오스트롬학파의 방법론을 따르는 대다수의 연구들이 수용하는 방식이라고 할 수 있다. 초기에는 커먼즈를 공유지, 공유재, 공유물 등으로 번역했는데, 이것은 커먼즈를 다수의 사람들이 공동으로 소유하는 자원이나 재화로 이해한 것이었다. 엘리너 오스트롬은 경제학에서의 재화 분류 논쟁에 개입하면서 공동자원(CPRs: common-pool resources) 개념을 제안했는데, 이것은 소유 관계보다 이용 관계를 더 중요하게 생각한 것이었다(Ostrom, 1990). 공동자원, CPRs는 공동이용 상황에서 제3의 이용자를 배제하기 어렵고, 이용자가 추가되었을 때 다른 사람들의 이용량이 줄어드는 차감성(subtractability)이 큰 자원을 말한다. 분석하기 위한 이론적 개념은 오스트롬 이후 공동소유자원(common property resource)에서 공동자원(CPRs)으로 전환되었다. 한국에서 오스트롬의 개념과 방법론을 따르는 연구자들은 기본적으로 커먼즈와 공동자원을 엄밀히 구분하지 않고, 양자를 같은 개념으로 바라보는 경향이 있다. 그래서 커먼즈나 CPRs를 공유재나 공유자원으로 번역하고 이를 혼용해서 사용한다.

특정한 성격의 자원이나 재화 자체를 커먼즈로 정의하는 방식은 의외로 급진주의나 공화주의의 입장을 가진 이론가들에 의해 주장되기도 한다. 예컨대, 이탈리아에서 시작된 자율주의 정치철학자인 안토니오 네그리와 마이클 하트는 그들의 저서 『공통체』에서 커먼즈(commons)와 구분되는 공통적인 것(the common)에 주목하면서, 특히 '자연적인 공통적인 것', 물질적 세계의 공통적인 부, 즉 공기, 물, 대지의 과실들, 그리고 모든 자연의 혜택들을 거론한다. 그리고 이것들이 유럽의 정치적 텍스트 속에서 종종 인류 전체가 물려받은 유산이며 따라서 모두에게 공유되어야 한다고 주장되었다고 설명한다(네그리·하트, 2014).

요소론을 통해 커먼즈에 접근하는 두 번째 방식은 커먼즈를 자원과 제도의 복합체로 이해하는 것이다. 사실 오스트롬이 자신의 유명한 저서 『Governing the Commons』에서 커먼즈 개념의 의미에 대해 서술하지 않은 것은 매우 기묘한 일이다. 이후에도 오스트롬은 자신의 저서나 논문 어디에서도 커먼즈를 정의하거나 CPRs와의 관계를 설명하지 않았다. 이 때문에 후대의 학자들은 오스트롬이 커먼즈를 CPRs와 동일한 것으로 간주했다고 생각했던 것이다. 오스트롬은 자신의 동료·제자 들과 함께 저술한 『커먼즈의 드라마(The Drama of the Commons)』에서 두 개념의 차이에 대해 짧게 언급하고 있다(Ostrom et al., 2002: 17-18). 여기에서 오스트롬과 동료들은 "커먼즈라는 용어는 접근권이나 공동소유의 측면들을 포함하는 재산권 제도들뿐만 아니라 자원이나 시설들의 다양성을 지칭하기 위한 일상용어로 사용되고 있다."고 언급한다. 그리고 인간에 의해 가치가 부여된 자원이나 재화의 개념을 이러한 자원들을 사용하는 인간의 행동이나 행위를 통제하거나 관리하는 데 사용될 수 있는 규칙 개념으로부터 분리하는 분석적 이점을 위해 CPRs 개념을 사용하고 있음을 밝히고 있다. 오스트롬은 추가적인 이용자의 배제가 어렵고 차감성이 큰 자원을 효율적으로 이용하고 관리할 수 있는 제도의 진화 과정을 분석하는 것을 통해, 즉 CPRs이라는 추상적 자원 범주로부터 구체적인 제도를 결합함으로써 커먼즈라는 현실을 분석하고자 했던 것이다. 위의 인용문은 오스트롬 자신보다는 그의 제자나 동료들의 견해로 보이지만, 오스트롬의 방법론과 가장 정합적인 개념 규정이라고 생각된다. 그러나 오스트롬의 이러한 견해를 따르는 연구자는 많지 않다.

커먼즈에 대한 요소론적 접근의 세 번째 방식은 커먼즈를 자원, 제도, 공동체(또는 이용자 집단)의 복합체로 바라보는 것이다. 이런 접근을 명시적으로 제시한 것은 커먼즈 운동가인 데이비드 볼리어였다(Bollier, 2015). 볼리어는 자원, 공동체, 일련의 사회적 규약이 통합되고 상호 연관된 전체를 커먼즈라고 정의했고, 미셸 바우웬스 역시 커먼즈를 모든 구성원의 이익을 위해 커뮤니티에서 공동으로 사용하고 관리하는 자원으로 정의한다(Bauwens, 2017; Bauwens et al., 2022). 파인버그와 동료들 역시 커먼즈를 자원과 이용자, 그들을 묶어주는 제도 및 연관된 사회적 과정으로 규정한다(Feinberg et al., 2021). 그리고 국내의 많은 연구자들 역시 커먼즈를 자원, 공동체(이용자 집단), 제도(사회적 규약)의 결합으로 이해하고 있다(정남영, 2015; 윤여일, 2017; 이승원, 2019; 박인권·김진언·신지연, 2019).

국내외 연구자들이 커먼즈를 세 가지 구성 요소의 결합으로 규정하는 것은 쉽게 이해할 수 있는 일이다. 경험적으로 보았을 때, 자원과 이용자 집단 및 제도는 커먼즈에 대해 가장 쉽게 관찰할 수 있고 쉽게 파악되는 요소들이기 때문이다. 이러한 생각 자체는 오스트롬의 논의에서도 찾아볼 수 있다. 오스트롬은 집합행동 상황을 분석하기 위한 제도발전분석틀을 제기하면서, 행위자들이 집합행동에 이르게 되는 행위상황에서 고려해야 할 맥락 혹은 외생변수로서 생물리적 조건들, 이용자 집단의 속성, 작동하는 규칙을 거론하고 있다(Ostrom, 1990; Ostrom et al., 1994). 요소론적 접근은 쉽게 관찰가능한 요소들을 통해 커먼즈를 설명할 수 있다는 점에서 직관적이라는 장점을 가지고 있다. 그러나 단점이나 한계 역시 뚜렷하다.

첫째, 커먼즈의 구성 요소로 거론되는 자원, 공동체, 제도의 의미가 별도로 정의되어야 하는데, 개념의 외연이 반드시 명확한 것은 아니라는 점이다. '자원'은 보통 CPRs로 이해되어 왔지만, 최근에는 글로벌 커먼즈나 인프라 커먼즈, 지식 커먼즈 등 공적(public) 성격을 띤 자원들도 커먼즈로 이해하는 경향이 강하다. 자원의 범위가 어느 정도 정해져 있는 공동체 커먼즈와 달리 공공재로 이해되던 재화나 자원도 커먼즈로 파악하는 공공 커먼즈(public commons) 개념도 최근에 제기되고 있지만, 관련 연구는 소수에 그치고 있다(장훈교·서영표, 2018). 이러한 자원 개념의 확장은 다시 커먼즈를 어떻게 규정할 것인가의 문제로 돌아오게 되는데, 요소론적 접근은 대체로 자원의 의미를 객관적으로 규정하거나 그 본질적 속성을 규정할 수 있다고 본다. 그러나 자원의 범위를 좁혀서 엄밀하게 규정하면 커먼즈 개념의 잠재력을 확장하기 어렵고, 범위를 확장하게 되면 그것을 어떻게 정당화할 것인지 난점에 부딪히게 된다.

둘째, '제도'에 관해 오스트롬은 비교적 명확하게 그 의미를 정의하고 있다. 즉 제도는 "누가 결정의 장에 참여할 자격이 있는지, 어떠한 행위가 허용되거나 금지되어 있는지, 어떠한 의사결정 규칙이 사용될 것인지, 어떠한 절차를 따라야 하는지, 어떠한 정보가 제공되어야만 하고 어떤 정보는 제공되어서는 안 되는지, 개개인 행동에 따라 어떠한 보상이 돌아가도록 할 것인지 등을 결정하는 데 사용되는 일련의 실행 규칙 집합"으로 정의될 수 있다(오스트롬, 2010: 106). 이때 실행 규칙은 개인들이 취할 행동을 선택하고자 할 때 실제 이용되며 준수 여부가 감시되고 집행이 이루어지는 것으로서, 이용자들 사이에서 공유된 지식이다. 여기에는 공식적인 것뿐만 아니라 비공식적인 규칙이나 규범도 포함되며, 실행 규칙보다 포괄적이고 심층적인 집합적 규칙이나 헌법적 규칙이 간접적으로 이용자들의 선택에 영향을 미칠 수 있다. 이에 비해 비판적인 커먼즈 연구자들이 제도의 개념을 어떻게 정의하고 있는지는 사실 불분명하다. 규칙과 규범이 만들어져서 작동하고 넓은 수준의 규칙들과 상호작용하는 과정에 대해서는 긴 시간의 관찰과 연구가 필요하지만, 현대의 도시 커먼즈들은 제도의 진화를 보여줄 만큼 긴 시간 동안 지속되는 사례가 매우 적은 편이다.

셋째, 이용자 집단을 가리키는 공동체 개념은 매우 논쟁적이다. 커먼즈의 이용자들을 집합적으로 부를 때 이용자 집단이나 '공동체'라는 말을 사용하고 있다. 전통적 공동체와 구분되는 현대사회 공동체의 특징이나 현대 시민사회를 배경으로 한 이용자 집단의 특성이 커먼즈의 유지와 관리에 미치는 영향은 최근의 연구들에서도 비판의 대상이 되었는데, 공동체는 전통적인 것이기 때문에 현대사회의 원리들과 정합적이지 않고 모순을 일으킨다는 것이다(박인권·김진언·신지연, 2019; 박순열·안새롬, 2023). 많은 커먼즈 연구자들이나 활동가들이 공동체라는 용어를 쓰면서 그것을 명확하게 정의하지 않고 쓰는 경우가 있다. 개념의 명료성을 위해서는 두 가지 문제가 해결되어야 하는데, 먼저 공동체 개념과 커먼즈 개념 사이의 연관성에 대해 따져보아야 하고, 두 번째로 커먼즈를 정의할 때 이용자 집단이나 공동체와 같은 주체를 거론하는 것의 이론적 의미가 무엇인지 따져볼 필요가 있다. 전자의 문제는 앞에서 논의해 보았고, 후자의 문제는 다음 절에서 다루도록 하겠다.

요소론적 접근의 두 번째 문제는 '구성의 논리'라는 문제이다. 자원, 공동체, 제도라는 구성 요소가 특정한 화학적 반응을 통해 커먼즈를 형성한다고 볼 때, 이것을 구성 요소로 분해하여 설명하는 것은 논리적으로 부정확하다고 할 수 있다. 특히 커머닝(commoning) 활동을 강조하는 관점에서는 이것이 논리적 모순이 된다. 커머닝 활동은 자원의 의미, 자원과 이용자 사이의 관계, 이용자 주체의 성격 변화 등을 일으키는 실천 활동을 의미하기 때문이다.

세 번째 문제는 자원, 공동체, 제도라는 구성 요소의 결합을 통해 탄생한 커먼즈의 성격을 무엇이라고 규정할 것인지 여전히 해명되지 않는다는 점이다. 기존 연구에서는 이 부분을 시스템, 체계, 복합체, 결합체 등의 단어로 설명하고 있지만, 그것이 무엇을 의미하는지는 구체적으로 설명되고 있지 않다.

2) 커먼즈에 관한 기능론적·체계론적 접근들

커먼즈에 대한 기능론적·체계론적 접근은 사회 속에서 커먼즈가 수행하는 역할 또는 기능을 중심으로 커먼즈를 정의하는 방식을 말한다. 이러한 접근은 커먼즈의 구성 요소들이 결합한 상태의 의미와 그것이 수행하는 기능을 설명해 준다. 여기에는 커먼즈가 자본주의를 대체하는 대안적인 생산양식이 될 수 있다고 보는 생산양식론 또는 살림살이론, 분화된 사회에서 커먼즈의 구성 요소들이 특정한 기능을 수행하는 사회적 체계를 형성한다고 보는 사회적 체계론, 현대의 기능분화된 사회에서 커먼즈가 체계들의 작동에 방향을 제시하는 가치의 역할을 한다고 보는 가치론 등이 있다.

생산양식론은 커먼즈가 인류 역사의 오랜 기간 민중의 살림살이의 기반이 되었으며, 자본주의 생산양식을 대체하는 새로운 (재)생산양식이 될 수 있다고 본다. 한디디는 커먼즈를 보통의 공유인들이 생성하는 특정한 살림살이의 양식이라고 파악한다(한디디, 2024). 현대의 지배적인 생산양식인 자본주의 이전, 인류는 커먼즈의 생태계를 바탕으로 삶을 꾸려왔다고 할 수 있다. 한디디는 모든 인간사회에는 등가교환, 위계, 공산주의라는 세 가지 도덕원리가 언제나 혼재해 있었다는 인류학자 그레이버의 논의를 따라, 각자의 손익을 계산하지 않은 채 능력에 따라 일하고 필요에 따라 나누는 공산주의적 관계에 기반을 둔 살림살이의 양식을 커먼즈로 규정한다. 하지만 커먼즈의 살림살이가 단일한 모양새인 것은 아니며, 오히려 다양한 살림살이의 형태가 존재해 왔다. 이 모든 살림살이의 양식을 '공통적'으로 관통하는 것이 있다면, 사람들이 공통의 노동, 즉 함께 생산하고 나누는 과정을 통해 여러 형태의 물질적·사회적 커먼즈를 구성하고 살림살이를 꾸렸다는 사실이다(한디디, 2024: 51-52). 공통의 노동은 땅과 숲,

갯벌과 하천, 바다와 같은 세계의 일부를 공유지, 마을 숲, 동네 개울가, 마을 앞 바다, 공동 우물, 공동 목장처럼 사람들이 공통으로 속하는 물질적 기반으로 구성한다. 이처럼 커먼즈와 커먼즈를 둘러싼 관계는 커머너 혹은 공유인으로 불리는 보통 사람들이 삶을 꾸리는 공통의 기반이었다. 그리고 현대의 지배적 생산양식인 자본주의가 등장하면서 이러한 커먼즈의 살림살이는 인클로저라는 역사적 과정을 통해 축소되거나 해체되었다. 하지만 커먼즈의 살림살이는 완전히 소멸되지 않고 계속해서 재생·형성된다. 자본주의 체제의 외곽에서 가장 불안한 자리에 놓인 위태로운 존재들이 이미 서로를 엮으며 새로운 세계, 언제나 복수인 커먼즈를 창발하고 있기 때문이다. 따라서 필요한 것은 우리 스스로를 세계에 특정한 방식으로 엮어 넣음으로써 타자와 함께 세계를 짓는 행위, 즉 커머닝을 실천하고 경험하는 것이다. 그리고 커머닝의 확대에 따라 새로운 살림살이 양식인 커먼즈는 점차 자본주의 생산양식을 대체하게 될 것이다. 생산양식론은 커먼즈를 현 사회의 총체적인 변화와 연결하지만, 그 실현 가능성과 방법론의 문제를 제기한다. 또한 이러한 주장은 기능분화된 현대사회에서는 총체적인 생활양식의 설정이 불가능하다고 보는 사회체계론의 주장과 대척점에 서 있다.

공통주의 학파의 일부 연구자들은 커먼즈를 경제학에서 사용하는 분류법에 따른 재화가 아니라, 집합적인 주체와 활동과 재화가 어우러져 생성되는 사회적 체계로 규정한다(권범철, 2022: 208). 그런데 이들은 커먼즈를 '공통장'으로 번역하고 있다. 그 이유에 대해서 공유지나 공유재라는 개념이 커먼즈를 특정한 속성을 가진 재화로 표현하고 있는데, '공통'이라는 용어는 공유와 다르면서도 '함께, 다 같이' 등의 의미를 가진 공(共)을 공유한다는 점에서 공유 활동과의 연결점을 사고하기에도 적합하다고 설명하고 있다. 여기에서 공통장 즉 커먼즈의 역사적 의미에 대해서는 자세히 다루고 있지만, 그것을 왜 공통'장'으로 부르는가에 대해서는 따로 설명을 덧붙이지 않고 있다. 오히려 데 안젤리스(Massimo De Angelis)의 견해를 따라 공통장을 특정한 사회적 체계로 정의한다(권범철. 2022; 데 안젤리스, 2019; De Angelis, 2017). 데 안젤리스는 우리가 살고 있는 세계가 공동체 관계, 선물 교환, 서로 다른 유형의 가족 및 친족 관계, 연대와 상호부조 관계들을 포함하는 사회적 협력과 생산의 체계들로 구성되어 있다고 본다. 자본주의는 이 세계의 부분집합에 불과하며, 그래서 커먼즈는 "자본이 점거하지 않은 사회적 공간"에서 작동하는 하나의 사회적 체계로 이해할 수 있다고 한다. 이때 하나의 사회적 체계는 "특정 유형의 가치 실천들을 중심으로 한 복수의 사회적 힘들의 응집 혹은 합성"으로 이해된다(De Angelis, 2017: 86). 자본주의가 '축적을 위한 축적'이라는 가치 실천을 중심으로 다른 사회적 체계들을 포섭하는 하나의 사회적 체계라면, 커먼즈는 연대와 호혜와 같은 다른 대안적 가치들을 중심으로 하는 사회적 체계로 볼 수 있다는 것이다. 그에 따르면, 사회적 체계로서 커먼즈는 공동재(common goods), 공동체, 공통화(commoning)의 세 가지 요소로 구성된다. '공동재'는 다수를 위한 사용가치를 가리킨다. '공동재'는 재화라는 의미에서 하나의 객체이면서도 다수의 주체들에게 책임감을 요구한다는 측면에서 주체적인 성격을 띠고 있다. '공통화'는 '커먼즈 영역 내에서 일어나는 사회적 행위(사회적 노동)의 형태'를 가리키며, 이를 통해 공동재와 공동체가 (재)생산된다. 그리고 공동체는 "다수의 공통인들과 그들의 정동적·사회적 관계"를 가리키는데, 이것은 어떤 종류의 동일성을 바탕으로 상상된 집단이 아니라 현실의 상호교류 속에서 출현하는 사회적 관계로 이해된다. 즉 "커먼즈의 인식론에서 공동체는 공통인으로서, 그 자원을 공유하고 돌보고 개발하고 만들고 재창조하는 사람으로서의 주체들과 그들의 상호관계들의 집합"을 가리킨다(De Angelis, 2017: 124). 이처럼 공통주의에서는, 커먼즈를 공통'장'으로 번역하고 있음에도 불구하고, 커먼즈가 대안적인 가치 실천을 통해 구성되는 사회적 체계이며, 우리가 사는 전체 세계의 부분집합이 된다고 본다. 하지만 커먼즈가 사회적 체계를 이룬다는 주장은 체계 개념에 대한 엄밀한 정의를 통해 이론적으로 뒷받침되지 않아서 묘사에 가깝다고 할 수 있다. 커먼즈를 공동의 자원이나 공간을 둘러싼 하나의 체계라고 간주하는 여타의 연구자들 역시 마찬가지다.

가치론은 커먼즈가 사회체계 자체라기보다는 그것의 작동에 방향성을 부여하는 가치/주장이라고 본다. 사회체계론은 현대사회의 주도적인 특징이 기능적인 사회분화에 있다고 본다. 박순열·안새롬은 경의선공유지 운동을 사례로서 검토한 뒤에, 커먼즈가 경제, 법, 종교, 예술 등 다른 사회체계들의 기능을 대체하는 새로운 체계로 작동하거나 혹은 그것들과 독립되어 고유한 기능을 수행하는 어떤 사회조직으로 작동하는 것은 어려워 보인다고 결론 내린다(박순열·안새롬, 2023: 181). 또한 경의선공유지 운동은 경의선공유지에 경제체계만이 배타적으로 작동해서는 안 된다는 점을 비판하면서도 경제체계를 대체하거나 완전히 새로운 기능을 하는 고유한 사회체계로서 제시되지 않았다고 평가한다. 하지만 이런 평가에는 별다른 근거가 제시되지 않고 있다. 원래 경의선공유지 운동은 경제체계나 여타의 사회체계를 대체하기 위한 목적을 제시하지 않았을 뿐더러, 사회체계로서 기능할 수 있는지는 명시적으로 내세운 목적과는 구분해서 판단해야 한다. 저자들은 현대사회에 정합적인 커먼즈란 '어떤 사태가 서로 다른 사회적 체계들의 공통 작동에 개방되어 있어야 하고, 그래서 어떤 하나의 사회적 체계가 해당 사태를 배타적으로 다루어서는 안 된다'는, 체계들의 공통(성)에 대한 가치/주장으로 파악할 수 있다고 주장한다(박순열·안새롬, 2023: 183). 즉 경의선공유지에서 커먼즈란 경의선 공유지가 구청의 행정 결정이나 시장의 이윤 논리만이 아니라 사람들 간의 친밀함, 예술적 체험, 민주적 의사결정과 같은 다른 가치들에 개방되어 있어야 한다는 가치/주장이 된다는 것이다. 이러한 주장에 대해서 두 가지 문제점을 지적할 수 있다.

첫 번째는 커먼즈가 '가치/주장'인가와 관련한 문제이다. 경의선공유지 운동은 철도시설공단이 대기업의 이윤추구를 방조하고 마포구청이 개발주의에 포획되었다는 점을 비판해 왔다(박배균 외. 2023). 그리고 경의선공유지에서 다양한 예술적 창작이나 문화적 실험을 해왔고, 그것의 실험적·대안적 가치를 강조해 왔다. 그런데 그것을 곧바로 커먼즈라고 할 수 있는가? 경의선공유지 운동이 여러 사회적 가치들의 실현을 주장한 것은 사실이지만, 그보다는 공간을 공유하는 활동(commoning)을 통해 경의선공유지를 그런 가치가 실현되는 공간으로 구성하려 했다는 점이 중요하다. 다시 말해서, 경의선공유지에서 여러 사회적 가치들의 표현은 공간에 대한 자치적인 이용과 관리의 실천을 토대로 이루어진 것이며, 공간을 둘러싼 사회적 관계와 물적 배치를 바꾸려는 운동이었다.

둘째, 특정 대상이 다양한 가치들에 개방되어 있어야 한다는 주장은 민주주의에 대한 요구에 해당한다. 저자들은 '가치/주장'이라는 것을 사회적 체계들에서 작동하는 프로그램을 조정, 규제하는 역할을 하는 것으로 설명하고 있다. 경제체계는 화폐의 지불/비지불이라는 코드로 작동하지만, 그 작동의 강도나 범위는 특정한 프로그램(예컨대 이윤극대화 프로그램)에 의해 결정된다. 예컨대 생태적 가치가 경제체계의 이윤극대화 프로그램을 조정·규제할 수 있게 된다면, 경제체계는 단기적인 이윤극대화의 방향으로만 작동할 수 없고 장기적인 생태계 보전 등을 고려하기 위해 이윤극대화 프로그램은 조정, 규제된다(박순열·안새롬, 2023: 182). 커먼즈 운동이 다양한 가치의 실현과 개방성을 중요한 가치지향으로 삼고 있다는 점은 사실이다. 하지만 이렇게 규정하게 되면 커먼즈를 민주주의와 동일한 것으로 규정하게 된다. 현대사회에서 민주주의야말로 다양한 가치 주장들의 공존과 논의의 개방성을 강조하는 이념이자 제도가 아닌가? 민주주의는 커먼즈 운동에서도 중요한 가치로서 언급되지만, 그 자체를 커먼즈라고 할 수는 없다. 커먼즈는 특정한 자원이나 공간을 매개로 구성되는 자치와 협력의 사회적 관계이며, 지속적인 공동의 의사결정을 통해 스스로를 재구성한다. 저자들은 요소론적 이해를 비판하면서 커먼즈에 대한 이해에서 자원이나 공간이 갖는 물질성을 제거하고 요소 자체에 대한 이해를 생략해 버렸다.

위에서 살펴본 생산양식론, 체계론, 가치/주장은 각각 커먼즈를 이해하는 데 있어서 고려해야 할 중요한 논점을 제공해 주지만, 여전히 그 이론적 토대가 취약하거나 모호한 부분을 지니고 있다. 또한 이러한 논의를 전개하는 데 있어서, 어떤 커먼즈를 참조하느냐에 따라 상당히 다른 이론적 전개가 이루어지고 있다는 점을 기억할 필요가 있다.

4. 커먼즈에 대한 관계론적 접근과 커먼즈의 정치론

1) 사회체계론과 커먼즈론

하나의 이론이 형성되고 발전하기 위해서는 앞선 사회이론의 통찰을 그 시대에 맞게 변형하고 새로운 개념을 창조하는 과정이 필요하다. 오스트롬학파의 이론은 경제학적 재화 개념과 사회적 딜레마에 관한 이론, 제도주의 연구방법론, 인류학적 사례 연구의 통찰 등을 종합함으로써 이론적 체계를 구축할 수 있었다(Poteete et al., 2010; Ostrom, 2005; Ostrom et al., 1994). 이에 비해 비판적 커먼즈론은 여전히 이론적 성과가 뚜렷하다고 말하기 어려운데, 비판적 연구들이 주로 역사학과 인류학 연구의 통찰을 수용하면서도 현대 도시를 배경으로 형성 과정에 있거나 해체되는, 그래서 변동성이 큰 사례들을 연구하고 있다는 점을 참작해야 할 것이다. 이론적 발전을 위해서는 (탈)근대성의 핵심을 포착하려는 많은 사회이론과의 대화와 논쟁이 필요하다. 그런 의미에서 사회체계론에 기반을 둔 커먼즈론 비판으로부터 커먼즈 개념과 이론의 발전에 필요한 과제를 모색해 볼 수 있을 것이다.

우선, 사회체계론에 기반을 둔 커먼즈론 비판의 요지를 살펴보자. 사회체계론은 현대사회가 기능분화된 체계들로 구성되어 있다고 본다. 이에 따르면, 기능분화된 사회에서는 사회의 하위 체계들이 수행하는 일들이 독립되어 있어서, 가령 어떤 사람이 특정한 정치체계에 귀속된다는 사실이 그의 경제, 학문, 종교 등 비정치적 활동 양상에 대해서는 거의 알려주는 것이 없다. 그리고 이와 같은 기능적 사회분화는 마을 사람들이나 공동체와 같은 경계를 중심으로 한 커먼즈/논의를 현대사회에 그대로 적용하기 어렵게 한다(박순열·안새롬, 2023: 141-142). 따라서 이들은 커먼즈 개념을 재규정하기 위해 공동(共同)과 공통(共通)을 구분한다. 전자는 어떤 대상에 대한 '사람들'의 공동의(communal) 활동, 이용, 효과 등에 관한 것으로서 이용하는 사람들이나 어떤 공동체의 사회인구학적 동일성 및 동질성을 지칭하고, 후자는 어떤 대상에 대한 '사회적 체계들'의 공통(common) 작동에 관한 것을 지칭한다. 이 같은 개념 구분을 기초로 하여, 저자들은 현대사회에서 커먼즈 형성의 근본적인 어려움을 지적한다. 커먼즈를 형성하기 위해서는 어떤 공동체가 다른 공동체나 이해관계, 가치 등에 대해 자신들의 이해관계와 가치, 제도 등이 더 특별하거나 유익하다고 주장해야 하는데, 다른 사람들은 그 자원에 서로 다른 방식으로 사회체계들에 연결되어 있을 것이고 다른 이해관계나 가치를 지향하기 때문에 커먼즈 운동이 대부분의 그들에게 설득력을 갖지 못한다는 것이다. 이런 주장은 한국의 많은 연구자들이 커먼즈를 특정한 자원-공동체-제도의 결합으로 보는 시각에 대한 비판과도 연결된다. 기능분화된 체계들의 사회 속에서는 특정 자원은 언제라도 다른 방식으로 포착되고, 사람들의 다른 삶과 다른 방식으로 연결될 수 있다는 것이다. 따라서 그런 것들 가운데 하나인 "특정한 자원-공동체-제도의 결합, 또는 그 결합을 정당화하는 이해관계나 가치를 어떻게 정당화할 수 있는가는 언제나 우연적"이다(박순열·안새롬, 2023: 147-153).

복지나 에너지 등 모두의 기본적인 필요를 충족시키는 자원에 대한 논의에서도 이들은 기존 논의들이 기능분화된 체계들의 공통성에 주목하지 않았음을 비판한다. 전혀 다른 코드로 접속하는 상이한 체계들 즉 경제체계, 복지체계, 정치체계, 행정체계 등의 분화나 그 체계들 간의 마찰 때문에 사회적 의제로 등장하는데, 기존 논의들은 체계들의 작동 방식의 차이와 마찰을 살피는 대신에 모종의 통합적 사회적 체계와 그에 접속된 '모든' 사람들로 되돌아간다는 것이다. 하지만 "모든 사람들, 그 사람들의 모든 것과 관련된 사회적 체계는 존재하지 않는다. 그 모든 것들을 하나로 포착할 수 있는 사회적인 것도 존재하지 않는다."(박순열·안새롬, 2023: 150-151). 최근에 커먼즈를 일부 이용자 집단의 공동자원을 일컫는 공동체 커먼즈와 전체 시민을 포괄하는 퍼블릭 커먼즈로 구분하는 논의에 대해서도 마찬가지 비판을 제기한다. 이들 논의가 동질적이거나 유사한 사회적 조건에 처한 사람들인 '공동체'와, 현대사회에서만 유의미한 시민, 공/사(public/private)를 정교하게 구별하는 논의를 선행하지 않는다는 것이다(박순열·안새롬, 2023: 149-150).

니클라스 루만의 체계이론에 근거한 위와 같은 비판은 몇 가지 지점에서 커먼즈 이론의 진전을 위해 숙고해야 할 논점을 제공하지만, 기존 커먼즈 이론을 왜곡하거나 사태를 잘못 판단하고 있다는 점에서 문제적이다.

우선, 이들의 주장은 "커먼즈론이 '기능분화된 체계들로 구성된 사회'라는 조건을 충분히 고려한 이론인가"라는 것으로 요약될 수 있다. 즉, 전통사회나 근대 초기의 사회는 동질적인 인간들의 행위로 구성된 공동의(communal) 사회였으나, 오늘날 우리가 살고 있는 현대사회는 기능분화된 체계들로 구성되어 있기 때문에 체계들 사이의 공통성이 존재할 뿐이라는 것이다. 하지만 대다수의 커먼즈 연구자들이 현대사회의 주요 체계들의 작동에 대해 무지한 것은 아니다. 앞에서 살펴본 것처럼, 근대성과 커먼즈 사이의 관계는 커먼즈 연구자들의 핵심적인 관심사였고, 특히 정치체계로서의 근대국가와 경제체계로서 자본주의의 작동이 커먼즈의 형성과 재형성에 어떤 영향을 미치는가의 문제는 커먼즈 연구자들의 주요 연구 대상이기도 했다(데 안젤리스, 2019; Caffentzis and Federici, 2014; De Angelis, 2017). 커먼즈 연구 지형 내에서 국가와 자본주의 이외의 여러 사회체계들의 작동이 미치는 영향에 대한 관심이 적다는 점에서, 이것이 커먼즈 연구자들만의 문제는 아니지만, 커먼즈와 사회체계들 사이의 관계 또는 사회체계들 사이의 마찰이 커먼즈에 미치는 영향에 대해서는 추가적인 연구가 필요할 것이다. 다만, 기존의 커먼즈 연구자들이 사용해 온 근대국가와 자본주의라는 개념에 비해 기능분화된 체계들이라는 개념 혹은 정치체계와 경제체계라는 개념이 현실을 얼마나 더 잘 설명해 낼 수 있는가는 사회체계론 스스로 증명해야 할 문제다. 특히 커먼즈 연구자들은 자본주의와 커먼즈 사이의 관계에 주목해 왔는데, 분화된 체계들 가운데 자본주의가 지배하는 경제체계의 압도적 영향력에 대한 문제, 즉 체계들 사이의 위계의 문제를 더 해명할 필요가 있을 것이다.

두 번째로 살펴볼 문제는 커먼즈론이 공동체 또는 공동성에 기반을 두고 있다는 주장이다. 과거의 전통적 커먼즈에서뿐만 아니라 현대의 커먼즈론 역시 공동체-자원-제도라는 구성 요소를 거론할 때 동일성에 기반한 공동체를 상정하고 있다는 것이다. 그리고 공동체를 가능하게 하고 공동체를 가로지르는 사회적인 것과 환경적인 것들 가운데, 어떤 것들을 무슨 기준에 의해 공동체-자원 관계에 귀속시킬 수 있는가와 관련하여, 커먼즈 논의에는 공동체의 이런 특성을 규정할 이론적 장치나 개념들이 충분히 개발되어 있지 않다고 비판한다(박순열·안새롬, 2023: 155).

그러나 이런 비판은 논점을 벗어난 것이다. 예컨대, 제주의 해안마을에서 어촌계의 해녀들과 스쿠버 다이버들 사이에 벌어졌던 갈등을 보자. 저자들은 동일한(그들이 보거나 상상하는 대상이 '동일한 바다'라고 주장할 수는 있지만, 과연 그것이 어떤 의미에서 동일한 것인지는 대단히 의심스러운) 바다를 이용하는 서로 다른 활동들이 서로 다른 사회적 체계들에 다층적으로 접속하고 있는 상황에서 이를 하나의 공동체, 하나의 커먼즈로 묶어내기는 더욱 어려워진다는 것을 보여주는 사례로 이를 거론하고 있다(박순열·안새롬, 2023: 158). 그러나 생계자원 채취와 수중관광 프로그램을 위해 바다를 이용하려는 두 집단, 해녀와 스쿠버다이버가 바다를 함께 이용하기 위해 하나의 공동체를 형성할 필요는 전혀 없다. 심지어 누구도 그런 주장을 하지 않는다. 두 집단 사이에는 협상과 서로의 활동을 보장할 수 있는 형태의 창의적인 해결책이 필요할 뿐이다. 이것은 현대사회에서도 커먼즈를 구성하기 위해서는 전통사회와 유사하게 비슷하거나 같은 조건의 사람들이 대상과 함께 맺는 관계를 전제해야 할 것이라는 착각에서 빚어진 주장이다.

세 번째로 살펴볼 문제는 '기능분화된 체계들의 공통 작동'으로서 공통성이라는 것이 현대 커먼즈의 변동을 결정적으로 조건 짓는다는 주장이다. 그리고 이 주장은 공동성과 공동체 개념의 적절성에 관한 문제로 이어진다. 이들은 기존의 커먼즈론을 비판하면서 본질주의적인 공동체가 미리 선험적으로 존재해서 이들이 커먼즈를 구성한다고 전제하고 있다. "자원-공동체-제도의 결합이라는 것은 '공동체에 의한' 자원과 제도의 결합으로 이해되는 데, 공동체가 상이한 이해관계와 가치를 지닌 사람들로 구성된 것이거나 상이한 유형의 사회적 관계들이라면, 자원과 제도를 결합하거나 구성할 의도를 지닌 공동체에서는 그들 간의 이해관계나 가치를 조정해야 하는 문제를 해명해야 한다는 것이다(박순열·안새롬, 2023: 160). 그러나 이러한 주장은 커먼즈 연구사에 대한 이해 없이 제기되는 것이라고 할 수 있는데, 왜냐하면 이 문제는 그동안 오스트롬학파에서 지속적으로 연구하고 주장해 왔던 핵심적인 문제 설정이기 때문이다. 오스트롬 학파는 커먼즈 이용자 집단 내에서는 자원 이용의 양과 방식에 대한 갈등을 지속적으로 조정해야 하며, 외부의 권위체들과의 관계에서는 자원 이용자들이 자치적인 권한을 확보할 수 있도록 지속적인 협의를 거쳐야 하고 이를 통해 협력적인 거버넌스를 구축해야 한다고 주장해 왔다. 그리고 이러한 협력적 관계는 선험적으로 미리 주어진 것이 아니라, 경험적으로 파악할 수 있는 것이다. 따라서 무조건 비극으로도 끝나지 않고 무조건 희극으로도 끝나지 않는 '커먼즈의 드라마'를 분석하는 것이 중요하다는 것이다(Ostrom et al., 2002).

커먼즈론에 대한 사회체계론의 비판은 공동성과 공동체에 대한 비판에 토대를 두고 있다. 앞에서 지적한 것처럼, 우리는 전통적인 커먼즈와 공동체형 커먼즈를 구분해야 할 뿐만 아니라, 커먼즈와 공동체 사이의 관계에 대해서도 논리적으로 고찰해 보아야 한다. 저자들뿐만 아니라 대부분의 커먼즈 연구자들이 공동체로부터 커먼즈가 빚어진다고 생각하지만, 사실은 그렇지 않다. 근대 이전의 시기에 많은 시대와 장소에서 공동체가 커먼즈의 사회적 토대가 된 것은 사실이다. 그런데 이 관계를 필연적이거나 인과적이라고 볼 이유는 없다. 특히 동일성을 특징으로 하는 공동체가 전통적 커먼즈를 만들어냈다는 주장, 그래서 공동체의 원리를 갖지 않는 현대사회에서 커먼즈는 정합적이지 않다는 주장은 역사적 착시효과에 불과하다. 공동체가 커먼즈를 만들어내는 것이 아니다. 그 반대가 사실에 가깝다. 즉 커먼즈를 통해 생계와 생활을 공동으로 유지할 수 있는 사회적 토대가 만들어지고 그 위에 공동체가 구성된다는 것이다. 제주 지역의 용천수 이용 관행에 관한 문경미의 연구는 커먼즈와 공동체 사이의 관계에 대해 흥미로운 함의를 준다(문경미, 2015). 화산섬인 제주에서 고산지대에 내린 비는 해안 지역에서 자연스럽게 분출하는데, 이를 용천수라고 불러왔다. 용천수는 1960년대까지 제주인들의 가장 중요한 물자원이었다. 제주인들은 흙이나 돌, 시멘트 등을 이용해 '물통'을 만들고, 먹는 물을 제일 위에서 기르고 그 아래에서 채소를 씻고 제일 아래쪽에서 빨래를 하는 등의 이용규칙을 만들고 지켜왔다. 이 역사적 과정을 연구한 문경미는 1960년대까지 제주의 "마을 사람이란 즉 물 공동체"였다고 지적한다(문경미, 2015: 36). 자기가 길어오는 물통이 정해져 있고, 물을 이용하는 과정에서 물과 관련된 마을의 자부심과 정체성이 형성되었다는 사실은 물과 '물통'을 이용하는 관행을 토대로 마을공동체가 형성되었다는 점을 보여준다. 그리고 일단 형성된 마을공동체는 물 이외의 여러 자원도 커먼즈로서 함께 관리했다. 이런 지역적 공동체들은 공동의 자원을 함께 관리하기 위해 규범과 규칙을 발전시켰고, 그것은 구성원들에게 적용되는 의무와 권리의 범위, 즉 경계를 창출했다. 이러한 경계가 곧바로 폐쇄성을 뜻하는 것은 아니며, 커먼즈 이용자 집단이 지녔던 구속력이 공동체에 의한 억압을 의미하는 것도 아니었다. 커먼즈를 유지하고 관리하는 규칙과 규범은 이용자들 스스로 분쟁을 해결하는 과정에서 발전시켜 온 것이기 때문이다. 그래서 오스트롬은 이 과정을 '자력 부담의 계약 이행 게임'으로 개념화하고 있다(오스트롬, 2010: 44-46).

2) 관계론적 접근과 커먼즈의 정치론

커먼즈가 사회의 여러 분야에서 창출되거나 지속되고 있지만, 사회의 여러 기능들이 세분화되고 전문화된 현대사회에서 커먼즈를 특정 기능만을 수행하는 하위 체계라고 보기 힘든 것은 사실이다. 그러나 이것이 커먼즈가 하나의 사회체계로 기능할 수 없다는 결정적인 근거가 될 수는 없다. 중요한 점은 커먼즈가 자신만의 독특한 코드를 가지고 외부 환경과 자신을 구별하면서 자기-생산적 작동을 하는가에 달려 있다. 이런 측면에서 보면, 커먼즈는 특정한 공간이나 자원을 함께 이용하는 공동이용 관계에 참여할 것인가, 말 것인가를 코드로 삼아 외부와 자신을 구별한다. 공동이용 관계에의 참여 활동을 커머닝이라고 할 수 있다. 여러 연구자들이 커머닝을 규정하는 방식을 연구한 오일러(Johannes Euler)는 커머닝의 본질적인 특징을, (재)생산-이용((re)produsage), 욕구 충족과 자발성, 동료 시민과 자신의 조직화, 포용성과 조정(mediation) 등 네 가지로 규정하고 있다. 즉, 커머닝은 "욕구의 충족을 목표로 하는 동료 시민들의 자발적이며 포용적인 자기-조직화 활동과 조정 활동"을 의미한다(Euler, 2018). 이러한 활동은 자치적이면서 협력적인 사회적 관계 속에서 일어나며, 또한 활동의 결과로서 자치적이며 협력적인 관계는 강화된다. 요컨대, 커먼즈는 공간과 자원의 공동이용에 대한 참여/비참여를 코드로 해서 환경과 자신을 구분하면서 자기-생산적 작동을 하는 하나의 사회체계라고 볼 수 있다.

    그러나 커먼즈에 대한 체계론적 이해는 불완전하다. 체계론적 이해는 커먼즈와 다른 체계들을 구분해주고 기능분화된 현대사회에서도 커먼즈가 존속할 수 있다는 점을 보여줄 수 있지만, 새로운 커먼즈의 생성이 새로운 주체(성)의 형성과 연결되어 있다는 점은 잘 드러나지 않는다. 이런 부분을 충분히 드러내기 위해서는 커먼즈에 대한 관계론적 접근이 필요하다. 도시사회학자인 하비(David Harvey)는 커먼즈는 "스스로 정의된 사회 집단과 그들의 삶과 생계에 결정적이라고 여겨지는 실제로 존재하거나 아직 만들어지지 않은 사회적 및 물리적 환경의 측면들 사이에서, 비록 불안정하거나 가변적이지만, 사회적 관계가 구축될 때" 형성된다고 밝히고 있다(Harvey, 2012: 73). 피터 라인보우는 영어 common의 동사적 의미인 커머닝(commoning)의 의미를 강조하면서 커먼즈를 "사회적 관계인 동시에 물질적 사물"이라고 설명한다(라인보우, 2012: 22).

하지만 기존 연구자들은 커먼즈에 대한 관계론적 이해의 단초를 제공하지만 그 구체적인 내용에 대해 설명하지는 않았다.

커먼즈 연구에서 관계론적 접근법은 우리가 살고 있는 세계를 관계적 측면에서 해석하는 것을 의미한다. 주체와 대상은 그것들이 맺고 있는 환경과의 관계를 통해 구성되므로, 주체나 대상(자원)을 그 본질적 성질을 가지고 정의할 수는 없다. 마르크스는 정치경제학 비판과 자본에 대한 분석 과정에서 공장, 기계, 화폐 등이 원래부터 가지고 있는 고유한 성질 때문에 자본이 되었다는 견해를 비판한다. 그리고 자본을 기계와 같은 사물로 간주하지 않고 그것이 일정한 사회적 관계 속에서 자본이 된다고 주장한다. "흑인은 흑인이다. 일정한 관계들 속에서 그는 비로소 노예가 된다. 면방적기는 면방적을 하는 기계다. 일정한 관계들 속에서만 그것은 자본이 된다."(마르크스, 1992: 555). 마찬가지로 우리는 "목초지는 목초다. 그것은 일정한 사회적 관계들 속에만 커먼즈가 된다."고 말할 수 있을 것이다. 마르크스는 자본을 '자기 증식하는 가치'로, 그리고 그런 '자기 증식'이 임노동과 자본이라는 일정한 사회적 생산관계 속에서 이루어진다고 분석했다. 마찬가지로 우리는 커먼즈가 생산자와 이용자들의 자치와 협력적 관계 속에서 생산되는 사회적 가치이며, 그것을 사회적 가치로 만드는 것은 생산자와 이용자 들의 공동의 의사결정을 통해서라고 말할 수 있을 것이다.

그러나 이런 공동의 의사결정은 쉽지도, 언제나 가능하지도 않다. 왜냐하면 여기에는 기능분화된 여러 체계들이 개입할 뿐만 아니라, 특히 자본의 힘과 권력, 계급적·성적·인종적 이해관계와 힘이 개입하기 때문이다. 전통적인 커먼즈가 동일성에 기반한 공동체에 토대를 두고 있다는 견해는 커먼즈가 언제나 평화롭게 유지되었을 것이라는 착각을 불러일으킨다. 하지만 라인보우가 잘 보여주었듯이 커먼즈는 언제나 왕을 비롯한 지배계급의 수탈과 폭력의 대상이었고, 이에 저항하는 민중들의 투쟁의 장이기도 했다(라인보우, 2012). 따라서 커먼즈는 언제나 상충하는 힘과 이해관계의 충돌 속에 놓여 있다는 점을 인식하는 것이 중요하다. 바로 이 지점에서 '커먼즈의 정치론'이 나온다.

커먼즈의 정치론에 대해 "커먼즈의 정치에서 '정치'의 특이성을, 타자와 구별되는 우리의 형성, 적과 동지의 구별, 또는 구속력을 갖는 집합적 결정과 같이 다른 사회적인 것과의 뚜렷한 구별없이 '상이한 이해관계나 가치의 표명' 정도로 사용하게 되면, 굳이 '커먼즈의' 정치라고 표현할 필요가 없다"는 비판도 가해진다(박순열·안새롬, 2023: 161). 그리고 상이한/동일한 대상-인식-관찰자(주체) 간의 차이의 조정이 집합적 구속력을 가질 때 이를 '커먼즈의 정치'라고 부를 수 있다고 주장한다. 그러나 커먼즈의 정치는 단순한 인식상의 차이의 문제가 아니며, 차이의 조정이 곧 바로 협력을 의미하는 것도 아니다. 이러한 차이의 발생과 조정은 커먼즈에 국한되지 않고 기능분화된 복잡계의 현실 속에서 모든 사회적·정치적 과정에서 발생하는 문제이기 때문에 그것을 굳이 '커먼즈'의 정치라고 부를만한 고유한 내용이 존재하지 않는다. 필자가 제시한 커먼즈의 정치론을 이해하기 위해서는 '우리'와 '모두'에 대한 이해가 필요하다.

커먼즈의 정치론은 '커먼즈의 생태계'를 상충하는 이해관계와 힘들의 충돌 속에서 파악하고 구상하려는 시각이라고 할 수 있다. 그러나 이 주장은 커먼즈의 정치론이 필요한 이유를 설명한 것이지, 그 고유한 내용을 설명한 것이 아니다. 필자는 이전의 연구에서 과거에 커먼즈의 생태계가 두 가지 차원의 결합을 통해 가능했음을 주장했다. 즉, 자치와 협력이라는 사회적 관계와 실천의 장으로서 '우리의 것'과 그런 관계와 활동을 사회의 근본 질서에 기입하는 원리로서 '모두의 것'의 결합으로서, 커먼즈는 '우리모두의 것'으로 존재했다는 것이다(정영신, 2020). 자치와 협력의 사회적 활동과 상호작용은 일정한 사회적 체계를 이루면서 안과 밖을 분리하고 경계를 구성한다. '우리의 것'이라는 차원에서 자치와 협력의 사회적 관계와 실천은 특정한 주체(성)을 구성한다. 윤영광이 자신의 연구를 통해 보여준 것처럼, 일정한 사회적 관계(즉 커먼즈)는 그에 상응하는 주체성을 생산하며, 역으로 어떠한 사회적 관계도 주체의 생산 없이는 정립될 수도, 유지될 수도 없다(윤영광, 2022: 115). 다만 그가 커먼즈의 사회적 관계를 새로운 생산양식으로 개념화하는 것과 다르게, 필자는 커먼즈의 사회적 관계는 그것과 결합하는 가치지향에 따라서 생산양식이 될 수도 있고, 사람들이 즐기는 유희와 놀이의 방식이나 기구가 될 수도 있고, 생태적인 삶의 공간이 될 수도 있다고 본다.

'우리의 것'의 차원이 생성하는 '경계'의 문제는 배제나 폐쇄의 문제와 연결된다. 그리고 경계의 문제를 둘러싼 인식 역시 오스트롬의 개념 및 이론에 대한 이해와 연결되어 있다. 안명희·이태화는 "오스트롬이 제시하는 공통자원관리 디자인 제1원리인 '엄격한 경계'가 의미하는 것은 사적 소유권의 배타적 전유(appropriate) 권리에 대한 것―즉 내·외부를 구분하여 외부자를 배제하기 위한 것(정영신, 2016)―이 아니라, 공통의 관리단위 자원 사용자에 대해 정의함으로써 사용자(내부자)에게 자원남용 방지의 책임을 부여하고, 공동체가 생산한 편익과 지대의 공정한 배분과 보존의무의 조건을 제시한 것"이라고 주장한다. 또한 "공동체의 생존과 지속가능성이 공통자원의 관리에 있음을 주지할 때, 자원과 공동체의 경계에 대한 강조는 외부자를 대상으로 하기보다는 내부자들의 관계를 의미하는 '자치' 영역을 구획하기 위한 개념"이라고 주장한다(안명희·이태화, 2024: 170). 이러한 주장은 두 가지 측면에서 문제적이다. 우선, 오스트롬이 경계의 문제를 제기한 것은 저자들의 주장과는 반대로 외부자 배제의 문제와 직접적으로 연결되어 있다. 오스트롬은 제3의 추가적인 이용자를 배제할 수 있는가, 그리고 그런 배제가 쉬운가의 문제를 공동자원을 비롯한 재화의 분류 기준으로 이해했고, 공동자원의 지속 가능한 이용과 관리를 위해서는 권한을 가진 이용자 집단의 안과 밖의 구분이 필요하고 특정 이용자 집단이 이용할 수 있는 자원의 범위가 명확해야 한다고 생각했다. 따라서 오스트롬에게 있어서 '경계'가 '외부인의 자원 사용 배제를 위한 요건'이 아니라는 주장(안명희·이태화, 2024: 185-186)은 오스트롬의 주장에 대한 왜곡일 뿐만 아니라, 커먼즈의 작동에서 긴장과 불화, 갈등의 계기들을 삭제함으로써 커먼즈를 신비화하는 일이다. 실제로 오스트롬은 다르게 말한다.

"자원의 경계나 자원을 사용할 수 있는 구성원의 획정이 불확실하게 남아있는 한, 어느 누구도 무엇이 누구를 위해 관리되어야 하는지 알 수 없다. 공유자원의 경계를 규정하여 이를 '외부인'에게 폐쇄하지 않는다면, 현지의 자원 사용자들은 그들의 노력에 의해 생산된 편익이 기여가 전혀 없었던 사람들에 의해 편취당할 위험에 놓이며, 결국 공유자원에 투자한 사람은 자신이 기대하는 만큼 보상받을 수 없게 된다."(오스트롬, 2010: 174).

이러한 언급은 오스트롬이 연구한 사례들이 지닌 특징 때문이기도 하다. 오스트롬이 연구한 사례들은 주로 사용자들이 그 공동자원에 경제적으로 크게 의존하는 상황이 많았고, 자원은 풍요하기보다는 상당한 수준의 희소성이 있는 자원에 집중되었다. 바로 이런 이유 때문에 커먼즈를 공동소유자원과 유사하게 인식하는 경향도 존재하는 것이 사실이다. 그러나 '우리의 것'의 차원은 '모두의 것'의 차원과 결합되어 있고, 결합되어야 한다는 점을 잊어서는 안 된다. 커먼즈는 한편에서 경계를 구성하지만, 다른 한편에서는 그 경계를 넘어선 개방성을 지향한다. 커먼즈의 지속성과 안정성에 관심을 두었던 오스트롬은 그 경계를 통해 제3자의 이용을 배제하는 것이 중요하다고 생각했지만, 커먼즈의 정치론에서 '경계'는 자치와 협력의 관계망의 범위를 의미하며 외부와의 협력적 거버넌스를 구축하기 위한 출발점이 된다.

필자가 제기한 커먼즈(생태계)의 두 차원과 커먼즈의 정치에 대해서도 몇 가지 비판이 제기되고 있다. 비판자들은 커먼즈 논의에서 제기되는 우리, 그들, 모두는 근대 이전의 사회인 전근대사회를 설명하고자 했던 '구유럽의 의미론' 가운데 하나인 전체-부분 도식의 일종인 것으로 보인다고 비판한다. 그리고 '우리'와 '모두'가 작은 마을, 국민국가, EU와 같은 국가연합체 등 서로 다른 방식으로 작동하고 논리적으로 연속될 수 없는 집단들을 동질적인 연속선상에 놓는 오류를 범한다고 말한다. 그리고 이러한 문제를 해결하기 위해 '우리'는 사람들로 구성된 공동체의 경계 안쪽 면을, '모두'는 현대사회의 기능체계들이 작동할 때 사회체계 바깥면의 사람들로서, 누구라도 기능체계의 코드와 연결될 수 있다는 무제한적 개방성을 지칭한다고 볼 수 있다고 제안한다(박순열·안새롬, 2023: 162-166). 예컨대, 어촌계의 경우 경계 안쪽에만 구성원 자격을 갖춘 '우리'가 존재하며 경계를 모두에게 확장하면 어촌계가 더 이상 어촌계일 수 없게 되는 반면, '모두'는 시장과 같은 어떤 사회적 체계의 작동에 접속될 수 있는 사람들의 개방성과 불특정성을 가리킨다는 것이다.

그러나 '사회체계 바깥면의 사람들'이라는 존재가 체계론의 시각에서 성립 가능한지도 의문이지만, 무엇보다 우리와 모두는 부분과 전체를 지칭하지 않는다. 또한 그것은 작고 동질적인 집단과 사회체계 바깥면의 사람들이라는 식으로도 성립하지 않는다. 그런 방식의 용법이라면 굳이 두 용어를 구분하고 결합해서 사용할 이유가 없다. 양자의 관계는 시대와 장소에 따라서 다르게 맺어졌다. 6세기 로마의 『유스티아누스 법전』은 모든 인류에게 이용이 허락되는 것(res communes)과 공화국의 시민에게 허용된 것(res publicae)을 구분하였다. 레스 꼬뮤네스는 국가에 의해 권리가 보장되는 바깥의 인간들에게도 보장되는 자연자원을 의미했다. 반면, 조선 후기에 조선의 건국이념이었던 산림천택 여민공지(山林川澤 與民公之)의 원리가 흔들리자 백성들은 송계(松契)라는 자치적인 산림관리 조직을 만들어 마을 단위로 산림을 보호하고 이용했다. 이것은 '모두의 것'의 원리가 존재하는 가운데 '우리의 것'이 조직되었음을 보여준다. 일본의 인류학자인 아키미치 토모야(秋道智彌)는 오키나와 남부 섬들의 어업 관행을 조사하면서 그곳의 어부들이 연안의 바다를 '우리의 것'으로 이용하고 그 바깥은 타자의 이용을 위해 남겨두는 방식으로 바다를 이용했다고 밝히고 있다(아키미치, 2017). 여기에서 '모두의 것'은 '우리의 것'의 바깥에 남겨진 것을 의미한다. 어느 쪽이든 '우리의 것'의 바깥이 존재한다고 본다는 점에서는 공통적이다. 즉, '모두의 것을 모두에게'라는 원리가 기입된 사회에서는 구체적인 자치와 협력의 장으로서 지역적 커먼즈가 조직되고, '우리의 것'으로서 조직되는 커먼즈는 항상 그 바깥을 상상하고 남겨둔다는 것이다. 말하자면, '모두'는 '우리의 것'

차원에서 이루어지는 자치적이며 협력적인 활동과 관계의 망이 경계를 형성할 때, 그 바깥을 지시한다. 역으로 '우리'는 '모두의 것'에 대한 권리가 사회의 근본질서에 기입될 때, 또는 그런 방향으로 사회의 근본질서의 재구성을 지향하면서, 자치적이며 협력적인 실천활동과 관계망이 구성된다는 점을 지시한다. 〈표 1〉에서 정리한 것처럼, 커먼즈를 구성하는 요소들에 대해서도 두 차원에서 차이를 규정할 수 있다.

〈표 1〉 커먼즈의 두 차원과 커먼즈의 정치

	우리의 것	모두의 것
기본 원리	자치(참여, 공공협력)와 협력(돌봄, 재생산)을 통해 형성되는 공동체적 관계	사회의 근본적인 계약으로서 보편적 권리를 보장하는 공적(public) 관계
사례	한국의 송계와 마을 어장, 제주의 공동 목장, 일본의 이리아이, 유럽의 목초지	6세기 로마법, 13세기 영국의 산림헌장, 15세기 조선의 산림천택 여민공지
제도의 성격	이용자 집단의 자치 규약: 경계의 확정에 따른 권한과 의무의 배분	커먼즈의 법과 통치 이념: 비배제적인 보편적 권리의 보장
자원의 성격	경계를 가진 한정된 공간과 자원으로서 구체적 대상을 지시	생계자원 등 모두에게 보장해야 할 것으로서 추상적 범주로 제시
이용자(공동체)의 성격	공간과 자원에 대한 구체적인 필요와 욕구 속에서 관계를 맺는 주체들의 집합	모든 인류, 모든 인민 또는 평민으로 호명되는 추상적인 집합적 존재
주체(성)	우리: 자치와 협력의 관계망으로서 경계를 구성하는 실천적 주체	모두: 바깥을 상상하고 경계의 횡단을 통해 커먼즈의 권리를 구성하는 주체

그런데 우리의 것과 모두의 것이라는 두 차원에서의 커먼즈는 각각 한계 지점을 가지고 있다. 우리의 것으로서 커먼즈는 경계의 설정이 차별이나 배제, 독점으로 흐를 가능성을 가지고 있다. 이 경우에 커먼즈는 내부로부터 사유화의 압력에 취약하다. 반면, 모두의 것으로서 커먼즈는 개방성으로 인해 발생하는

비협력의 위험에 부딪히게 된다. 이때 커먼즈는 국가의 통제나 기술관료적 지배의 유혹에 빠질 수 있다. 따라서 커먼즈의 두 차원은 서로 모순적이면서 서로 보완적이라고 할 수 있다. 바로 이런 모순의 존재야말로 커먼즈의 역동성을 만들어내는 힘이며, 커먼즈의 정치론의 핵심을 이룬다. 그리고 이 지점에서 커먼즈의 정치는 고유한 내용을 갖는다. 커먼즈의 경계는 공동의 필요와 제도의 힘으로 안정화하려 하지만, 동시에 내외부의 사회적 힘들이 그 경계를 교란하기 때문이다. 따라서 '우리의 것'의 차원에서 특정한 공간과 자원에 관한 권리의 근거와 범위 및 그에 뒤따르는 윤리와 책무의 문제, 이용자 집단의 정체성을 둘러싼 커먼즈의 정치가 발생한다. 또한 '모두의 것' 차원에서는 모두에게 보장해야 할 것들의 근거와 범위 및 그 원리를 사회의 근본 질서에 기입하는 과정을 둘러싼 커먼즈의 정치가 발생한다. 그리고 커먼즈를 커먼즈로 만드는 공동의 의사결정은 이러한 커먼즈의 정치를 통해 이루어지게 된다.

5. 논쟁, 커먼즈, 그리고 언어

커먼즈 개념은 논쟁적이다. 그것은 커먼즈 개념이 여전히 모호하다는 것만을 의미하지 않는다. 오히려 여러 위치의 사람들이 서로 다른 이유에서 커먼즈를 호출하고픈 욕망과 그것을 이끄는 사회적 현실이 존재한다는 것을 의미한다. 그런 의미에서 커먼즈라는 말에는 현실의 필요를 충족하고자 하는 또는 욕구의 충족을 위해 현실을 변화시키고자 하는 정동이 밀착되어 있다고 해도 좋을 것이다. 커먼즈를 전환 논의와 결합하려는 시도는 점차 늘어나고 있으며, 또한 거기에서 커먼즈에 부여하는 가치 역시 다양해지고 있다.

커먼즈를 거기에 부여하는 어떤 가치지향을 통해 정의해서는 안 된다. 오히려 그런 다양한 가치지향을 담아낼 수 있는 일반적인 형식(form)에 초점을 맞출 때 현실에 존재하는 다양한 커먼즈를 설명할 수 있으며, 커먼즈 개념으로 현실을 분석하고 전환을 기획하는데 유용할 수 있다. 커먼즈는 특정한 공간과 자원에 대한 생산·이용자들의 공동의 의사결정을 통해 형성되는 자치적이며 협력적인 사회적 관계이며, 동시에 자치적이며 협력적인 사회적 관계 속에서 (재)구성되는 공간과 자원이라고 할 수 있다. 커먼즈를 구성하는 사회적 관계는 커먼즈 내부의 관계로 제한되지 않는다. 커먼즈의 사회적 관계는 소유공화국으로서 근대국가와 자본주의적 시장경제체계와 여러 가지 방식으로 연결되어 있으며 그런 관계망 속에 놓여 있다. 따라서 '자치'는 관계의 단절과 고립을 의미하지 않는다. 자치를 위해서는 내부적으로는 참여적 민주주의를 활성화해야 하며 외부의 여러 집단들, 특히 국가나 지방정부와 공공 협력의 관계를 구축하는 것이 필요하다. 협력의 개념 역시 합의의 형성만을 의미하지 않는다. 협력적 관계에는 사회적 약자나 비인간과 상호돌봄의 관계를 맺는 등 재생산 영역에서 이루어지는 다양한 활동들이 결정적인 역할을 담당한다. 이 글에서는 주로 사회체계론과의 논점을 다루었지만, 커먼즈와 결합될 수 있는 다양한 가치나 제도, 국가와 시장을 비롯한 사회적 체계들과의 현실적·이론적 접점을 만들어가면서 논쟁을 확장하면서 논점을 정리해 갈 필요가 있을 것이다.

이러한 논쟁의 진척을 가로막는 가장 큰 장애는 우리가 커먼즈에 대응하는 우리말을 상실하고 그것이 지시하던 대상들 역시 압축적인 근대화 과정 속에서 상실했다는 점이다. 소수 남아있는 것들은 주변적이거나 전통적인 것으로 보이고, 현대 도시 속에서 출현하는 커먼즈들은 잘 포착되지 않는데, 그것은 현대사회가 기능분화된 체계들로 구성되어 있기 때문이 아니다. 그것을 포착할 수 있는 언어의 상실이 '포착 불가능성'을 만들어내는 것이다. 그것을 지시하는 말과 대상의 상실은 그로 인해 형성되었을 경험과 감각마저 폐허의 상태로 만들었다. 그리고 이로 이해 가장 눈에 띄고 소란스러운 사례를 대표적인 것으로 생각하는 오해도 생겨나게 된다. 학술적·이론적 논쟁과 공동의 작업이 언어의 폐허 위에서 새로운 가능성을 만들어낼 수 있을까?

참고문헌

가라타니 고진(柄谷行人). 2012. 『세계사의 구조』. 조영일 역. 도서출판b.

권범철. 2019. "신자유주의에서 도시 커먼즈의 흡수: 창조도시 전략과 예술 행동을 중심으로." 『공간과 사회』 29(3).

_____. 2022. "공유가 만들어 가는 세계 – 자본의 공통장과 기존 질서를 유지하는 '참여' 전략으로서의 공유경제." 『인문학연구』 51.

그레이버, 데이비드(David Graeber). 2009. 『가치이론에 대한 인류학적 접근 – 교환과 가치, 사회의 재구성』. 서정은 역. 그린비.

김경돈·류석진. 2011. "비배제성과 경합성의 순차적 해소를 통한 공유의 비극의 자치적 해결방안 모색

김봉구. 1995. "대기와 수자원의 공동소유문제와 과잉이용에 관한 고찰." 『자연자원과학 연구』 3.

김상철. 2018. "경의선공유지 시민행동×26번째 자치구운동: 도시난민을 만드는 지대 추구의 도시를 넘어." 『뉴 래디컬 리뷰』 77.

_____. 2021. "26번째 자치구와 공유지 운동." 박배균 외. 『커먼즈의 도전 – 경의선공유지 운동의 탄생, 전환, 상상』. 빨간소금.

네그리(Antonio Negri)·하트(Michael Hardt). 2014. 『공통체』. 정남영·윤영광 역. 사월의책.

데 안젤리스, 맛시모(Massimo. De Angelis). 2019. 『역사의 시작: 가치 투쟁과 전 지구적 자본』. 권범철 역. 갈무리.

라인보우(Peter Linghbogh). 2012. 『마그나카르타 선언 – 모두를 위한 자유권들과 커먼즈』. 갈무리.

_____. 2021. 『도둑이야! 공통장, 인클로저 그리고 저항』. 서창현 역. 갈무리.

로자(Hartmut Rosa)·슈트렉커(David Strecker)·콧트만(Andrea Kottmann). 2024. 『사회학이론 – 시대와 관점으로 본 근현대 이야기』. 한울.

마르크스(Karl Marx). 1992. "임금노동과 자본." 『칼 맑스·프리드리히 엥겔스 저작선집』 제1권. 최인호 외 역. 박종철 출판사.

박규택. 2017. "Elinor Ostrom의 사회-생태체계와 다중심성에 근거한 지역 중심의 혼합적 전기체계 이해를 위한 개념적 틀." 『한국지역지리학회지』 23(3).

박배균·이승원·김상철·정기황. 2021. 『커먼즈의 도전 – 경의선공유지 운동의 탄생, 전환, 상상』. 빨간소금.

박서현·김자경. 2022. "도시에서 커머닝은 어떻게 가능한가?: 제주 인화로사회적협동조합의 사례를 중심으로." 『한국협동조합연구』 40(2).

박순열·안새롬. 2023. "현대사회에서 커먼즈 논의의 정합성에 대한 검토: 경의선공유지를 사례로." 『환경사회학연구 ECO』 27(2).

박인권·김진언·신지연. 2019. "도시 커먼즈 관리의 내재적 모순과 도전들: '경의선공유지' 사례를 중심으로." 『공간과 사회』 29(3).

백영경. 2017. "커먼즈와 복지: 사회재생산 위기에 대한 통합적 접근을 위한 시론." 『환경사회학연구 ECO』 21(1).

스가 유타카(菅豊). 2023. "커뮤니티형 커먼즈와 네트워크형 커먼즈." 2023년 2월 21-22일, 목포대 도서문화연구원, 제주대 공동자원과지속가능사회연구센터 등 주최, 〈공동체의 심성과 물성: 공동성과 공공성의 길항관계를 넘어〉 학술대회 발표문

스탠딩(Guy Standing). 2021. 『공유지의 약탈』. 안효상 역. 창비.

신옥희·소흥렬·정대현. 1982. 『누가 인류를 위하여 말하는가?』. 이화여자대학교 출판부.

심희강. 1983. "'앙시앙·레짐' 말기와 프랑스혁명기에 있어서의 공유지 문제." 숙명여자대학교 사학과 석사학위논문.

아키미치 토모야(秋道智彌). 2017. "변용하는 커먼즈: 마키하타와 산호초의 사례로부터."

안도경. 2011. "시장-정부 이분법에 대한 비판적 검토: R. H. Coase와 E. Ostrom 등대와 어장: 코즈-오스트롬 제도연구의 공공성 논의에 대한 함의."

안명희·이태화. 2024. "오스트롬의 커먼즈 이론 관점에서 들여다본 도시 커먼즈의 재해석: 커먼즈 구성요소를 중심으로." 『공간과 사회』 34(1).

안새롬. 2020. "전환 담론으로서 커먼즈: 대기 커먼즈를 위한 시론." 『환경사회학연구 ECO』 24(1).

에스코바르(Arturo Escobar). 2022. 『플루리버스 – 자치와 공동성의 세계 디자인하기』.

알렙.

오스트롬(Elinor Ostrom). 2010. 『공유의 비극을 넘어 – 공유자원 관리를 위한 제도의 진화』. 윤홍근 역. 랜덤하우스 코리아.

오스트롬(Elinor Ostrom)·헤스(Charlotte Hess). 2010. 『지식의 공유 – 폐쇄성을 넘어 '자원으로서의 지식'을 나누다』. 김민주·송희령 역. 타임북스.

윤승준. 1993. "프랑스혁명기 「세느-에-와즈」의 공유지와 농민들." 서울대학교 대학원 서양사학과 박사학위논문.

윤여일. 2022. "도시 속 공터는 어떻게 공유지가 될 수 있는가: 경의선공유지, 배다리공유지, 솔방울커먼즈를 상호비교하여." 『공간과사회』 32(4).

_____. 2023. "한국학계 커먼즈 연구 검토." 『기본소득』 17.

윤여일·박서현. 2024. "도시 커먼즈를 키우는 참여적 행정은 어떻게 가능한가?: 볼로냐 규약에 대한 분석과 평가." 『공간과 사회』 34(1).

윤영광. 2022. "네오오페라이스모의 커먼즈론 – 자본의 코뮤니즘이라는 역설의 문제화." 『시대와 철학』 33(3).

이명석. 2006. "거버넌스 이론의 모색: 민주행정이론의 재조명." 『국정관리연구』 1(1).

이명석·E.오스트롬·J.워커. 2004. "제도, 이질성, 신뢰 그리고 사회적 딜레마 상황에서의 협동가능성." 『한국행정학회보』 38(1).

이승원. 2021. "대담: 경의선공유지를 넘어서." 박배균·이승원·김상철·정기황 편. 2021. 『커먼즈의 도전 – 경의선공유지 운동의 탄생, 전환, 상상』. 빨간소금.

이현우·정석. 2022. "빈곤밀집지역의 도시 커먼즈 형성에 관한 연구." 『공간과 사회』 32(4).

이화여자대학교. 1978. 『인구와 미래』. 이화여자대학 출판부.

장훈교. 2022. "엘리너 오스트롬의 '다중심적 접근'에 관한 기초 연구." 『사회와 이론』 35.

_____. 2022. 『공동자원체제』. 부크크.

장훈교·서영표. 2018. "제주 제2공항과 민주주의 그리고 기반시설 공동관리자원의 가능성." 『기억과 전망』 39.

정영신. 2019. "커먼즈론에 입각한 사회변동 연구를 위한 개념적 접근." 최현·장훈교·윤여일·박서현 편. 『공동자원의 영역들』. 진인진.

_____. 2020. "한국의 커먼즈론의 쟁점과 커먼즈의 정치." 『아시아연구』 23(4).

_____. 2021. "평화와 커먼즈를 통한 자본-민족-국가 체계의 전환." 구도완 외. 『전환의

질문, 질문의 전환』. 도서출판 풀씨.

_____. 2022. "이탈리아의 민법개정운동과 커먼즈 규약 그리고 커먼즈의 정치." 『환경사회학연구 ECO』 26(1).

최현. 2019. "공동자원의 새로운 정의와 제주의 공동자원: 바다밭을 중심으로." 『환경사회학연구 ECO』 23(1).

_____. 2024. 『제주사회와 시민적 공동자원론』. 진인진.

최현·정영신·윤여일. 2017. 『동아시아의 공동자원: 가능성에서 현실로』. 진인진.

페데리치(Silvia Federici). 2011. 『캘리번과 마녀: 여성, 신체 그리고 시초축적』. 황성원·김민철 역. 갈무리.

_____. 2013. 『혁명의 영점: 가사노동, 재생산, 여성주의 투쟁』. 황성원 역. 갈무리.

한경애. 2023. "소유하는 '집/가족'에서 돌봄의 커먼즈로: 공유주거 '빈집'을 통해 보는 커먼즈의 돌봄윤리." 『공간과사회』 33(4).

한디디. 2024. 『커먼즈란 무엇인가: 자본주의를 넘어서 삶의 주권 탈환하기』. 빨간소금.

홍덕화. 2019. "에너지 민주주의의 쟁점과 에너지 커먼즈의 가능성." 『환경사회학연구 ECO』 23(1).

_____. 2021. "에너지 전환 경로로서 공공 협력의 방향 탐색: 발전자회사의 재생에너지 사업을 중심으로." 『기억과 전망』 44.

_____. 2022. "커먼즈로 전환을 상상하기." 『환경사회학연구 ECO』 26(1).

홍지은. 2022. "커먼즈를 둘러싼 정치와 변동하는 도시 커먼즈: 청주시 산남 두꺼비 생태마을을 중심으로." 『환경사회학연구 ECO』 26(1).

Anwar, Nausheen H. 2011. "State Power, Civic Participation and the Urban Frontier: The Politics of the Commons in Karachi." *Antipode* Vol.00, No.00.

Bauwens, Michel., Rok Kranjc., Jose Ramos. 2022. "Commons Economies in Action." in Sacred Civics: Building Seven Generation Cities. Routledge.

Bianchi, Iolanda. 2018. "A relational approach for the study of urban commons: The case of the Escocesa Art Centre in Barcelona." *Tracce Urbane: Italian Journal of Urban Studies* 4: 171-193.

Bollier, David. 2014. Think like a Commoner, A Short Introduction to the Life of the Commons. New Society Publishers.

Bollier, David., Silke Helfrich eds. 2012. The Wealth of the Commons: A World Beyond Market and State. MA: Levellers Press.

Caffentzis, George, Silvia Federici. 2014. "Commons Against and Beyond Capitalism." *Community Development Journal* 49(S1): i92-i105.

Dardot, Pierre., Christian Laval. 2019. Common: On the Revolution in the 21st Century. Bloomsbury Academic.

De Angelis, Massimo. 2017. Omnia Sunt Communia: Principles for the Transition to Postcapitalism. London: Zed Books.

De Angelis, Massimo., David Harvie. 2014. "The Commons." in The Routledge Companion to Alternative Organizations, edited by M. Parker, G. Cheney, V. Fournier and C. Land. Abington: Routledge: 280-294.

De Marcellus, Olivier. 2003. "Commons, communities and Movements: inside, outside and against capital." The Commoner 6, Winter 2003: 1-15.

Euler, Johannes. "Conceptualizing the Commons: Moving Beyond the Goods-based Definition by Introducing the Social Practices of Commoning as Vital Determinant." Ecological Economics 143.

Federici, Silvia. 1990. "The Debt Crisis, Africa and The New Enclosure." Midnight Note 10, http://www.midnightnotes.org/newenclos.html

_____.Federici, Silvia. 2011. "Feminism and the Politics of the Commons." The Commoner. http://www.commoner.org.uk/?p=113

Hardin, Garrett. 1968. "The Tragedy of the Commons." Science 162.

Harvey, David. 2012. Rebel Cities. London: Verso.

Johnson, Craig. 2004. "Uncommon Ground: 'The Poverty of History' in Common Property Discourse." *Development and Change* 35(3).

Lessig, Lawrence. 2008. Remix: Making Art and Commerce Thrive in the Hybrid Economy. Penguin Press.

Marx, Karl. 1976. Capital: A Critique of Political Economy. Penguin: Harmondsworth.

Midnight Notes Collective. 1990. The New Enclosures. Midnight Notes 10. http://www.midnightnotes.org/newenclos.html.

Mattei Ugo. 2011. Beni comuni. Un manifesto. Bari: Laterza.

Ostrom, Elinor. 1990. Governing the Commons: The Evolution of Institutions for Collective Action. Cambridge: Cambridge University Press.

_____. 2005. Understanding Institutional Diversity. Princeton, NJ: Princeton University Press.

Ostrom, Elinor, Charlotte Hess(eds.). 2007. Understanding Knowledge as a Commons; From Theory to Practice. MIT Press.

Ostrom, Elinor, Daniel H. Cole(eds.). 2012. Property in Land and Other Resources. Lincoln Institute of Land Policy.

Ostrom, V., E. Ostrom. 1977. "Public Goods and Public Choices." in E. S. Savas ed.. Alternatives for Delivering Public Services: The Toward Improved Performance. Boulder, Colorado: Westview Press.

Ostrom, Elinor, Roy Gardner, James Walker. 1994. Rules, Games, and Common-Pool Resources. University of Michigan Press.

Ostrom, Elinor, Thomas Dietz, Nives Dolsak, Paul C. Stern, Susan Stonish, Elke U. Weber(eds.). 2002. The Drama of the Commons. National Academy Press.

Papadimitropoulos, Vangelis. 2017. "The Politics of the Commons: Reform or Revolt?" *Triple C* 15(2): 563-581.

Peter, Lukas. 2021. Democracy, Markets and the Commons: Toward a Reconciliation of Freedom and Ecology. transcript Verlag, Blelefeld.

Poteete, A. R., M. A. Janssen, E. Ostrom. 2010. Working Together: Collective Action, the Commons, and Multiple Methods in Practice. Princeton University Press.

Rayamajhee, Veeshan, Paniagua, Pablo. 2020. "The Ostroms and the contestable nature of goods: beyond taxonomies and toward institutional polycentricity." *Journal of Institutional Economics* 17(1).

부록

포럼 프로그램
저자 소개

포럼 생명자유공동체 2023년 첫 번째 대화 마당

커먼즈, 가능성과 현실 사이

- 일시: 2023년 8월 31일(금) 15:30~17:30
- 장소: (재)숲과나눔 강당, 온라인(Zoom)

 (재)숲과나눔의 '포럼 생명자유공동체'는 2023년 커먼즈를 주제로 공개포럼을 진행합니다.

 재난과 비극이 일상이 되어버린 시대, 전환을 말하지만 멀게만 느껴지는 나날입니다. 다른 세계는 어떻게 가능할까요? 포럼 생명자유공동체는 올해도 전환의 가능성을 찾는 대화를 이어갑니다. 2023년의 주제는 '커먼즈'입니다. 대안적인 사회이론으로 주목받고 있는 커먼즈론은 전환의 촉매가 될 수 있을까요? 포럼 생명자유공동체는 이 질문에 대한 답을 찾아 4회의 연속적인 대화마당을 준비했습니다. 동료 시민들과 함께 전환을 길을 찾는 대화의 장에 함께 해주시길 부탁드립니다.

 첫 번째 대화마당에서는 새로운 이론적 시각을 경유하여 커먼즈 논의를 재검토하는 시간을 갖고자 합니다. 박순열·안새롬 박사는 루만(N. Luhmann)의 사회(체계)이론을 근거로 현대사회에서 커먼즈(논의)의 적합성을 검토합니다. 이를 위해 한국의 커먼즈 운동에서 가장 중요한 사례였던 경의선공유지의 경험을 재해석합니다. 이어서 한상진 교수는 사회경제적 '세계'체계의 발전과 생물물리학적 '지구'체계의 불균형에 주목하고 이를 행성성(planetarity)이라는 좀 더 넓은 시공간적 전망 속으로 통합하는 과정에서 커먼즈론이 어떤 가능성을 보여줄 수 있을지 탐색하려 합니다.

일정	발표 및 토론
15:00~15:10	• 사회: 정영신(가톨릭대 사회학과)
15:10~16:00	• 발제: 박순열(이너시티 도시-사회 연구소) 　　　안새롬(서울대학교 지속가능발전연구소) 　　　현대 사회에서 커먼즈(논의)의 적합성에 대한 검토: 　　　경의선공유지를 사례로 • 토론: 박선아(카이스트 인류세연구센터)
16:00~16:50	• 발제: 한상진(울산대학교 사회·복지학과) 　　　세계-지구체계에서의 공동자산 접근과 '행성적 제4의 길'의 경로 찾기 • 토론: 이광근(동국대학교 다르마칼리지)
16:50~17:30	• 종합토론

* 문의: 김지혜(jhkim15@snu.ac.kr)

포럼 생명자유공동체 2023년 두 번째 대화 마당
커먼즈, 전환의 길목에서

- 일시: 2023년 10월 6일(금) 14:00~17:30
- 장소: (재)숲과나눔 강당, 온라인(Zoom)

  (재)숲과나눔의 '포럼 생명자유공동체'는 2023년 커먼즈를 주제로 공개포럼을 진행합니다.

  재난과 비극이 일상이 되어버린 시대, 전환을 말하지만 멀게만 느껴지는 나날입니다. 다른 세계는 어떻게 가능할까요? 포럼 생명자유공동체는 올해도 전환의 가능성을 찾는 대화를 이어갑니다. 2023년의 주제는 '커먼즈'입니다. 대안적인 사회이론으로 주목받고 있는 커먼즈론은 전환의 촉매가 될 수 있을까요? 포럼 생명자유공동체는 이 질문에 대한 답을 찾아 4회의 연속적인 대화마당을 준비했습니다. 동료 시민들과 함께 전환을 길을 찾는 대화의 장에 함께 해주시길 부탁드립니다.

  두 번째 대화마당에서는 체제전환의 길목에서 사고해 보아야 할 커먼즈론의 논점들을 다루고자 합니다. 정영신 교수는 "국가, 시민사회, 커먼즈의 정치"를 통해 커먼즈 논의에서 부족했던 국가론과 시민사회론을 다시 사고해 보려 합니다. 김지혜 박사는 존재-인식-수행이라는 철학적 사고의 틀을 가져와 커먼즈 개념을 근본적으로 재검토하고자 합니다. 홍덕화 교수는 현대자본주의의 지대추구와 불로소득의 축적 경향을 커먼즈 논의에 기반하여 비판하고 이를 에너지 전환의 문제와 연결합니다.

일정	발표 및 토론
14:00~14:10	• 사회: 박순열(이너시티 도시-사회 연구소)
14:10~15:00	• 발제: 정영신(가톨릭대 사회학과) 　　　국가, 시민사회, 커먼즈의 정치 • 토론: 권범철(생태적지혜연구소)
15:00~15:50	• 발제: 김지혜(이화여자대학교 이화인문과학원) 　　　커먼즈를 다시 보기: 존재-인식-수행의 차원에서 • 토론: 한경애(서울대학교 아시아연구소)
15:50~16:10	휴식
16:10~17:00	• 발제: 홍덕화(충북대학교 사회학과) 　　　불로소득 자본주의, 커먼즈, 에너지전환 • 토론: 이정필(에너지기후정책연구소)
17:00~17:30	• 종합토론

* 문의: 김지혜(jhkim15@snu.ac.kr)

포럼 생명자유공동체 2023년 세 번째 대화 마당
커먼즈, 그 가능성과 현실 사이

- 일시: 2023년 11월 15일(수) 13:30~17:10
- 장소: 연세대학교 백양누리

일정	발표 및 토론
세션1	**[공개포럼] 커먼즈, 그 가능성과 현실 사이** • 사회: 정영신(가톨릭대학교 사회학과) • 발제: 최명애(연세대학교 문화인류학과) 　도시 녹지 공간과 인간 너머의 커먼즈 • 발제: 구도완(환경사회연구소) 　커먼즈의 눈으로 보는 한살림운동 • 발제: 김수진(충북대학교 농업과학기술연구소) 　기후중립 도시로의 전환에서 도시커먼즈 개념의 실천적 함의 • 종합토론
세션2	**[북토크] 생명자유공동체 총서4 『기후위기, 전환의 길목에서』** • 사회: 최명애(카이스트 인류세연구센터) • 소개: 홍덕화(충북대학교 사회학과, 　『기후위기, 전환의 길목에서』 편집위원장) • 토론: 미정 3-4인 • 종합토론

포럼 생명자유공동체 2023년 네 번째 대화 마당

천을 짜고 밭을 가는 여성들과 커먼즈

- 일시: 2023년 12월 15일(금) 15:00~17:30
- 장소: (재)숲과나눔 강당

　재난과 비극이 일상이 되어버린 시대, 전환을 말하지만 멀게만 느껴지는 나날입니다. 다른 세계는 어떻게 가능할까요? 포럼 생명자유공동체는 올해도 전환의 가능성을 찾는 대화를 이어갑니다. 2023년의 주제는 '커먼즈'입니다. 대안적인 사회이론으로 주목받고 있는 커먼즈론은 전환의 촉매가 될 수 있을까요? 포럼 생명자유공동체는 이 질문에 대한 답을 찾아 4회의 연속적인 대화마당을 준비했습니다.

　네 번째 대화마당에서는 커먼즈를 통해 생산과 재생산 활동을 이어가는 여성들의 삶에 초점을 맞춥니다. 서지현 교수는 페루 쿠스코 친체로 지역에서 무형문화유산을 활용한 관광산업 발전이 전통의 상품화와 커머닝이라는 이중적 과정을 동반하고 있으며, 직조활동에 종사하는 여성들의 지위 변화를 가져오고 있음을 밝히고 있습니다. 장우주 선생은 은평에서 진행되고 있는 전환마을운동과 도시텃밭운동을 다루면서, 함께 밭을 일구는 활동이 비인간 존재와의 관계 맺기, 재생산, 돌봄, 대안적 문화와 연결되는 방식을 이야기합니다. 동료 시민들과 함께 전환을 길을 찾는 대화의 장에 함께 해주시길 부탁드립니다.

일정	발표 및 토론
15:00~15:10	• 사회: 정영신(가톨릭대학교 사회학과)
15:10~16:00	• 발제: 서지현(부경대학교 국제지역학부) 　　　관광, 무형 문화유산, 커머닝: 페루 쿠스코의 직조 센터 사례 • 토론: 양은미(한국외국어대학교 중남미연구소 HK 연구교수)
16:00~16:50	• 발제: 장우주(삼성꿈장학재단) 　　　생태적 커머닝의 요소들: 커먼즈 시각으로 보는 전환마을운동 사례 • 토론: 강지연(에코페미니즘연구센터 달과나무)
16:30~17:30	• 종합토론

* 문의: 김지혜(jhkim15@snu.ac.kr)

저자 소개

정영신 (편집위원장)　freecity7@hanmail.net

평화와 커먼즈 연구자. 가톨릭대 사회학과에 재직 중이며, 포럼 생명자유공동체, 커먼즈네트워크, 연구자의 집 등에 참여하고 있다. 공저로 『오키나와로 가는 길』, 『공동자원의 섬 제주 1, 2권』과 『제주의 마을과 공동자원』, 『동아시아의 공동자원』 등이 있다. 논문으로는 "엘리너 오스트롬의 자원관리론을 넘어서", "커먼즈와 커뮤니티 관계의 역사적 변동", "제주 해군기지를 둘러싼 투쟁과 강정마을 공동체의 변동", "한국 커먼즈론의 쟁점과 커먼즈의 정치", "제주 비자림로의 생태정치와 커먼즈의 변동" 등이 있다.

구도완　dwku2@hanmail.net

한국환경정책평가연구원 연구위원, 환경부 장관자문관, 지속가능발전위원회 수석연구위원 등을 역임했고 지금은 환경사회연구소 소장, (재)숲과나눔 포럼 생명자유공동체 운영위원장으로 일하고 있다. 주된 관심 분야는 환경운동, 생태민주주의 등이고 주요 저서로는 『마을에서 세상을 바꾸는 사람들: 생태적 대안운동을 찾아서』, 『생태 민주주의: 모두의 평화를 위한 정치적 상상력』, 『생태전환을 꿈꾸는 사람들』(공저) 등이 있다.

김수진　e2sjkim@gmail.com

독일 베를린자유대 정치학과에서 한국과 독일의 원자력정책 비교연구로 박사학위를 받았다. 고려대 연구교수를 역임하고 고려대, 고려사이버대, 동국대 등에서 기후변화의 경제학, 지속가능한 발전, 에너지기술정책 등을 강의했다. 현재 단국대 행정법무대학원 탄소중립학과에서 탄소중립사회론, 전환정치론, 탄소중립에너지론 등을 강의하고 있다. 주된 관심 분야는 기후위기, 원자력, 정당정치의 공적 기능 등이다. 소설 읽기, 수영, 걷기 등을 즐긴다.

김지혜　jyejyekim15@gmail.com

환경학이라는 너른 주제로 연구하는 연구자. 환경사회학, 생태인류학, 정치생태학, 과학기술학 등을 참조하고 있다. 서강대학교 사회학과 강사로 재직 중이며 주요 관심 분야는 생태와 기술, 인간과 비인간의 얽힘과 실천에 관심이 있다. '해양쓰레기와 함께 만드는 세계'를 주제로 학위논문(2022)을 썼으며, 논문으로는 "한국의 양식 산업 속 적조와 인간의 관계: 작은 것들의 카리스마, 적조", "줄줄이 매달아 굴 기르기"(공저) 등을 썼다.

박순열　ecosoon@gmail.com

주)이너시티 도시-사회연구소 소장. 서울대, 호주국립대(ANU) 등에서 환경갈등, 생태민주주의, 지역발전 등을 연구하였다. 최근에는 사회체계이론에 기대어 사회와 도시의 지속가능성에 대해서 연구하고 있다. 주요 논문으로는 "현대사회에서 커먼즈 논의의 정합성에 대한 검토: 경의선공유지를 사례로"(공저), "사회의 자기기술로서 녹색전환과 한살림선언", "사회는 코로나19에 대처할 수 있는가", "생태시티즌십: 생명과 자유를 구현하는 새로운 시민" 등이 있다.

서지현　jihyunseo@pknu.ac.kr

글로벌 남반구의 발전을 고민하는 연구자. 영국 리버풀 대학교에서 중남미지역학으로 박사학위를 받고, 전북대학교 스페인·중남미연구소 전임연구원, 재단법인 숲과나눔의 박사후 펠로우를 거쳐, 현재는 부경대학교 국제지역학부 조교수로 일하고 있다. 주요 연구 분야는 라틴아메리카 발전론, 정치 생태학, 대안적 도시 거버넌스와 다층 공간 대안 정치 등이다. 대표 논문으로는 "에콰도르 아마존 빈민의 환경주의와 대안적 발전", "도시 거버넌스 변화와 사회·공간적 함의: 브라질 리우 데 자네이루 파벨라의 사례", "공동 자원 거버넌스와 자연의 신자유주의화: 페루 북부 안데스의 경험을 중심으로" 등이 있다.

안새롬 me2th@snu.ac.kr

생태 전환과 정치, 커먼즈, 환경 교육을 주제로 연구한다. 박사과정 재학 중에 (재)숲과나눔 특정주제연구자로 일했고, 현재는 서울대학교 지속가능발전연구소, 환경과교육연구소에서 활동하고 있다. 환경 보전과 커뮤니케이션, 교육적 실천에 내재된 긴장에 관심이 있으며, 주요 논문으로는 "전환 담론으로서 커먼즈", "한국의 대기·기후 운동으로 본 대기 커먼즈 정치"(공저), 『커먼즈의 도전』(공저), "생태시민성 기반 환경교육 교재 개발을 위한 시론"(공저), "기후 커먼즈 정치에서 청년 및 미래 세대론이 갖는 함의" 등이 있다.

장우주 woojoochang@hotmail.com

에코페미니스트 철학자. 영국 랭커스터 대학교에서 여성학으로 박사학위를 받았으며, 여성과 자연의 관계성, 비인간존재를 위한 콜렉티브 돌봄에 관한 철학적, 실천적 작업을 하고 있다. 또한 가난과 배움의 관계를 연구하고 관련된 일을 하면서 살고 있다. 에코페미니즘연구센터 달과나무 연구위원으로도 참여하고 있다. 『덜 소비하고 더 존재 하라』, 『Environmental Movements around the World: Shades of Green in Politics and Culture』 등의 책에 공동저자로 글을 실었다. 에코페미니즘연구센터 달과나무 지음 『우리는 지구를 떠나지 않는다: 죽어가는 행성에서 에코페미니스트로 살기』(2023), 창비에 함께 글을 썼다.

최명애 myungae.choi@gmail.com

환경 문제를 연구하는 인문지리학자. 인간 너머 지리학과 정치생태학의 접근법을 이용해 야생동물 보전, 생태관광, DMZ 보전, 환경 인공지능 등을 연구하고 있다. 비인간 동물과 기술의 행위성과 정동적 상호작용이 자연 보전의 정치적, 문화적, 기술적 측면에 미치는 영향에 관심을 갖고 있다. 서울대, 런던정경대, 카이스트 인류세연구센터 등에서 박사후 연구를 수행했고, 현재는 연세대 문화인류학과에 조교수로 재직 중이다.

한상진 sjhahn@ulsan.ac.kr

울산대 사회과학부 사회·복지학 전공에 재직하고 있으며 관심 분야는 사회적 경제, 생태복지, 탈식민문화 등이다. 주요 저서로는 『한국형 제3의 길을 통한 생태복지국가의 탐색』, 『사회-생태계의 공동관리를 위한 성찰과 사례들』, 『먹거리 안전의 생태사회학』 등이 있다.

홍덕화 deokhwa.hong@gmail.com

충북대학교 사회학과에 재직 중이며, 최근 관심 분야는 기후정의, 정의로운 전환, 탈성장이다. 주요 연구로 "기후위기 시대, 갈림길에 선 한국 환경운동", "저렴한 인프라와 분절적 녹색성장", "기후위기와 '한계' 너머의 사회학: 탈성장과 탈인간중심주의의 쟁점들", "에너지 전환 경로로서 공공협력의 방향 탐색" 등이 있다.